미국은 이제 선택의 여지가 없다. 사람들의 기초생활을 보장하고 기본소득을 지급해야 할 것이다. 기술의 발전으로 점차 인간을 필요로 하는 좋은 일자리들이 사라져갈 미래에 경제가 유지될 만큼 구매력이 뒷받침되려면, 국민들의 경제적 기초생활이 보장되어야 한다. 앤디 스턴의 도발적이고 강렬한 주장을 담은 이 책을 꼭 읽어보라!

— 로버트 라이시Robert B. Reich, UC버클리 정책대학원 교수, 전 미국 노동부 장관, 《자본주의를 구하라》의 저자

앤디 스턴의 책 《노동의 미래와 기본소득》은 명쾌한 분석과 최신 정보, 생생한 토론을 탁월하게 담아냄으로써, 우리를 보편적 기본소득이라는 담대한 결론에 이르게 한다.

— 필리프 판 파레이스Philippe Van Parijs, 기본소득유럽네트워크 창립자, 루뱅대학 경제·사회·정치과학부 교수

오랜 세월 노동운동에 헌신해온 앤디 스턴과 같은 노동운동 지도자가 점점 일자리가 사라져가는 미래 사회를 위해 기본소득이 필요하다고 주장한다면, 우리 모두 그 말에 귀를 기울여야 한다. 《노동의 미래와 기본소득》은 경제 정의를 위해 싸워온 앤디 스턴의 오랜 경험뿐 아니라, 노동환경의 변화를 탐구해온 그의 통찰, 그리고 언뜻 무모해 보이지만 반박할 수 없는 주장을 담고 있다.

— 바버라 에런라이크Barbara Ehrenreich, 《Nickle and Dimed》의 저자

오늘날 기술의 발전이 소득불평등과 노동의 미래에 미칠 영향보다 더 시급한 경제적 현안은 없다. 이러한 문제를 잘 이해하고 있는 앤디 스턴은 우리 모두가 더 나은 미래를 살아가게 해줄 보편적 기본소득에 대해 모두가 주목할 수밖에 없는 주장을 편다.

— 팀 오라일리Tim O'Reilly, 오라일리 미디어 CEO

앤디 스턴은 모든 시민, 특히 소외된 사람들의 경제적 삶이 변화되도록 돕는 일에 평생을 헌신해왔다. 새로운 기술의 발전에 따른 영향을 통찰력 있게 분석하고 있는 이 책은, 우리가 우리의 가족을 경제적으로 안전하게 지키려면 진지하게 토론하고 담대하게 결단해야 한다고 촉구하고 있다.

— 세실 리처드Cecile Richards, 미국가족계획연맹 회장

헌신적인 문제를 다루고 훌륭한 인터뷰가 가득하면서도 어려운 경제 용어는 빼 쉽게 읽을 수 있는 세련된 책이다. 이 책은 우리가 쉽게 만나볼 수 없는 전문가 및 대가들과의 대화로 가득 채워져 있는데, 앤디 스턴의 영향력을 생각하면 그리 놀랄 일은 아니다.

— 랜달 스트로스Randall Stross, 《구글, 신화와 야망》의 저자

앤디 스턴이 전개하는 주장은 치우침 없이 균형감 있고 탄탄하다. 읽고 토론할 가치가 충분한 탁월한 책이다.

— 〈커커스리뷰〉

앤디 스턴의 책 《노동의 미래와 기본소득》은 단지 노동의 미래를 진단하는 것뿐만 아니라 그 미래를 변화시키는 것을 목표로 하고 있다.

— 〈파이낸셜 타임스〉

노동의 미래와 기본소득

노동의 미래와

RAISING THE FLOOR

21세기 빈곤 없는 사회를 위하여

기본소득

앤디 스턴 · 리 크래비츠 지음
박영준 옮김

갈마바람
Galmabaram

독자 여러분을 초대하는 글

21세기로 접어든 지도 벌써 16년이 흘렀다. 하지만 아직도 우리는 이 시대에 특화된 문제들, 특히 일하고, 돈을 벌고, 가족을 부양하는 일과 관련된 문제들을 과거 20세기에나 통했던 생각과 방법으로 해결하려 한다.

그동안 대부분의 미국인은 (일을 하는 사람이든 그렇지 않은 사람이든) 매우 힘든 시기를 보냈다. 특히 2008년 이후에 그러했다. 그동안 나는 다양한 계층에 속한 수천 명의 사람과 대화를 나눈 결과, 그 모든 문제를 자신의 탓으로 돌리는 사람이 많다는 사실을 깨달았다. 그들은 정규직이나 양질의 일자리를 얻지 못하고, 직장에서 해고당하거나 정상적인 직업을 찾지 못하며, 겨우 입에 풀칠할 정도의 저임금 직업이나 임시직 일자리를 여러 개 전전해야 하는 이유를 스스로가 부족하기 때문이라고 생각한다. 또 충분한 은퇴 자금을 마련하지 못한 것도, 힘들게 일해서 대학에 보낸 아이들이 졸업 후에 일자리를 찾지 못한 채 집에 돌아와 부모에게 의지해야 하는 것도 모두 자신들의 잘못이라고 자책한다.

나는 그 사람들에게 말해주고 싶다. 최근 발생하는 일자리 없는 경기 회복, 임금 없는 경기 회복의 현상은 구조적인 문제라는 것을. 자신을 탓할 일이 아니라는 것을. 그들은 열심히 일했으며, 규칙을 지키면서 살았다는 것을. 그들은 미국이라는 나라와 맺은 사회계약에서 자신이 지켜야 할 몫을 충실하게 수행했다는 것을.

물론 우리의 경제와 미래에 희망은 있다. 하지만 그 희망을 현실화하기 위해서는 오늘날 폭발적으로 발전하고 있는 기술이 향후 20년 내에 어떤 식으로 일자리의 부족, 노동력의 과잉, 그리고 빈부의 격차를 만들어낼 것인지 모든 사람이 의견을 모으는 과정이 필요하다.

나는 지난 2010년 북미 서비스노동조합Service Employees International Union (SEIU)을 대표하는 자리에서 물러난 후 기술이 경제와 노동현장을 바꾸어가는 모습을 이해하고 미국인들에게 아메리칸드림을 되돌려주기 위한 방법을 찾기 위해 5년간의 여정을 시작했다. 이 책에서 나는 그 여정 중에 만났던 수많은 사람들, 그들의 문제의식, 그리고 그 사람들의 생각에 관한 나의 의견을 소개하려고 한다. 그리고 무엇보다 기본소득이라는 해결책을 제시하고자 한다. 이 해결책은 아직 완벽하게 마무리가 되지 않았다. 나는 독자 여러분이 이 아이디어에 대해 함께 논의하고, 이를 보다 정교하게 다듬고, 그리고 이 제도를 지지하는 사람들을 규합하는 일에 동참해주기를 바란다. 그러면 이 나라가 미래 세대의 아이들에게 약속을 지키는 데 우리도 힘을 보탤 수 있을 것이다.

앤디 스턴
워싱턴 D.C.

차례

우리는 더 나은 미래를
만들 수 있을까

"무슨 일인가 벌어지고 있다. 하지만 그게 뭔지는 확실하지 않다."

— 버펄로 스프링필드Buffalo Springfield

2014년 11월 17일, 매사추세츠주 케임브리지

나는 지금 지구상에서 가장 '지구 같지 않은 장소'를 걷고 있다. 바로 매사추세츠주 케임브리지에 소재한 MIT공대 미디어랩Media Lab이다. 이 연구소가 보유한 고급 두뇌의 수는 엄청나다. 교수, 학생, 연구원 등으로 이루어진 20여 개 연구 그룹이 350개의 프로젝트를 진행 중으로, 연구 주제도 스마트한 기능을 제공하는 의족이나 소셜 로봇social robot*부터 첨단의 센서 네트워크sensor networks와 전자 잉크에 이르기까지 다양하다. 특히 미디어랩은 이질적인 영역과의 창조적 협업을 강조하는 것으로 유명하다. 과학자와 엔지니어들은 예술가, 디자이너, 철학자, 신경생리학자,

●   인간과의 의사소통이나 감정 교감이 가능한 로봇.

커뮤니케이션 전문가와 같은 사람들과 함께 일한다. 연구자들의 사명은 "이미 알려진 한계와 규칙을 넘어서고 명백해 보이는 대상들을 극복함으로써 아직 인류가 탐구하지 않은 문제들에 대한 해답을 얻어내는 일, 그리고 그 해답을 바탕으로 사람들이 살아가고, 배우고, 표현하고, 일하고, 즐기는 방식을 획기적으로 개선하는 일"이다. "더 나은 미래 만들기"라는 그들의 모토는 2008년의 금융 위기 후에 찾아온 불경기, 그리고 더딘 경제 회복에 따른 우려로 신음하던 미국에서 그간 좀처럼 찾아보기 어려웠던 미래지향적 자신감을 보여준다.

구름이 잔뜩 낀 11월의 하루인 오늘, 미디어랩 건물 외부를 감싸고 있는 유리와 금속판은 케임브리지Cambridge시市의 모든 햇빛을 빨아들인 듯 온통 반짝이는 방울들로 뒤덮인 모습이다. 마치 또 하나의 빛나는 우주 같기도 하다. 이 건물을 디자인한 건축가 후미히코 마코Fumihiko Mako는 중앙의 아트리움이 6층까지 이어지고 이를 빙 둘러싼 각 층에는 널찍한 연구실들이 곳곳에 자리 잡게끔 설계했다. 그는 이 아트리움을 "수직의 거리"라고 불렀다. 건물을 한 층씩 오르면 연구실의 유리로 된 벽을 통해 젊은 천재들이 일하는 모습이 눈에 들어온다.

그들은 마치 놀이를 즐기는 듯 보였다. 그 편안하고 느긋한 태도가 놀라웠다. 소파에서 쉬는 사람들, 컴퓨터 앞에 모인 사람들, 칠판에 방정식을 쓰는 사람들 모두 매우 즐거워 보였다. 오늘 나와 함께 이곳을 방문한 30여 명의 노동운동 지도자와 재단 임원들이 자신의 일터에서 볼 수 없었던 광경이다. 우리는 소득 불균형, 임금 정체, 지역사회의 빈곤 증가, 의회의 정치적 교착 상태 등의 문제를 두고 힘겹게 싸워온 사람들이다. 게다가 그토록 중요한 일을 수행하는 데 필요한 비용이나 자원을 확보하는 데 점점 어려움을 겪는 상황이었다.

우리가 이곳을 방문한 것은 MIT의 마법사들이 창조하고 있는 기술들이 수백만에 달하는 미국 중하층 시민의 생활에 어떤 영향을 미칠지 살펴보기 위해서다. 새로운 형태의 디지털 경제는 이미 그들의 삶을 뒤흔들어놓고 있다. 새롭게 등장하는 기술들은 일자리를 더 많이 만들어낼 것인가, 아니면 없애버릴 것인가? 중하류 계층의 시민들은 그 기술들로 인해 아메리칸드림에 더욱 가까이 갈 수 있을 것인가, 아니면 그 반대인가? 그 기술들 때문에 우리 세대의 사람들이 지닌 '직업'이라는 단어의 정의는 자식이나 손자들 세대에서 과연 쓸모없어질 것인가?

나는 지난 5년 동안 미국의 경제·사회 정책의 중심에 놓인 '노동의 미래'라는 문제를 이해하기 위해 개인적으로 끊임없이 탐구해왔다. 그동안 CEO, 노조 지도자, 미래학자, 정치가, 기업가, 역사가 등 수많은 사람들과 인터뷰를 하면서 다음 질문에 대한 해답을 얻어내려고 애썼다. 지난 수십 년 동안 세계화 및 기술 중심 성장이 이어져온 가운데, 20년 후 미국의 노동 현장은 어떻게 변화되어 있을 것인가? 로봇과 인공지능의 시대에는 어떤 직업들이 영원히 사라지게 될까? 사라진 일자리를 대신할 새로운 직업들은 무엇인가?

MIT 미디어랩은 그 여정 중에 방문한 정거장의 하나다. 이 연구소는 1990년대 초부터 무선통신, 3D 프린팅, 디지털 컴퓨팅 같은 첨단 기술의 선봉에 서왔다. 나는 주위의 동료들을 둘러본다. 내 생각에 이런 곳은 우리 같은 사람들, 다시 말해 노조 창립자, 사회운동가, 사회 및 경제 정의 실현을 위한 소규모 재단의 대표들이 자주 방문하는 장소라고 할 수 없다. 우리는 공장, 농장, 패스트푸드 식당, 병원에서 대부분의 시간을 보내며 노동자들의 임금 인상이나 근로조건 개선을 위해 싸운다. 우리가 속한 단체들은 대개 약칭으로 불린다. 예컨대 SEIU^Service Employees International Union(북미 서비스노동조합), OSF^Open Society Foundations(열린사회재단), NDWA^National Domestic Workers Alliance(미국 가사노동자연맹) 등등이다. 하지만 우리들 가운데 STEM(Science, Technology, Engineering, Mathematics)이라는 약어를 사용하며 개인적인 이야기를 하는 사람은 없다. 현대인들의 대화에 STEM과 관련된 주제, 즉 과학, 기술, 엔지니어링, 수학에 관한 내용이 포함되지 않는 경우는 드물지만, 솔직히 우리에게는 버거운 주제들이다. 우리는 대신 '진보적' 정의, 참여, 또는 권한 이양과 같은 이름의 렌즈를 통해 사물을 바라보고, 그 렌즈를 통해 삶에서 기술이 수행하는 역할을 경험한다.

개인적으로 나는 기술에 대해 양면적인 입장을 가지고 있다. 한편으로는 기술이 더욱 발전해 내 삶을 보다 편하고 즐겁게 만들어주었으면 좋겠다. 반면에 기술이 약속하고 있는 미래의 모습이 현실화됐을 때 닥칠 결과가 두렵기도 하다.

나는 첫 번째 강의가 시작되기를 기다리며 아이폰을 꺼내들고 미디어랩이 진행 중인 CE 2.0 프로젝트에 대한 정보를 검색해 읽기 시작했다. CE는 Consumer Electronics, 즉 가전제품의 약자다. 미디어랩 웹사이트에 따르면 CE 2.0은 "고도로 연결되고, 상호 운용 가능하며, 상황 인지 기능이 뛰어나고, 극도로 사용이 편리한 새로운 세대의 가전제품 개발을 위해 유관 기업들 사이에 필요한 규칙들을 만들어내는 협업 프로젝트"라고 한다.[1]

CE 2.0 프로젝트는 정말 대단한 일 같다. 그런데 내가 뉴욕의 아파트에서 아이폰으로 부모님이나 고객과 통화할 때 걸핏하면 전화가 끊기던 기억이 났다. 과연 미디어랩이 주장하고 있는 CE 2.0의 미래는 이루어질 수 있을까? 만일 이루어진다면? CE 2.0이 기대 이상의 모습으로 현실화되어 산업 전체를 뒤흔들어놓으면 어떤 일이 벌어질까? 새로운 세대의 가전제품이 등장하면 어떤 직업들이 쓸모없어질까? 전기 기사? 배터리, 플러그, 전기 배선 같은 제품을 제작하는 사람들? 나는 미디어랩이 홍보하는 내용, 그리고 그들이 제시하는 약속, 또 그 밖에 모든 가능성들을 오가며 생각에 잠겼다. 비록 CE 2.0의 개념이 매우 매력적이기는 하지만, 동시에 이와 관련된 온갖 기대와 우려가 머리를 스쳐갔다. 내 친구와 동료들이 기술에 대해 지니고 있는 열망, 의구심, 염려 등도 나와 다르지 않을 것이다.

MIT 미디어랩에서 진행 중인 모든 프로젝트는 기업체들의 후원하에 이루어지고 있다. 예를 들어 트위터가 1,000만 달러를 기부하기로 한 '소셜 머신Social Machines' 프로젝트는 "대중 매체, 소셜 미디어, 데이터 스트림, 디지털 콘텐츠 등의 광대한 영역에서 사회적으로 의미 있는 패턴을 발견해내기 위한" 연구다. 또 구글 에듀케이션은 모바일 컴퓨팅을 통한 교육 혁신을 위해 '센터 포 모바일 러닝Center for Mobile Learning'이라는 연구 프로젝트에 자금을 지원한다. 기업들은 연구의 방향이 어디로 흘러가는지, 또는 MIT의 연구자들이 만든 기술의 특허나 제품의 소유권이 누구에게 있는지 전혀 언급하지 않는다. 그 회사들은 과학자들이 호기심과 기술력을 바탕으로 창조해낸 새로운 테크놀로지가 자신들을 어디로 이끌고 가든, 그저 앞자리에 앉아 지켜볼 뿐이다.

미디어랩의 분위기는 일반적인 통념을 벗어난다. "힘보다 회복력을. 밀어내기보다 끌어당김을. 안전보다 모험을. 목표보다 시스템을. 지도보다 나침반을. 이론보다 실천을. 규칙의 준수보다 반항을. 권위보다 위기의식을. 교육보다 배움을." 이 연구소에서 지켜야 할 9가지 원칙들이다. 내게는 이것들이 상상력과, 새로운 개척지에 대한 탐구와, 꿈의 세계로 이끄는 환영의 초대장처럼 느껴졌다.

우리가 이곳의 여러 연구소들을 돌아보기 전, 미디어랩의 개발 이사인 피터 코언Peter Cohen은 미디어랩에서 진행 중인 대부분의 프로젝트에는 예술적이고 디자인적인 요소들이 포함되어 있다고 말했다. "우리가 창조한 결과물의 상당수가 박물관에 전시 중입니다." 그가 말을 이어나갔다. "일부는 콘서트홀에서 공연되기도 합니다." 나는 특히 토드 매코버Tod Machover MIT 교수가 창안한 음악적 아이디어를 좋아한다. 그는 하이퍼인스트루먼트Hyperinstrument*라고도 불리는 오페라 오브 퓨처 그룹 Opera of Future Group 연구팀을 이끌고 있다. '기타 히어로Guitar Hero'나 '록밴드 Rock Band' 같은 유명 음악 비디오 게임을 만들기도 한 매코버 교수는 세계 여러 도시에서 포착한 생명력 넘치는 소리들을 바탕으로 '도시 교향곡' 시리즈를 작곡하는 중이다.[2] 그는 자신이 개발한 '소리를 음악으로 전환하는 기술'을 사용해 여러 도시에서 생활하고 일하는 사람들과 함께 그들이 살고 있는 도시의 음악적 초상화를 그려낸다. 지금까지 그가 '생명력'을 수집한 도시는 토론토, 에든버러, 퍼스, 루선 등이다. 요즘 그가 관심을 기울이는 도시는 디트로이트다. 공장 노동자, 교사, 택시 운전사, 경찰관 등 디트로이트에서 일하고 살아가는 평범한 사람들이 함께 참여

● 전자 센서를 통해 입력된 소리를 컴퓨터를 이용해 음악으로 바꿀 수 있도록 만든 악기.

해서 도시의 교향곡을 만들고, 모든 시민이 이를 즐기고 자랑스러워한다는 아이디어는 정말 훌륭하다.

우리는 2층에 자리한 생체공학 연구소Biomechatronics Lab로 향했다. 이곳 안내를 맡은 루크 무니Luke Mooney는 MIT에서 기계공학 박사 학위 과정을 밟고 있는 학생이다. 나이는 24살에 불과하지만 이미 에너지 효율형 인공관절을 설계하고 개발한 경력을 보유한 전문가다. 무니는 우리에게 그 기술의 시제품을 보여주었다. 번쩍번쩍한 재질의 인공 골격이 마네킹의 관절 부위를 감싸고 있었다. 그는 이 인공관절을 개발할 때 생물물리학자, 신경과학자, 기계공학자, 생명공학자, 조직공학자 같은 전문가 팀과 함께 작업했다. 무니의 말로는 이 제품을 사용하면 '대사소비량'이 감소해, 나처럼 퇴화된 관절과 일상적인 허리 통증에 시달리는 64세의 노인도 다시 뛸 수 있다고 한다. 뿐만 아니라, 그전 같으면 꿈도 꾸지 못할 무거운 물건도 거뜬히 들어올릴 수 있다고 한다.

주변을 둘러보니 놀라울 정도로 어질러져 있었다. 커피 잔, 레드불 캔, 그리고 사람의 발목, 관절, 발 등을 석고로 뜬 주형들, 버려진 도구나 모터 등이 여기저기 널려 있었다. 마치 한 달쯤 밤을 새워 파티를 하고 난 다음날 아침의 모습을 보는 것 같았다.

이 생체공학 연구소의 설립자 휴 허Hugh Herr는 오늘 출장 중이다. 하지만 그가 지닌 필생의 사명은 여전히 이곳에 활력을 불어넣고 있다. 휴 허는 17세가 되던 해에 암벽 등반을 하다 사고를 당해 양쪽 무릎 아래를 절단했다. 시중에 나와 있는 의족들의 품질과 기능에 절망한 그는 기계공학 석사 및 생물물리학 박사 학위를 취득한 후 자신의 지식을 활용해 스스로 의족을 설계했다. 그리고 이를 착용하고 다시 암벽으로 돌아가 최고 수준의 선수들과 기량을 겨뤘다. 2013년 보스턴 마라톤 대회에서 폭발 사건이 터지자, 휴 허는 사고의 피해자 중 하나인 에이드리언 해슬릿 데이비스Adrianne Haslet-Davis를 위해 특별한 의족을 제작했다. 볼룸 댄서였던 그녀는 폭발 사고로 왼쪽 다리 아랫부분을 잃었다. 그로부터 7개월 후, 해슬릿 데이비스는 휴 허가 출연한 TED* 강연 도중 무대에 올라 파트너와 룸바 댄스를 췄다. 휴 허는 이렇게 말했다. "범죄자들과 겁쟁이들은 3.5초 만에 에이드리언을 무도장에서 끌어냈습니다. 하지만 200일 후 우리는 그녀를 다시 무대에 세웠습니다."[3]

다음 방문할 곳은 퍼스널 로봇 연구소Personal Robotics Lab다. 우리를 안내한 인도 출신의 연구원 팔라시 낸디Palash Nandy는 자신이 개발한 인간 친화적 로봇의 핵심은 바로 로봇의 눈이라고 설명했다. 낸디와 그의 동료들은 로봇의 눈과 눈썹 모양을 조작해서 슬픔, 화, 당황스러움, 흥분, 신중함, 지루함 같은 느낌이 담긴 표정을 짓게 만든다. 일부 병원에서는 심각한 질환을 앓는 아이들을 위해 인간 친화적 로봇을 간병 도우미로 사용하기 시작했다. "병원 직원이나 동료 환자들은 계속 바뀝니다." 낸디는 이렇게 말한다. "하지만 로봇은 늘 아이들 곁을 지키며 기분이 어떤지 상냥하게 물으면서 환자들의 스트레스를 줄이는 역할을 합니다."

퍼스널 로봇 연구소에서는 정교한 센서를 이용해 사람의 감정 상태에 보다 민감하게 반응하는 로봇을 제작한다. 낸디가 말했다. "레오Leo라는 이름의 이 로봇은 사람이 하는 말의 의미를 이해하지는 못합니다. 하지만 목소리에 담긴 감정적인 상태는 구분할 수 있습니다." 그는 우리

•   Technology, Entertainment, Design의 약자로 미국 비영리 재단에서 운영하는 강연회.

에게 동영상을 하나 보여주었다. 어느 연구원이 레오에게 경고하듯 말한다. "쿠키 몬스터*는 나빠. 네 쿠키를 먹으려고 해." 그러자 레오는 눈을 가늘게 찌푸린다. 마치 "알았어요. 다음부터는 욕심쟁이 쿠키 몬스터와 놀지 않을래요"라고 말하는 것 같다.

낸디는 어린이에게 프랑스어를 가르치는 로봇이나 어른들의 다이어트를 돕도록 만들어진 로봇에 대해서도 자랑스럽게 설명했다.

내 동료들은 하고 싶은 질문이나 반론이 많다.

"그런 일이라면 로봇보다 사람이 더 잘하지 않을까요?"

"모든 어린이가 자신만의 로봇 친구와 함께 성장한다면 나중에 사람들과 인간관계를 만들어가는 법을 어떻게 배울 수 있죠?"

"친구 로봇을 만들 수 있다면 사람을 고문하는 로봇도 만들 수 있지 않을까요? 그런 생각을 해보신 적은 없나요?"

"아, 예." 낸디는 이런 질문들을 별로 대수롭지 않게 생각하는 듯했다. "하지만 하루 종일 '사랑해요'라고 말하는 로봇 옆에 있으면서 악마 같은 로봇을 상상하기는 어렵지 않을까요."

이 연구소에서 볼 수 있는 광경들은 분명 우리를 놀랍고 즐겁게 만든다. 하지만 여기에서 개발되고 있는 기술들이 장기적으로 고용시장, 인간관계, 시민의 정치적 권리나 자유 등에 어떤 영향을 미칠지 과학자들에게 질문할 때마다 어색한 침묵 후에 돌아오는 판에 박힌 대답은 우리에게 좌절감을 안겨준다. 이곳에서 미래를 발명하는 열정적인 혁신가들은 자신이 하고 있는 일이 앞으로 어떤 사회적 위험과 파장을 만들어

• 　미국의 어린이 TV 쇼 〈세서미 스트리트〉에 나오는 캐릭터.

낼지 경각심을 느끼고 있을까?

다음 견학 장소인 중간 소재 연구소Mediated Matter Lab로 들어가니 긴 소파 하나, 그리고 3D 프린터로 제작한 멋진 그릇과 조각품들이 눈에 들어왔다. 이곳의 안내를 맡은 북부 독일 출신의 마르쿠스 카이저Markus Kayser는 31세의 대학원생이다. 몇 년 전 카이저는 솔라 신터Solar Sinter라는 장비를 발명해 미디어의 찬사와 주목을 받았다.

그는 우리에게 한 편의 동영상을 보여주었다.[4] 수염이 덥수룩한 카이저가 금속으로 된 여행 가방을 들고 이집트 사하라사막의 모래 언덕에 등장했다. 마치 버스터 키튼 감독이 연출한 영화의 한 장면 같았다. 카이저는 가방에서 태양광 전지들과 네 개의 커다란 렌즈를 꺼냈다. 그가 모래에 렌즈의 초점을 맞추자 1,600도의 열이 발생했다. 순식간에 모래가 녹으며 유리로 변했다. 그다음 이어지는 장면에서는 제조업의 미래상을 추측할 수 있었다. 카이저가 노트북 컴퓨터를 꺼내 그릇 하나를 디자인하더니, 태양 에너지로 작동하는 3D 프린터를 사용해 여러 층의 얇은 판이 겹겹이 쌓인 형태로 그릇 모형을 만들었다. 그는 모형을 모래 위에 올려둔 다음 솔라 신터 렌즈의 초점을 맞추었다. 모래가 녹으며 한 겹 한 겹 유리그릇이 완성되었다. 카이저는 사막에서 가장 흔한 재료인 태양과 모래를 이용해 물건을 만들어낸 것이다.

"제 목표는 기술과 자연에너지를 연결해 새로운 제조 방식에 활용할 하이브리드 해결책을 탐구하는 것입니다." 카이저가 말했다. 유리그릇은 그 무한한 가능성의 단서에 불과하다. 나사NASA와 미 육군의 엔지니어들은 허리케인 등의 자연재해가 발생했을 때 긴급 피난처를 만들거나, 이란이나 이라크의 사막 같은 위험한 환경에서 건물을 지을 때 이 기술을 활용하는 것을 두고 카이저와 협의하고 있다.

"테러 용의자를 가둬두는 수용소는 어떨까요?" 내 동료 하나가 짓궂게 물었다. "시리아 국경에서 몇 마일 떨어지지 않은 사막에 유리로 된 관타나모 수용소를 세울 수 있다면 미 육군에서 군침을 흘리고 달려들 텐데."

또 한 사람은 이런 질문을 던졌다. "이 기술을 도시 빈민들을 위한 주택 건설에 활용하자고 제의해온 사람은 없었나요?"

카이저는 한참 동안 침묵한 뒤 없었다고 대답했다. 우리가 가장 궁금해하는 질문들, 예컨대 어떻게 하면 이 대단한 기술을 긍정적으로 사용해서 세상의 불평등이나 고통을 치유할 수 있을까 하는 문제들은 그에게 별 의미가 없는 듯 보였다. 사실 당연한 일이다. 미디어랩은 연구원들에게 기술이 어디로 향하든 그저 자연스럽게 따라가라고 독려할 뿐, 큰돈을 벌 수 있는 제품이나 세상을 구할 프로그램을 만들라고 강요하지 않는다. 만일 연구 결과나 특정한 상업적·사회적 성과에 초점을 맞춘다면, 과학자들은 기술이나 소재, 자연과 같은 영역에 순수하게 집중하기 어려워진다. 따라서 창조의 과정에 지장이 초래될 수밖에 없다. 충분히 이해할 수 있는 관점이지만 나는 우려하지 않을 수 없었다.

카이저가 솔라 신터를 이용해 모래를 유리로 만드는 모습을 지켜보는데 내 마음속에 또 하나의 이미지가 떠올랐다. 카이저가 동영상을 제작한 바로 그 이집트 사막에서는 4,700년 전 3만 명의 노예와 백성들(아마 그중 일부는 내 조상일 것이다)이 7년 동안 수천 톤짜리 돌을 수없이 캐고, 자르고, 운반해서 세계 7대 불가사의 중 하나인 쿠푸 파라오의 피라미드를 만들었다. 오늘날 솔라 신터를 이용해 피라미드 근교나 미국의 팜스프링스에 주택가를 건설한다면 그런 엄청난 노동력은 필요 없을 것이다. 나는 솔라 신터가 건설 노동자들의 일자리에 미칠 영향이 염려스러웠다.

이곳에서 미래를 창조하고 있는 마법사들은 고용 문제에는 전혀 관심이 없다. 그들에게 질문해봐야 기술의 발전은 항상 새로운 산업과 일자리를 만들어낸다고 대답할 뿐이다. 구텐베르크가 인쇄기를 발명하고 포드가 조립라인을 자동화했을 때도 벌어졌던 일 아닌가?

그건 사실이다. 과거에는 분명 그랬다. 나는 최근 바클레이스 캐피털의 투자 금융가 스티븐 버켄펠드Steven Berkenfeld와 나눴던 대화를 떠올렸다. 버켄펠드는 기술과 일자리의 관계에 대해 독특하고 의미 있는 관점을 가지고 있는 사람이다. 주식시장에 상장을 원하는 회사들로부터 투자 제안을 받는 것이 그의 매일의 일과다. 그 회사들은 하나같이 기업들을 더욱 생산적이고 효율적으로 만들어주는 기술을 개발한다. 버켄펠드에 따르면, 그 이야기는 앞으로 시장이 필요로 하는 노동력이 점점 줄어든다는 의미이다.

"어느 회사나 더 적은 노동력으로 더 많은 일을 하려고 합니다." 그는 이렇게 설명했다. "산업 분야나 경제 부문을 가리지 않고 모든 기업이 고용을 감축하고 있습니다." 그러나 이런 동향이 초래할 결과를 인식하는 정책 입안자들은 극소수에 불과하다. "정치가들은 기술이 발전하면서 새로운 일자리가 만들어질 거라고 말하지만, 사실 기술로 인해 수백만의 사람들이 직업을 잃으면서 온 나라가 고통의 수령에 빠질 겁니다. 그런 관점에서 미래를 생각한다면 앞으로 우리가 던져야 할 가장 중요한 질문은 하나예요. 어떻게 하면 사람들이 생계를 이어가도록 만들고, 그들을 사회에 지속적으로 참여시킬 수 있을까?"

미디어랩 견학의 마지막 순서로 우리 그룹의 의장인 내가 오늘 배운 교훈들을 요약하고 함께 의견을 나누는 시간을 가졌다. 나는 이런 말로 서두를 시작했다. "오늘 이 놀라운 곳에서 뭔가 불가능해 보였던 유일한 순간은, 천재 연구원들이 스크린에 파워포인트를 제대로 비추지 못했을 때입니다." 이십여 명의 동료들이 박장대소를 했다. MIT의 마법사들도 파워포인트를 사용하며 민망한 기술적 문제로 쩔쩔매기는 우리와 마찬가지인 듯싶었다.

나는 1960년대에 활약한 록밴드 버펄로 스프링필드의 노래 가사를 인용하며 말을 이어나갔다. "무슨 일인가 벌어지고 있다. 하지만 그게 뭔지는 확실하지 않다."[5] 그것은 내가 오늘 MIT에서 경험한 느낌을 그대로 표현하는 구절이었다. 우리는 이곳에서 미래의 모습을 엿볼 수 있었다. 정말 놀라운 기술들이었다. 단지 그로 인해 향후 초래될지 모를 심각한 윤리적·사회적 정의의 문제를 해결할 수만 있다면 말이다. "나는 한평생 노동운동에 종사하며 줄곧 미래의 뒤를 따라왔습니다." 나는 동료들에게 이렇게 말했다. "이제는 미래를 따라잡고 싶습니다. 아니 넘어서고 싶습니다. 다가오는 미래의 모습을 확실히 파악할 수 있도록 말입니다."

회의가 끝나갈 무렵 나는 동료들에게 두 가지 가설을 제시한 뒤 그에 대해 각자 '예', '아니오', 또는 '기권' 중 하나를 골라 자신의 생각을 밝혀달라고 요청했다.

첫 번째 가설. "기술이 더욱 발전하면 오늘날 사람들이 지니고 있는 '직업'의 개념은 미래에 더 이상 유효하지 않을 것이다. 심지어 직업이 소득의 가장 안정적인 원천이라는 관점마저 다시 생각해야 하는 때가 올 것이다."

두 번째 가설. "앞으로 20년 후의 미국에서는 사람들이 단일 고용주에 소속되어 단일 소득을 얻는 전통적 고용·피고용 관계가 대부분 무너질 것이다. 교육 수준이 높은 일부 사람들에게는 이것이 자유로운 삶을 의미할 수도 있다. 하지만 교육을 받지 못했거나 전과가 있는 사람들 입장에서는 구조적 불평등이 더욱 심화되는 결과가 될 것이다."

여기저기서 끙끙대는 소리가 들렸다. "맙소사. 앤디, 뭐가 그리 장황하고 거창해요?" 그러면서도 각자가 종이에 자신의 답을 써서 제출했다. 나는 답을 분류해서 통계를 냈다. 첫 번째 가설에 동의한 사람은 18명이고 2명은 기권했다. 두 번째 가설은 16명 동의에 3명 반대, 기권은 1명이었다.

나는 이 결과에 매우 놀랐다. 6개월 전, 열린사회재단(OSF)이 주관한 〈노동의 미래에 대한 연구Future of Work Inquiry〉 마지막 회의에서 내가 같은 설문을 했을 때 동료들이 내놓은 답은 전혀 달랐기 때문이다. 적어도 절반가량의 참석자가 기술이 직업과 노동 현장, 그리고 고용·피고용 관계에 부정적인 영향을 초래하게 될 것이라는 가설에 동의하지 않았다. 일부는 화까지 내며 이를 반박했다. "앤디, 우리가 점쟁이라도 된다고 생각하는 거요?" 하지만 오늘 동료들이 내놓은 응답으로 미루어볼 때, 그들은 MIT뿐 아니라 미국 전역에서 사람들이 일하고 살아가는 방식을 근본적으로 바꾸어놓을 무엇인가가 이미 진행되고 있다는 사실을 인식하기 시작한 듯했다. 다만 현재는 아직 그것이 무엇인지 확실하지 않은 상황이며, 모든 사람은 이에 대해 신속하고 진지하게 관심을 기울여야 할 것이다.

미디어랩에서 미래를 만들어나가고 있는 과학자들과 연구원들은 자신의 연구 결과가 수백만의 미국인들, 즉 공장에서 일하고, 집을 짓고, 거리를 지키고, 돈을 투자하고, 세금을 계산하고, 아이들과 청소년들을 교육하고, 병원에 인력을 공급하고, 버스를 운전하고, 노인이나 상이군인을 돌보는 평범한 사람들의 삶에 어떤 영향을 초래할지 생각하지 않는다.

그들은 아이들을 대학에 보내기 위해 허리띠를 졸라매고 돈을 모으는 수백만의 부모들을 고려하지 않는다.[6] 나라에서는 대학이 성공에 이르는 길이라고 떠들어대지만, 아이들은 학교를 졸업해도 제대로 된 일자리를 잡지 못하고 집으로 돌아온다.

그들은 줄어드는 은행 잔고 때문에 허덕이는 수백만의 미국 중산층도 안중에 없다. 중산층이 제품이나 서비스에 소비하는 돈은 전 세계 사람들이 부러워하는 미국 경제의 근간인데도 그렇다.

그들은 미국 전체 아동의 5분의 1을 포함해서 빈곤 상태에 놓인 4,700만 미국인들에 대해 무관심하다.

왜냐하면 이 모든 고려 사항은 과학자와 연구원들의 몫이 아니기 때문이다. 그것은 내 일이다. 우리 모두가 함께해야 하는 일이다. 그리고 내가 이 책을 쓴 이유도 그 때문이다.

미리 이야기하지만, 내가 MIT의 미디어랩을 방문한 데는 개인적 요인과 업무적 요인이 함께 존재했다. 특히 내가 미국에서 가장 성공적인 노동조합인 북미 서비스노동조합(SEIU)의 조합장 직을 전격적으로 사퇴한 이유와도 무관하지 않았다. 요컨대 내가 이 책을 어떻게 쓰게 됐는

지, 그리고 앞으로 이 책이 어느 방향으로 향할지 알기 위해서는 먼저
내 개인적 여정을 이해할 필요가 있을 것이다.

1장

나의 여정

2010년, 나는 마치 인생 최고의 전성기를 맞은 것처럼 보였다. 미국에서 가장 크고 영향력 있는 노동조합의 최고 책임자였는데다, 메디케어 Medicare• 도입이라는 중대한 사회적 입법 영역에서 핵심 역할을 담당하고 있었기 때문이다. 뿐만 아니라 버락 오바마 대통령은 나를 초당적 조직인 심슨-볼스 위원회Simpson-Bowles Commission 위원으로 임명해 이 나라의 고질적 문제인 재정 적자에 대한 해법을 제안하는 데 동참하도록 했다. 그럼에도 불구하고 나는 그해에 SEIU의 조합장 직을 내려놓았다.

주요 언론인 〈워싱턴 포스트〉와 보수적인 〈월스트리트 저널〉을 포함한 여러 매체는 내가 막강한 힘과 영향력을 손에 쥔 상황에서 SEIU를 떠나기로 결심한 이유를 추측하느라 분주했다. 보수 성향의 〈레드 스테

• 미국에서 시행 중인 노인 의료보험 제도.

이트^{Red State}〉는 내가 사임한 이유가 조합의 이익을 위해 밤낮으로 씨름하는 일에 신물이 났기 때문이라고 주장했다. "만일 당신이 건물 관리인이나 수위 같은 사람들로 이루어진 무명의 노조를 미국에서 가장 크고 강력한 민간 노동조합으로 탈바꿈시켰고… 이 조직에 관한 사안을 대통령 집무실로 끌어들였으며… 노동조합운동의 가장 큰 목표 중 하나였던 국가 의료보험의 도입을 이끌어냈다면… 지금쯤 그 자리가 지긋지긋할 만도 하다."[1] 이 매체는 "수많은 수위들이나 간호조무사들과 시간을 보내고 그들의 고용주들과 언쟁을 벌이는 일이 과연 도전적일 수 있을까?"라고 질문하면서 내가 새로운 개척지를 정복하고 싶어 온몸이 근질근질할 것이라고 썼다.

하지만 〈레드 스테이트〉의 추측은 완전히 틀린 것이다. 건물 관리인, 유리창 청소부, 수위, 경비, 간호조무사, 가사 도우미 같은 사람들이야말로 내가 가장 깊은 애정을 가지는 대상이었다. 그들에게 아메리칸드림처럼 강력한 동기부여는 없다. 규칙을 지키며 열심히 일하면 누구에게나 윤택하고 안정적인 생활이 보장되며 아이들에게도 밝은 미래가 펼쳐지리라는 그런 약속 말이다. 내가 SEIU의 조합장으로 선출된 1996년만 해도 조직의 구성원들은 아메리칸드림이라는 신성한 꿈을 실현하는 일이 여전히 가능하다고 생각했다. 하지만 2010년이 되자 무기력한 불안감이 그 자리를 대신하기 시작했다.

SEIU에서 나의 목표는 21세기의 글로벌 경제하에서 노동자들에게 승리를 안겨줄 노동조합을 만드는 것이었다.[2] 하지만 노조들의 움직임은 대단히 느렸다. 그들은 문제를 해결하기 위해 앞으로 나아가지 못하고 퇴보했으며, 좀처럼 모험을 하려 들지도 않았다. 조합원의 수도 점점 줄어드는데다 법적으로 노동조합의 결성 자체가 어려워지는 시대에 나는 내 자신이 속한 조직을 포함한 모든 노동조합을 보다 의미 있는 단체로 거듭나게 할 방법이 무언지 고민했다. 그리고 그 고민을 해결하기 위해 기존의 체계를 뒤엎고 노동자들을 새로운 방식으로 조직하는 길을 선택했으며, 이를 통해 노조 규제 법안의 산실인 의회 한복판에 노동자들의 영향력이 전달되도록 만들었다.

나는 일에 싫증이 나서 SEIU를 떠난 것이 아니었다. 그보다는 이곳에서 거의 15년 가까이 근무하는 동안 노동의 미래를 예측하는 능력을 상실했기 때문이다. 유능한 리더가 되기 위해서는 20년이나 30년, 때로 40년쯤 앞을 내다보는 능력이 필요하다. 그래야 자신이 만들어가고 싶은 미래를 상상하고 그에 따른 계획을 수립할 수 있다. 1930년대 미국 광산노동자조합의 조합장이었던 존 L. 루이스John L. Lewis는 그런 능력을 갖추고 있었다. 1950년대부터 1960년대에 걸쳐 미국 자동차노동조합을 이끌었던 월터 루서Walter Reuther도 마찬가지였다. 나 역시 1990년대나 2000년대 초반에는 어느 정도 그런 능력을 발휘할 수 있었다. 그러나 2010년에 들어서면서 경제가 빛처럼 빠른 속도로 변화와 분화를 거듭하자, 나는 경제(또는 노동)의 앞날을 예측할 수 없게 됐다. 2025년이나 2040년쯤의 미래에 세상이 어떻게 변할지에 대한 확실한 비전이 없는 상황에서, 사회적 변화를 주도해야 하는 리더에게 필요한 내면의 나침반을 구축하기는 불가능했다. 더욱이 내게는 별다른 아이디어도 없었다.

그래서 나는 SEIU를 떠났다. 그리고 다음 해에는 심슨-볼스 위원회의 업무를 제외하면 주로 재충전과 심리적 치유를 하며 시간을 보냈다. 그러면서도 노동자들을 도울 수 있는 새로운 방법을 찾기 위해 고심했다. 그해가 다 끝나갈 무렵, 나는 직업, 일, 그리고 아메리칸드림의 미래를 탐구하기 위한 4년 동안의 대장정에 돌입했다. 내 여정이 시작된 것은 고용 없는 경기회복의 문제, 또 소수의 사람들에게 더 많은 부가 편중되는 경향 등이 심화되던 시기였다. 정치권마저 교착상태에 놓인 상황에서 발생한 이런 현상은 중산층을 붕괴시키고 경제 전체를 위험에 빠뜨렸다. 노동자의 임금은 정체되어 있었다. 사람들은 생계를 위해 두세 가지 직업을 전전해야 했다. 대학 졸업자들은 변변한 일자리도 구하지 못하고 수천 달러의 빚만 떠안은 채 교문을 나섰다. 집을 장만하고 아이들에게 밝은 미래를 만들어주는 일은 '아메리카의 몽상'으로 전락했다.

나는 21세기 경제에서 노동조합이 수행하는 역할은 매우 제한적이라는 사실을 일찌감치 깨달았다. 그 이유는 노동조합이 새로운 환경에 적응하는 속도가 느리기 때문만이 아니라 경제 자체가 변화하고 있기 때문이다. 새로운 기술들로 인해 더 많은 일들이 자동화되면서 기업들이 필요로 하는 정규직 노동자의 수는 갈수록 줄어들 것이다. 따라서 노조가 수행하는 단체교섭의 역할은 축소될 수밖에 없다. 그러다보면 회비를 납부하는 조합원의 수도 나날이 감소할 것이다. 프리랜서나 시간제 근로자들은 이미 노동 현장의 모습을 바꾸어놓기 시작했다. 그들은 보다 자유롭고 융통성 있게 업무를 수행한다. 반면 직업적 안정성이 부족하고, 자신을 고용한 사람이나 회사에 영향력을 행사하지 못한다.

그래서 나는 보다 보편적인 질문에 관심을 집중했다. 만일 직업의 수가 줄어들고 일자리도 감소한다면 사람들은 어떻게 생계를 해결하고, 시간을 보내며, 삶의 목적을 발견할 수 있을까? 또한 계층 간 소득 격차가 커지면서 초래될 사회적 불화나 동요를 어떻게 막아야 할까?

나는 모든 미국인이 보다 차원 높은 국가적 목표를 향해 결집할 수 있는 아이디어를 찾기 시작했다. 부모님 세대와 우리 세대를 풍미하던 아메리칸드림, 그 오랜 꿈은 오늘날 벌어지고 있는 모든 상황과 과거 수십 년 동안 정체된 임금 앞에서 설 곳을 잃었다. 우리에게는 새로운 아메리칸드림이 필요하다. 우리가 진정으로 염원하고 갈망하는 삶의 비전을 제공하며, 이를 우리의 자녀들과 미래 세대에게 타고난 권리와 영감으로 물려줄 수 있는 그런 약속 말이다.

그리고 그 원대한 아이디어를 완성하기 위해서는 나 자신이나 다른 사람들에게 이런 질문을 던져야 할 것이다. "이 새로운 아메리칸드림이 모든 사람에게 가능하게 만들려면 경제와 사회제도를 어떻게 구축해야 하는가?"

나는 탐구하는 과정에서 그 질문에 대한 잠재적인 답을 찾아냈다. 앞으로 이 책에서 **기본소득**Universal Basic Income(UBI)이라는 개념을 자세히 설명할 것이다. 하지만 그에 앞서 이런 상황을 상상해보자. 매달 모든 미국인 앞으로 수표가 발송된다. 일을 하든 안 하든 누구에게나 마찬가지다. 모든 미국인에게 가난을 벗어나기에 충분한 돈, 자신의 꿈을 달성할 기회를 제공하는 금액이 주어지는 것이다.

하지만 내가 또 마음만 앞섰다. 왜 기본소득이 경제 문제에 가장 실질적인 대안이 될 수 있으며 전부는 아니더라도 대부분의 정당이 수용할만한 해결책이 될 수 있는지를 이해하려면, 먼저 내가 노동운동을 하면서 갖게 된 생각을 이야기하는 것이 도움이 될 듯하다.

몇 년 전, 나는 〈워싱턴 포스트〉의 에즈라 클라인Ezra Klein과 인터뷰하는 자리에서 노동운동을 이렇게 정의한 적이 있다. "미국 역사상 중산층의 일자리 창출을 위한 가장 위대한 방법이자, 납세자들에게 한 푼의 돈도 요구하지 않는 방법입니다."[3]

내 말의 의미는 이렇다.

광부가 곡괭이를 집어 들고 헤드랜턴을 착용한 후, 탄광의 갱도 깊은 곳으로 내려간다. 그리고 곡괭이를 휘둘러 석탄을 캔다. 그 자체로만 보면 그리 대단할 것도 없다. 그런데도 웨스트버지니아에서는 석탄을 캐는 광부들이 사회의 중산층을 형성했다. 그들이 엄청난 기술을 가졌거나 대학을 졸업해서 그런 것이 아니다. 단지 그들이 노동조합에 소속되어 있었기 때문이다. 미국의 철강 공장, 제조업의 조립라인, 철도, 그리고 부두의 하역장에서 근무하는 사람들 역시 마찬가지였다. 미국 경제를 세계 최고로 끌어올린 모든 산업 영역에서 민간 노동조합들이 활약한 덕분에 하찮은 직업을 지닌 사람들도 높은 급여, 훌륭한 복지, 안정적인 고용을 보장받을 수 있었다. 그리고 노동자들의 가족은 아메리칸드림의 핵심을 차지하는 확고한 중산층을 형성했다.

노동조합의 혜택을 받은 사람들은 조합원들만이 아니다. 오늘날에는 포드나 제너럴모터스 같은 포춘 선정 100대 기업에서 이루어지는 노사 협상에 관심을 기울이는 사람이 거의 없다. 하지만 1950년대와 60년대에는 노사 협상 결과가 신문 1면에 대서특필됐다. 만일 포드 자동차 공장의 노동자 임금이 3퍼센트 인상됐다면, 그 숫자는 미국 전체에 일종의 표준으로 자리 잡았다. 그래서 식료품 가게 점원이든, 주유소 직원이든, 은행에서 일하는 사람이든 똑같은 비율의 임금 인상을 기대했다.

뿐만 아니라 노동조합은 강력한 정치적 영향력을 행사해 사회적 불평등 해소에 기여했다. 최저 임금제, 직장 의료 혜택, 사회보장제도, 한계 세율 인상 등의 여러 경제정책들을 이끌어냈으며, 모든 사람이 미국의 번영을 공유할 수 있게 만들었다.

내가 태어난 해인 1950년에는 미국 전체 노동자의 35퍼센트가 노조에 가입되어 있었다. 내가 대학을 졸업하던 1972년에는 그 비율이 27퍼센트로 줄었다. 하지만 여전히 무시할 수 없는 비율이었다. 오늘날 전국의 노동자 가운데 노조에 가입된 사람은 12퍼센트에 불과하다. 더욱이 민간 노동조합 가입자는 6.6퍼센트에 지나지 않는다.[4]

나는 대학을 졸업한 후 펜실베이니아주 복지부Department of Welfare에서 사회복지사로 처음 직장 생활을 시작했다. 같은 부서 소속의 사회복지사들은 내가 고용되기 전에 이미 투표를 통해 SEIU에 가입하고 단체교섭권을 확보한 상태였다. 첫 출근을 한 지 얼마 되지 않아, 게시판에서 SEIU 로컬 668SEIU Local 668* 사무국이 주최하는 조합원 집회 공고를 발견했다. 그날 내가 집회에 참석한 이유는 공짜 피자를 얻어먹기 위해서였다. 하지만 나는 노동자 대표들이 우리의 삶을 변화시키기 위해 헌신적으로 일하는 모습에 감동받아 회의장을 쉽사리 떠날 수 없었다.

1977년 나는 로컬 668의 지부장 선거에 출마했다. 그리고 나와 경쟁하던 팀에서 재무 책임자로 출마한 여성과 나중에 결혼했다. 나는 운 좋게 선거에서 이겼다. 내 생각에 26세에 주요 지부의 지부장이 된 것은 SEIU 역사상 최연소 기록이 아닌가 싶다. 나는 그후 노동자들을 조직하

●　　북미 서비스노동조합의 펜실베이니아 지부.

고 노사 협상 계약서와 씨름하며 SEIU에서 30년을 보냈다. 그동안 우리 조합원 수는 40만 명에서 220만 명으로 늘었다. 하지만 같은 기간 미국 전체 노동자의 노동조합 가입 비율은 23퍼센트에서 12퍼센트 아래로 떨어졌다.

미국 노조원의 숫자와 힘이 총체적으로 줄어든 이유는 무엇일까?

1981년 3,000명의 항공관제 노동자들이 파업에 돌입하자 당시 대통령이었던 로널드 레이건은 그들을 모두 해고해버렸다. 반노동조합 시대의 서막이 열린 것이다. 기업들은 노동조합 파괴 활동에 수백만 달러를 투입했다. 또 노조를 와해시키거나 노조의 힘을 약화시키기 위해 의회를 상대로 끊임없이 로비했다. 그 결과 그들은 많은 인건비를 절감했다. 기업들의 입장은 점점 강경해져갔지만 노동조합들은 파업에 돌입하는 것을 망설였다. 내가 SEIU에 가입하기 2년 전인 1970년에는 미국 전역에서 모두 371건의 노동쟁의가 발생했다. 하지만 내가 SEIU를 떠난 2010년에는 11건에 불과했다.

노동조합 가입자 수가 계속 하향세를 보인 데에는 제조업 일자리의 감소, 그리고 전 산업 분야에 걸쳐 글로벌화된 공급 사슬이 큰 영향을 미쳤다. 철강이나 자동차와 같은 중공업 분야는 1930년대 이래 노동조합운동이 가장 활발했던 영역이었다. 하지만 오늘날 중공업이 미국 경제에서 차지하는 비율은 예전에 비해 훨씬 낮다. 또한 공급 사슬의 글로벌화로 인해 다국적 기업들은 세계 어느 곳에서나 최저가로 자재를 구매하며, 수많은 일자리를 중국이나 인도 같은 개발도상국에 아웃소싱한다.[5]

다음 그림에서 볼 수 있듯이, 지난 수십 년에 걸쳐 진행된 노동조합 가입자의 감소율은 미국 전체 근로자의 총소득 중 중산층 점유분의 감소율과 같은 궤적을 보인다.[6] 다시 말해 노동조합 가입자가 줄어들면서 소득의 불평등이 더욱 악화된 것이다.

2007년, 미국 연방준비제도위원회 의장 벤 버냉키Ben Bernanke는 그레이터 오마하 상공회의소가 주최한 회의에서 노동조합의 쇠퇴가 소득 불평등이 심화되는 이유 중 10~20퍼센트를 차지한다고 언급했다.[7] 국제통화기금(IMF)도 1980년~2010년에 걸쳐 수행한 계량경제학적 연구를 통해 비슷한 결론에 도달했다. "상위 10퍼센트 계층의 소득이 5퍼센트 증가한 원인의 절반 정도는 대체로 노동조합의 침체 때문이라고 할 수 있을 것이다. 노동조합이 약화되면서 최고 경영진에게 주어지는 보수의

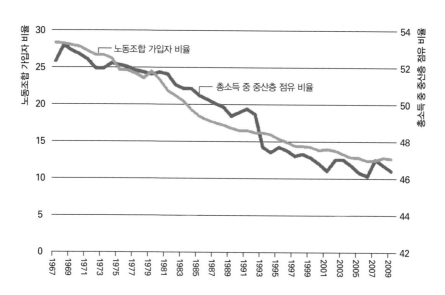

긴밀한 연관성

노동조합 가입자가 감소하면 중산층의 소득도 줄어든다

규모와 구조에 대해 노동자들이 행사할 수 있는 영향력이 감소했기 때문이다."8

1965년에 CEO의 수입은 노동자 평균 급여의 20배 정도였다. 오늘날 CEO들은 노동자의 300배를 벌어들인다.

과거 SEIU의 회원들은 같은 도시에서 동일 직종에 근무하는 비노조원들에 비해 더 높은 임금을 받았다. 수위나 간호조무사 같은 사람들도 노동조합의 강력한 힘을 바탕으로 소속 기업이 거둔 성공을 함께 나눌 수 있었다. 경영진과 주주들이 지나치게 많은 이익을 차지하기는 불가능했다. 그러나 일반인 가운데 노동조합이 소득을 공평하게 만들고 기업 임원들의 과도한 수입을 저지한다는 사실을 아는 사람은 많지 않았다. 레이건 대통령 재임 시에 성인이 된 사람들은 노동조합을 반대했다. 기성세대들은 노조가 힘겹게 얻어낸 혜택을 누려가며 은퇴했지만, 그들을 대신한 젊은 노동자들은 노동조합의 역사와 목적을 이해하지 못했고, 이에 동의하지도 않았다. 노동조합에 대한 대중의 공감대와 지지는 갈수록 약화됐다.9

내가 SEIU의 조직 담당 책임자로 일하던 12년 동안 SEIU는 미국에서 가장 빠르게 성장하는 노조가 됐다. 그리고 내가 조합장에 당선된 1996년, 조합원 수는 140만 명을 돌파했다. 그해 시카고에서 1,500명의 대의원이 참석한 가운데 조합원 대회가 열렸다. 나는 그들 앞에서 신임 조합장 수락 연설을 하며 SEIU를 더욱 강하게 만들겠다고 약속했다. "나는 우리 아이들이 미국 역사상 부모 세대보다 더 어려운 삶을 살아가는 첫 번째 세대가 되는 것을 바라지 않습니다. 아이들이 자라서 집을 떠날 때 동시에 세 가지 직업을 갖는 일 없이 자기 스스로를 책임질 수 있기를 바랍니다. 우리의 아이들은 의료보험이 없다는 이유로 몸이 아픈 것을 두려워하거나, 노후 보장이 부족해서 늙기를 겁내서는 안 됩니다." 그리고 나의 두 아이 매트와 캐시를 돌아보며 말했다. "얘들아, 아빠는 너희를 사랑한단다. 이 노동조합은 너희를 위해, 그리고 이 자리에 참석한 모든 사람의 아들과 딸을 위해 끝까지 싸울 거야."

이 말을 할 때도 나는 낙관과 희망으로 넘쳐났다. 그러나 2000년대에 들어서면서 SEIU는 노동운동에 도전장을 던지는 수많은 세력들과 사활을 건 투쟁에 돌입해야 했다. 그 세력들 가운데에는 기업 활동의 범위가 특정 지역에 국한되지 않고 지방 전체, 국가 전체, 심지어 전 세계에 뻗어 있는 고용주들이 즐비했다. "카이저Kaiser, HCA헬스케어Hospital Corporation of America, 서비스마스터ServiceMaster, ABM 같은 대기업들은 날이 갈수록 커지고 강력해집니다. 그리고 더욱 탐욕스러워지고 있습니다." 나는 청중에게 이렇게 말했다. "우리가 더욱 현명해지고 강해지지 못한다면 우리도 모르는 사이에 그들에게 정복되어버릴 겁니다."

우리가 2000년 피츠버그 회의에 모였을 때, SEIU는 30만 명의 신규 가입자를 확보한 상태였다. 그중에는 로스앤젤레스에서 가입한 7만 4,000명의 가정 요양 보호사, 그리고 푸에르토리코의 교직원 1만여 명도 있었다. 우리는 세계 최대의 노동단체인 미국 노동총연맹산업별조합회의American federation of labor and congress of the Industrial organization(AFL-CIO)에서 가장 큰 노동조합으로 떠올랐다. 팀스터즈Teamsters•, 스틸워커스••Steelworkers,

---

- 미국화물노조.
- • 미국철강노조.

미국교사연합American Federation of Teachers, 미국 주州·카운티·시 직원연합 American Federation of State, County, and Municipal Employees 등의 조직을 모두 앞지른 것이다.

이런 성과를 축하하기에 피츠버그만큼 역사적인 의미를 지닌 곳은 없을 것이다. 1935년, 미국 광산노동자조합의 조합장 존 L. 루이스는 바로 이 도시에서 자동차, 고무, 유리, 철강 등의 산업체에 속한 반半숙련 노동자들을 규합하여 산업별조합회의(CIO)를 설립했다. 당시 기능공 위주의 소규모 노동조합들로 구성되어 있던 미국 노동총연맹(AFL)은 산업체 소속의 노동자들을 무시하거나, 심지어 경멸하기까지 했다. 하지만 루이스는 노동운동의 앞날이 각 산업체의 반숙련 노동자들을 조직화하는 데 달렸다는 사실을 알고 있었다. 20년 후인 1955년, CIO는 AFL과 합병했다. AFL-CIO는 그후 20년 동안 수백만 노동자 가족의 생활을 향상시키는 데 기여했으며, 흑인과 여성들이 중산층 대열에 합류하는 길을 닦았다.

나는 피츠버그 회의에 참석한 대의원들에게 노동운동의 역사를 새롭게 쓰는 일에 동참해달라고 호소했다. 제조업이 경제의 근간을 이루던 시대는 가고 서비스 산업의 시대가 열렸다. 나는 참석자들에게 단일 사업장, 단일 시市, 단일 고용주에 한정된 노사협상 계약에 매달리던 낡은 관행을 깨고 지역 전체, 국가 전체를 아우르는 전면적인 노사협상에 나서자고 독려했다. 또한 우리의 역사적 목표라고 할 수 있는 올바른 대통령의 선출, 즉 노동운동에 우호적이고 국가 건강보험 시행과 노동법 개혁에 힘쓸 수 있는 대통령을 선출하는 데 필요한 정치적 역량을 강화해야 한다고 강조했다.

특정 지역의 노조가 혼자서는 절대 이길 수 없는 싸움이라도, 빌딩 관리, 의료, 보육 서비스 같은 산업체별로 노동자들을 규합한다면 승리할 수 있다. 경제의 세계화가 가속화되고 있는 오늘날에는 더더욱 그렇다. 예를 들어 우리 조합 소속의 수위나 경비원들은 뉴욕시를 포함한 미국 전역에서 주로 국제 금융 투자사나 외국계 연금 기금 같은 회사 소유의 건물에서 일한다. 북미 지역에서 가장 큰 두 경비 업체인 시큐리타스Securitas와 그룹4Group 4의 본사는 각각 스웨덴과 영국에 있다. 북미 지역에서 가장 큰 스쿨버스 회사 세 곳 중 두 곳의 본사도 영국에 있다. 전 세계의 서비스산업은 다양한 서비스를 제공하는 3개의 주요 아웃소싱 기업에 의해 갈수록 잠식되어가는 추세다. 프랑스에 본사를 둔 소덱소Sodexho는 76개 국, 영국의 컴퍼스Compass는 90개 국, 그리고 미국의 아라마크Aramark는 19개 국에서 활동 중이다.

"오늘날 다국적 기업들은 고정적인 근거지도 없고, 국경으로 구분되지도 않습니다. 그들에게는 특정 국가의 국기가 아닌 자사의 로고만이 중요할 뿐입니다. 그들은 돈을 더 많이 벌 수 있고 급여를 더 적게 지급할 수 있는 곳이면 지구상 어디가 됐든 자신들이 벌어들인 돈을 가져갑니다." 나는 샌프란시스코에서 열린 2004년 집회에서 이렇게 말했다. "과거 우리에게 닥쳤던 도전들을 기억하는 사람들 중에는 분명 옛날로 돌아가고 싶어하는 분들도 있을 겁니다. 지역 노동조합을 중심으로 단결하기만 해도 그 지역의 고용주에게 보다 나은 노사협상 계약을 얻어낼 수 있었던 시절, 또는 특정 지역의 단일 노동조합도 자신들에게 우호적인 정치가를 선출하기에 충분했던 시절이 있었습니다. 세상은 천천히 움직였고 국경을 넘어 소통할 필요도 없었습니다. 회사 사장은 요즘처럼 런던이나 파리로 출장을 가지 않고 늘 자리를 지켰습니다. 공공서 비스나 의료 기관에 근무하는 사람들은 아웃소싱이나 복지 혜택 축소의 대상이 되지 않았습니다. 하지만 이제 그런 세상은 영원히 사라지고 없다는 사실을 우리 모두 잘 압니다. 이런 변화에 적응하지 못하는 조직 또한 영원히 사라지고 말 것입니다."

하지만 65개의 자율적인 노조들을 동업조합 형태로 느슨하게 합쳐 놓은 ALF-CIO는 세계화되고 있는 미래의 노동운동을 이끌 수 있는 조직적 역량도, 결속력도 부족했다. 예를 들어 의료 분야에서는 14개의 노동조합들이 저마다 노동자들을 끌어들이기 위해 경쟁했다. 또한 여러 노조들이 동일한 고용주와 협상을 하는 경우에도 서로 협업과 조율이 잘 이루어지지 않아 노조원들에게 유리한 계약을 얻어내지 못했다. 나는 SEIU 및 다른 네 개의 노동조합을 대표해서 AFL-CIO에 조직 개편을 요구했다. 수많은 군소 노조들을 한데 묶어 각 경제 부문에 특화된 20개의 대형 조직들을 만들자고 제안한 것이다. "이 사람은 노동운동을 살려낼 수 있을까?" 〈비즈니스 위크〉는 2004년 9월 13일 자 표지에 내 사진을 실으며 이런 질문을 던졌다.[10] "서비스 노동조합의 수장인 앤디 스턴이 미국의 노동운동을 개혁할 급진적 계획을 세우다." 그리고 이렇게 물었다. "과연 다른 노동조합 지도자들이 이에 동참할 것인가?"

5개월 후, AFL-CIO는 내가 제시한 안을 거부했다. SEIU는 다른 6개의 노동조합과 함께 독자적인 연합 노조를 출범시켰다. 그리고 '승리를 위한 변혁Change to Win'이라고 명명했다. 이 연합체의 목표 중에는 내가 SEIU에서 줄곧 시도해왔던 일, 즉 여러 개의 군소 노조들을 규모가 큰 소수의 산업별 조직으로 합치고, 정치적 활동의 핵심 목표를 특정 정당이나 정치인의 이익이 아니라 조합원의 이익을 추구하는 데 두며, 무엇보다 노조의 힘을 좌우하는 회원 수의 증가와 조직에 역량을 집중하는 일 등이 포함돼 있었다. 우리는 많은 목표를 달성했지만, 우리의 핵심 원칙을 실행에 옮길 정치적 의지나 전략을 공유하진 못했다. 2014년이 되자, 최초에 함께했던 조합들 중 여전히 연합에 남은 노조는 3개에 불과했다.

우리가 특히 성공적으로 목표를 달성한 분야는 정치 영역이다. 버락 오바마가 1996년 일리노이주 상원의원으로 출마했을 때 SEIU는 그를 지지했다. 그리고 그가 2002년 연방 상원의원에 출마했을 때도 마찬가지였다.[11] 그리고 2006년, 대통령 출마를 고려하던 오바마는 내게 SEIU가 자기를 다시 지지할 것인지 물었다. "그건 당신에게 달려 있습니다." 내가 말했다. "우리의 지지를 바라는 후보자는 국가 의료보험 계획을 수립하고 이를 재정적으로 지원할 방법을 찾아야 할 겁니다. 그리고 어느 날 하루쯤은 우리 노조원들의 삶을 직접 경험해 노동자와 가족들이 처한 문제를 이해할 수 있었으면 좋겠습니다."

2007년 8월 9일, 오바마는 하루 종일 SEIU 소속의 가정 요양 보호사 폴린 벡Pauline Beck을 도와 86세의 노인 존 손턴John Thornton을 돌봤다. 캘리포니아주의 앨러미다 카운티에 살고 있던 손턴은 전직 시멘트공이었다. 오바마는 손턴을 위해 아침을 차리고, 걸레로 바닥을 닦고, 설거지와 빨래를 하고, 침대를 정리했다. 손턴은 다리 절단 수술을 받은 환자였다. 오바마 상원의원은 온종일 손턴 옆에서 그가 휠체어에 오르내리는 일을 도왔다. 하루 일과를 마친 폴린은 조카 손자와 두 명의 입양아가 기다리는 집으로 향했다. 오바마는 폴린을 통해 노동자들에게 유급으로 병가를 제공하는 일이 왜 중요한지 깨달았다고 말했다.[12] "고된 일, 영웅적인 삶. 그것이 폴린을 표현하는 말입니다." 그로부터 4년 후, 오바마는 백악관에서 가정 요양 보호사를 위한 초과근무 수당 인상과 최저임금 보장에 대한 지지를 표명할 때 자신의 옆에 서 있던 폴린을 돌아보며 이렇게 말했다.

SEIU는 2008년 오바마를 지지한다고 선언한 첫 번째 노동조합이 됐다. SEIU의 정치 활동 위원회는 그를 대통령으로 당선시키기 위해 7,100만 달러를 썼다. 우리 조합원 10만 명은 오바마를 대신해서 유권자들의 집을 방문하고, 그들에게 전화를 걸어 표를 호소했다.

오바마 행정부의 기록에 의하면 나는 2009년 1월부터 7월까지 백악관을 22차례 방문했다. 백악관 직원 이외의 인물 중에는 가장 방문 횟수가 많았다. 내가 백악관을 방문한 것은 SEIU의 핵심 목표인 의료 개혁 전략 수립을 위해 오바마 행정부를 지원하는 일을 맡았기 때문이다. 내게는 이것이 개인적인 사안이기도 했다. 내 딸 캐시는 이미 8년 전에 세상을 떠나고 없었다. 척추 수술에 따른 합병증이 원인이었다. 당시 딸은 겨우 열세 살이었다. "만일 더 나은 의료보험 제도가 있었다면 캐시는 아직 살아 있을 거야." 나는 친구들에게 이렇게 말했다. 내가 삶에서 가장 크게 절망했던 그 시기, 나는 캐시가 "모든 사람에게 의료보험을"이라는 표어를 들고 내 옆에 서 있는 모습을 상상했다.

2009년 9월, 우리는 대통령이 발의한 법안이 의회에 상정될 수 있도록 워싱턴에 '작전 본부'를 마련했다.[13] 미국 전역의 모든 SEIU 지부는 의료보험 개혁을 강력하게 촉구했다.[14] 2013년 3월 23일, 오바마 대통령은 역사적인 의료 개혁 법안에 서명한 후 나를 포옹하며 말했다. "SEIU 모든 회원들의 노고, 당신들의 이야기, 당신들의 로비, 그리고 당신들의 투쟁이 없었다면 이 일은 불가능했을 겁니다."

SEIU가 큰 성공을 거두고 '승리를 위한 변혁'까지 만들어지자, 노동 운동계 내에서 나에 대한 평가가 극단적으로 갈리기 시작했다. 다른 노조 지도자들은 SEIU가 시류를 거슬러 급속히 성장한 것이나 내가 자신들보다 오바마 대통령과 더욱 가까워진 상황을 달가워하지 않았다. 심지어 내가 속한 노조에서도 독립성과 전통에 집착하는 일부 지도부가 반발했다. 하지만 동일한 고용주 또는 동일한 산업 분야에서 일하는 노동자들이 단결할 때 더 큰 힘을 발휘한다는 사실은 분명했다.

미국의 전 노동자의 힘을 강화하기 위해 우리는 '근로자 자유 선택법Employee Free Choice Act'을 통과시키는 데 최대의 노력을 쏟아부었다. 이는 노동자들이 대기 기간이나 비밀투표를 거치지 않고 자유롭게 노동조합을 설립하거나 가입할 수 있도록 하는 법이다. 즉 언제든 다수의 가입 신청에 의해 간단히 노동조합을 조직할 수 있는 것이다. 하지만 나는 우리가 그토록 힘들여 당선시킨 오바마 대통령이 이 법안의 통과를 위해 보다 열심히 힘써주지 않는 데 실망했다. (물론 그에게는 의료보험 개혁이 훨씬 우선순위가 높았을 것이다.) 결국 이 법안은 이념적으로 분열된 의회에서 대통령의 확고한 지원을 받지 못하고 폐기됐다.

그동안 나는 노동운동 지도자가 지나치게 오랫동안 자리를 지키고 있는 모습을 많이 봐왔다. 나는 임기가 2년 남은 시점에서 조합장 사퇴를 발표하며 SEIU의 220만 조합원들에게 영상 메시지를 보냈다. "누구에게나 배울 때가 있고, 이끌어야 할 때가 있으며, 떠나야 할 때가 있습니다. 이제 이 자리에서 물러나… SEIU에서의 여정을 마무리할 때입니다." 나는 59세였다. 그리고 피곤했다. 아버지의 모습이 계속 떠올랐다. 아버지는 64세 되던 해에 암에 걸렸다는 사실을 알았다. 그리고 4년 후 세상을 떠났다. 아버지의 죽음은 여전히 나를 무겁게 짓누르고 있었다. 딸을 잃었을 때 미처 슬퍼할 겨를도 없었던 기억, 결혼 생활을 실패로 끝냈던 자책감도 내 마음을 괴롭혔다. 나는 노동자들의 승리를 위해 투쟁하는 일에 전념하느라 그것들을 희생했다. 이제는 달리기를 멈출 때였다. 내 자신의 삶을 돌보고 몸과 마음을 치유하는 데 더 많은 노력을 기울이고 싶었다. 나는 이미 기진맥진해 있었다. 앞서 말한 대로 새로운 아이디어도 다 고갈되어버렸고, 미래를 예측하는 능력도 상실했다.

오바마 대통령은 내가 사퇴를 발표하기 직전 나를 '재정 책임과 개혁을 위한 국가위원회National Commission on Fiscal Responsibility and Reform' 위원으로 지명했다. 언론 매체들은 이 위원회를 와이오밍 출신의 전 상원의원 앨런 심슨Alan Simpson과 전 대통령 수석 보좌관 어스킨 볼스Erskine Bowles의 이름을 따서 심슨-볼스 위원회라 부른다. 대통령이 임명한 또 다른 위원으로는 하니웰인터내셔널Honeywell International의 CEO 데이비드 M. 코티David M. Cote, 관리예산실Office of Management and Budget 실장인 앨리스 리블린Alice Rivlin, 영 앤드 루비컴Young and Rubicam의 CEO 앤 퍼지Ann Fudge 등이 있었다. 위원회 의장은 나중에 바이든 부통령의 수석 보좌관이 된 브루스 리드Bruce Reed가 맡았다. 상·하원에서도 각각 6명의 위원이 지명됐는데, 공화당과 민주당에 똑같은 수가 배분되었다.

위원회의 사명은 "중기적으로 국가재정 상태를 개선하고 궁극적으로 재정적 지속성을 달성할 수 있는" 정책을 개발하는 것이었다.[15] 나는 8개월 동안 공청회와 토의를 거치면서 거시경제학에 관해 대학원생 수준의 지식을 쌓을 수 있었다. 뉴햄프셔 출신의 공화당 상원의원 저드 그레그Judd Gregg와 고용주 중심의 퇴직 제도를 개선하기 위해 함께 일할 기회도 얻었다. 그 제도로 인해 기업들이 인력을 감축하고 복지 혜택을 축소하면서 점점 많은 미국인들이 연금 없이 노년을 맞게 됐기 때문이다. 또 텍사스 출신 공화당 하원의원 잽 헨설링Jeb Hensarling, 그리고 나중에 백악관 대변인을 지낸 위스콘신 출신의 폴 라이언Paul Ryan과 함께 위원회 활동을 하면서 보수 성향의 사람들이 경제와 세계를 바라보는 관점이 어떤지 알게 됐다. 이런 교훈은 4년 후에 내가 기본소득 제도를 지지하는 연합 세력의 구축 가능성을 타진하는 데 매우 유용하게 작용했다.

나의 다음 여정, 아마 이 책의 핵심이라고 할 수 있는 여정은 실리콘 밸리를 향한다. 이곳에서 나는 컴퓨터와 정보 기술 혁명에 크게 기여한 어느 기업가를 만나 기술과 경제에 대해 대화를 나눴다. 인텔의 공동창업자 앤디 그로브Andy Grove는 미래를 어떻게 내다봤을까?

2장

우리는 전략적 변곡점을 맞고 있는가?

SEIU을 떠난 2010년 여름, 나는 인텔의 전 회장이자 CEO인 앤디 그로브가 〈비즈니스 위크〉에 기고한 기사 한 편을 읽었다. 그는 이 글에서 미국의 지도자들이 일자리 창출을 위해 중국을 비롯한 아시아 각국에서 중요한 교훈을 얻어야 한다고 역설했다. "이 나라들은 국가의 경제정책에서 일자리를 만드는 것이 가장 중요한 목표가 되어야 한다는 사실을 잘 이해하고 있는 것 같다."[1] 그는 미국의 고용 창출이 중단된 이유가 기업들이 제조업이나 엔지니어링 일자리들을 인건비가 더 저렴한 나라들로 아웃소싱했기 때문이라고 지적했다. 물론 경영진과 주주들은 늘어난 매출과 개선된 수익성에 만족했다. 하지만 미국 내에서 기업들은 더 이상 고용을 확대하지 못했다. 그리고 이런 현상은 중산층의 일자리가 계속 줄어드는 결과로 이어졌다.

그로브(안타깝게도 그는 이 책이 출간되기 직전 세상을 떠났다)는 미국

이 장기적인 고용 창출 계획을 세워야 한다고 말했다. 그러지 않으면 미국은 '고부가가치 직업에 종사하는 극소수의 고소득자'와 '수많은 실업자'들만이 존재하는 기형적인 사회로 전락할 것이라고 말했다. 그는 우리의 '가장 근본적인 경제적 신념', 즉 '자유 시장 경제는 최고의 경제 시스템이며, 경제는 더 자유로울수록 더 우월하다'는 믿음이 항상 옳은 것은 아니라고 주장했다. "우리 세대는 자유 시장 경제 원리가 사회주의식의 계획경제에 압도적인 승리를 거두는 과정을 목격했다. 그래서 그 믿음에 지나치게 집착한다. 물론 자유 시장 경제가 계획경제에 비해 우월한 것은 사실이다. 하지만 그런 과도한 신념 때문에 자유 시장 경제를 더 나은 방향으로 수정할 여지가 있다는 사실을 생각하지 못하고 있다."

나는 미국에서 가장 존경받는 기업가 중 한 명인 앤디 그로브가 자유 경제 체제의 '수정'을 주장한 〈비즈니스 위크〉 기사에 깊은 인상을 받았다. 그후 1년의 시간이 흘렀다. 나는 베이징을 방문해 중국 정부의 고위 관료들과 만난 후 〈월스트리트 저널〉에 그 이야기를 기고하기로 했다. 글을 쓰는 도중 그로브의 기사가 생각났다. 내가 중국에 간 것은 경제와 무역 부문에서 미중 양국의 대화가 진전될 수 있도록 돕기 위해서였다. 중국 정부가 재생에너지, 수백만 채의 주택 건설, 차세대 IT, 청정 연료 자동차, 생명공학, 하이엔드 제조업 등에 적극적으로 투자하는 모습은 무척 인상적이었다. 나는 칼럼의 앞부분과 뒷부분에 그로브가 쓴 기사를 인용하면서, 미국이 과거의 낡아빠진 신념에 사로잡혀 있다는 그의 경고를 반복했다. "우리가 세계 최고 국가의 위치를 유지하기 위해서는 스스로 변화해야 한다. 그러지 못하면 변화라는 강요의 물결에 계속 휩쓸릴 수밖에 없을 것이다."[2]

내 칼럼이 신문에 실린 후 나는 그로브에게 신문 한 부를 보내면서 미국 경제의 앞날이나 기술이 고용 창출에 미치는 영향 등을 논의하기 위해 나와 만날 의향이 있는지 물었다. 나중에 그를 만나고 나서 알게 됐지만 선견지명을 갖춘 이 비즈니스 리더는 그것과는 다른 이유로 나를 만나고 싶어했다.

우리가 만난 것은 2012년 8월 20일이었다. 그로브의 사무실은 샌프란시스코반도 남쪽 끝에 자리한 풍요로운 도시 로스앨터스Los Altos에 있었다. 건물은 평범한 골목에 자리 잡고 있었다. 미래의 모습을 엿볼 수 있다거나 현대적인 분위기와는 거리가 멀었다. 세계에서 가장 영향력 있는 비즈니스 리더의 집무실이라고는 믿기 어려웠다. 차라리 오래된 여행사나 회계사 사무실 같은 느낌이었다. 컴퓨터 없이 사람이 직접 일을 처리하던 그 시절의 사무실 말이다. 벨을 두 번 누르자 문이 열렸다. 문 옆에는 'SARUS'라고 쓰인 표지판이 걸려 있었다. 'Strategic Advisors Are Us(우리는 전략적 조언자입니다)'라는 말의 약자라는 것을 나중에 알았다. 여기서 '우리'는 당연히 앤디 그로브를 의미했다. 애플의 공동 창업자 스티브 잡스를 포함한 실리콘밸리의 수많은 사람들이 그로브에게 전략적 자문을 구했다고 한다.

본명은 앤드루 이스트반 그로프Andrew Istvan Grof인 앤드루* 그로브Andrew Grove는 1936년 헝가리의 부다페스트에서 태어났다. 그로브가 나치의 탄압과 성홍열에서 살아남고 공산당 정권의 억압을 견뎌냈을 때 그는 아직 10대의 소년에 불과했다. 1956년 소련이 헝가리를 침공하자 그

• Andy는 Andrew의 애칭임.

로브는 미국으로 망명해 이름을 바꾸고 영어를 배웠다. 그는 캘리포니아 주립대학교에서 화학공학으로 박사 학위를 받은 후 5년 동안 페어차일드 반도체에서 연구원으로 근무했다. 페어차일드의 임원이었던 고든 무어Gordon Moore와 로버트 노이스Robert Noyce는 1968년에 퇴직을 하고 새로운 기업을 설립했다. 나중에 인텔이라고 불리게 된 회사였다. 그로브도 여기에 합류했다. 그리고 20년 후, 그로브는 자신이 이끄는 회사와 함께 컴퓨터 혁명의 선구자로 떠올랐으며 실리콘밸리의 탄생을 주도한 인물이 됐다.

무어는 컴퓨터 칩의 성능이 18개월마다 2배로 늘어날 거라고 예상했다. 그 예측은 사실로 입증되었으며 결국 '무어의 법칙'이라는 이론으로 불리게 됐다. 그로브가 자신의 '변화 이론'을 정립한 것은 1980년대 초 일본의 메모리 칩 제조업체들에 시장을 빼앗겼던 교훈이 계기가 됐다. 그는 1996년에 펴낸 책《편집광만이 살아남는다Only the Paranoid Survive》에서 인텔의 부상과 추락, 그리고 재도약의 이야기를 들려준다.[3]

인텔은 1970년대에 메모리 칩 비즈니스를 지배했다. 하지만 70년대 말이 되자 비즈니스의 방향성을 상실하면서 대규모 투자도 중단했다. 그사이 메모리 칩의 막대한 미래 시장을 예상한 일본 기업들은 새로운 공장을 건설하고 생산능력을 크게 확장했다. 1980년대 초, 미국에서 컴퓨터 수요가 폭증하자 일본 기업들은 인텔 메모리 칩보다 훨씬 낮은 가격의 고품질 제품을 들고 시장에 몰려들었다.

그로브는 1985년 자신의 사무실에서 무어와 여러 가지 선택을 두고 고민하던 장면을 이렇게 회고했다. "우리 두 사람의 분위기는 침울했다. 창문 밖으로 멀리 그레이트아메리카 공원의 관람차가 돌아가는 모습이 보였다. 나는 몸을 돌려 고든에게 이렇게 물었다. '우리가 이사회에서 쫓겨나고 새 CEO가 온다고 가정해보죠. 그 사람은 어떻게 할까요?' 고든은 망설임 없이 대답했다. '메모리 사업에서 손을 떼겠죠.' 나는 잠시 말을 멈추고 그를 쳐다봤다. 그리고 이렇게 물었다. '그렇다면 당신과 내가 저 문을 잠시 나갔다 돌아오면서 그렇게 할 수는 없을까요?'"4

두 사람은 정말 그렇게 했다. 그들은 메모리 칩 사업을 접고 몇 년 동안 마이크로프로세서 연구·개발에 전력을 기울였다. 그리고 새로운 제품 생산을 위한 공장 건설에 수십억 달러를 쏟아부었다. 1990년대 초, 당시 최고의 인기 제품이었던 IBM의 퍼스널 컴퓨터에 인텔의 마이크로프로세서가 탑재됐다. 인텔은 과거 메모리 칩 제조업체에 불과했을 때 누렸던 것과는 비교할 수 없는 엄청난 성공을 거뒀다.

그로브는 약속 시간보다 45분 늦게 도착했다. 늦은 이유—손주를 영화관에 데려다주느라 늦었다고 했다—를 설명한 다음 그는 나를 만나고자 했던 이유를 밝혔다. 그는 오바마케어Obamacare*를 반대한다고 했다. 그로브는 억센 억양의 영어로 그것이 왜 '어리석은' 정책이라고 생각하는지 설명했다. "오바마케어로는 문제를 근본적으로 해결할 수 없어요. 그건 오히려 전체적인 의료비 상승을 초래하는 비합리적인 지불 및 가격 결정 시스템일 뿐입니다."

그로브가 이런 생각을 갖게 된 데에는 자신의 건강 문제가 큰 역할을 한 듯했다. 그는 중추신경계가 서서히 퇴화하는 파킨슨병을 앓고 있

---

* 오바마 대통령이 주도한 의료보험 시스템 개혁 법안. 2014년 1월부터 시행되었다.

었다. 그래서인지 말하는 것도 힘들어 보였다. 목소리에서는 뭔가 절박한 느낌이 묻어났다. 그는 데이터 기반의 의료 분석 기술과 전자 의무기록Electronic Medical Record● 시스템을 바탕으로 의료 비용을 절감하는 방법에 특히 관심이 많았다. "의사들과 보험회사들이 이 기술을 어떻게 활용할 수 있을까요?" 그가 궁금해했다. 나는 정부에서 의료보험 계획을 입안하는 내 지인들을 그에게 소개해주어 그 궁금증을 풀어주겠다고 약속했다.

나는 그로브와 마주 앉은 시간 내내 의료 시스템, 기술, 정부, 그리고 그것들이 직업과 일자리에 미치는 영향에 대한 그의 견해를 듣기만 했다. 아무런 반박도 하지 않았다. 단지 자리에서 일어서기 전, 미국의 노동조합에 닥친 어려움을 어떻게 극복해야 할지 그의 의견을 물었을 뿐이다. 나는 가장 큰 문제 몇 가지를 예로 들었다. 민간 노조 가입자의 감소, 공공 노조를 둘러싼 갈등, '근로자 자유 선택법'이 의회를 통과하지 못한 일 등등이었다. 나는 그로브에게 이렇게 질문했다. "만약 당신이 나라면 노동운동을 어떻게 개혁해서 미래를 준비하는 데 집중하겠습니까?"

그로브는 한동안 침묵했다. "나는 당신의 문제를 해결할 수 있다고 장담할 만큼 오만하지 않아요." 그리고 이렇게 말을 이었다. "하지만 내가 예전에 얻었던 교훈을 이야기해드릴 수는 있습니다. 일단 달성하고자 하는 목표를 명확히 파악하고 그 외의 일은 생각하지 마세요." 또 그

● 의료 기관에서 발생하는 의료 정보를 일체 수정하지 않고 모두 전산화하는 의료 정보 체계.

는 이렇게 조언했다. "때로는 모든 사람이 반대하는 프로젝트에 돈을 투자하는 결단도 필요합니다." 그는 어쩌면 인텔이 일본 기업들로부터 거센 도전을 받았던 위기의 순간에 자신이 택했던 방법을 말하고 싶었는지 모른다. 돌아보지 말고 앞만 보고 전진하라. 미래를 상상하고 자신이 원하는 구체적인 결과물을 마음속에 그려라. 그리고 전력을 다해 그 일을 이루라. 반대하는 사람들이 뭐라 말하든.

나는 공항으로 가는 택시 안에서 우리가 나눴던 대화를 다시 떠올렸다. 내가 성취하고 싶은 일이 무언지 파악하기는 어렵지 않았다. 미국의 노동자들이 더 나은 삶을 살아갈 수 있도록 만들고 중산층의 생존과 번영을 돕는 일, 그것이 전부였다. 하지만 내가 평생 동안 그 목표를 이루기 위해 생각할 수 있었던 방법은 오직 노동운동뿐이었다. 1990년대, 내가 속한 조직을 포함해서 다른 모든 노동조합이 미래를 대비하기 위한 변화를 거부했지만 나는 노동운동의 개혁을 밀어붙였다. 심지어 기존의 관습과 핵심적인 신념에 배치되는 일도 서슴없이 추진했다. 하지만 그 모든 일의 목적지는 어디였을까? 나와 동료들이 앞으로도 노동조합을 강하게 만드는 일에 계속 매달린다면, 25년 후 미국 노동자들의 삶은 더 나아질까? 미래의 세대는 부모들에 비해 더 윤택하게 살아갈 수 있을까? 저소득 노동자들도 아메리칸드림을 이룰 수 있다고 확신하게 될까? 그로브의 조언은 내 막연한 느낌을 확신으로 바꾸어주었다. 물론 노동조합의 존재 자체는 중요하다. 하지만 이는 25년 후 미국의 노동자들에게 닥칠 가장 중요한 문제를 해결할 수 있는 유일한 방법도, 최선의 방법도 아니다. 결론은 분명했다. 이제 노동조합을 넘어 더 먼 곳을 바라봐야 할 때가 된 것이다.

나는 워싱턴에 돌아온 후 《편집광만이 살아남는다》를 다시 한 번 읽으며 새로운 통찰을 얻으려고 노력했다. 그러다 그로브가 '전략적 변곡점'에 대해 내린 정의에 깊이 빠져들었다.

> **전략적 변곡점(명사)** – 기업, 산업, 부문, 경제, 또는 지정학적 상황에 중요한 변화를 야기하는 사건이나 상황, 또는 그것들의 복합적 상태. 변곡점은 하나의 전환점으로, 나중에 긍정적 또는 부정적 결과를 동반하는 극적인 변화를 수반한다. 전략적 변곡점은 대부분 서서히 진행되기 때문에 나중에 돌이켜봤을 때에야 확실히 알게 된다. 초기 단계에서는 이를 부정하는 사람이 많다.[5]

나는 이 정의가 미국의 전반적인 경제 상황, 그리고 그동안 내가 만났던 모든 사람들이 겪고 있는 어려움을 정확히 반영하고 있다는 데 충격을 받았다. 예를 들어 고등학교나 대학을 우수한 성적으로 졸업한 젊은이들 중 점점 많은 수가 자신의 경력을 시작할 첫 직장을 잡지 못했다. 그들은 25세, 심지어 30세가 되어서도 무급 인턴으로 일하거나, 급여가 낮은 판매원 또는 바리스타 같은 직종에 근무했다. 좌절감에 빠져 학교로 다시 돌아가는 이들도 많았지만, 학비 때문에 빚만 더 늘어날 뿐이었다. 생계를 해결하기 위해 집으로 돌아가 부모와 함께 생활하는 젊은이들도 점점 많아졌다.

내게는 실직한 40대, 50대, 60대의 친구들이 많았다. 그들은 취업을 위해, 또 가족들을 부양할 소득을 얻기 위해 그야말로 악전고투했다. 내가 아는 사람들은 모두 자신의 건강, 돈, 아이, 친구, 부모, 이웃, 도시,

나라 걱정에 빠져 살았다. 나는 어느 친구에게 USA가 '걱정 합중국^{United} States of Anxiety'의 약자라고 농담을 한 적이 있다. 그는 "농담이 아니라 사실이야"라고 말했다. 이런 반응을 보인 사람들은 한두 명이 아니다. 그 친구는 곧 울음이라도 터뜨릴 것 같은 얼굴이었다.

정치인들이나 경제 전문가들은 주식시장이 강세를 보이고 기업들의 경영 실적이 상승하고 있다는 이유만으로 미국 경제가 근본적으로 건강하다고 주장했다. 그들은 2008~2009년에 침체되었던 경기가 회복세를 보이고 있으며, 모든 일이 곧 '정상적인 상태로 돌아갈' 것이라고 말했다. 그런 와중에 '걱정 합중국'에서는 현 상황에 대한 책임 논란이 치열하게 벌어졌다. 일부에서는 책임의 소재가 중국이나 글로벌화, 또는 더 많은 자국인을 미국 기업이 채용하도록 규제하지 못한 미국 정부에 있다고 주장했다. 하지만 미국의 노동자들이 성실하게 일하지 않거나 경쟁에서 이길 만큼 기술이 충분하지 않은 데에 원인을 두는 이들도 많았다. 엘리트 계층에 속한 사람들은 미국 노동자들이 더 많은 교육을 받고, 생산성이 높고, 적은 급여라도 기꺼이 받아들일 수 있다면 중국에 그렇게 많은 일자리를 빼앗기지 않았을 것이라고 거만하게 말했다.

나는 친구들이나 친구의 아이들이 하는 이야기를 들으며, 얼마나 많은 미국의 성실한 노동자들이 이 모든 어려움을 자기의 개인적 문제로 받아들이는지 절감했다. 예를 들어 친구들은 자신의 아이들이 더 좋은 대학에 진학하거나 STEM(과학, 기술, 엔니지어링, 수학)과 관련된 교육을 받는다면 좋은 직장에 취직할 수 있다고 생각했다. 또 경기가 개선되면 자신도 지금보다 나은 직업, 적어도 조금은 괜찮은 일자리를 잡을 수 있을 거라는 희망을 놓지 않던 동료들도 많았다. 하지만 지금은 모두가 그런 기대를 접었다. 55세가 넘은 사람이나 1년 이상 일을 쉰 사람을 채용할 회사는 없다는 사실을 잘 알고 있기 때문이다.

경제학자들이나 정치가들은 경제가 회복되는 중이고 더 많은 양질의 일자리들이 창출되고 있다고 앵무새처럼 말한다(물론 그 일자리들은 어디에 있는지 보이지 않는다). 때문에 사람들은 모든 문제의 원인이 자신의 불운 탓이거나 재능, 의지, 노력 같은 요소들의 '결핍'에 있다고 생각하기 십상이다.

하지만 미국 경제가 지난 30, 40년 동안 이미 커다란 **구조적** 변화를 겪었다면? 그로브의 주장대로 우리 사회가 일종의 전략적 변곡점에 도달했으며, 이제 모든 사람의 미래는 스스로 통제할 수 없는 힘에 달려 있는 거라면?

다음의 그림을 살펴보자. 미국 산업 경제의 '황금기'는 1945년부터 1970년대 중반까지 진행됐다. 이 30년 동안 경제의 건전성을 나타내는 4가지 지표, 즉 취업률, 생산성, GDP, 평균임금이 하나같이 성장세를 보였다. 모든 사람이 번영의 물결을 만끽한 시기였다. 최고 부유층의 수입은 8퍼센트 증가한 반면 저소득층의 임금은 42퍼센트가 늘었다. 1959~1973년에 미국의 빈곤층 비율은 23퍼센트에서 사상 최저치인 11퍼센트로 떨어졌다. 저소득층 국민들도 사회·경제적으로 중산층에 오를 수 있다는 기대에 부풀었다.

그때나 지금이나 아메리칸드림의 바탕은 누구나 일하고 싶어하는 양질의 일자리였다. 누구나 대학을 졸업하고 열심히 일하면 안정적인 직업을 구할 수 있었다. 한 회사가 평생직장이 되기도 했다. 대학을 가지 못한 사람도 노동조합이 있는 건설 현장이나 공장에서 근무하면 중

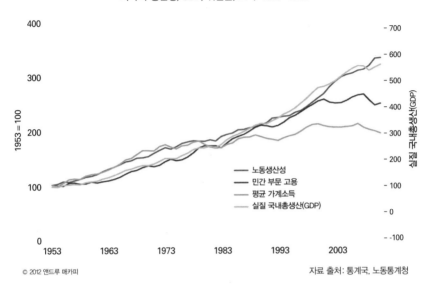

경제성장과 임금 및 일자리의 '대★분리'[6]

미국의 생산성, GDP, 취업률, 소득: 1953~2011

노동생산성
민간 부문 고용
평균 가계소득
실질 국내총생산(GDP)

© 2012 앤드루 매카피

자료 출처: 통계국, 노동통계청

산층에 진입할 수 있었다. 어떤 경로로 중산층에 도달했든, 모든 사람은 (고용주가 급여를 지불하는) 안정적인 일자리와 충분한 수입을 보장받았다. 그리고 이 돈으로 자식들을 대학교나 대학원, 의과대학 등에 보내서 아이들도 더 나은 삶을 살아갈 수 있었다.

전후의 산업 경제에서 노동자, 경제학자, 그리고 정책 입안자들 사이에 형성된 국가적 공감대 중 하나는 직업이 소득, 의료보장, 노후 혜택의 핵심 원천이라는 인식이다. 고용주가 지급하는 수표는 노동자들을 안정적이고 편안한 미래의 세계로 인도하는 승차권이었다. 노동자들의 급여가 다시 소비에 투입되면서 미국은 세계 최고의 경제 국가로 발돋움할 수 있었다. 하지만 노동자들이 사라지고 급여가 줄어들면서 아메리칸드림의 핵심적 주제인 '사회적 이동성'은 자취를 감췄다. 이것은 그로브가 정의했듯이 '서서히 진행되기 때문에 나중에 돌이켜봤을 때에야 알게' 되는 전략적 변곡점의 속성 아닌가.

경제학자들이 전후 미국 경제를 '황금기'라고 불렀을 때, 그 의미는 앞서 말한 **4가지 지표 모두**(생산성, GDP, 취업률, 소득)가 동반 성장했다는 뜻이다. 하지만 1970년대 중반이 되면서 상황은 어떻게 변했는가. 임금은 추락했고, 그후 40년간 꿈쩍도 하지 않았다. 2014년 미국 가정의 평균소득은 5만 3,657달러였다. 물가 인상률을 감안했을 때 1999년의 소득에 비해 2,423달러나 적다. 브루킹스 연구소Brookings Institution*는 "미국 가정의 3분의 2는 2002년에 비해 적은 소득을 올리고 있다"고 발표했다.[7] 특히 1991~2001년에 처음 취업한 젊은이들이 기대하는 평생 소득은 1970년대와 80년대에 취업한 사람들이 기대했던 소득에 한참 미치지 못한다. 또 나이가 많은 노동자들의 임금은 훨씬 가파르게 하락하는 추세다. 이 보고서를 작성한 브루킹스 연구소의 롭 셔피로Rob Shapiro는 〈워싱턴 포스트〉와의 인터뷰에서 이런 경제적 동향의 원인이 다음 두 가지의 구조적 변화에 있다고 주장했다. 첫째, 세계화는 미국의 기업들이 국제 경쟁력 강화를 위해 국내 일자리와 임금을 줄이는 요인이 되었다. 둘째, 노동력 절감 기술의 발전이 단순 기술 노동자의 시장 가치를 떨어뜨렸다.

고용에 있어서도 비슷한 상황이 벌어졌다. 2000년이 되면서 일자리와 GDP, 그리고 생산성의 상관관계가 무너졌다. GDP와 노동·생산성

---

* 미국의 사회과학 연구소.

은 계속 성장했지만 일자리가 만들어지는 속도는 이전과 비교할 수 없을 만큼 저조했다. 취업률과 임금 모두 정체 상태를 벗어나지 못했다. MIT의 교수 앤드루 매카피Andrew McAfee와 에릭 브린욜프슨Erik Brynjolfsson은 공저 《기계와의 경쟁Race Against The Machine》에서 이 현상을 일자리와 임금이 성장이라는 지표에서 '대大분리The Great Decoupling'된 사건이라고 표현했다.[8]

내게는 54쪽의 그래프가 한 마리 굶주린 뱀의 모습처럼 느껴진다. 그 긴 꼬리와 커다란 입을 보라. 언젠가 의회에서 하원의원들에게 뱀을 비유해 이 이야기를 한 적이 있다. 나는 노동 악법이나 당국의 무책임한 정책 때문에 노동운동이 약화되어, 기업들이 탐욕의 입을 이 그래프의 뱀처럼 점점 크게 벌리고 있다고 말했다. 몇몇 의원들의 웃는 소리가 들렸다. 하지만 충격받은 사람들이 더 많아 보였다. 그들은 월스트리트 대기업들의 탐욕과 의회의 무관심이 노동조합과 중산층의 삶에 미치는 연관성을 깨닫기 시작한 듯했다.

나는 이 '뱀' 그림을 다음의 그래프와 함께 보여주곤 한다. 이 그래프를 살펴보면 지난 경제 위기 이후 기업들의 수익과 주가 지수가 사상 최고점을 찍은 반면 평균 가계소득은 4퍼센트가 감소했다는 사실을 알 수 있다. 요컨대 기업들이 수익의 대부분을 거두어들이면서 경영진과 주주들은 더 부자가 되어가는 것이다. 반대로 나머지 미국인들은 생계를 이어가기가 과거보다 더 어려워졌다.

정치가들은 민주당과 공화당을 가리지 않고 이런 주장을 외면한다. 그들은 이것이 이상異常 현상이자 일시적인 상태라고 주장한다. 통제 불가능한 주택 시장에서 비롯된 경기침체에 모든 원인이 있다는 것이다.

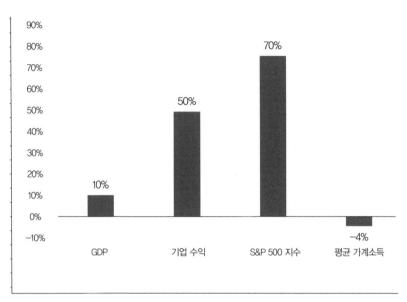

우리는 전략적 변곡점을 맞고 있는가?

출처: 실질 국내총생산 및 기업 수익, 미 상무부 경제분석국(2009년 2분기~2013년 3분기); S&P 500 지수,
다우존스 주가 지수(2009년 6월~2013년 11월); 평균 가계소득, 센티어 리서치(2009년 6월~2013년 10월)

그들은 감소하는 실업률을 보라고, 그건 좋은 시절이 다시 찾아오고 있
다는 증거라고 말한다.

하지만 일자리 없는 성장, 임금 없는 성장은 이상 현상도, 일시적인
상태도 아니다. 우리는 전략적 변곡점을 맞고 있다. 그러므로 모든 사람
은 이에 대해 즉시 그리고 적극적으로 관심을 기울여야 한다. 내가 이렇
게 주장하는 근거는 다음과 같다.

미국 경제의 계층 간 격차가 더욱 크게 벌어지고 있다. 2008~2009년에
발생한 경제 위기 이후 미국인들은 맞벌이, 학자금 대출과 카드 빚, 주

택담보 대출, 세대 간 주택 공유, 복수의 직업 등 온갖 방법을 동원해서 생계를 유지하느라 안간힘을 썼다. 반면 기업들은 정규직을 줄이고, 신기술을 도입했으며, 생산 기지를 해외로 옮겼다. 또 임시직을 늘리고, 파견직 근로자와 컨설턴트들을 고용했으며, 임금과 복지 혜택을 삭감했다. 정치계나 연방준비제도위원회에서는 경제가 '회복'되어가고 있다고 공식적으로 선언했지만, 여론조사 결과 75%의 응답자가 그 말을 믿지 않는 것으로 드러났다.[9] 대부분의 미국인은 미국의 계층 간 소득 격차가 점점 커지는 추세이며, 2008년 경제 위기 이후에 창출된 모든 이익은 기업의 임원이나 주주들이, 이미 충분히 부자인 사람들이 차지하고 있다고 생각한다.

직업의 차이에 따른 소득 격차가 커지고 있다. 영국의 경제학자 앨런 매닝Alan Manning은 상위 계층 직업과 하위 계층 직업의 임금 차이가 심화되면서 중간 소득 직업이 사라지는 현상을 '일자리 양극화job polarization'라고 불렀다.[10] 미국에서는 일자리 양극화 현상 때문에 전체 경제 생산성의 상당 부분을 최고 소득 계층에서 독식한다. 2014년 상위 10퍼센트에 속하는 부유층의 소득은 미국 전체 소득의 46퍼센트에 달했으며, 그 중 절반 가까이를 상위 1퍼센트가 가져갔다. 0.1퍼센트의 부자들은 미국 전체 소득의 10퍼센트를 거두어들였다. 이들은 대부분 주가 상승, 기업 수익 증가, 주택 가격 상승 등으로 많은 돈을 벌었다. 400명의 최고 부자들이 축적한 재산은 1억 5,500만 명의 미국인의 재산을 합친 것과 비슷하다. 부자들과 나머지 사람들의 격차는 터무니없을 정도로 심화되어가고 있는 것이다.

일이나 구직 활동을 하지 않는 노동 가능 인구가 너무 많다. 경제 위기 이

후 9.6퍼센트로 정점을 찍었던 실업률이 점점 낮아지고 있다고 한다. 하지만 실업률이 감소한 것은 상당 부분이 노동인구에서 제외됐거나, 노동능력을 상실했거나, 구직 활동을 포기한 사람들 때문이다. 물리적으로 노동능력이 있는 사람이 구직 활동을 중지하면 국가에서 발표하는 월간 실업률 산정에서 제외된다. 그 이유는 나도 모른다. 어쨌든 그로 인해 미국인들이 실제보다 취업 기회가 더 많다고 생각하는 결과가 빚어진다. 하지만 생산 가능 인구 중에서 일을 하거나 구직 활동을 하고 있는 인구의 비율을 측정하는 '경제활동 참가율'은 38년 만에 가장 낮은 수치를 기록했는데, 그나마 2009년 경제 위기로 급락했을 때보다는 가까스로 조금 회복한 상태다. 2015년 8월 현재 미국에서 일을 하고 있거나 구직 활동 중인 사람들은 전체 생산 가능 인구 중 62.6퍼센트에 불과하다. 나머지 37퍼센트는 일을 손에서 놓은 상태거나 아예 근로 의지가 없다. 미국 노동통계청Bureau of Labor Statistics(BLS)의 자료에 따르면 미국의 노동인구 중 남성의 비율은 1948년 이후 가장 낮은 수준이다.

내가 대학을 다니던 1960년대 후반에 25~54세의 남자들은 거의가 일을 했다. 1970년의 통계를 보면 일을 하지 않는 남성은 100명 중에 5명 정도였다. 1990년대 말에는 이 숫자가 11명으로 늘었다. 지금 이 글을 쓰고 있는 시점에는 무려 16명에 달한다.

경제활동 참가율(2001년에는 67.3퍼센트였다)이 급락한 것이 왜 문제가 되는 걸까? 노동경제학자 벳시 스티븐슨Betsey Stevenson은 이렇게 말한다. "유능하고 생산적인 기술을 갖춘 인재들은 매우 풍부합니다. 그들은 우리 경제에 기여할 능력을 갖춘 사람들입니다. 하지만 우리는 그들을 경제에 참여시킬 방법을 찾아내지 못하고 있습니다." 뿐만 아니라 경력이 단절됐던 사람이 노동 현장에 복귀하기는 매우 어렵다. 기업들은 보다 역동적인 젊은 노동자들을 선호하며 나이든 사람들을 채용하기를 꺼린다. 기술도 뒤떨어지고 동기부여도 적으며 새로운 일을 할 수 있는 능력도 없다는 이유에서다.

경제활동 참가율이 감소 내지 정체되는 문제를 해결하기 위해서는 이를 구조적인 요인으로 이해해야 하는지 또는 경제 주기에 따른 현상으로 봐야 하는지를 먼저 판단해야 한다. 하지만 이 주제는 경제학자들 사이에서도 여전히 뜨거운 논쟁의 대상이다. 물론 이 문제의 원인은 중요하며, 학자들이 언젠가 정확하게 밝혀주었으면 좋겠다. 하지만 실업률 감소라는 허울 좋은 통계가 이렇게 저조한 경제활동 참가율을 가린 상태에서 미국 노동시장의 건전성이 과대포장되고 있다는 사실이 더 큰 문제다. 경제활동 참가율 1퍼센트포인트는 25~54세의 미국인 150만 명에 해당하는 수치이기 때문이다. 그렇다면 무려 5,600만 명의 잠재적 노동자들이 노동인구에 포함되지 않고 있다는 뜻이다. 경제학자들은 더 많은 남성과 여성들이 직장에서 일하면서 급여를 받고 이 급여가 다시 소비에 투입되면 미국 경제가 성장할 수 있다고 말한다.

오랫동안 실직 상태에 놓인 사람들의 상황은 참으로 비참하다. 이 자존심 강한 미국인들은 집세를 내거나 임시 거처를 구하기 위해, 심지어 제대로 된 식사를 하기 위해 친구나 가족을 찾는다. 이렇게 남에게 의존해야 하는 상황이 반복되다보면 인간관계가 무너지고 자존감도 큰 상처를 입는다. 아이러니하게도 이런 사람들이 취업 활동에 실패하고 결국 구직을 포기해버리면 그들은 공식 실업률 통계에서 빠지면서 정부의 고려와 지원 대상에서 제외된다. 정치가들에게는 투명인간 같은 존재들이 되어버리는 것이다.

이것은 미국인들과 미국 경제를 위해 결코 바람직하지 않은 일이다.

대학 진학은 더 이상 좋은 투자가 아니다. 정치가들은 여전히 대학 졸업장이 고소득을 보장하고 중상위 계층의 삶에 진입하게 만든다고 목소리를 높인다. 하지만 갈수록 많은 학부모들이 대학의 가치에 회의를 느끼고 있다. 특히 학비가 급격히 상승하고 있는 현 상황에서는 더더욱 그럴 수밖에 없다(최근 몇몇 상위권 대학의 등록금과 기숙사비는 1년에 6만 3,000달러에 달한다. 일반 가정의 연소득보다 많은 금액이다). 그렇다면 대학이라는 투자처의 이익 회수율은 어떨까? 노동통계청에 따르면 29세 미만의 학사 학위 소지자 중 15퍼센트의 남성, 그리고 11퍼센트의 여성이 실업 상태라고 한다. 2012년에는 18~31세의 젊은 성인 2,160만 명이 부모와 함께 살기 위해 집으로 돌아갔다. 일자리를 구하지 못해 생계를 해결하기 위해서였다.

또 다른 큰 문제는 불완전고용 현상이다. 학비 부채에 시달리는 대학 졸업자들은 자신의 전공이나 경력 목표와 전혀 관계없는 저소득 직업을 선택하는 경우가 많다. 그리고 그 과정에서 교육 수준이 낮고 기술이 부족한 다른 젊은이들의 일자리를 빼앗는다.

전체 미국인 중 40퍼센트만이 대학 진학을 좋은 투자라고 생각한다.[11] 이는 많은 여론조사 결과 드러난 사실이다. 그리고 대중의 생각은 틀리지 않았다. 미국 경제정책연구소 Economic Policy Institute (EPI)가 수행한 연구 결과, 2001년에 학사 학위를 소유한 사람의 시간당 급여는 30.5달러였다. 그러나 2014년에는 29.55달러로 떨어졌다. 물가인상을 감안하면 무려 27퍼센트 하락한 금액이다.[12] 대학 졸업자 가운데 소득이 하위 70

퍼센트에 해당하는 모든 노동자의 시간당 실질소득이 감소했다. 최근에는 점점 많은 부모들이 4년제 대학교에 진학하는 일이 경제적으로 이득이 되는지를 두고 열띤 논쟁을 벌이고 있다. 〈포브스〉나 〈키플링어스Kiplinger's〉를 포함해 많은 웹사이트와 잡지들이 각 대학교의 순위를 매길 때 상대적 가치나 투자 대비 이익률(ROI)을 사용한다. 2014년 46차 PDK - 갤럽 조사* 결과, 미국인들 중 대학에 가는 일이 '매우 중요하다'고 응답한 사람은 44퍼센트에 불과했다.[13] 이는 2010년 42차 조사 때의 75퍼센트에서 기록적으로 하락한 수치다.[14] 또 갤럽과 퍼듀 대학교가 대학 졸업자들을 대상으로 수행한 최근의 연구에 따르면, 현재 소득에 비해 자신이 받은 교육이 가치가 있다고 생각하느냐는 질문에 '매우 그렇다'라고 응답한 사람은 절반 정도에 그쳤다.

미국은 이미 저임금 국가다. 운 좋게 취업을 했더라도 심각한 저임금에 시달리는 미국인들이 놀라울 정도로 많다. 주기적으로 급여를 수령하는 미국인 중 거의 800만 명이 빈곤선 이하의 삶을 살아간다. 국내총생산(GDP)의 상당 부분을 차지하는 노동임금은 사상 최저 수준을 기록하고 있다. 2000년 이후 밀려온 새로운 경제의 물결이 모든 사람에게 공평하게 적용된 분야는 딱 하나다. 고등학교를 중퇴한 사람이든 졸업한 사람이든, 대학 졸업자든 석사 학위 출신이든 누구나 평균수입이 감소한 것이다.

주기적으로 급여를 받더라도 그 금액이 적다면 노동자들에게는 문제가 될 수밖에 없다. 그중에서도 연봉이 3만 5,000달러 미만에 해당하

---

* 국제 교육자 단체인 PDK와 갤럽이 주기적으로 수행하는 여론조사.

는 노동자들은 미국에서 가장 많은 걱정을 떠안고 있는 계층이다. 저임금 노동자 가운데 85퍼센트가 기본 생활비를 걱정하며 산다. 1971년의 60퍼센트에 비해 크게 늘어난 수치다. 여론조사에 응한 사람들 중 절반이 넘는 숫자가 불과 몇 년 전에 비해 경제적 안정감이 줄어들었다고 답했다.

오늘날 새롭게 만들어지는 직업들은 대개 판매원, 식당 점원, 가정 요양 보호사 같은 일자리들이다. 이들 직업에 종사하는 노동자들은 복지 혜택을 누리기는커녕 생활비를 지불하는 것조차 힘겨워한다. 중산층에 진입한다는 희망은 까마득한 꿈일 뿐이다. 뿐만 아니라 2010년에 미국 상무부가 펴낸 보고서에 따르면 중산층 사람들이 삶의 수준을 유지하는 것 역시 그 어느 때보다 어려워졌다.[15] 소득 증가가 의료, 대학교 학비, 주택 등과 같은 주요 비용들의 상승을 따라잡지 못하는 가운데, 대부분의 가정은 금융권 대출 같은 임시방편 조치에 의지해 살아가는 형편이다.

저임금 노동의 경향이 확산된 원인 중 하나는 산업의 중심이 제조업에서 서비스업으로 이동했기 때문이다. 1978년에는 미국 노동자의 28퍼센트가 공장에서 일했고, 서비스업에 종사하는 사람들은 72퍼센트였다. 오늘날에는 제조업 노동자 비율이 14퍼센트로 떨어진 반면 서비스업 종사자는 86퍼센트로 늘어났다. 1960년대에 가장 많은 사람들을 고용한 세 기업은 제너럴모터스, AT&T, 그리고 포드 자동차였다. 이 기업들에 고용된 사람들은 노동조합에 가입되어 있었으며, 가족을 부양하기에 충분한 급여를 받았다. 현재 고용 인력이 가장 많은 기업들은 월마트, 맥도널드, 얌브랜드(KFC, 타코벨, 피자헛) 세 곳이다. 1,500만 명이 넘

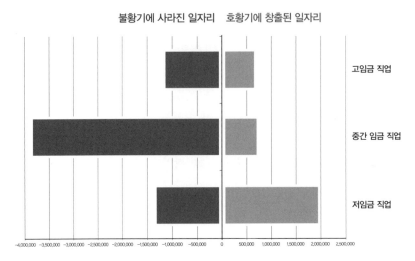

불황기에 사라진 일자리   호황기에 창출된 일자리

고임금 직업

중간 임금 직업

저임금 직업

-4,000,000 -3,500,000 -3,000,000 -2,500,000 -2,000,000 -1,500,000 -1,000,000 -500,000   0   500,000 1,000,000 1,500,000 2,000,000 2,500,000

출처: 미국 고용법 프로젝트

는 매장직 노동자들이 이 기업들에서 일하고 있지만 그들의 평균 연봉
은 2만 달러(시간당 9.60달러)도 되지 않는다. 더욱이 패스트푸드 식당 근
로자 340만 명의 시간당 평균임금은 8.8달러에 불과하다. 다시 말해 오
늘날 직원을 대량으로 고용하는 기업들은 빈곤 수준의 임금을 제공할
뿐이다. 〈뉴욕 타임스〉에 따르면 애플 매장의 '지니어스 바Genius Bar'*에
서 근무하는 '고숙련' 직원들의 시간당 평균 급여는 11.25달러다. 이들
의 1인당 연간 매출액은 47만 2,000달러인데 말이다.[16] "애플 매장에 들
어가면 노동의 미래를 짐작할 수 있다." 미국 경제정책연구소의 창립자
인 제프 폭스Jeff Faux는 이렇게 말한다. "미래의 노동자들은 모두 티셔츠

• 애플 스토어의 고객 지원 센터.

를 착용한 똑똑한 대학 졸업생들일 것이다. 그러나 결국 그들은 매장 직원에 불과할 뿐이다."

이렇게 저소득 임금이 심화된 또 다른 이유 중 하나는 우리가 최저임금을 인플레이션에 연동시키는 데 실패했기 때문이다. 최저임금의 실질 가치가 점점 하락하면서 최저임금 소득자가 부양하는 가족들은 빈곤선 아래에서 허덕이고 있다. 경제가 서비스 분야로 이동하면서 최저임금이 하락하고, 이로 인해 지하 인력시장이나 과외 교습 강사와 같이 사회적 가치가 낮은 일자리들이 활성화되어간다. 미국 노동자들에게는 재앙 같은 소식이다.

불행히도 2008년에 발생한 경제 위기는 저임금 일자리의 확산을 가속화시켰다. 미국 고용법프로젝트National Employment Law Project의 연구 결과에 따르면 경제 위기로 사라진 일자리들은 거의가 중간 임금 직업에 속했던 반면, 그후에 창출된 일자리들은 대부분 저임금 직업이었다.

나는 이전에 쓴 책《일하는 나라A Country That Works》에서 세계화와 일자리의 해외 아웃소싱이 경제에 미치는 영향을 분석했다. 또 민영화, 규제 완화, 조세정책, 기업의 탐욕 등이 "사회적 불평등"을 만들어낸다는 주장을 폈다. 노동운동이 약화되면서 양질의 중산층 일자리들이 훼손되고 있다고도 언급했다. 그리고 우리가 외면했던 '방 안의 코끼리'*의 정체를 공개했다. 바로 기업들이 막대한 자금력을 바탕으로 정치에 과도한 영향력을 행사하는 문제다.

내가《일하는 나라》를 쓴 것은[17] 2008~2009년의 경제 위기가 발생

• 누구나 알지만 못 본 체하는 껄끄러운 문제.

하기 2년 전, 재정 적자 완화를 위한 심슨-볼스 위원회에서 일하기 4년 전, 앤디 그로브의 사무실을 방문하기 5년 전, 그리고 대법원이 시티즌스 유나이티드Citizens United* 판결을 통해 기업과 노동조합이 금액에 제한 없이 정치자금을 제공할 수 있다고 선언하기 7년 전이다. 당시에 내가 언급했던 내용들은 중산층의 위기가 더욱 심화된 오늘날에 더욱 타당하게 느껴진다. 직업을 잃거나 소득 침체에 시달리는 저소득층 국민들은 가족들을 위해 아메리칸드림을 꿈꾸거나 달성하기가 더욱 어려워졌다. "중산층이란 단어는 경제적 안정이란 말과 동의어였다."18 뉴욕시에 소재한 진보 성향의 싱크 탱크 데모스Demos에서 정책 및 연구 담당 부대표를 맡고 있는 타마라 드라우트Tamara Draut의 말이다. "하지만 이제는 경제적 우려라는 말과 동의어가 돼버렸다." 이런 문제를 더욱 악화시키는 요인, 다시 말해 우리 앞에 새롭게 등장한 '방 안의 코끼리'는 기술이 직업과 노동에 미치는 영향이다. 기술은 미국 경제의 전략적 변곡점을 가져온 '사건 및 상황 또는 그 복합적 상태' 중에서도 가장 중요한 요인이다. 현대 경제는 근본적인 변화 앞에 놓여 있다. 나를 포함한 많은 사람들은 변화를 개인적인 차원에서 받아들인다. 자신이 미래에 대해 불확실성과 불편함을 느끼는 원인이 자기 자신의 부족함에 있다고 생각하는 것이다. 하지만 내가 앤디 그로브를 만난 후, 또 그의 책을 읽은 후 내린 결론은 우리가 경험하고 있는 변화는 보다 근본적이고 구조적이라는 것이다. 단지 그 변화가 수십 년에 걸쳐 서서히 진행됐기 때문에 우리가 인지하지 못했을 뿐이며, 이제는 뒤를 돌아보고 알게 된 것이다.

* 미국의 보수 성향 비영리 단체.

그렇다면 우리에게 미래의 희망은 있는 걸까? 미국 노동통계청은 2020년까지 새롭게 만들어질 직업의 3분의 2가 고등학교 졸업 이하의 학력이면 충분한 사무 지원, 주방 보조, 육아, 간병, 가정 요양 보호, 수위, 청소부, 교사 보조, 경비원, 건설 노동 같은 저임금 일자리들일 것이라고 예상한다.[19] 2009년에 미국인 중 저임금 노동자는 24퍼센트였고, 나머지 76퍼센트는 중간 및 고임금 직업에 속했었다. 하지만 2020년이 되면 저임금 일자리가 48퍼센트로 상승할 것이고, 중간 및 고임금 직업은 52퍼센트에 그칠 것이다. 현재의 경제 문제를 해결하기 위한 모든 해법에는 반드시 양질의 일자리 공급에 관한 대책이 포함되어야 한다. 늘어나는 일자리들이 노동자가 가족을 부양하기에 충분한 일자리인지, 아니면 빈곤에 허덕일 수밖에 없는 일자리인지를 판단해야 한다. 오직 양질의 일자리만이 미국인들에게 삶의 품위와 안정을 돌려줄 수 있다.

그로브는 전략적 변곡점을 '10배의 힘$^{10X\ force}$'이라고도 불렀다. "기업이 비즈니스를 수행하는 과정에서 새롭게 발생한 변화가 그 기업에게 익숙한 수준을 훨씬 넘어선다면, 기존의 모든 것은 무효가 되어버린다. 바람이 분 후에는 태풍이 닥친다. 파도가 일고 나면 해일이 밀려온다. 마찬가지로 몇몇 경쟁자들이 생겨난 후에는 곧바로 엄청난 힘을 지닌 슈퍼 경쟁자들이 몰려들 것이다… 그런 '10배의 힘' 앞에서 당신은 자신의 운명을 제어할 힘을 잃기 십상이다. 전에는 일어나지 않았던 일들이 당신 앞에 벌어지고 있다. 예전에 당신이 취했던 조치는 더 이상 비즈니스에 효과가 없다. 당신은 그저 '무언가 변했군' 하고 말할 뿐이다."(내가 MIT에서 언급했던 버펄로 스프링필드의 노랫말과 흡사하지 않은가)[20]

"초기 단계에는 이를 부정하는 사람들이 많다." 그로브는 전략적 변곡점의 정의에서 이렇게 말했다. 내 생각에 변곡점을 부정하는 현상은 마지막 단계에서도 다르지 않다. 민간 노동조합의 가입률은 수년에 걸쳐 35퍼센트에서 20퍼센트, 그리고 10퍼센트 미만으로 곤두박질쳤다. 하지만 AFL-CIO의 존 스위니John Sweeney를 포함한 일부 노조 지도자들은 이 상황을 문제로 인식하지 않았다. 나 자신도 마찬가지지만 노동운동에 종사하는 사람들은 대부분 세계화가 미국의 일자리에 미치는 영향을 제때 깨닫지 못했다. 현상의 부정은 상상력의 부족이라는 말과 다름없다. 아니면 나무만 보고 숲을 보지 못하는 것을 뜻하기도 한다. 나는 심슨-볼스 위원회에서 일할 때, 미국이 떠안고 있는 수조 달러의 부채 문제를 단순히 예산 절차를 바꾸는 일로 해결 가능하다고 생각하는 일부 구성원들 때문에 충격을 받았다. 그들은 재정 지출의 상한선을 책정하고, 대통령에게 부여된 개별 조항 거부권을 행사하고, 예산안 심의 스케줄을 매년이 아니라 격년제로 조정하는 것 등을 통해 문제를 풀 수 있다고 여겼다. 그리고 위원회에서 진행되는 토론이 예산과 관련된 범위를 조금이라도 벗어나면(예를 들어 우리가 제안한 내용들이 소득 불평등이나 경제 성장에 어떤 결과를 미치게 될 것인가의 문제) 그들은 곧바로 예산 스케줄에 관한 논의로 화제를 돌렸다. 숲 전체에서 다시 나무로 돌아온 것이다.

"바람의 방향이 바뀌었다는 것을 알 수 있는 능력을 갖추는 일, 그리고 배가 뒤집히기 전에 적절한 조치를 취하는 일은 기업의 미래에 필수적이다." 그로브는 이렇게 말했다.

이는 국가와 경제에 있어서도 마찬가지다. 미국인들 중에(특히 정치 지도자들 중에) 바람이 바뀌었다는 사실을 알 수 있는 사람이 얼마나 될까? 우리는 과연 배가 뒤집히기 전에 적절한 조치를 취할 수 있을까?

하지만 우리 앞에 희망의 조짐이 전혀 없는 것은 아니다.

미국은 남북전쟁 후에 정치적으로 분리와 양극화의 길을 걸어왔다. 역설적으로 경제에 대한 모든 사람의 우려는 이런 상태를 중화시키는 역할을 했다. 2013년 11월 25일 〈워싱턴 포스트〉와 밀러 센터Miller Center*가 공동 수행한 여론조사에서는 60퍼센트 이상의 노동자들이 경제 상황으로 인한 실직을 염려한다고 응답했다. 또 응답자의 3분의 1이 이를 '매우' 걱정하고 있다고 밝혔다. 일자리, 소득, 그리고 미래에 대한 우려는 정당, 인종, 성별, 지역에 관계없이 똑같았다. 성인 중 71퍼센트는 이 나라가 잘못된 길을 가고 있다고 응답했으며, 60퍼센트는 미국이 쇠퇴하는 중이라는 의견을 보였다.[21]

문득 내가 즐겨듣는 음악 한 곡이 떠오른다. 에런 코플랜드Aaron Copland**가 작곡한 〈링컨의 초상화Lincoln Portrait〉이다. 나는 이 음악을 들을 때마다 마음속에서 애국심이 우러나는 것을 느낀다. 그동안 여러 오케스트라들이 이 교향곡을 연주했다. 그리고 정치인과 배우를 비롯해 많은 유명인사가 이 곡에 나오는 링컨의 대사를 낭독했다. 나는 개인적으로 시카고 심포니 오케스트라가 연주하고 배우 제임스 얼 존스James Earl Jones가 링컨의 연설과 편지를 읽은 버전을 가장 좋아한다. 음악이 시작되고 8분 정도 지나면 존스가 이렇게 외친다. "미국의 시민들이여, 우리는 역사로부터 벗어날 수 없습니다." 그는 잠시 멈췄다가 굵은 음성으로

---

* 미국의 초당적 정치 사회 연구 기관.
** 미국의 현대음악가.

이렇게 말을 잇는다. "그는 이렇게 말했습니다. 에이브러햄 링컨이 바로 이렇게 말한 것입니다."

링컨의 이 말은 1862년 12월 1일에 의회에 보내는 연두교서에서 발췌한 대목이다. 링컨은 이로부터 한 달 후에 노예해방선언을 한다. "침묵 속에 이어왔던 과거의 독단으로는 오늘날의 폭풍우를 막을 수 없습니다… 우리 앞에는 어려움으로 가득한 기회들이 산적해 있습니다. 우리는 그 기회들을 딛고 더 높이 일어서야 합니다… 우리는 새로운 시대를 맞고 있습니다. 그러므로 새롭게 생각하고 새롭게 행동해야 합니다." 에이브러햄 링컨은 이렇게 말했다. "우리는 먼저 스스로를 해방시켜야 합니다. 그리고 미국을 구해야 합니다."

존스의 음성과 링컨의 연설, 그리고 오케스트라의 취주악부가 함께 어우러지는 이 대목은 나에게 용기를 북돋워준다. 미국 경제는 전략적 변곡점 위에 서 있다. 우리는 이 어려움을 딛고 일어서야 한다. 그리고 생각과 행동을 새롭게 바꾸어야 한다. 그것만이 우리 모두가 빠져 있는 불안의 수렁으로부터 이 나라를 구하는 길이다.

우리가 전략적 변곡점 위에 놓여 있다는 사실을 다시 한 번 분명하게 깨닫게 된 것은 2014년 초에 읽은 한 권의 책 때문이었다. 프랑스 경제학자 토마 피케티Thomas Piketty가 저술한 687페이지 분량의 《21세기 자본론Capital in the Twenty-First Century》은 세계 경제학계를 발칵 뒤집어놓았다.[22] 프랑스어에서 영어로 번역된 이 무겁고 딱딱한 책은 〈뉴욕 타임스〉 베스트셀러 1위를 차지하는 기염을 토했다.

이 책을 구입했던 많은 독자들이 그랬듯, 나도 전부를 읽지는 못했다. 처음 60페이지 정도를 정독한 후 나머지는 부분부분 발췌하며 읽었다. 그럼에도 왜《21세기 자본론》은 신문 사설, 라디오 토론, 인터넷, TV 등에서 그토록 큰 반향을 불러일으킨 걸까? 그 이유는 이 책이 2008년 경제 위기 이후 수백만의 미국인들에게 닥친 현상, 즉 경기 침체에도 불구하고 점점 부유해지는 상위 1퍼센트 부유층과 일반 국민들 사이에 소득 격차가 심화되는 현상을 신뢰성 있게 분석했기 때문이다. 대중의 불만은 월스트리트 점령 운동Occupy Wall Street이라는 형태로 처음 폭발했다. 2011년 9월 17일, 뉴욕의 금융가에 있는 주코티 공원에서 무정부주의적인 저항운동이 동시다발적으로 발생했다. 나는 주코티 공원을 수시로 찾아 시위 군중들을 격려했다. "우리는 99퍼센트다!"라는 그들의 구호는 사회·경제적 불평등에 박탈감을 느끼던 전 세계 수많은 사람들의 공감을 불러일으켰다. 그후 몇 년 동안 수없이 쏟아진 충격적인 통계자료들이 대중이 가진 불만을 뒷받침했다. 이것이 피케티의 학문적 흥미를 자극했다. 시위대가 주장하는 경제적 실상은 뉴스 매체를 타고 널리 퍼졌다.

— 미국 최상류층 1퍼센트의 재산은 하위 90퍼센트 국민들의 재산을 합친 것보다 많다.[23]

— 미국에서 가장 부유한 16만 명의 가계소득은 하위 1억 4,500만 명의 가계소득을 합친 금액과 같다.[24]

— 세계 최고 부자 85명의 재산은 전 세계 하위 50퍼센트의 재산을 합한 것과 같다.[25]

— 미국에서 가난하게 태어난 사람은 캐나다나 덴마크의 같은 환경에서 태어난 사람에 비해 계속 가난하게 살아갈 가능성이 훨씬 높다.[26]

2014년 4월 16일, 나는 뉴욕 시립대학교의 대학원 센터Graduate Center에서 개최된 피케티의 강연회에 참석했다. 피케티의 강의가 끝난 후에는 노벨상을 수상한 두 명의 경제학자, 컬럼비아 대학교의 조지프 스티글리츠Joseph Stiglitz와 프린스턴 대학교에서 최근 뉴욕 시립대학교로 옮긴 폴 크루그먼Paul Krugman이 피케티의 저서에 대해 토론하는 순서도 마련되어 있었다. 토론회에는 위스콘신 대학교의 스티븐 더로프Steven Durlauf와 뉴욕 시립대학교 룩셈부르크 소득 연구 센터의 브랑코 밀라노비치Branko Milanovic 등 두 명의 다른 학자도 참석했다.

객석은 초만원이었다. 파리 경제대학 교수로 재직 중인 44세의 피케티는 학계에 혜성처럼 등장한 록스타 같았다. 깔끔하게 수염을 깎은 얼굴, 검은 머리카락이 풍성한 소년 같은 모습의 그는 흰색 셔츠에 우아한 회색 양복, 그리고 노타이 차림이었다. 셔츠 맨 위의 단추 두 개는 풀려 있었다. 그에 반해 무대 위에 함께한 다른 사람들은 고집스러운 종신직 교수들의 전형적인 외모 그대로였다. 조금 거만해 보이기도 했다.

피케티는 특유의 프랑스식 억양으로 말했다. "다른 모든 사람과 마찬가지로 나는 미래를 예측하는 일보다 과거를 분석하는 일을 더 잘합니다." 경제학자들은 언제나 이런 전제를 먼저 제시하는 것 같다. 세상을 뒤흔들어놓을 이론을 발표할 때도, 미래를 예측하는 최선의 길은 미래를 창조하는 것이라고 믿는 일반인들을 비판할 때도 다르지 않다.

경제적 불평등에 대한 피케티의 이론은 스스로 창안한 r〉g라는 공식에 기반을 둔다. 여기서 r과 g는 무엇을 의미하는가? r은 자본에 대한 이익률, 즉 부동산, 주식, 기타 재무적 자산을 통해 거둔 이익률을 뜻한다. g는 경제 성장률이다. 소득은 두 가지 종류로 나뉜다. 하나는 주로

소수 부유층에게 집중되는 '자본에 의해 형성되는 소득'이며, 다른 하나
는 전 세계 모든 사람의 생존 바탕이 되는 '노동에 의한 소득'이다. 임금
의 상승은 경제의 성장과 직결된다. r〉g란 자본을 통한 소득 상승률이
임금을 통한 소득 상승률보다 크다는 의미다. 자본을 보유한 사람들이
국가의 총소득에서 차지하는 비율은 점점 높아지고 사회적 불평등은 악
화된다. 피케티에 따르면 이런 현상은 유럽, 일본, 그리고 미국에서 이미
발생하고 있다. 이들 국가에서 자본 이익의 평균 성장률은 연 4~5퍼센
트에 달하지만 경제성장률은 1~1.5퍼센트에 불과하다. 그는 이런 경향
이 앞으로도 계속 이어질 거라고 예상했다.

피케티는 강의 도중 몇 장의 도표와 그래프를 이용해 왜 유럽과 미
국에서 부자들이 더 많은 부를 축적하고 있는지 설명했다. 그중의 하나
가 다음의 그래프다. 이 그림은 1910~2010년의 미국의 총소득 중 상위
10퍼센트 부자들이 점유한 비율을 보여준다. 이외에도 영국, 캐나다, 호

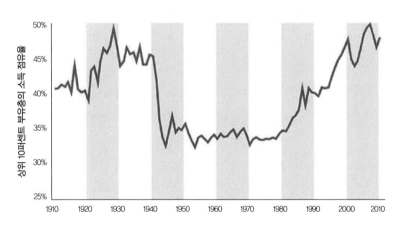

미국의 소득 불평등, 1910~2010

주의 상위 1퍼센트가 같은 시기에 소유했던 부의 양을 보여주는 비슷한 그래프도 있었다.[27]

여기서 흥미로운 사실은 1945년~1979년에 미국을 포함한 서구 각국에서 소득 불평등 비율이 감소했으며, 소득 형평성이 비교적 안정적인 상태를 유지했다는 것이다.

왜 이런 일이 생겼을까?

피케티는 당시 자본가들이 두 차례의 세계 대전을 겪으면서 큰 타격을 입었다고 말한다. 유럽에서는 엄청난 양의 물리적 자산(공장과 제조 설비, 그리고 상품의 이동에 이용되는 기반 시설 등)이 파괴됐다. 자본가들의 자산은 전쟁을 재정적으로 지원하는 데 충당됐으며, 소득세도 갈수록 높아졌다. 물가는 걷잡을 수 없이 치솟았고, 경제는 붕괴됐다. 이 45년 동안 g는 r보다 높거나 비슷했다. 노동자와 부자들 사이에 역사적으로 존재하던 격차가 줄어든 것이다.

미국에서도 비슷한 상황이 발생했다. '도금시대Gilded Age'*와 '광란의 20년대Roaring Twenties'**를 거치며 축적된 엄청난 부는 대공황 속에서 물거품이 됐다. 누구도 예상하지 못했던 미국 경제의 몰락은 유럽에서와 마찬가지로 빈부의 격차를 줄이는 역할을 했다. 이런 상황에서 뉴딜 정책과 사회 안전망 제도는 가난한 사람들과 취약 계층이 더는 위험한 빈곤선 밑에서 시달리지 않도록 새로운 바탕을 만들었다.

대공황을 극복하는 과정에서 소득 불평등을 완화시킨 또 하나

●　　미국 남북전쟁 후에 자본주의가 급속하게 부흥한 시기.
●●　1920년대 경제가 급격히 성장하고 예술과 문화가 발전한 시기.

의 계기가 된 것은 와그너법^{Wagner Act}이라고도 불리는 미국 노동관계법 National Labor Relations Act의 통과다. 프랭클린 D. 루스벨트 대통령은 1935년 민간 부문의 피고용인들에게 노동조합을 결성할 권리를 보장하는 이 법안에 서명했다. 이에 따라 노동자들은 근로 여건 개선을 위해 단체교섭권을 행사하거나 필요한 경우 파업을 포함한 단체 행동에 돌입할 수 있게 됐다. 2차 대전 이후 미국 경제가 번영을 구가하자, 노동조합들은 (민주당의 지원 아래) 미국의 노동자들이 기업의 성공을 함께 나누고 아메리칸드림을 성취할 수 있도록 전략과 정책을 개발했다.

미국 경제는 2차 대전 종전 후부터 1973년까지 크게 성장했다. 모든 국민이 번영의 열매를 나누어 가졌다. 최고 소득층, 중산층, 그리고 하위 계층 간의 소득 차이는 별다른 변화가 없었다. 누구나 성공의 사다리를 오를 수 있었다. 모든 소득 계층의 수입은 안정된 모습을 보였고 비슷한 비율로 증가했다. 평균 소득은 30년 동안 거의 2배로 늘었다.

하지만 전혀 예상치 못한 상황이 발생했다. 갑자기 빈부의 격차가 전례없이 증가하는 쪽으로 경제의 방향이 급격히 꺾인 것이다.

1979년 이래 r(자본 이익률)이 g(경제성장률)를 넘어서면서 불평등은 갈수록 심화됐다. 2010년 미국 경제가 창출한 부^富의 93퍼센트가 1퍼센트의 상위 부유층에게 돌아갔다.[28] 가장 충격적인 사실은 오늘날의 경제적 불평등이 19세기 말부터 20세기 초까지 진행된 도금시대의 수준으로 악화되었다는 것이다. 당시는 소수의 은행가 및 기업가들(그들은 '강도 귀족'이라는 비난을 받았다)이 미국의 경제를 좌지우지했던 시대였다.

앞서 나는 미국 경제의 구조적 변화를 이끄는 요인들을 몇 가지 언급했다. 예컨대 임금과 소득이 성장으로부터 분리되는 현상, 노동조합과 노동자의 세력 쇠퇴, 은행과 금융기관에 대한 규제 완화, 기술의 발전이 미치는 영향 등등이다. 피케티는 이런 요인들을 모두 하나의 새로운 이론으로 묶어서 설명한다. 이른바 '자본의 세습' 현상, 즉 엘리트 계층이 일을 해서 부를 획득하기보다 대대로 상속을 주고받는 현상이 다시 시작됐기 때문이라는 것이다. "우리가 특단의 조치를 취하지 않는 이상, 인류의 미래 역시 부모로부터 부를 물려받은 사람들이 주도할 겁니다." 피케티의 말이다. 우리는 부와 권력이 0.1퍼센트의 손에 집중되는 일을 어떻게 막을 수 있을까? 피케티는 전 세계적인 부유세富有稅의 시행을 제안한다. 사실 주식, 채권, 부동산 등의 자산에 대한 세금은 대개 해당 자산이 매매되는 경우에만 부과된다.

"과거를 학습하는 일은 중요합니다. 지금 일어나고 있는 일들은 이미 예전에 발생한 적이 있기 때문입니다." 피케티는 이렇게 강조했다. 그는 1900년대 초 자동차, 비행기, 라디오 등의 발명이 어떻게 특정인들에게 부를 집중시켰는지, 그리고 그 상황이 오늘날 페이스북이나 구글 같은 기업의 경우와 얼마나 똑같은지 설명했다. "그들의 부와 경제적 불평등이 무한정 상승곡선을 그릴 것이라는 뜻은 아닙니다. 앞으로도 어느 정도의 사회적 이동성은 존재할 겁니다." 그가 말했다. "하지만 엄청난 양의 부가 소수에게 집중되는 현상은 경제적 성장을 저해하고, 민주주의 제도가 제대로 기능하지 못하게 합니다."

그런 다음 다른 전문가들의 차례가 되었다. 스티글리츠가 먼저 시작했다. 그는 자신을 포함해 무대 위에 있는 여러 학자들(피케티는 제외하고)이 주로 1960년대와 70년대에 대학원을 다녔다고 말했다. "비교적 평등한 시대였습니다." 스티글리츠는 피케티가 경제학자들에게 부의 불평등에 관해 '구조적 틀'을 제공했으며, 불평등의 세습에 대해 다시 '주의를 집중하게' 만들었다고 칭찬했다. 그는 또한 '극단적인 경제적 불평등이 어떻게 정치적 불평등으로 이어지는지'를 강조하며 국가의 권력이 갈수록 소수의 부유한 개인과 그 가족에게 집중되고 있다고 말했다. 그들은 자신들이 더 많은 자본을 쉽게 축적하게 만들어줄 정치인을 선출한다. 또한 그들의 자손은 같은 엘리트 교육기관에서 공부하며 비슷한 계층으로 이루어진 집단에서 결혼 상대를 찾는다(스티글리츠는 자신의 저서 《불평등의 대가The Price of Inequality》에서 "계층별로 분리된 사회일수록 부유한 사람들은 공공의 필요를 위해 돈을 쓰기 싫어한다. 그들에게는 공원, 교육, 의료, 개인 안전 등에서 정부의 역할을 필요로 하지 않는다"고 썼다[29]). "우리는 가장 미국적인 요소를 상실했습니다." 스티글리츠가 말했다. 사회적 이동성을 바탕으로 한 아메리칸드림이 사라졌다는 의미였다. "참으로 충격적인 일입니다."

크루그먼의 견해도 크게 다르지 않았다. "1980년대 이후로 우리는 0.1퍼센트의 상위층이 다른 모든 사람의 부를 빼앗아가는 불평등을 목격해왔습니다." 그가 말했다. "이 현상은 과거 도금시대의 불평등과는 다릅니다. 오늘날 상위 1퍼센트는 대개 기업의 경영진입니다. 그들은 기업 활동을 통해 벌어들인 소득으로 부자가 된 사람들입니다." 그리고 이렇게 덧붙였다. "하지만 소득을 통한 부의 축적에서 빚어진 불평등의 양상에는 분명한 변화가 나타나고 있습니다." 그는 〈포브스〉가 발표한 미국 최고 갑부 400명의 명단을 증거로 제시했다. 이 명단의 1~10위에는 월튼Walton가에서 2명, 코흐Koch가에서 2명이 포함되어 있었다. 20위까지의 명단에는 코흐가에서 2명, 월튼가에서 4명이 더 포함되었고, 마스Mars

가에서도 3명이 올랐다. 2014년 〈포브스〉 선정 400대 갑부 명단에 오른 6명의 월튼가 사람들이 보유한 상속재산은 144억 7,000만 달러에 달한다. 전 세계 196개 국가의 GDP 중 54위에 해당하는 액수다. 스티글리츠와 마찬가지로 크루그먼도 정치인들과 최고 부유층의 결탁 때문에 사회적 이동성이 차단되고 있다고 생각했다.

다음 발표자는 위스콘신 대학교의 경제학 교수 스티븐 더로프였다. 그는 시카고 대학교 산하의 '인적 자본 및 경제적 기회 연구 그룹Human Capital and Economic Opportunity Working Group' 공동 이사이기도 하다. 이 조직은 불평등, 부와 빈곤 등에 관한 연구를 위해 관련 분야에 종사하는 학자들을 이어주는 세계적 연구 네트워크다. 더로프는 보다 강력한 기업 지배 구조 원칙, 지적재산권 개혁, 부의 격차를 줄이기 위한 재정적 규제 실시 등을 주장한다. 그는 발표 도중 '한계 생산성 이론marginal productivity theory', '초超경영 계층super-managerial class', '결과 특성quality of outcomes' 같은 용어들을 쏟아냈다. 마치 관객들 모두가 그 말들의 의미를 알고 있다고 생각하는 듯했다. 이 강연회는 일반인에게 공개된 자리였기 때문에 경제학자가 아닌 사람도 많이 있었다. 물론 더로프는 지적인 전문가이며, 그가 제시한 정책 역시 훌륭했다. 하지만 SEIU의 평범한 회원들이 이 자리에 있었다면, 딱딱하고 어려운 용어들로 가득한 학자들의 대화에 그다지 큰 감흥을 느끼지 못했을 거라는 생각이 들었다. 그들은 더로프나 다른 학자들에게 이렇게 말하고 싶어할 것이다. "여러분, 현실적인 말을 들려주세요. 우리가 원하는 건 직업의 안정성과 임금 인상뿐입니다."

그건 사실이었다. 피케티의 강연회에 참석한 다음 날, 친구 한 명이 내게 강연회가 어땠느냐고 물었다. 나는 피케티가 소득 불평등이라는 문제를 경제학자들이 고민해야 할 주제의 맨 앞으로 끌어냈다고 그를 칭찬했다. 하지만 뭐니 뭐니 해도 피케티의 새로운 수학 공식이 주장하는 바는 딱 하나, 부자들이 더 부자가 되어간다는 잘 알려진 진실이라고 덧붙였다. 내가 예전에 연설을 하면서 이런 농담을 했던 기억이 난다. "올해의 노벨상은 SEIU의 회원들에게 돌아가야 합니다. 왜냐고요? 우리는 트리클 다운trickle down*이 아니라 반대로 트리클 업 현상을 증명할 수 있기 때문입니다."

내가 냉소적으로 말하려는 것은 아니지만, 높은 자리에 앉아 데이터만을 통해 경제를 바라보는 사람들은 경제에 대해 낙관적인 입장을 취할 수도 있다. 하지만 그들은 시대의 희생자들이 겪는 고통을 알지 못한다. 나는 SEIU의 회원들이 바닥을 청소하고, 입원 환자들의 얼굴을 닦아주고, 다른 사람들의 아이들을 돌보는 힘든 일을 하면서도 묵묵히 품위를 지키며 살아가는 감동적인 모습을 35년 동안 지켜봐왔다.

단기적으로 봤을 때 스티글리츠나 크루그먼, 그리고 더로프의 제안이 틀린 것은 아니다. 그러나 미국이 직면한 진정한 문제는 장기적인 미래에 있다. 기술적 발전이 주도하는 미래의 경제는 기술로 인해 직업을 잃게 될 수많은 사람들에게 일자리를 제공할 수 있을까? 만일 그러지 못할 경우 우리는 어떻게 불평등을 해소하고 중산층 위주의 건전한 경제를 구축해야 할까? 우리는 극소수의 부자들이 좌우하던 19세기의 과두 경제 현상이 20세기의 미국에 재현되는 일을 어떻게 막을 수 있을까?

• 부자들이 돈을 벌면 그 효과가 저소득층에게 확산된다는 낙수효과 이론.

〈쿼츠Quartz〉 지의 팀 펀홀츠Tim Fernholz는 피케티의 책을 비웃는 논평가 중 하나다. 그는 피케티의 말대로라면 소득 평등을 달성하기 위해서는 전쟁을 일으키는 것이 가장 효과적인 방법일 거라고 말했다. "피케티가 발견한 단 하나의 설득력 있는 사실은 1차 대전, 러시아혁명, 2차 대전 등의 사건이 한 세기 이상 축적된 자산들을 물거품처럼 사라지게 만들었으며, 그로 인해 보다 공평한 성장의 여건이 조성됐다는 점이다."[30]

전 재무장관 래리 서머스Larry Summers도 피케티의 책을 읽고 이런 후기를 남겼다. "피케티는 앞으로 로봇, 3D 프린팅, 인공지능 등의 기술이 단순 반복적인 직업에 종사하는 사람들에게 미칠 엄청난 결과에 보다 깊은 관심을 기울여야 할 것 같다. 미국에서는 이미 상해보험 가입자 수가 제조업에서 근무하는 생산직 노동자의 수를 넘어섰다. 모든 경제의 방향이 잘못된 쪽으로 흘러가고 있다. 특히 저숙련 노동자 입장에서는 더욱 그렇다."[31]

나는 무어의 법칙이 여전히 유효한 현 상황에서 특히 취약한 계층은 저숙련 노동자들이라는 서머스의 의견에 동의한다. 하지만 대학교를 졸업하는 젊은이들도 취약하기는 마찬가지다. 만일 미래에 많은 일자리가 사라질 것이라는 내 예상이 옳다면, 단순히 기존의 정책을 대충 손보는 정도로는 소득 불평등의 문제를 해결할 수 없을 것이다. 우리에게는 대담하고 특별한 해결책이 필요하다. 예를 들면 기본소득 같은 것이다.

전 세계 수십억 명이 경제적 불평등에 시달리고 있지만 피케티의 강연회는 이상할 정도로 차분했다. 특별히 분노한 사람도, 공감을 나타내는 사람도 없었다. 우리가 본 것은 오직 피케티의 유명한 그림과 공식, 통계, 숫자뿐이었다. 나는 행사가 끝나고 로비에서 여러 명의 지인과 친구를 만나 인사를 나누었다. 그리고 안내 데스크를 통과하다 어느 경비원과 마주쳤다. 순간 그 경비원이야말로 경제학자들이 방금 토론한 내용이 현실화되어 내 앞에 나타난 존재 같은 생각이 들었다. 30세 정도로 보이는 그는 매우 진지하게 일을 했으며, 자신의 직업에 긍지를 지닌 듯 보였다. 나는 생각했다. 만일 7,000마일쯤 떨어진 인도에서 건물 감시용 보안 카메라를 모니터하는 사람 때문에 이 사람이 일자리를 잃게 된다면, 그와 그의 사랑하는 가족들에게는 어떤 일이 닥칠까?

앞서 나는 2008년에 SEIU가 대통령 후보를 평가하는 과정에서 후보자들에게 '내가 되어 하루를 지내보세요Walk a Day in My Shoes'라는 캠페인을 했다고 언급했다. 나는 모든 경제학자(그리고 기업의 임원)도 공장 노동자, 가정부, 수위, 노인 요양 보호사 같은 사람들의 입장에서 일해봐야 한다고 생각한다. 이런 직종의 노동자들이 경제성장 도표에서 차지하는 부분은 매우 미미하다. 대부분의 미국인이 원하는 것은 단순하다. 적절한 급여가 주어지는 안정된 직업과 복지 혜택 아래서 가족들의 건강을 유지하고 아이들을 대학에 보내는 것, 그리고 나중에 품위 있게 은퇴하는 것이다. 이것이 바로 아메리칸드림의 전부 아닌가.

크루그먼은 행사를 마무리하면서 테디 루스벨트 대통령이 1910년 8월 31일 캔자스주 오서워토미Osawatomie시에서 행한 유명한 연설을 인용했다. 이 연설에는 루스벨트가 2년 후인 1912년 대통령 선거에서 그가 이끌었던 진보당(상징인 수컷 큰 사슴의 이름을 따 '불 무스Bull Moose'당이라고도 불렸다.)의 정책적 토대가 된 많은 개혁안이 담겨 있다. 하지만 그는 아쉽게도 그 선거에서 민주당의 우드로 윌슨에게 패했다.

그날 저녁 나는 집으로 돌아와 루스벨트의 연설 전문을 다시 읽었다. 그리고 그 연설이 오늘날의 소득과 부의 불평등 문제를 정확하게 지적하고 있다는 데 놀라움을 금치 못했다.

루스벨트는 이렇게 말했다. "인류가 발전하는 과정에서 자신이 만들어낸 이익보다 더 많은 것을 소유한 사람들과 자신이 받는 임금에 비해 더 많은 이익을 만들어 내는 사람들 사이에 빚어진 끝없는 갈등은 진보를 촉진한 핵심적 동력이었습니다… 엄청나게 많은 재산, 폭발적으로 증가한 재산을 소유한 부자들은 단지 많은 돈을 가졌다는 이유만으로 상대적으로 적게 가진 사람들에 비해 훨씬 차별화되고 우월한 지위를 획득할 수 있었습니다."[32]

루스벨트는 부자들의 폭증한 재산에 대해 소득 누진세를 부과하고 '유산의 규모에 따라 급격히 증가하는' 상속세 제도를 실시하자고 제안했다. 1910년에 그가 제안한 부의 불평등에 대한 해결책은 2008년의 경제 위기 후에 피케티가 제안한 해법과 비슷하나. 그러나 한 가지 분명한 차이점이 존재한다. 루스벨트는 노동을 학자들의 그래프에 표시되는 작은 표시, 또는 기업들의 장부에 반영되는 비용의 하나에 불과하다고 생각하지 않았다. 그는 노동이 완전하고 의미 있는 삶을 향한 수단이라고 여겼다.

"최소한의 생활수준을 유지할 정도의 임금과 적절한 근무시간을 보장받지 못하는 사람, 하루의 일과를 마치고 공동체에서 자신에게 주어진 역할을 수행할 시간과 에너지가 없는 사람은 훌륭한 시민이 될 수 없습니다. 우리는 수많은 사람들이 훌륭한 시민이 되지 못하게 방해하는 삶의 조건을 부과하고 있습니다."

불평등의 문제는 참으로 심각하다. 우리는 삶의 수준을 높이고 빈부의 격차를 줄일 수 있는 방법을 찾아야 한다. 그러지 못하면 앞으로도 수백만의 미국 가정이 불안과 좌절, 그리고 고통의 수렁 속에서 벗어나지 못할 것이다.

　루스벨트의 유명한 연설은 내가 탐구의 여정을 계속하는 동안 줄곧 머릿속을 맴돌던 생각을 그대로 대변한다. 특히 전략적 변곡점과 부의 불평등 현상이 거침없이 달려드는 새로운 '방 안의 코끼리'와 정면으로 맞닥뜨린 이 시점에서는 더욱 그렇다.

3장

방 안의 코끼리 :
기술이 직업에 미치는 영향

"기술은 이론적으로 가능한 모든 일을 실제로 일어나게 만들 수 있다."
앤디 그로브는《편집광만이 살아남는다》에서 이렇게 말했다. 나는 요즘
노동의 미래에 대해 이야기할 때마다 기술이라는 이름의 코끼리, 사람
들의 일자리를 빼앗아가는 그 코끼리가 떡 하니 방 안에 들어앉아 있음
을 느낀다. 말하자면 거대한 '로봇 코끼리'라고 해야 할까. 기술과 관련
한 논의에서는 대개 로봇과 인공지능이 인간이 할 일을 빼앗아갈 것이
라는 이야기가 주를 이루니 말이다.

　　하지만 로봇 이야기는 잠시 뒤로 미루자. 그보다 내가 기술이 전략
적 변곡점에 미치는 영향을 이해하는 데 꽤 오랜 시간이 걸렸다는 사실
을 먼저 고백해야 할 것 같다.

　　사실 나는 기술에 대해 적대적이거나 무관심했던 적이 없다. 오히
려 2000년대 초에 이미 소셜 미디어를 업무에 사용했을 정도로 기술을

활용하는 데 적극적이었다. SEIU의 홍보 담당 직원은 소셜 미디어가 금 방 사라질 유행이라고 무시했다. 하지만 나는 전 버몬트 주지사 하워드 딘Howard Dean이 2004년 대통령 예비선거에서 인터넷을 활용해 젊은 유권 자들의 관심을 끌고 그들을 결집한 이야기에 깊은 호기심을 느꼈다. 소 셜 미디어는 남녀노소를 막론하고 모든 사람을 그물처럼 연결하는 특성 이 있기 때문에 매우 민주적이고 상호적인 매체라는 생각이 들었다. 그 래서 나는 하워드 딘의 수석 기술 고문을 고용해 소셜 미디어를 노조원 들을 조직하는 도구로 활용하는 계획을 세우기도 했다.

나는 프로그래밍을 할 정도로 기술 수준이 높지는 않지만, 새로운 기술을 탑재한 제품을 사용해서 사람들과 소통하고, 정보를 학습하고, 주변 일을 정리하는 걸 좋아했다. 2010년 노동조합을 그만두면서 내 PC 를 학생이나 디자이너들이 주로 사용하는 맥Mac 기종으로 교체했다. 나 는 이 컴퓨터와 아이팟, 아이폰, 아이패드 같은 장비들을 쉽게 동기화함 으로써 보다 효율적이고 '접속된' 삶을 즐길 수 있었다.

그러다보니 모든 일을 스스로 할 능력도 생겼다. SEIU에서는 비서 가 옆에서 일일이 스케줄을 챙기고, 전화를 응대하고, 여행 계획을 잡고, 프로젝트의 진행 상황을 파악해주어야 했다. 그러나 이제는 그런 일들 대부분이 자동화됐기 때문에 내가 직접 여러 장비를 활용해서 빠르고 효과적으로 해낼 수 있게 됐다. 나는 호기심이 많은 편이다. 그리고 새 로 등장하는 기술들은 그 호기심을 계속 충족시켜주었다. 사람들이 뭔 가를 궁금해하면(예를 들어 모르는 나라의 수도나 처음 본 개의 품종 등) 나 는 테이블 아래에서 금방 검색해 답을 찾아내곤 했다. 그래서 친구들은 언제부터인가 나를 "해결사 앤디"라고 부르기 시작했다. 모든 세계가 내

손가락 끝에 펼쳐져 있는 듯했다.

2012년에 내가 기술의 힘과 영향력에 대해 다시 한 번 눈을 뜨는 계기가 생겼다.

당시 22살 난 내 아들은 자신이 가장 좋아하는 온라인 롤플레잉 게임 '월드 오브 워크래프트World of Warcraft'의 최신판을 몇 달 동안 목이 빠져라 기다렸다. 그해 9월 25일, 마침내 '판다리아의 안개Mists of Pandaria'가 출시됐다. 그리고 불과 며칠 지나지 않아 전 세계에서 1,000만 명 이상의 사용자가 새로운 게임을 하고 있다고 아들 녀석이 말했다. 과거 미국의 노동 운동계가 그 정도 참여자를 확보하는 데는 수십 년이 걸렸다.

모든 일이 너무도 빠르게 변해갔다. 당시로부터 8년 전인 2004년만 해도 초고속 인터넷이 확산되면서 사용자들이 사진을 올리고, 동영상을 실시간으로 보고, 휴대폰으로 인터넷에 접속하기 시작한 시절이었다. 그해 정보 검색에 일대 혁명을 가져온 구글이 증시에 상장됐다. 같은 해 페이스북도 생겨나서 사용자들이 서로를 연결하는 방법에 새로운 변화를 일으켰다. 유튜브와 트위터는 2006년에 설립됐다. 2007년에는 아이폰과 킨들이 나왔다. 인스타그램은 2009년, 스냅챗은 2011년에 각각 탄생했다. 이들 기업은 하루아침에 세계적인 브랜드를 구축했고, 수십억 달러의 가치를 평가받았다. 신생 기술 기업이었던 애플과 아마존, 그리고 구글은 온라인 상거래와 클라우드 기술의 발전을 바탕으로 지구상에서 가장 크고 영향력 있는 3개 기업이 됐다.

나는 그런 기업들에게 점점 큰 관심을 느꼈다. 그 회사들의 창업자, 운영자, 제품 개발자, 그리고 투자가들에 대해 알고 싶었다. 이전까지 내가 즐겨 보던 뉴스는 주로 정치, 비즈니스, 스포츠 등에 관련된 것들이었다. 하지만 이제는 새로운 기술에 관련된 뉴스를 찾아보는 일에 거의 중독이 되다시피 했다. 내 RSS 피드*는 〈테크 크런치Tech Crunch〉, 〈MIT 기술 리뷰MIT Technology Review〉 같은 매체들, 그리고 MIT의 앤드루 매카피 교수나 넷스케이프의 공동 설립자 마크 엔드리슨Marc Lowell Andreessen의 블로그, 위키, 트위터 등에서 나온 뉴스들로 가득했다.

그중에서도 내가 가장 좋아하는 뉴스원은 싱귤래리티 허브Singularity Hub라는 웹사이트다. 이 사이트를 만든 사람은 피터 디아만디스Peter Diamandis와 레이 커즈와일Ray Kurzweil이라는 두 명의 미래학자다. 디아만디스는 55세의 그리스계 미국인으로 엔지니어이자 물리학자다. 그는 프랑스 스트라스부르에 세계우주학교International Space University를 세웠으며, 엑스프라이즈X-Prize 재단을 설립한 기업가이기도 하다. 이 재단은 최근 개인용 유인 우주선을 개발하는 사람에게 1,000만 달러의 상금을 지급하겠다고 내걸었다. 커즈와일은 올해 68세로 CCD 센서 기반의 플랫베드flatbed 스캐너, 그리고 인쇄된 글씨를 음성으로 전환해주는 시각 장애인용 기계를 최초로 개발하는 등 수많은 기술들을 세상에 내놓은 발명가다. 구글은 2012년에 그를 엔지니어링 부문 임원으로 영입했다. 커즈와일은 나노 기술, 로봇공학, 생명공학 등의 미래에 대해 주기적으로 자신의 견해를 발표하고 있다. 그가 하는 말은 마치 공상과학 소설처럼 들린다. 하지만 절대 소설이 아니다. 첨단 기술 전문가 가운데 하나인 빌 게이츠는 이렇게 말했다. "레이 커즈와일은 내가 아는 사람 중 인공지능의 미래를 예측하는 데 가장 뛰어난 인물이다."

---

*   인터넷에서 뉴스를 모아 배달하는 프로그램.

그동안 커즈와일이 내놓은 수백 가지의 예측은 대부분 현실로 이루어졌다. 예를 들어 1990년에 그는 1998년이 되면 컴퓨터가 세계 체스 챔피언을 이길 거라고 예상했다.[1] IBM의 컴퓨터 딥블루Deep Blue는 그보다 1년 앞선 1997년에 소련의 체스 그랜드마스터 가리 카스파로프Garry Kasparov를 꺾었다. 또 컴퓨터가 대부분 무겁고 부피가 컸던 1990년대 초, 그는 앞으로 25년 후에는 휴대성이 엄청나게 뛰어난 컴퓨터가 출현할 거라고 내다봤다. "크기나 모양이 다양해지는 것은 물론, 심지어 의복이나 장신구에도 통합될 것이다"(내가 이 글을 쓰고 있는 시점에 애플은 웨어러블 테크놀로지Wearable Technology의 발전을 상징하는 애플 워치를 처음 출시했다).

1999년 커즈와일은 향후 10년 내에 사람들이 컴퓨터에게 말을 하고 음성으로 명령을 내리게 될 것이라고 말했다(우리는 인공지능 비서 프로그램인 구글 나우와 애플의 시리를 사용하고 있다). 또 그는 컴퓨티의 모니터가 안경에 탑재되어 증강현실을 제공할 거라고 예측하기도 했다(마이크로소프트의 홀로렌즈와 구글 글래스를 보라).

커즈와일은 2005년에 외국어를 실시간으로 번역해주는 구글 번역기 같은 제품이 등장하는 것도 정확하게 맞혔다. 이제 우리가 착용한 VR 안경의 렌즈 위에 번역된 말이 자막처럼 나타날 날이 머지않았다.

"믿을 수 없어!"

나 같은 비전문가는 이렇게 말한다. 하지만 기술 뉴스를 탐독하는 일의 즐거움 중 하나가 바로 이것이다. 매일매일 새로운 미래가 눈앞에 펼쳐지는 모습을 목격할 수 있는 것이다.

그 뉴스들 가운데 특히 내 관심을 끈 내용들을 몇 개만 소개하겠다.

이 기사들은 로봇의 시대가 미래에 찾아오는 것이 아니라 이미 우리 삶에 깊숙이 자리 잡고 있다는 사실을 알려준다.

— 슈와브스Schwab's는 로봇 자문 서비스를 제공하고 있는 투자금융회사 중 하나다. 로봇 자문 서비스란 재무 설계사 없이 운영되는, 자동화된 알고리즘 기반의 금융 포트폴리오 관리 서비스다.[2] 또 로빈후드Robinhood라는 이름의 신생 증권회사는 수수료가 없는 증권 거래 어플리케이션을 출시하여 밀레니얼 세대 같은 젊은 고객층을 겨냥하고 있다. 로빈후드에 따르면 이 서비스가 출시된 지 1년도 안 됐지만 사용자는 수십만 명을 넘어섰고 거래액도 10억 달러에 달한다고 한다.[3]

— 등고선 건축술contour crafting은 갠트리 기중기처럼 생긴 거대한 3D 프린터로 콘크리트를 프린트하는 건축 기법이다. 이 시스템을 사용하면 230제곱미터 넓이의 주택을 컴퓨터로 디자인해서 24시간 내에 건축하는 일이 가능하다.[4]

— 공구 체인점 로우스Lowe's는 문 앞에서 고객에게 인사하고 고객이 원하는 제품 앞으로 안내해주는 로봇을 실험 중이다.[5] 실리콘밸리의 로봇 전문 신생 기업 나이트스코프Knightscope는 최근 1.5미터 크기의 경비원 로봇을 출시했다. 이 로봇은 영업시간 후에 기업의 매장이나 사무실 건물을 돌아다니며 침입자를 탐지한다.

— 일본의 어느 놀이공원 내에 새로 개장한 객실 72개 규모의 호텔에는 사람을 닮은 10대의 로봇과 몇 명의 보조 직원만이 배치될 예정이다. 헨나 호텔Henn-na Hotel의 액트로이드actroids(사람과 매우 흡사한 로봇)들은 눈도 깜박거리고, '숨을 쉬기도' 하며, 사람과 눈을 마주치고, 보디랭귀지

에도 반응한다. 이 로봇들은 중국어, 일본어, 한국어, 영어 등의 여러 나라 말을 유창하게 구사하며, 고객 체크인, 수하물 운반, 커피 만들기, 방 청소, 세탁물 배달 같은 업무를 수행한다. 이 호텔은 '발전에 대한 약속'을 모토로 하는 기업답게 객실 문이 안면 인식 기술을 통해 열리고 닫히도록 만들었다. 또 에어컨 대신 객실 내의 방열판이 손님의 체온을 감지해서 온도를 자동으로 조절하는 방식을 도입했다.[6]

— 샌프란시스코에 소재한 로봇 기업 모멘텀 머신스Momentum Machines는 주방에서 세 사람 몫의 일을 처리할 수 있는 햄버거 제조 로봇을 개발했다. 이 로봇은 쇠고기 패티를 굽고, 상추, 토마토, 피클, 양파 등을 빵 위에 올리는 일까지 척척 해내며 시간당 400개의 햄버거를 만들어낸다고 한다. "이 로봇을 제작한 것은 직원들을 돕기 위해서가 아닙니다." 이 회사를 공동 창업한 알렉산드로스 바르다코스타스Alexandros Vardakostas는 이렇게 말한다. "직원들을 완전히 대체하기 위해서입니다."[7]

— 〈로스앤젤레스 타임스〉는 자사가 도입한 기사 작성 로봇 덕분에 최근 발생한 지진 소식을 다른 신문사들보다 먼저 보도할 수 있었다. 이 기계를 제작한 프로그래머와 기자들은 지진이 발생하면 자동으로 간단한 기사를 작성하도록 알고리즘을 만들었다. 최근에는 컴퓨터 프로그램이 스포츠 경기 결과나 주가의 움직임에 관한 기사를 작성하기도 한다.[8] 〈와이어드Wired〉 지의 어느 전문가는 앞으로 10년 안에 모든 뉴스의 90퍼센트 이상이 컴퓨터가 작성한 기사로 채워질 것이라고 예상한다.[9]

— 최신형 크루즈 '퀀텀 오브 더 시즈Quantum of the Seas'는 거의 무한정한 종류의 칵테일을 고객 맞춤형으로 제조할 수 있는 로봇 바텐더를 도입할 계

획이다. 이 로봇은 자유자재로 움직이는 팔을 이용해 칵테일을 흔드는 큰 동작뿐 아니라 과일을 저미거나 장식을 얹는 등의 섬세한 움직임까지 소화해낸다.[10]

— 미국에 소재한 150여 곳의 병원에서는 아에톤^Aethon 사에서 제작한 '심부름 로봇'을 사용 중이다. 스마트폰 앱으로 호출 가능한 이 로봇은 약품, 실험용 재료, 음식, 세탁물 등을 운반하는 역할을 한다.[11]

— 트루 컴패니언^True Companion이라는 회사에서는 다양한 성격을 지닌 '섹스 로봇'을 제작한다. 예를 들어 프리짓드 파라^Frigid Farrah라는 이름의 로봇은 내성적이고 부끄러움을 잘 탄다. 반면 와일드 앤디^Wild Andy는 활달하고 모험심이 강하다고 한다. 트루 컴패니언은 이 '섹스 로봇'으로 성인용 로봇 시장의 석권을 노린다. 이 회사의 웹사이트에는 이렇게 나와 있다. "미국은 군사용 무인 운송 장비나 인공지능 같은 로봇 분야에서 여전히 세계의 선두 자리를 지키고 있습니다. 트루 컴패니언은 인공지능 회사나 애니마트로닉스^Animatronics* 기업뿐만 아니라 영화 제작사와 군수산업 분야에서도 많은 인재들을 영입해 최고의 경쟁력을 갖춘 성인용 제품을 제작해왔습니다… 우리가 만든 로봇은 오르가즘도 느낍니다."[12]

2015년은 로봇 산업에 있어서 매우 성공적인 한 해였다.[13] 국제로봇협회^International Federation of Robotics에 따르면 자동차 업계에서 이미 20만 대의 로봇을 도입했으며, 전자 산업에서 6만 9,400대, 금속 및 기계 분야에서

• 　생물을 모방한 로봇을 사용하여 촬영하는 특수 효과의 일종.

3만 6,200대, 그리고 고무 및 플라스틱 제조 기업들에서 1만 6,500대의 로봇을 사용 중이라고 한다. 군에서도 1만 2,200대의 로봇을 폭탄 해체나 공중 정보 수집 등에 활용하고 있다. 식품 가공 분야(9,500대)와 낙농업계(6,200대)에서도 로봇 도입이 증가하는 추세다. 예를 들어 우유를 짜는 일은 힘든 수작업 중의 하나다. 하지만 요즘은 컴퓨터가 젖소들의 '착유 속도'를 도표로 만들고 레이저로 소의 가슴 부위를 스캔해서 젖소별로 착유 시간을 설정한다. 그리고 하루 5~6번 정도 설정된 순서대로 자동 착유를 하면, 로봇이 생산된 우유의 양과 품질을 모니터한다.[14]

하지만 로봇을 통해 가장 획기적인 발전이 이루어지고 있는 영역은 의료 분야다. 이에 대한 몇 가지 사례를 들어보자.

— 25개가 넘는 업체들이 '로봇 수술Robotic Surgery' 제품, 다시 말해 컴퓨터로 제어되는 기전機電 방식의 외과용 장치를 공급하고 있다. 대표적인 제품은 로보닥RoboDoc, 엔도컨트롤EndoControl, 사이버하트Cyberheart, 그리고 닥터 로봇Dr. Robot이라는 이름의 뇌수술용 기계다.[15]

— 미국 방위고등연구계획국Defence Advanced Research Projects Agency(DARPA)은 우울증, 외상 후 스트레스 장애(PTSD), 크론병, 관절염 등의 만성질환 퇴치를 위해 신경계에 직접 작용하는 초소형 전자기기를 개발하는 데 7,890만 달러를 투자하겠다고 밝혔다.[16]

— 센시움 바이탈스SensiumVitals는 겉보기에 붕대와 비슷하지만 무게는 절반 정도에 불과한 패치 제품이다. 이 제품을 환자의 가슴 부위에 부착하면 환자의 심박수, 호흡, 체온 등의 데이터가 간호사실 컴퓨터와 휴대용 의료 장비에 2분마다 전송된다.[17]

— 맨체스터 대학의 한 교수에 따르면, 그래핀graphene이라는 초박형·초강
도의 물질은 "지구상에서 가장 투명성, 열전도율, 탄력성이 뛰어난 소
재"라고 한다. 이 때문에 그래핀 연구는 전자학을 생물학적 시스템과
통합하는 실험에 활용되고 있다. 그래핀으로 만들어진 센서가 사람의
신경계 상태를 '진단'하고 세포와 '대화'를 할 날이 머지않았다.[18]

— 얼라이브코어AliveCor에서 새로 출시한 200달러짜리 심장 모니터 장비
는 스마트폰을 사용해 심전도를 측정한다. FDA의 심사를 통과한 이 제
품은 1만 달러가 넘는 다른 장비들과 비교해도 손색없는 기능을 자랑한
다.[19]

— IBM의 슈퍼컴퓨터 왓슨Watson은 조만간 세계에서 가장 우수한 암 진단
전문의가 될 것으로 예상된다. 이 컴퓨터는 세계 최고 수준의 최신 의
학 정보를 계속 '교육'받는 중이며, 이 지식들을 환자의 증세, 병력, 검
사 결과 등에 연동시켜 환자를 진단하고 치료 계획을 수립한다.

이런 기술들이 가능한 것은 모두 무어의 법칙 때문이다. 1965년 인텔의
공동 창업자 고든 무어는 집적 회로에 들어가는 데이터의 양이 2년마다
2배로 늘어나면서 컴퓨터 성능이 기하급수적으로 증가할 것이라고 예
상했다. 어떻게 이런 일이 가능할까? 인텔을 포함한 첨단 기술 기업들
은 트랜지스터의 크기를 계속 줄여서 한 개의 칩 위에 더욱 많은 트랜지
스터가 집적될 수 있도록 만들었다. 이를 통해 전자의 이동 거리가 짧아
지면서 속도와 성능이 증가하고, 전체적으로 컴퓨터의 능력이 향상되는
것이다. 2014년 한 해 동안 반도체 기업들은 평균적으로 초당 8조 개씩
도합 2해 5,000경($250×10^{18}$) 개의 트랜지스터를 제조했다. 하지만 일부

전문가들은 2021년 정도가 되면 트랜지스터의 크기를 줄이는 데 소요되는 비용이 트랜지스터 자체의 가치를 넘어서면서 무어의 법칙에도 제동이 걸릴 거라고 예상한다. 그러면 50년 넘게 이어온 컴퓨터 성능의 기하급수적 성장이 비로소 종말을 맞게 될까?

레이 커즈와일은 그렇게 생각하지 않는다. 그는 자신의 저서 《21세기 호모 사피엔스The Age of Spiritual Machines》에서 '수확 가속의 법칙Law of Accelerating Returns'이라는 이론을 제시했다.[20] 무어의 법칙이 반도체 회로의 기술에만 국한된다면 '커즈와일의 법칙'은 패러다임의 전환을 통해 발생하는 모든 종류의 기술적 변화에 적용된다.

"역사를 돌이켜보면 기술적 변화는 기하급수적으로 발생한다는 사실을 알 수 있다. 우리가 직관적으로 생각하는 '선형' 방식의 발전이 아니다. 그러므로 인류가 21세기의 100년 동안 경험할 발전은 단지 100년만큼의 진보에 그치지 않을 것이다. 현재와 같은 속도라면 2만 년 정도에 해당하는 발전이 이루어질 가능성이 높다. 칩의 속도와 비용의 효율성 같은 기술적 '수확'은 기하급수적으로 증가한다. 심지어 기하급수적 성장의 추세는 기하급수의 비율로 가속화되는 경향을 보인다. 향후 수십 년 안에 기계의 지능이 인간의 지능을 앞서는 특이점Singularity의 시대, 즉 극단적으로 빠르게 진행되는 기술의 발전으로 인해 인간의 역사가 혼란에 빠지는 시기가 찾아올 것이다. 그때가 되면 생물학적 지능과 비생물학적 지능이 통합되고, 소프트웨어 기반의 영생永生 인간이 출현하며, 우주를 빛의 속도로 여행할 수 있는 지능이 개발될 것이다."

커즈와일은 컴퓨터의 성능이 여러 패러다임을 거치며 발전했다고 본다. 1950년대를 풍미했던 진공관 기반의 컴퓨터는 1960년대의 트랜지스터 컴퓨터에게 자리를 내주었다. 뒤이어 고속 퍼스널 컴퓨터의 기반이 된 집적회로와 오늘날 우리가 사용하는 모바일 장비들이 등장했다. 이제 그 패러다임도 곧 3D 컴퓨팅으로 대체될 전망이다. 사실 반도체 칩 제조업체들은 이미 3차원 트랜지스터 기술이 적용된 방식의 칩을 만들기 시작했다. 즉 회로를 여러 층으로 쌓아올리기 때문에 트랜지스터 크기를 줄이려고 애쓸 필요가 없다. 커즈와일에 따르면 모든 기술은 S자 곡선을 그리며 발전이 진행되다가 기술적 한계에 이르면 곡선이 평평한 모양으로 바뀐다고 한다. 그러면 다른 패러다임이 그 기술을 대신한다. 그렇다면 앞으로 어떤 기술들이 등장할 것인가? 커즈와일은 미래에는 그래핀이나 나노튜브 같은 소재가 실리콘을 대체할 거라고 예상한다. 또 양자 컴퓨팅에서 큰 발전이 이루어지면서, 인간의 마음을 흉내내는 기능이나, 현대의 디지털 컴퓨터로는 수천 년이 걸려야 가능한 답을 순식간에 얻어낼 수 있는 능력이 개발될 것이다.

우리는 역사상 유례없는 변화의 시대를 살고 있다. 매일 아침 눈을 뜨면 과학이나 의학, 그리고 기술의 영역에서 새로운 발전이 이루어졌다는 뉴스가 들려온다. 그 모든 이야기들은 내가 어릴 때 읽었던 어떤 공상과학 소설보다 놀라우면서도 실현 가능성이 높다. 내가 대학을 졸업하던 1972년에는 지구상에서 가장 빠른 슈퍼컴퓨터의 가격이 500만~880만 달러 사이였다(오늘날의 화폐가치로 3,000만 달러에서 4,300만 달러 정도다). 40년이 지난 후, 나는 그 슈퍼컴퓨터의 성능과 비슷한 아이폰4를 400달러에 구입했다. 무어의 법칙 또는 커즈와일의 수확 가속의 법칙이 지배하는 세상에 살고 있다는 것은 얼마나 놀라운 일인가. 하지만 인류의 삶을 더 낫게 만든다는 이 모든 변화의 이면에는 어두운 그늘이 자리 잡고 있다. 수백만 개의 중산층 일자리가 영원히 사라질 위기에 처한 것이다.

2013년 9월, 옥스퍼드 대학의 교수 2명은 컴퓨터가 702개의 직업에 잠재적인 영향을 미친다는 연구를 내놓았다.[21] 이 충격적인 연구에 따르면 기계 학습과 모바일 로봇 기술의 발전으로 인해 미국의 직업 중 47퍼센트가 위험한 상태에 놓였다고 한다. 두 사람의 연구는 언론의 뜨거운 관심을 받았으며 많은 논란을 불러일으켰다. 나는 열린사회재단(OSF)을 대표해 노동의 미래에 대한 토론회를 개최했다. 그리고 연구자 중 한 명인 칼 베네딕트 프레이Carl Benedikt Frey를 초빙해 강연을 부탁했다.

프레이는 여러 장의 슬라이드를 사용해서 자신의 방법론과 논리, 그리고 연구 결과를 보여주었다. 프레이와 공동 연구자 마이클 A. 오스본Michael A. Osborne은 먼저 몇 가지 전제를 제시했다. 에를 들어 '컴퓨터는 (사고적인 일이건 물리적인 일이건) 기록 관리, 계산, 고객 서비스, 고르기 또는 분류하기, 반복적 조립처럼 정형화된 업무에 능하다'는 것이다. 하지만 프레이는 정형적인 업무와 비정형적인 업무 사이의 구분(일례로 트럭 운전과 의료 진단)이 서서히 변화하고 있다고 말했다. "미래에는 자동화로부터 절대 안전하다고 생각되던 직업들도 위협받을 겁니다." 그는 이렇게 말했다. "이런 추세를 이끄는 가장 근본적인 요인은 빅데이터Big Data라는 방대한 데이터를 사용하는 일이 가능해졌다는 사실입니다. 어떤 자료에 따르면 전 세계에 존재하는 인쇄된 문서를 데이터로 환산한 총량은 200페타바이트 정도라고 합니다. (1페타바이트는 1,000조 바이트의 디지털 정보를 의미한다. 이는 미국 전체 인구의 DNA 정보를 2번 저장할 수 있는 양이다.) 1999년에 컴퓨터에 저장된 정보의 양은 1만 2,000페타바이트였는데, 2015년에는 무려 96만 페타바이트에 이를 겁니다." 프레이가 말했다. 그는 컴퓨터 알고리즘을 바탕으로 이 엄청난 양의 정보를 분석하고, 마이닝mining*하고, 공유하고, 저장하고, 활용한다면 상상할 수 있는 모든 일이 가능할 것이라고 말했다.

상대적으로 자동화의 위험이 낮은 직업은 교육, 의료, 경영, 컴퓨터 엔지니어링 같은 분야의 일자리들이다. 예를 들어 로봇이 초등학교 교사, 치료사, 정신 건강 상담사 등의 직업을 대신하게 될 가능성은 매우 낮다.

프레이가 이런 말을 하고 있을 때, 말쑥하게 옷을 차려입은 한 남자가 일어나서 말했다. 회의장 안에서 가장 지적이고 사회적으로 보이는 사람이었다. "저는 교수님의 연구 결과에 대부분 동의합니다. 다만 한 가지 놀라운 점은 교수님께서 말씀하신 47퍼센트라는 숫자가 너무 보수적으로 들린다는 겁니다." 그 사람은 확신하는 듯했다. 강의가 끝난 후 나는 스티븐 버켄펠드라는 이름의 그 남성과 만날 약속을 잡았다. 어느 투자은행의 임원이라는 그가 기술과 노동의 미래에 대해 프레이보다 많은 이야기를 들려줄 수 있을지 궁금했기 때문이다.

버켄펠드와 나는 맨해튼 중심부에 위치한 바클레이스 빌딩의 30층 회의실에서 마주 앉았다. 입고 있는 의상으로만 보면 우리 두 사람은 전혀 어울리지 않았다. 나는 연한 푸른색의 캐시미어 스웨터와 구겨진 청

•   대규모 자료를 토대로 새로운 정보를 찾아내는 일.

바지, 그리고 검정색 가죽 재킷을 입었다. 거기에다 검정 부츠까지 신고 있었다(만일 날씨가 조금 따뜻했다면 면으로 된 스웨터와 자주색 SEIU 점퍼를 입었을 것이다). 반면 56세의 버켄펠드는 하얀색 셔츠에 회색 타이, 그리고 가는 세로줄 무늬의 맞춤 정장 차림이었다. 은색 머리카락은 곱슬곱슬했다. 만일 우리가 토요일 오전에 어느 교외의 커피숍에서 만났다고 하더라도 그의 비즈니스 정장과 사무적인 자세는 똑같을 것 같았다. 구릿빛 피부에 체격이 호리호리한 버켄펠드는 휴대전화만 있으면 못할 일이 없을 듯했다. 그는 아내와 함께 부탄에서 막 휴가를 즐기고 돌아왔다고 했다. 부탄이라면 '세계에서 가장 행복한 국가'로 알려진 바로 그 나라 아닌가. 버켄펠드는 의욕이 넘치고 성공을 추구하는 투자은행가였다. 그가 부탄 같은 곳에서 느긋한 시간을 보내고 왔다는 사실을 상상하기 어려웠다. 그는 파릇파릇한 논이나 절의 스님 등을 찍은 몇 장의 사진을 보여주었다. 회의실 창밖으로 보이는 회색빛 고층 빌딩들의 우중충한 풍경과는 참으로 대조적인 모습들이었다.

내가 버켄펠드를 찾아온 것은 기술과 노동의 미래에 대한 그의 관점에 대해 더 많은 이야기를 듣고 싶어서였다. 특히 칼 프레이의 강연에서 보여준 그의 날카로운 반론이 내 호기심을 끌었다. 버켄펠드는 실리콘밸리와 월스트리트의 번영과 몰락, 그리고 재기의 과정을 맨 앞에서 지켜본 사람이다. 새롭게 등장하고 있는 기술들에 대해서도 누구보다 정통할 뿐 아니라, 그 기술들을 개발한 회사들에 수백만 달러를 투자하는 일을 하고 있다.

"미래는 예전 같지 않을 겁니다." 버켄펠드는 자신의 영웅이라는 뉴욕 양키스 야구선수 요기 베라^{Yogi Berra}의 말을 인용하며 이야기를 시작했다. "일자리를 가진 사람은 점점 줄어들고 근로자들은 예전에 비해 훨씬 더 많은 일을 합니다. 우리는 기술의 발전을 막을 수 없습니다. 물론 그래서도 안 됩니다. 그러므로 가장 큰 이슈는 인적 자원을 어떻게 관리해야 하는가 입니다." 버켄펠드는 기술로 인해 인간의 노동력 자체가 전혀 쓸모없어질 거라고 생각하지는 않았다. 하지만 앞으로 우리가 세우는 모든 계획은 그 시나리오를 바탕으로 해야 한다고 했다. "만일 현존하는 직업들이 모두 기술로 대체된다고 가정해보죠." 그가 말했다. "그렇다면 사람들은 어떻게 해야 할까요?"

그가 이런 생각을 갖게 된 바탕에는 리먼 브러더스Lehman Brothers에서 근무했던 경험이 있었다. 그는 뉴욕에 소재한 이 금융 서비스 기업에서 투자은행가로 21년을 일했다. 그중 10년 동안은 거래 승인 위원회 의장으로 있으면서 모든 주요 거래에 관여했다. 2008년 9월 15일, 회사 고객들이 썰물처럼 빠져나가고 신용 등급이 바닥으로 추락하면서 리먼 브라더스는 도산했다. 미국 역사상 최대 규모의 파산이자 전 세계의 정치·경제에 엄청난 파장을 몰고 온 사건이었다. 그날 오후, 이 자긍심 강한 회사를 38층짜리 본사 빌딩(우리가 지금 앉아 있는 이 건물)과 함께 바클레이스에 매각하는 서명을 한 담당 임원은 버켄펠드였다. 바클레이스는 리먼 브라더스의 북미 지역 투자금융 및 증권 거래 사업부도 사들여서 버켄펠드에게 맡겼다.

버켄펠드는 바클레이스의 투자금융 사업부 임원으로 근무하며 새롭게 등장하는 기술들이 여러 산업 분야에 미치는 영향을 자세히 파악할 수 있었다. 2009년에 그가 집중했던 기업들은 주로 제조업체였다. 하지만 2010년이 되면서 투자 포트폴리오를 태양열이나 풍력 에너지, 연

료 전지, 전기 자동차와 같은 '친환경 기술' 분야로 확장했다(버켄펠드
는 코넬 대학교와 컬럼비아 대학교 로스쿨을 졸업했으며, 시에라클럽^{Sierra Club}•
과 그린시티 포스^{Green City Force}••의 이사회 멤버이기도 하다). 2011년 이후로는
3D 프린팅이나 로봇 기술을 개발하는 기업들에 중점을 두고 있다.

버켄펠드는 열린사회재단의 강연회에 참석했을 때 논점을 신속하
게 이해하는 능력을 보여주어 나를 놀라게 했다. 그는 일단 사실을 정확
히 파악한 다음 다른 사람의 주장에서 문제점을 지적하고, 이를 통해 한
단계 높은 차원으로 대화를 이끌었다. 뿐만 아니라 가장 통찰력 있는 질
문을 던지기도 했다. "그런 능력은 어떻게 생긴 겁니까?" 내가 물었다.

"수많은 투자 거래를 경험했기 때문이죠." 그가 대답했다. "경제 위
기가 닥치기 전에는 거의 한 시간에 한 개꼴로 거래를 검토해야 했던 적
도 있었습니다. 그런 엄청난 돈이 걸려 있는 상황에서는 빠른 시간 안에
대상의 패턴을 인식하고 단편적 사실들을 연결해 전체적인 결론을 도
출할 수 있는 능력을 개발해야 합니다. 그래야 어떤 부분이 문제가 되는
지, 또 그 사업이 타당한지 아닌지 알 수 있는 거죠. 그러다보면 모든 판
단을 순식간에 해내는 방법을 터득하게 됩니다."

버켄펠드는 2008년의 경제 위기 이후 투자 대상 기업들에 중요한
변화가 생겼다는 사실을 알아차렸다. "큰 기업들은 5만 명 정도의 직원
들을 예사로 줄이곤 했죠. 그중 절반은 영구적인 감원으로 이어졌습니
다. 뿐만 아니라 소규모 기업들까지(심지어 큰 수익을 올리고 있는 조직들

• 　미국에서 출범한 세계적 민간 환경운동단체.
•• 　미국의 환경 운동 프로그램.

까지도) 직원들을 내보냈어요."

기업들이 제시하는 인력 감축의 이유는 언제나 똑같았다. 비용을 절감하고 생산성을 늘리기 위해서라는 것이다.

"전혀 새로운 이야기가 아닙니다. 그런 점에서 경제 위기는 기업가들에게 기회이기도 했습니다. 생산성이 낮은 직원들을 해고해버리면 다른 직원들이 일자리를 잃을까봐 두려워 더 열심히 일하니까요."

그리고 이 이야기의 또 다른 주제가 등장했다. 바로 기술의 발전, 그리고 기업들이 기술을 받아들이는 방식이다.

"1990년대에는 기업들이 새롭게 도입한 기술이 사람의 노동력에 그다지 큰 영향을 미치지 않았습니다." 그가 말했다. "기술에 투자를 하기는 했지만 회사의 사활을 걸 정도는 아니었던 거죠."

예를 들어 당시에도 회의를 편리하게 소집하기 위해 이메일을 사용하는 기술은 존재했다. 하지만 오늘날처럼 서류들이 단 몇 분 안에 세계를 오가고, 관련자들이 그 문서에 실시간으로 의견을 추가함으로써 시간과 비용을 획기적으로 줄이는 수준까지 이르지는 못했다. 사실 1990년대에는 기업들이 기술을 도입하면서도 신뢰성에 대해 많이 우려했다. 그래서 혹시 발생할지 모를 고장이나 오작동에 대비해 항상 담당자들을 주변에 배치했다.

"Y2K를 기억하십니까?" 버켄펠드가 물었다.

물론 기억했다. 1999년의 마지막 날, 사람들은 이제 시계가 자정을 알리면 모든 컴퓨터들이 오작동을 일으키면서 비행기들이 추락하고 세상은 종말을 맞을지도 모른다는 공포에 떨었다. 컴퓨터에 내장된 시계가 새로운 세기를 인식하도록 프로그램되어 있지 않다는 이유에서였다.

하지만 그런 사태는 벌어지지 않았다.

"Y2K가 별 탈 없이 넘어가자 사람들의 사고방식이 바뀌기 시작했습니다. 기업들은 기술을 신뢰하기 시작했고 특히 인터넷에 많이 의지하게 됐습니다. 그래서 2008년 경제 위기가 닥치자 CEO들은 이렇게 생각한 거죠. '새로운 기술을 뒤에서 지원하기 위해 더 이상 사람들을 고용할 필요가 없어. 이제는 중복된 자원을 줄여야 해.'" 여기에 다른 요인들, 즉 빅데이터나 클라우드 같은 새로운 기술들까지 가세하면서 기업들은 점점 많은 기능 부서들을 외부 조직에 아웃소싱할 수 있었다. 그 결과는? 물론 더 많은 자동화, 그리고 더 많은 해고로 이어졌다.

그후 6년이 지나 경기는 다소 회복세로 돌아섰지만 이런 상황은 여전히 진행 중이다.

버켄펠드는 여러 회사의 임원들로부터 매주 15건 이상의 사업 제안서를 받는다고 한다. 대부분은 자신의 회사를 증시에 싱장히기 위하는 사람들이다. "나는 그 제안서들에 대해 '예스' 또는 '노'라고 대답하거나, 당신이 이런저런 조치를 취한다면 승인하겠다고 말합니다. 예를 들면 회계감사를 수용한다거나, 특정한 사항에 대해 자산 실사를 받겠다면 말이죠. 그동안 수천 개의 회사로부터 수천 건의 투자 제안을 받았고 수백 가지의 사업 모델을 검토했습니다."

그 회사들은 대부분 생산성을 향상시키고 인건비를 절감하는 기술을 개발하고 있다.

일례로 어떤 회사는 태양열로 가동하는 쓰레기 압축기를 생산한다. 이 제품에는 지역의 여러 지점에 놓인 쓰레기통들의 상황 정보를 청소회사 본부에 보내는 장비가 장착되어 있다. 지방자치 단체들이 이 첨단 쓰레기 압축기에 관심을 보이는 이유는 간단하다. 이 제품을 사용하면 청소 트럭들이 매일같이 동일한 구간을 운행하며 반밖에 채워지지 않은 쓰레기통까지 비워야 할 필요가 없기 때문이다. 청소 회사 본부에서는 쓰레기로 넘치는 쓰레기통만 비울 수 있도록 청소 트럭의 운행 지도를 그때그때 효율적으로 조절할 수 있다. 시 정부뿐만 아니라 주민들에게 도 만족스러운 제품이다. 운전 중에 느릿느릿 움직이는 청소 트럭 뒤에 서 번번이 기다리지 않아도 되기 때문이다. 생산성 향상으로 쓰레기 수거 에 소요되는 비용이 절감된다는 측면에서 보면 납세자 입장에서도 이익 이 되는 기술이다. 하지만 청소 회사에서 이 제품의 도입을 기뻐할 사람 은 소수에 불과할 것이다. 많은 직원들이 일자리를 잃게 될 테니 말이다.

버켄펠드는 또 하나의 예를 제시했다. 그가 최근에 증시에 상장시 킨 회사는 전 세계 500개 기업의 데이터 센터들을 맡아서 관리하는 일 을 한다. 버켄펠드는 이 회사의 CEO를 처음 만났을 때 그 500개 기업들 이 데이터를 자체적으로 관리한다면 몇 명의 직원이 필요한지 물었다.

"내가 계산해보니 각 기업들이 데이터를 직접 관리하려면 한 회사 에서 적게는 2명, 많게는 5명 정도의 내부 직원이 필요했습니다. 그럼 500개 기업 전체로는 1,000~2,500명의 데이터 관리자가 있어야 하는 거죠. 하지만 그 기업들이 이 회사에 데이터 관리를 맡기면 180명의 직 원으로 충분했습니다. 결국 그 CEO의 회사는 최대 2,500개의 일자리를 180개로 줄인 셈입니다. 가장 적게 잡아도, 500개의 데이터 센터를 관리 하는 데 필요한 인력을 82퍼센트 없애버린 거죠."

이런 상황은 점점 더 많은 산업 분야로 확대되는 추세다. "모든 기 업이 더 적은 인력으로 더 많은 일을 할 수 있는 방법을 찾습니다." 버켄펠드가 말했다. "이는 단순히 업무를 자동화하는 문제가 아닙니다. 모든 직업의 생산성을 어떻게 최대한 끌어올리는가의 문제이죠." 그는 기술의 숙련도라는 측면에서 양 극단에 놓인 두 가지 직업을 예로 들었다.

한쪽 극단에는 요식업에 종사하는 근로자들이 있다. 버켄펠드가 말했다. "가까운 미래에 음식점 종업원들이 모두 사라지지는 않을 겁니다. 그러나 다들 식당에 가서 아이패드나 이와 비슷한 모바일 장비로 테이블에 앉은 채 음식값을 계산해본 적이 있을 거예요. 물론 앞으로도 식당에 가면 누군가가 테이블에 서빙을 하겠죠. 하지만 예전에 직원 한 사람이 서빙을 할 수 있는 테이블이 5개 정도였다면 앞으로는 10~20개를 할 수 있게 될 겁니다."

반대쪽 극단에는 의료 진단 영역이 자리하고 있다. "이 분야에서도 매우 많은 업무가 아웃소싱의 여지를 안고 있습니다. 아직 방사선 전문의의 숫자가 줄어들지는 않았지만 한 사람이 수행할 수 있는 업무량은 이전에 비해 크게 늘었어요. 의사들이 로봇을 사용해서 외과 수술을 하는 일도 같은 맥락에서 볼 수 있어요. 가까운 장래에 외과 의사들이 모두 사라지지는 않겠지만 숫자가 줄어들 것은 확실합니다."

버켄펠드는 최근 매킨지 글로벌 연구소McKinsey Global Institute에서 발간한 한 연구 보고서를 언급했다. 그는 자동화 현상을 심도 있게 분석한 이 보고서가 자신의 주장을 더욱 확실히 뒷받침한다고 말했다. 매킨지의 연구에 따르면 자동화의 발전 과정을 가장 효과적으로 이해하고 추적하기 위해서는 직업 전체에 대한 자동화보다는 그 직업에 속한 여러 업무들의 개별적인 자동화에 초점을 맞춰야 한다고 한다. 버켄펠드는 이 구분이 대단히 중요하다고 말했다. 이를 통해 많은 기업들이 생산성

향상을 어떤 식으로 이루어나갈지 보다 정확하게 예상할 수 있기 때문이다.

매킨지의 연구는 옥스퍼드대 교수들의 연구와 방법론적으로 다소 차이가 있지만, 그 결론이 충격적이라는 사실은 마찬가지다. 그중 가장 눈에 띄는 대목은 미국 경제에서 노동자들이 수행하는 업무의 45퍼센트가 현존하는 기술로 대체될 수 있다는 주장이다. 이 업무량을 노동자의 임금으로 환산하면 연간 2조 달러에 해당한다. 만일 인공지능이 자연어를 더욱 능숙하게 처리하고 이해하는 수준으로 발전한다면 자동화로 대체 가능한 업무의 비율은 순식간에 58퍼센트로 치솟을 것이다.

버켄펠드는 이 연구가 자동화에 대한 사람들의 고정관념에 몇 가지 주의를 환기시켰다고 말했다. 첫째, 매킨지의 연구자들은 자동화가 중간 수준의 소득자뿐만 아니라 전 소득 계층의 일자리에 영향을 미칠 거라고 주장했다. 둘째, 창의력이나 정서적·감각적 능력을 발휘하는 직업들이 자동화로부터 가장 '안전'할 거라는 생각에는 그들도 동의한다. 그러나 전체 업무 중에 인간이 지닌 평균 수준 이상의 창의력을 요하는 일은 4퍼센트에 불과하고, 평균 수준 이상의 감각 능력이 필요한 일은 29퍼센트밖에 되지 않는다고 한다. 결국 자동화로부터 안전한 업무는 상대적으로 드물다는 뜻이다.

매킨지의 연구 결론은 경영 컨설팅 차원에서 주로 자동화가 기업과 관리자들에게 미치는 영향에 초점을 맞춘다. "최고 경영진에게 필요한 새로운 원칙들은 이것이다. 처음에는 자동화의 속도와 방향을 면밀히 관찰하고, 그후에는 자동화에 관해 언제, 어느 곳에, 얼마의 돈을 투자할지 결정하라." 또한 "자동화를 통해 얻는 혜택(생산성 제고, 품질 개선, 신뢰성 향상, 인간 능력을 넘어서는 업무 수행 등)은 대개 투자된 비용의 3~10배 정도다. 이를 바탕으로 인력을 효과적으로 채용·관리하고, 자동화되는 조직을 이끌 수 있는 능력을 배양하면 보다 커다란 경쟁력과 차별화를 실현할 수 있을 것이다."

하지만 버켄펠드와 나는 매킨지의 연구자들이 보고서에서 밝히기를 주저했던 내용이 있다는 느낌을 받았다. 버켄펠드는 나중에 그 부분을 요약해서 내게 이메일로 보내주었다. "당신이나 내가 하는 일, 또 미국 전체 노동자들이 하는 일 가운데 45퍼센트가 자동화의 여지를 안고 있다면 아마 우리들이 오랫동안 현재의 직업을 유지하기는 어려울 겁니다. 일자리를 지키는 데 필요한 협상력도 갈수록 떨어질 거고요."

나는 대체로 자동화를 긍정적이고 필수적인 요소로 생각한다. 일례로 태양열 쓰레기 압축기가 제공하는 사회적·환경적 혜택과 운송의 효율성을 생각해보라. 하지만 앞으로 상당수의 일자리가 추가적으로 만들어지거나 새로운 종류의 직업이 생겨나지 않는다면, 자동화가 지속되면서 중간 소득 일자리들은 사라져버릴 것이다. 이에 따라 중하층 소득에 해당하는 미국의 가정들은 커다란 고통에 빠질 것이다.

나는 앤디 그로브와 대화를 나눈 후 과연 미국 경제가 오늘날 전략적 변곡점 위에 놓여 있는지에 대해 많은 생각을 했다. 그리고 생산성과 GDP가 성장한다 해도 임금과 고용이 정체 내지 감소하는 경향은 앞으로도 계속될 거라는 결론을 내렸다. 우리가 새로운 사고방식을 바탕으로 특단의 정책을 만들어내지 못한다면 소득 불평등은 갈수록 심화되고 아메리칸드림은 더욱 위축되어갈 것이다.

나는 버켄펠드를 통해 기업과 사업가, 그리고 그들에게 돈을 투자하는 금융가들에게 기술이 얼마나 중요한 역할을 하는지 알게 됐다. 버켄펠드는 자신과 바클레이스에서 함께 일하는 동료들이 선호하는 투자 대상을 이렇게 설명했다. "제조업처럼 많은 자본이 필요한 사업보다는 그렇지 않은 사업 모델이 좋습니다. 예를 들면 소프트웨어 같은 제품이죠. 또 잠재적 시장 규모가 커서 많은 돈을 벌 수 있는 사업을 선호합니다. 마찬가지로 소프트웨어 비즈니스가 그중 하나죠."

왜 소프트웨어일까?

"제품을 무료로 계속 복제할 수 있으니까요. 우리가 찾는 경제성은 바로 그런 겁니다. 우리는 이런 기준을 바탕으로 투자 대상을 물색해요. 그럼에도 10건 중 8건은 잘못된 투자로 드러나죠. 사실 8건보다 더 많아요. 하지만 그러다가 제대로 된 비즈니스 모델을 발견하면 엄청난 돈을 벌 수 있는 겁니다."

나는 우리가 대화를 나누는 동안 노동조합에 대한 부분이 거의 언급되지 않는 데 충격을 받았다. 노동력에 대한 주제는 노동 생산성 향상이나 인력 축소 또는 해고와 같은 이야기들이 전부였다. "당신은 기업을 평가할 때 노동조합과 관계된 요인은 고려하지 않나요?"

"그건 그다지 중요한 고려 대상이 아닙니다." 버켄펠드가 대답했다. "20년 전만 해도 우리는 이렇게 말했어요. '이 기업의 노동자들 상황은 어때? 노동조합은 있나?' 만일 노동조합이 조직되어 있는 회사라면 우리는 이를 위험 요인으로 분류했습니다. 노동자들은 파업을 일으켜 회사를 몇 달 동안 문 닫게 만들 수도 있고, 그로 인해 회사의 재정적 목표가 수포로 돌아갈 수도 있으니까요. 또한 노동조합은 회사의 비용을 관리하는 데 걸림돌이 되기도 합니다. 오늘날에도 기업의 증시 상장을 위한 사업 계획서에 노동조합에 대한 내용이 들어가기는 합니다만, 예전부터 그래왔기 때문에 포함되는 겁니다. 더 이상 의미 있는 요인은 아니에요."

버켄펠드가 노동조합에 대해 언급한 내용은 놀라운 이야기가 아니었다. 하지만 듣고 있기가 힘들었다. 마음도 아팠다. 예전에 나는 노동조합의 가입자가 줄어들 때마다 이렇게 말하곤 했다. "무관심의 대상이 되기보다는 아예 없어지는 편이 낫다." 하지만 현재 노동조합은 미국의 경제 역사상 유례없을 정도로 무관심의 대상이 되어 있었다. 나는 버켄펠드에게 이렇게 물었다. "미국 기업들은 노동력을 단순한 상품으로 생각하기 때문에 사람들을 쉽게 감원하는 걸까요?"

"그렇습니다." 그가 대답했다. "만일 지난 2004년이나 2005년처럼 기업들이 경기 호황 덕분에 사상 최고의 실적을 거두었다고 생각해보죠. 그럼에도 수천 명의 직원들을 해고한다면 사회적으로 큰 문제가 될 거예요. 뉴스에도 오르내리고 세간의 부정적인 평가에 휩싸일 겁니다. 하지만 2008년 경제 위기를 맞으면서 모든 기업이 감원을 시작했습니다. 심지어 수익성이 좋고 현금도 충분한 회사들까지 일자리를 줄였어요. 나는 이런 현상을 '생산성 향상에 따른 감원productivity layoffs'이라고 부릅니다. 재무상으로 별 문제가 없는 기업들이 인력을 감축하는 이유는 업무 생산성이 향상되면서 더 적은 인력으로 보다 많은 일을 할 수 있게 됐기 때문이죠. 예를 들어 올해는 5퍼센트 적은 인력으로 작년과 같은 매출을 내고 수익성도 향상됐다면, 내년에는 인력을 5퍼센트 더 줄이는 거죠. 이런 추세가 계속 진행되는 겁니다."

그는 〈USA 투데이〉에 실린 기사 한 편을 언급했다. 이 기사는 장비

회사인 피트니보우스Pitney Bowes, 방위산업체 록히드Lockheed, 식료품 업체 세이프웨이Safeway 같은 기업들이 어떻게 조직적으로 인건비를 절감함으로써 주가를 끌어올렸는지 보도했다.[22] 예를 들어 피트니보우스는 5년 동안 직원 수를 3만 5,146명에서 1만 6,100명으로 41퍼센트 감원했다. 그사이 주가는 60퍼센트가 뛰었다.

"만일 북유럽이나 이스라엘, 중국, 브라질 같은 나라에서 이런 일이 일어났다면 대중의 격렬한 항의에 직면했을 겁니다." 버켄펠드가 말했다. "만일 BMW가 높은 수익을 올리고 있는데도 2,000명의 직원들에게 해고 통지서를 전달했다고 상상해보세요. 독일 시민들은 거리로 뛰쳐나와 시위를 벌일 겁니다. 하지만 미국에서는 그런 식의 저항이 발생하지 않아요. 인력이라는 자본을 생각하는 문화가 다르니까요." 그는 미국의 문화가 계속 변화하는 중이라고 말했다. "1950년대와 60년대의 CEO들에게는 다음과 같은 다섯 가지 우선순위가 있었습니다. 첫째, 우수한 제품을 만든다. 둘째, 고객을 만족시킨다. 셋째, 직원들을 행복하게 만든다. 넷째, 비즈니스를 성장시킨다. 다섯째, 주주들에게 높은 수익을 돌려준다. 하지만 이제는 상황이 달라졌습니다. 무엇보다 우선으로 생각해야 하는 것은 주주들의 수익입니다. 그 말은 인건비를 포함한 모든 비용을 최대한 낮춰야 한다는 뜻이죠. 8퍼센트 이자율로 회사채를 발행할 수 있는데, 굳이 9퍼센트로 발행할 이유가 어디 있겠어요? 수익보다 직원들을 우선으로 생각한다는 것은 거의 '비非미국적인' 개념이 되어버렸습니다. 효율적인 시장을 찾아서 수익을 극대화할 수 있다면 모든 일이 다 정당화되는 겁니다."

게다가 기술이라는 또 하나의 중요한 요소가 여기에 가세한다. 기술의 발전으로 인해 생산성이 높아지면서 CEO들은 가장 큰 골칫거리를 보다 쉽게 제거할 수 있게 됐다. 바로 '사람'이다.

"헨리 포드는 이렇게 말했어요. '내가 필요한 건 사람의 두 손뿐인데 왜 그 사람 전체를 고용해야 하지?' 만약 내가 어떤 직원을 고용해서 상자에 넣은 다음 30년 동안 놔둬도 된다면 좋겠죠." 버켄펠드가 말했다. "하지만 그렇게 할 수는 없어요. 직원들을 채용하면 훈련시키고, 관리하고, 경우에 따라서 해고도 해야 합니다. 그들이 아프진 않은지, 부모님이 편찮으신지, 아이들이나 개가 아프지 않은지 항상 염려해야 합니다. 여직원이 임신을 하면 3개월 동안 출산휴가를 줘야 해요. 그동안 그 공백을 메울 방법도 찾아야 합니다. 그 과정에서 그 여직원이 차별을 받거나 괴롭힘을 당한다고 생각할 수도 있어요. 게다가 직원들은 자신의 사내 입지가 어떤지 늘 궁금해하죠. 연말 인사고과 평가 후에 승진하길 바라니까요. 또 직원들의 의료 혜택과 휴가 계획에도 신경 써야 하고 퇴직금도 준비해야 합니다. 이런 일이 끝도 없어요."

그는 폭스콘Foxconn의 창업자 궈타이밍郭台銘, Terry Gou이 한 말을 들려주었다. 세계적인 하청 생산업체인 폭스콘은 애플의 아이폰이나 아이패드를 조립하는 일을 포함해 수많은 최고 기술 업체들을 위해 일한다. 궈타이밍은 타이완에 소재한 폭스콘의 모기업 '홍하이鴻海정밀공업' 회장이기도 하다. 〈원트차이나 타임스WantChina Times〉에 따르면 그는 이렇게 말했다고 한다. "홍하이 그룹은 전 세계에 걸쳐 100만 명의 인력을 보유하고 있다. 사람도 동물의 일종이다. 그러므로 100만 마리의 동물들을 관리하는 일은 내게 항상 골칫거리다."[23]

"100만 마리의 동물, 즉 100만 명의 사람은 100만 가지의 골칫거리

입니다." 버켄펠드가 말했다. "만일 그 일을 내가 직접 하지 않아도 된다
면 어떨까요. 다시 말해 그 골칫거리들을 다른 회사가 맡아서 비용을 대
신 관리해주고, 경리 일이나 청구서 업무를 맡아주고, 생산을 대신하고,
직원들도 알아서 해고해준다면 나에게 문제될 일은 전혀 없는 거죠. 얼
마나 좋겠어요."

우리가 바클레이스 빌딩에서 만나고 몇 주가 지난 후, 버켄펠드는
하버드 경영대학원이 발표한 연구 결과 하나를 내게 이메일로 보내주었
다. 이 학교를 졸업한 동문 중 46퍼센트가 회사가 필요로 하는 노동력을
채우기 위해 사람을 고용하기보다 기술에 투자하겠다고 응답했다는 내
용이었다. 또 다른 이메일에서는 그가 최근 바클레이스의 어느 수석 애
널리스트와 나누었다는 "매우 흥미 있는 대화"에 대해 알려주었다. 이
애널리스트는 GE, 3M, 에머슨, 하니웰 같은 대형 제조 기업들을 고객으
로 두고 있다고 한다. 그가 최근에 CEO들과 토론한 내용에 따르면, 기
업들이 정규직 근로자를 고용하는 데 강한 저항감을 느끼는 첫 번째 이
유는 매우 높은 '총체적' 비용 때문이다. 예를 들어 소송 비용, 장애급여,
직원 건강에 대한 장기적 책임, '증폭 효과'(직원을 관리하기 위해 또 다른
직원이 필요한 효과)에 따른 비용 같은 것이다. 하지만 CEO들을 밤에 잠
못 이루게 만드는 진짜 걱정거리는 "직원들이 어떤 일을 벌일지" 예상할
수가 없다는 점이다. 그들은 때로 "멍청한" 짓을 해서 회사에 해를 입힌
다. 회사에 법적 책임을 떠안기고, 브랜드를 훼손하며, 때로 CEO를 자
리에서 끌어내리기도 한다. 부정한 거래, 뇌물, 차별과 괴롭힘, 사업장에
서의 폭력 같은 가능성의 목록은 끝도 없다.

"나는 요즘 이런 현상을 루프트한자^{Lufthansa} 효과라고 부릅니다." 버

켄펠드는 이메일에서 이렇게 썼다. 며칠 전에 정신 질환이 있던 이 항공사 소속의 조종사가 알프스산에 비행기를 고의로 추락시켜 149명의 승객 전원이 사망하는 사고가 발생했다. "냉정하게 들릴지 모르지만 자동 조종 장치는 비행기를 일부러 추락시키지 않습니다."

사람들이 저지를 수 있는 멍청하고 위험한 일에 대해 이야기를 나누다보니 자연스럽게 기술의 세계에서 가장 뜨거운 주제로 대화가 이어졌다. 바로 자율 주행 자동차다. 그는 이메일에서 이렇게 적었다. "볼보는 미래에 자사의 자율 주행 자동차를 이용하는 사람들이 교통사고에서 해방될 거라고 광고합니다. 하지만 교통사고 덕분에 생계를 꾸려가는 사람은 사실 꽤 많습니다. 보험을 판매하는 사람, 자동차를 고치는 사람, 사고와 관련된 서류 업무를 하는 사람 등등. 만일 교통사고가 없어진다면 수십만 명이 일자리를 잃을 겁니다. 물론 사고로 인한 사망자가 사라진다는 커다란 장점이 모든 단점에 우선할지 모르지만, 일자리가 없어지는 데 대한 대책과 계획도 세워야 하는 것 아닐까요?"

"동감입니다." 나는 이렇게 답했다. 트럭 운전사들의 모습이 떠올랐다. 고속도로 휴게소나 트럭 쉼터 식당에서 근무하는 요리사들과 종업원들도 생각났다. 또 차량 관리국에서 트럭 운수 허가증이나 운전면허를 발급하는 사람들은 어떤가. 그리고 팀스터 노동조합의 여러 지부에서 일하는 사람들도 있었다. 그들은 트럭 운전사의 급여 인상과 복지 혜택 협상에 갖은 노력을 기울였으며, 운전사의 가족들이 중산층의 삶을 살아갈 수 있도록 애썼다.

버켄펠드는 내가 MIT의 미디어랩을 방문했을 때 생각했던 것에 확신을 안겨주었다. "엔지니어들은 발명할 뿐이죠." 그는 이렇게 썼다. "그들은 자신의 발명품이 어떤 결과를 가져올지 생각하지 않습니다. 원자폭탄을 만들기 위해 극비로 추진했던 맨해튼 프로젝트를 보세요. 그들은 일단 기술을 개발하고 봅니다. 그리고 나중에 이렇게 말하죠, '우리가 무슨 일을 저지른 거지?'"

나는 그렇게까지 극단적으로 말하고 싶지는 않다. 또 기업의 CEO들은 회사의 입장을 보다 설득력 있게 설명한다는 사실도 안다. 하지만 버켄펠드의 주장이 어떤 생각에서 나오는지, 그리고 그 결론이 어디로 향할지는 알 수 있다. 기술이 발전할수록 적절한 임금을 제공하는 미국의 일자리들은 사라질 것이다.

유명 경제학자들은 기술적 발전이 일시적으로 일자리를 없애고 노동력을 대체하는 혼란을 초래하지만 결국 새로운 종류의 직업들을 만들어낸다는 주장을 해왔다. 예를 들어 헨리 포드가 만든 자동차가 시장에 등장하면서 마차를 제작하던 회사들에 시련이 닥쳤다. 하지만 자동차 산업이 창출해낸 새로운 직업들을 생각해보라. 자동차의 발달에 따라 제강 공장, 자동차 공장, 고무 및 타이어 공장, 주유소, 자동차 수리 센터, 자동차 딜러, 중고차 업체들이 생겨났다. 뿐만 아니라 여러 주를 가로지르는 고속도로가 건설되고 상품들이 전국에 운송되면서 수많은 일자리가 만들어졌다. 이와 마찬가지로 자율 주행 자동차처럼 무어의 법칙이 창조한 기술적 산물들은 처음 얼마 동안 인간의 일자리를 대체하거나 사라지게 할 수 있다. 하지만 낙관론자들은 앞으로 20년 후가 되면 미국의 기업가 정신과 노하우가 바탕이 되어, 지금은 상상조차 할 수 없는 새로운 직업들이 만들어질 것이며 더욱 위대한 번영의 시대가 찾아올 것이라고 주장한다.

"만일 낙관론자들의 예상이 옳다고 해도 현대의 직업이 미래의 직업으로 전환되는 과정은 대부분의 사람들에게 매우 힘겨울 겁니다." 버켄펠드는 이렇게 썼다. "수많은 청년 실업자가 생겨나고, 40대와 50대 근로자들은 일자리를 잃게 되겠죠. 중산층의 평균 연봉은 현재의 10만 달러 정도에서 훨씬 낮은 금액으로 줄어들고, 복지 혜택도 사라질 겁니다. 기술의 발전은 기업가들에게 더욱 많은 기회를 열어주겠지만 그보다 훨씬 많은 수의 사람들이 기술에게 일자리를 빼앗길 겁니다. 그러면 세상에는 가진 자와 갖지 못한 자 두 부류밖에 남지 않을 겁니다. 양극화 현상은 갈수록 심해질 거예요."

현대의 경제가 미래의 경제로 이행되는 과정에서 수많은 미국인들이 고통받고, 심지어 파국에 이르게 될 거라는 버켄펠드의 주장에 나 역시 동의한다. 또한 기술의 발전에 따른 혼란이 생기더라도 (과거에 그랬다는 이유만으로) 결국엔 사라진 직업들의 공백을 메울 새로운 형태의 일자리들이 충분히 만들어질 거라는 세간의 예상에 찬성할 수 없다.

나는 앞서 언급한 뱀 모양의 그래프를 종이 위에 그렸다. 이 그림은 1970년대 중반 이후 진행된 전략적 변곡점을 이해하는 데 매우 요긴하다. GDP와 생산성은 뱀의 입천장처럼 계속 높아지는데 임금과 일자리는 아래턱처럼 정체를 벗어나지 못하고 있다. 이 뱀의 꼬리 부분을 '새로운 기술'이라는 이름의 전원 플러그에 꽂는다고 상상해보자. 그 입은 더욱 더 크게 벌어지지 않을까.

버켄펠드와의 대화는 전략적 변곡점을 보다 자세하게 이해하는 데 큰 도움이 됐다. 또 그의 관점과 경험을 이해함으로써 기업가들이나 벤처 투자가들이 효율성과 생산성을 대단히 중요하게 여기며, 이는 향후 더 많은 일자리의 감소를 의미한다는 사실도 알게 됐다. 요컨대 로봇과 인공지능이 모든 노동자를 대체하지는 않겠지만 노동자의 생산성을 끌어올림으로써 전체 노동자의 수를 줄이는 역할을 할 것이다. 또한 기술의 발전 덕분에 기업들은 정규직 근로자를 고용하는 대신 임시직 근로자를 더 쉽게 고용하게 될 것이다. 다음 장에서는 그 이야기를 해 볼 생각이다.

변화의 속도는 언제나 나를 놀래킨다. 앞서 말한 옥스퍼드대 교수들의 연구를 처음 읽었을 때 컴퓨터의 '사회적 지능social intelligence'에 관련된 대목이 특히 기억에 남았다. 프레이와 오스본은 영국의 컴퓨터 과학자 앨런 튜링Alan Turing이 1950년에 고안한 유명한 실험 '튜링 테스트'에 대해 언급했다. 이는 컴퓨터가 얼마나 사람처럼 자연스럽게 의사소통을 할 수 있는지 평가하는 실험이다. (튜링은 교체 가능형 소프트웨어를 탑재한 최초의 현대식 컴퓨터를 발명한 사람이다. 미국인들에게는 영화 〈이미테이션 게임The Imitation Game〉(2014)에서 배우 베네딕트 컴버배치가 연기했던 실제 주인공으로 유명하다.) 매년 열리는 튜링 테스트 대회에서는 심판이 한 대의 컴퓨터, 그리고 한 명의 사람과 동시에 문자로 대화를 주고받는다. 2014년 프레이는 이렇게 말했다. "매우 복잡하게 만들어진 알고리즘도 아직은 사람처럼 대화를 하는 데 실패한다. 그것은 인간만이 지니고 있는 수많은 '상식적' 정보를 컴퓨터가 표현하기 어렵기 때문이다. 컴퓨터가 인간의 '사회적 환경'에서 기능을 발휘하기 위해서는 이런 요소들이 알고리즘에 포함돼야 할 것이다."[24] 프레이의 말은 고도의 사회적 지능이 요구되는 인간의 직업은 로봇이 가까운 미래에 대체하기가 쉽지 않다는 의미로 들린다. 하지만 레이 커즈와일은 2029년이면 튜링 테스트를 통과하는 컴퓨터가 등장할 것이라고 예상하면서, 로터스^{Lotus}의 창업자 미치 케이포^{Mitch Kapor}와 2만 달러를 걸고 공개적으로 내기를 했다.

결과적으로 커즈와일의 예측은 15년 정도 빗나갔다. 2014년 6월 7일 튜링의 사망 60주기를 기념하는 행사에서, 우크라이나의 13세 소년으로 가장한 컴퓨터 알고리즘이 심판 중 33퍼센트로부터 '인간'이라는 판정을 받아냄으로써 튜링 테스트를 통과한 것이다.

그리고 며칠 뒤, 브라질 상파울루의 어느 축구 경기장에서 기술의 미래를 예고하는 또 다른 특별한 사건이 벌어졌다. 2014년 브라질 월드컵 개막식에서 줄리아노 핀토^{Juliano Pinto}라는 29세의 하반신 마비 환자가 '생각으로 조종하는' 외골격 로봇을 착용하고 시축을 한 것이다.[25] 듀크대학교 소속의 한 브라질 출신 신경과학자가 150명의 연구진을 이끌고 개발한 이 장비는, 환자가 쓴 헬멧이 뇌의 신호를 받아 외골격의 컴퓨터로 전송하면 컴퓨터가 신호를 해독해 다리로 보내는 기술이 적용되었다.

미래는 예전과 같지 않을 거라고 했던 요기 베라의 말을 다시 생각해보라. 세상은 위대한 커즈와일 박사가 예측했던 것 이상으로 걷잡을 수 없이 빠르게 변하고 있다. 커즈와일이 30년 후의 미래를 어떻게 내다봤는지 몇 가지만 소개한다.[26]

— 2010년대 말에는 망막에 직접 영상을 비추는 안경이 등장할 것이다. 또한 저장 용량이 10테라바이트(인간의 두뇌와 비슷한 양)인 컴퓨터의 가격은 1,000달러에 불과할 것이다.
— 2020년대에는 나노봇^{nanobot*}의 지능이 현대 의학 기술을 앞서면서 대

부분의 질병이 사라질 것이다. 인간의 식사는 나노 시스템으로 대체될 것이다. 또 자율 주행 자동차가 도로를 점령하고, 사람이 고속도로에서 운전하는 일이 금지될 것이다.

— 2030년대에는 100퍼센트의 현실감을 제공하는 가상현실이 등장할 것이다. 또한 사람의 마음이나 의식을 컴퓨터에 업로드하는 일도 가능해질 것이다.

— 2040년대가 되면 비非생물학적 지능이 생물학적 지능(즉 인간의 지능)보다 수십억 배 빨라질 것이다. 또 나노 기술에서 탄생한 포글릿foglets이라는 로봇은 공기에서 음식을 만들어내고 즉석에서 어떤 물체로든 변할 수 있을 것이다.

— 2045년에는 인간의 지능이 수십억 배 발달하게 될 것이다. 우리 뇌의 신피질**이 클라우드 시스템에 존재하는 인공 신피질과 무선으로 연결되는 일이 가능해지기 때문이다.

커즈와일의 예측이 과연 실현될지 지켜보는 일은 매우 흥미로울 것이다. 나에게는 그의 말들이 여전히 공상과학 소설처럼 들린다. 피터 디아만디스는 우리가 그렇게 생각하는 것이 당연하다고 말한다. "인간은 '선형'으로 사고하는 경향이 있다. 하지만 우리는 기업가로서 기하급수적 사고방식을 지녀야 한다."27 디아만디스는 '6D'라는 용어를 사용해서 기하급수적 사고방식을 이렇게 묘사한다. "**디지털화된**digitized 기술들은 사

- 인간의 몸속에서 병을 치료하는 초소형 로봇.
- 인간의 두뇌에서 가장 나중에 진화한 부분으로 '이성의 뇌'라고 불린다.

람들을 **혼란스럽게**deceptive 만든다. 우리의 무지 앞에서 그 기술들은 단순히 **파괴적인**disruptive 힘일 뿐이다. 수많은 기업들이 인공지능, 가상현실, 로봇, 인터넷, 모바일 전화, OCR, 번역 소프트웨어, 음성 제어 기술 등과 같은 기술적 발전 때문에 무너졌다. 이런 기술들은 선형적이고 확장성이 부족했던 기존의 제품과 서비스를 새로운 형태로 변화시킨다. '**전자화되고**dematerialized', '**돈이 필요 없으며**demonetized', '**누구나 이용 가능한**democratized' 제품과 서비스로 탈바꿈시키는 것이다. 그 결과 자산이 수십억 달러에 달하는 기업들이 탄생하고, 수십억 명의 사람들이 이 기술들의 영향을 받으며 살아간다."

디아만디스의 주장은 요즘 인터넷 사용자들 사이에 회자되는 이야기를 생각나게 했다(나는 이 글을 〈테크 크런치〉 사이트에서 처음 읽었다).

"세계 최대의 택시 회사 우버Uber에는 택시가 한 대도 없다."

"세계에서 가장 널리 사용되는 미디어 사이트 페이스북은 콘텐츠를 만들지 않는다."

"기업 가치가 가장 큰 온라인 상거래 사이트 알리바바에는 재고가 없다. 또 세계에서 가장 큰 숙박 회사인 에어비앤비는 소유하고 있는 부동산이 없다."

나는 다음 장에서 미시간주의 트로이로 자리를 옮겨, 기술의 영향에 따라 노동 현장이 '프리랜서, 임시직, 1099˚ 경제'로 대체되고 있는 상황을 진단해보려 한다. 그 전에 독자 여러분께 두 가지 질문을 던져보고 싶다. 내가 러다이트˚˚와 미래 지향적 시민을 구분하기 위해 만든 스턴 테스트Stern Test에서 발췌한 문제다.

2014년 현재 미국에는 몇 명의 프리랜서들이 일하고 있을까?

a) 13,500,000명

b) 22,300,000명

c) 53,300,000명

2020년까지 수입의 전부나 일부를 프리랜서 일로 벌어들일 미국인은 몇 명일까?

a) 28,500,000명

b) 44,00,000명

c) 82,000,000명

나중에 답을 알려주겠지만, 그 결과는 꽤 놀랍다.

- 　미국에서 자영업자를 부르는 용어.
- ●　첨단 기술의 수용을 거부하는 반反기계운동가.

4장

새로운 노동의
모습

"지옥에서 비행을 즐길 준비가 되셨나요?" 그녀는 마지막으로 비어 있던 내 옆자리에 가까스로 끼어 앉으며 이렇게 물었다. 나는 무슨 말인지 금방 이해했다. 우리가 탄 저가 항공사 스피릿 에어라인Spirit Airlines의 비행기는 앞으로 2시간 동안 이곳 뉴욕에서 디트로이트까지 날아갈 예정이었다. "저가 항공의 본산"이라는 별명답게 좌석은 비좁고 의자도 뒤로 젖혀지지 않았다. 음료 서비스도 전혀 없었다. 심지어 물 한잔을 마시려해도 돈을 내야 했다.

옆자리에 앉은 백인 여성은 살짝 긴장한 모습이었다. 큰 키에 흑갈색 머리카락을 한 그녀의 이름은 크리스티나Kristina였다. 노동의 미래에 관한 책을 쓰고 있는 내게 그녀는 안성맞춤의 동반자였다. 자신이 그동안 어떻게 취업에 실패했는지를 생생하게 들려주었기 때문이다.

"저는 올해 28살이고, 웨스턴 미시간 대학교에서 의료 관리와 보건 시스템을 전공했어요." 그녀가 말했다. "나중에 전문 치료사나 사회 복지사가 될 생각이었죠. 졸업만 하면 세상을 구할 것 같은 자신감이 있었어요." 하지만 그녀는 졸업 후 처음 몇 달 동안 메디케이드Medicaid*와 관련된 도급 의료기관에서 데이터 입력 일을 했다. 그후에는 미시건주 버밍엄의 어느 광고 회사에서 '전화를 받고 커피 심부름을 하며' 시간당 10달러를 받았다. 몇 개월이 지난 후 크리스티나는 제품 사용법 안내 비디오를 전문적으로 제작하는 회사에 보조 프로듀서로 취직했다. "하지만 제가 부족해서 그랬겠죠." 그녀가 말했다. "그렇게 근무 조건이 훌륭하고 사무실 분위기도 좋은 직장은 찾기 쉽지 않은데, 갑자기 회사가 가장 큰 고객을 놓치면서 제가 일종의 감원 대상이 된 거예요."

그후 크리스티나는 뉴욕으로 거처를 옮겼다. 나는 왜 그랬느냐고 물었다.

"새롭게 출발하고 싶었거든요." 그녀가 대답했다. "뉴욕에서 성공할 수 있다면 어디에서도 성공할 수 있다고 하잖아요."

"그 비슷한 노래 가사를 들은 것 같네요." 내가 말했다.

"맞아요." 그녀가 웃었다. "프랭크 시내트라Frank Sinatra 노래죠?"

그러나 크리스티나는 링크드인LinkedIn이나 크레이그리스트Craiglist 같은 온라인 네트워크 사이트를 뒤지며 몇 달 동안 일자리를 찾았지만 어떤 회사와도 취업 인터뷰를 할 수 없었다. "뉴욕에는 저보다 훨씬 경험이 많은 프로듀서들이 흔했어요. 또 의료 분야의 회사들은 학사 출신이면 충분한 일자리에 박사 학위 소지자를 채용하려 했고요."

---

* 빈곤층을 위한 미국의 공공 의료보험 제도.

크리스티나는 앞으로 한 시간 후면 부모님을 다시 만날 수 있었다. 디트로이트를 떠난 후 처음이라고 했다. 그녀는 자신이 형편없는 실패자가 되어 부모님을 실망시키고 있는 것처럼 느껴진다고 말했다. 크리스티나의 아버지는 지금 그녀의 나이인 28세 때 이탈리아에서 미국으로 이주했다. "그때 아버지의 주머니에는 50달러밖에 없었대요. 하지만 아버지는 캐비닛을 만드는 재주가 뛰어났어요. 그래서 열심히 일해서 가게도 차리고 큰 성공을 거뒀어요. 아메리칸드림을 이루신 거죠." 아버지의 유일한 목표는 자식들을 대학에 보내는 것이었다고 했다. "그래서 제가 대학에 간 거예요. 하지만 그후에 어떤 일이 벌어졌는지 보세요!" 그녀는 저가 항공사 비행기를 타고 디트로이트 집으로 향하고 있다. 앞으로 부모님과 함께 살아야 한다는 냉엄한 현실을 마주한 채.

앞 장에서 나는 미국의 프리랜서 경제 규모를 묻는 퀴즈를 내며 그 답에 독자 여러분이 놀랄 거라고 말했다. 그렇게 까다로운 문제는 아니지만 대답하기가 썩 쉽지도 않았을 것이다. 프리랜서(1099, 임시직, 프리에이전트 등으로 불리기도 한다) 경제의 규모가 전통적인 직업과 현대의 직업, 또 새롭게 등장하는 직업을 가리지 않고 다양한 분야에서 엄청나게 빠른 속도로 팽창하고 있기 때문이다.

일리노이 공과대학교 크리티컬퓨처랩Critical Future Lab의 이사 로라 포라노Laura Forlano는 2006년부터 새로운 형태의 노동에 대해 연구해왔다. 그녀는 열린사회재단에서 주관하는 '노동의 미래' 세미나에서 프리랜서 경제에 포함되는 직업의 종류를 이렇게 열거했다. "먼저 비정규직, 프리랜서, 임시직, 인턴, 시간제 근로, 자영업, 프로젝트 기반 임시직, 컨설턴트, 계약직, 독립 노동자 등을 들 수 있습니다. 또 프리 에이전트, 호출 근로자, 탄력 노동자, 영구적 임시직, 초미니 사업가처럼 새롭게 등장한 직종들도 있고요." 그녀가 말했다. "그리고 삯일, 날품일, 비공식 노동 등에 종사하는 사람들도 빠뜨리면 안 됩니다." 그리고 이렇게 덧붙였다. "가사 노동자, 계절 노동자, 단기 아르바이트, 이베이^{eBay} 판매자, 온라인 조사 응답자, 경호원, 단순 작업 노동자, 위험직 근로자, 임상 노동자(신체기관, 정자, 난자 등을 제공하는 사람), 해커, 1인 기업가, 비상근 노동자, 대리 노동자, 캠걸(인터넷 카메라를 통해 도발적인 모습을 생중계로 보여주는 여성), 게임 아이템 판매자, 프로슈머*, 자비^{Jobby}**, 자원 봉사자, 기고가 등도 여기에 포함시킬 수 있을 겁니다. 또한 우리가 식료품점에서 셀프 계산을 하듯 사람들이 돈을 받지 않고 하는 모든 일도 여기에 들어가야 합니다. 이전에는 누군가의 일이었으니까요."

나는 비행기에서 만났던 젊은이 크리스티나의 미래가 어떻게 펼쳐질지 궁금했다. "여러 가지 가능성이 있겠죠." 포라노가 말했다. "집에서 일하는 직업을 가질 수도 있을 거고, 허벌라이프 같은 회사의 개인 판매업자로 일할 수도 있을 겁니다. 아니면 여러 독립 계약 직원들과 컴퓨터로 둘러싸인 공간에서 함께 일하게 될지도 모르고요. 다른 사람 집에서 가정부 생활을 하거나 우버 같은 차량 서비스 회사에서 일할 수도 있을 거예요. 또 엣시^{Etsy} 같은 사이트에서 물건을 팔면서 한편으로는 식당에서 시간제로 근무할 수도 있겠죠."

-    제품 개발에 참여하는 소비자.
- •   취미를 직업으로 연결하여 수익을 창출하는 사람.

미 회계감사원^{Government Accountability Office}(GAO)은 '단일 고용주하에서 장기적이고 고정적으로 근무하는 정규직 일자리를 제외한' 모든 종류의 직업을 '비정규직^{contingent}'이라고 정의했다. GAO는 2006년 현재 미국의 비정규직 노동자 수를 4,200만 명으로 추산했다.[1] 2015년 프리랜서 유니온^{Freelancers Union}이 엘란세^{Elance}(임시 고용직 노동자들을 위한 온라인 플랫폼)와 함께 수행한 설문 조사에 따르면 5,300만 명의 노동자들이 과거 12개월 동안 보조직, 임시직, 또는 프로젝트나 계약 기반으로 일한 적이 있다고 응답했다.[2] 이는 미국 전체 노동자의 34퍼센트가 프리랜서라는 의미다. 5,300만 명이라면 미국 35개 주의 정규직 노동자를 합한 숫자와 같다.

다음은 그 설문 조사에서 나온 숫자를 보다 자세히 분석한 것이다.

— 210만 명은 독립 계약 노동자들이다. 그들은 고용주 없이 프로젝트 단위로 일한다.

— 1,430만 명은 전통적 형태의 직장을 가지고 있지만 일과 후 또는 주말에 프리랜서로 일한다.

— 930만 명은 여러 가지 직업에 종사하며 전통적 직장과 프리랜서 업무를 병행해 복수의 소득을 올린다.

— 550만 명은 임시직 근로자다. 이는 그들이 단일 고용주, 고객, 직업, 프로젝트 하에서 일하지만 고용 형태가 한시적이라는 뜻이다.

— 280만 명의 사업주는 자신이 프리랜서라고 생각한다. 그들은 대개 1~5명 정도의 직원을 고용해서 일한다.

비정규직 일자리의 폭발적인 증가는 미국에서만 발생하는 현상이 아니다. 2015년 국제노동기구(ILO)가 발표한 보고서에 따르면 전 세계 노동자 가운데 고정적인 직업을 가지고 있는 사람들은 전체의 4분의 1에 불과하다. 나머지 75퍼센트가 넘는 노동자들은 임시직이나 단기 계약직, 또는 계약서도 없는 비공식 직업군에 속해 있다.[3]

지난 세기에 진행된 급격한 산업화의 와중에 수천 개의 중대형 기업들이 생겨났다. 그 회사들은 수많은 사람들을 고용해 제품을 생산하고 고객에게 서비스를 제공했다. 그리고 노동운동에 몸담았던 내 선배와 동료들은 그 수백만 개의 일자리들에 의료보험, 휴가, 초과근무 수당, 퇴직연금 같은 혜택이 주어지도록 만들었다. 노동자들은 한 직장에서 평생 일할 수도 있었다.

프리랜서유니온의 설립자 세라 호로비츠Sara Horowitz는 정규직 일자리가 줄고 프리랜서 직업이 늘어나는 이유를 '경제구조의 변화' 때문이라고 본다. 한 세기 전에 농업 기반의 경제가 제조업 위주의 경제로 이동한 현상과 같은 맥락이라는 것이다. "이제 9시에 출근해서 5시에 퇴근하는 전통적인 직업들은 사라지고 있습니다." 그녀가 말했다. "우리는 새로운 노동의 시대로 진입해가는 중입니다. 그 일들은 독립적이고, 흥미로우며, 모험으로 가득합니다. 일할 기회도 풍부하고요."

내가 디트로이트에 온 것은 이 새로운 노동의 모습을 보다 잘 이해하기 위해서다. 나는 비행기가 착륙한 후 크리스티나에게 좋은 일자리를 찾기 바란다고 작별 인사를 했다. 그리고 트로이시로 향했다. 이곳에서 2차 대전 이후 임시직 파견 비즈니스를 처음으로 시작했던 어느 포춘 500대 기업의 대표를 만날 예정이었다. 바로 1950년대 켈리걸Kelly Girl

로 유명했던 켈리서비스^{Kelly Services}다.

켈리를 방문한 날은 어느 느긋한 금요일이었다. 빌딩 안에서 근무하는 모든 사람이 청바지 차림이었다. 그들은 이런 혜택을 누리는 대신 1인당 5달러를 거두어서 마치 오브 다임스^{March of Dimes●}에 기부한다고 했다.

올해 60세의 CEO 칼 캠든^{Carl Camden}은 색 바랜 블루진에 흰색 셔츠를 바지 안으로 살짝 집어넣은 맵시 있는 차림새를 하고 있었다. 미소를 지을 때면 갈색 콧수염이 돋보였다. 캠든은 나를 사무실 여기저기로 안내하며 '노동의 목소리'를 들어보라고 말했다. "나는 켈리의 '자유로운 노동'의 목소리라고 즐겨 이야기합니다." 그가 말했다.

내가 만났던 많은 CEO들과 마찬가지로 캠든도 넉넉지 못한 가정에서 자라났다. 군인이었던 그의 아버지는 학교를 초등학교 3학년까지밖에 다니지 못했다. 그의 어머니도 겨우 8학년^{●●}을 마쳤을 뿐이었나. 정확한 이유를 이야기하지 않았지만 캠든은 고등학교에 들어가고 얼마되지 않아 집을 떠났다. 그리고 미주리주 오작스^{Ozarks}에 위치한 남서 침례 신학 대학교에 진학했다. 어느 해변에서 우연히 만난 목사 한 사람이 캠든이 지닌 전도자로서의 가능성을 눈여겨봤기 때문이라고 했다. 캠든은 목회자가 될 생각이 없었다. 하지만 그는 대학에 다닐 때 토론에서 뛰어난 재능을 발휘했다. 전국 최고의 인재 중 하나로 꼽힐 정도였다. 그는 그 재능을 바탕으로 오하이오 대학교에서 토론 코치로 일하게 됐

●　기형아 출산 방지를 위해 설립된 재단.
●●　우리나라의 중학교 2학년 정도.

다. 그리고 25세가 되던 해에 이 대학교에서 심리언어학 박사 학위를 취득했다. 그후 클리블랜드 주립대학교의 커뮤니케이션 학과장을 맡아 학생들을 가르치는 한편, 직접 시장조사 기업을 설립했다. 회사의 목표는 심리언어학을 활용해 보다 설득력 있는 광고를 제작하는 것이었다.

캠든은 34세가 되던 해에 클리블랜드에 있는 와이즈 애드버타이징 Wyse Advertising의 사장이 됐다. 그리고 TRW, BF굿리치, BP아메리카 같은 기업들의 이미지 캠페인 광고를 수행했다("나는 대기업들을 친근한 미국 시민의 이미지로 바꾸는 일을 잘했지요"라고 캠든이 말했다). 그리고 그는 어느 대형 은행에 마케팅 책임자로 영입되었다. 그리고 몇 주 후 켈리에서 전화를 받았다. "제 아내는 제가 원한다면 어느 지역으로 가도 상관없다고 했어요. 단 버팔로나 디트로이트만 빼고요." 캠든이 웃으며 말했다. 그는 디트로이트 외곽에 자리 잡은 이곳 트로이로 옮겨왔다. 그리고 임시직 파견 산업을 탄생시킨 이 회사에서 마케팅을 총괄하는 자리를 맡았다.

1950년대에 어린 시절을 보냈던 나에게는 갈색 눈에 흰 장갑을 낀 켈리걸의 모습이 매우 익숙하다. 환한 미소를 띤 켈리걸이 완벽한 직원의 이미지로 등장하는 광고를 어디서나 볼 수 있었다. 하지만 생각해보면 켈리걸은 회사의 업무 공백을 메우기 위해 파견되는 임시직 직원에 불과했다. 그녀에게 품위 있는 노동의 기본 조건인 고정적인 근무시간, 직업의 안정성, 복지 혜택 등은 없었다.

켈리걸이 항상 우리 옆에 있었던 것처럼 느끼는 사람이 많을 것이다. 그녀는 마치 애플파이처럼 미국을 상징하는 존재였다. 그러나 캠든이 말한 대로 이제 켈리걸은 수백만의 미국인들이 직면한 새로운 도전과 기회를 예고하는 상징이다. 수많은 노동자들이 프리랜서 경제로 편입되면서 노동의 미래가 새롭게 정의되고 있는 것이다.

윌리엄 러셀 켈리William Russel Kelly는 펜실베이니아 대학교를 졸업하고 나서 2차 대전을 맞았다. 다리가 불편했던 그는 미 육군 병참부대와 계약을 맺은 방위산업체에 소속되어 90만 명의 다른 민간인들과 함께 전쟁에 필요한 보급품, 장비, 탄약, 차량 등을 생산하는 일을 했다. 그곳에서의 경험은 켈리가 현대식 경영 기법과 새로운 노동력 절감 장비에 대해 눈을 뜨는 계기가 됐다.

전쟁이 끝난 후 켈리는 자동차 산업이 다시 활황을 맞고 있던 디트로이트로 이주했다. 그는 계산기 20대와 타자기 몇 대를 구입했다. 그리고 급속도로 성장하던 이 도시에서 여러 기업들에 재고 조사, 타자, 복사 서비스 등을 제공하는 일을 했다. "당시 회사들은 매일 저녁 회계장부들을 정리해야 했습니다." 캠든이 말했다. "러셀은 트럭으로 도시를 돌아다니며 회사들로부터 회계장부를 넘겨받아 시내 한가운데 있는 자신의 회사로 가지고 갔죠." 켈리는 직원들과 밤을 새워 고객들의 장부를 정리했다. 그리고 다음날 아침 고객들의 회사를 돌며 장부를 다시 배달했다. 그는 또 고객들의 메모, 공문, 보고서 등을 정리해서 회사의 로고가 박혀 있는 종이에 타이프를 해주는 서비스도 제공했다.

캠든은 회사 창립 50주년이 되는 1996년에 러셀 켈리와 면접을 가졌다. "러셀은 켈리걸 아이디어가 어떻게 탄생했는지 이야기를 들려주었습니다. 하루는 그의 가장 큰 고객 중 한 명이 전화를 해서 비서가 출근하지 않았다고 투덜댔답니다. 언제나 고객이 우선이었던 러셀은 이렇게 말했어요. '오늘은 저희 회사에 일이 많지 않으니 제 비서를 빌려

드릴까요?' 그 고객은 러셀의 제안을 흔쾌히 받아들였죠. 그리고 몇 주가 지났습니다. 하루는 러셀이 출근해보니 비서가 자리에 없었어요. 그 고객이 러셀의 허락도 없이 비서를 또 빌려간 거였죠. 러셀은 화를 내는 대신 거기서 비즈니스의 기회를 발견했다고 합니다. 그래서 디트로이트 전역에 있는 회사들에 장·단기적으로 사무 보조원들을 파견하기 시작했죠."

캠든은 켈리걸들이 타이피스트로 등장하는 초창기 광고를 보여주었다. 광고에는 이렇게 적혀 있었다. "이 임시직 직원들은 고객 여러분이 가장 바쁘거나 또는 담당자가 휴가나 병가를 냈을 때 타이피스트, 속기사, 문서 정리원, 전화 교환원, 고객 접대, 총무 등의 다양한 업무를 수행하며 여러분을 도와드립니다." 고객 입장에서는 켈리걸을 사용하는 데 특별한 단점이 없었다. "켈리걸들은 여러분의 회사에서 근무합니다. 하지만 급여는 저희가 직접 지급합니다. 고객 여러분은 켈리걸들이 근무한 시간만큼만 비용을 지불하시면 됩니다. 모든 직원의 능력은 저희가 검증하고 보증합니다."

만일 켈리가 단순한 인력 소개 업체에 불과했다면 고객들은 켈리걸과 같은 임시직 직원들을 직접 고용해서 시간이나 일 단위, 그리고 주 단위로 비용을 지불해야 했을 것이다. 하지만 켈리는 인력을 '소유'하고 그들의 기술을 보증하는 방법을 택했다. 이로 인해 인재들을 양성하고 활용하는 데 보다 큰 힘을 갖게 됐다. 켈리가 1분당 100단어를 타이핑할 수 있다고 보증한 켈리걸들은 높은 서비스 요금을 받았다.

당시 켈리는 막대한 인력 풀pool을 활용할 수 있었다. 1945년에는 220만 명의 여성들이 전쟁과 관련한 산업 분야에서 일했다. 그들은 군함, 비행기, 자동차, 무기를 만들었다. 이전에는 대부분 남성 근로자들이 하던 일들이었다. 전쟁이 끝나고 남자들이 돌아오자 미국 기업들은 여자들이 더 이상 일하기 원치 않을 거라 생각하고 그들을 집으로 돌려보냈다. 켈리는 계속 일하고 싶어하는 여성들의 욕구를 분출시켜주는 통로 역할을 했다. 캠든은 이렇게 말했다. "우리가 제작한 첫 번째 마케팅 자료는 남편과 아버지 그리고 오빠 같은 남성들을 대상으로 한 홍보물이었습니다. 우리는 여성들이 일하는 것을 부정적으로 생각할 필요가 없다고 말하면서, 만일 당신의 아내나 여자 친구가 돈을 벌어 당신의 생일 선물이나 크리스마스 선물을 살 수 있다면 얼마나 기뻐하겠느냐고 광고했죠. 오늘날 미국 기업들이 여성 직원을 고용하기 위해 이런 이유를 내세운다고 상상해보세요!"

캠든이 이 회사에 입사할 무렵인 1995년, 켈리는 자사의 전통적인 사업을 매각하고 전문가나 기술자들을 파견하는 비즈니스를 시작했다. 캠든은 이 분야에 켈리의 미래가 달려 있다고 판단했다. 이 과정에서 회사 이름도 켈리걸에서 켈리서비스로 바꾸었다. 오늘날 '세계 최고의 인력 솔루션 기업'을 표방하는 이 회사의 매출액은 거의 60억 달러에 달한다. 2014년 현재 켈리는 전 세계 80개 국가에 55만 5,000명의 임시직 근로자를 파견하고 있다. 이 회사는 창고 직원 같은 인력들도 여전히 공급하지만 최근에는 엔지니어링, 정보 기술, 재무 및 회계, 법률, 과학, 의료, 교육 등의 분야에 인재들을 파견한다. 특히 켈리는 미국에서 가장 많은 수의 대리 교사를 공급하는 회사다. 대리 교사들은 해당 학군에서 제공하는 표준 임금을 받는다. 또한 켈리는 세계에서 임시직 과학자들을 가장 많이 파견하는 기업이기도 하다. 과학자들이 받는 평균 연봉은 20만 달러에 달한다.

"사실상 우리는 포춘 500대 기업 중 90퍼센트가 넘는 회사들의 임시직 근로자들을 관리해주는 인사부 역할을 하고 있습니다." 캠든이 말했다. "오늘날 최고의 기업들에서 근무하는 직원들은 그 기업체 소속이 아니라 다른 회사 소속인 경우가 더 많습니다. 우리는 고객들에게 이렇게 말하죠. '귀사의 사업 계획을 알려주세요. 저희가 그 계획에 맞는 인재를 제공해드리겠습니다. 적어도 임시직을 파견하는 일에 관해서는 완벽한 지원이 가능합니다. 저희가 직접 직원들을 채용하고 조직하며, 임시직 활용에 대한 법률적 문제까지 도와드립니다. 심지어 귀사가 해고한 직원들의 전직까지 지원해드리겠습니다.' 우리는 프리랜서 인력들을 파견하는 과정에서 그들의 데이터베이스를 축적할 수 있습니다. 그 덕분에 세계에서 가장 우수한 인재들에 대한 자료를 확보하고 있습니다."

켈리의 최대 고객인 BP아메리카는 켈리에 연 10억 달러가 넘는 비용을 지불한다. 켈리는 그 대가로 BP아메리카의 모든 비정규직 직원(컨설턴트와 하도급 업체들을 포함해)들을 관리하고 이 회사의 글로벌 인력 공급망에 대한 관리자 역할을 수행한다. "BP아메리카가 노르웨이나 앙골라 또는 다른 어떤 곳에 석유 시추를 하러 간다고 가정해보죠. 우리는 이 기업이 그곳에서 어떤 종류의 회사, 또 어떤 유형의 사람들과 함께 일하는 것이 좋을지 먼저 결정해요. 일부 국가에는 우리가 직접 인력을 공급합니다. 그렇지 않은 경우에는 그 나라에서 인력 채용 능력이 가장 우수한 회사들과 하도급 계약을 맺죠."

캠든은 자사의 해외 비즈니스가 성장하고 있다고 강조했지만, 나는 이 회사가 미국의 학교에 연 220만 명이 넘는 대리 교사들을 공급하고 있다는 사실에 더 호기심을 느꼈다. 캠든은 이 비즈니스도 1년에 50퍼센트 이상 성장하는 중이라고 했다.

"대리 교사 사업이 그렇게 성장하는 이유가 뭔가요?"

"학교의 교장이 그 일을 직접 하고 싶어하지 않으니까요." 캠든이 대답했다. "교장들은 교사의 결원이 생겼을 때 직접 여기저기 전화를 걸어 대리 교사를 알아보는 걸 매우 싫어합니다. 하지만 우리 회사의 소프트웨어를 사용하면 그 일을 훨씬 효과적으로 할 수 있거든요."

그는 켈리의 소프트웨어 시스템이 어떤 식으로 운영되는지 설명하기 위해 어느 학교에서 8학년 역사 교사로 일하는 짐Jim의 예를 들었다. 짐은 오늘 목이 심하게 아프고 열이 나서 거의 말을 할 수 없다.

"난처한 상황에 빠진 짐은 어떻게 할까요?" 캠든이 물었다. "그는 오후 7시에 컴퓨터를 켜고 켈리의 시스템에 접속합니다. 그리고 내일 학교에 출근하기 어렵다는 내용을 시스템에 입력합니다. 시스템은 짐이 평소 가장 선호하는 대리 교사 2명에게 자동으로 전화를 걸죠. 그런데 두 사람이 모두 응답하지 않거나 내일 일하기 곤란할 수도 있을 겁니다, 그러면 시스템은 짐이 담당하는 과목, 그리고 짐이 거주하는 지역에 해당하는 대리 교사의 리스트를 검색해서 차례로 연락을 합니다.

한편 대리 교사들 중에 내일 일하기를 원하는 사람(예를 들어 제인)이 있다고 해보죠. 그녀는 시스템에 접속해서 일거리를 찾습니다. 그리고 중학교 역사를 담당하는 대리 교사를 필요로 하는 학교 4곳을 발견합니다. 그중에서 짐의 학교가 거리상으로 가장 가깝다는 것을 알게 됩니다. 그래서 제인은 짐의 대리 교사 요청을 수락합니다.

다음 날 아침 짐이 근무하는 학교의 교장은 7시에 출근해서 시스템에 접속합니다. 교사 10명이 학교에 나오지 못했습니다. 그리고 우리, 즉 켈리는 그중 9명의 대리 교사를 찾아냈습니다. 만일 켈리가 30분 내로 나머지 한 명의 교사를 구하지 못했을 경우 시스템은 교장에게 다른 방법으로 문제를 해결하라고 경고 전화를 겁니다. 하지만 그런 일은 거의 일어나지 않죠."

캠든은 켈리가 교사들의 부재에 따른 공백을 해결해내는 비율은 97퍼센트에 이르지만, 학교에서 이를 자체적으로 해결할 때는 그 비율이 60퍼센트에 그친다고 주장했다. "우리가 훨씬 효율적으로 그 일을 해내기 때문에 학교 교장들은 골칫거리에서 벗어나 다른 일에 집중할 수 있습니다. 이 비즈니스가 커다란 성공을 거두고 있는 이유는 그 때문입니다."

내가 뉴욕에서 만났던 투자 금융가 스티븐 버켄펠드는 "소프트웨어는 세계를 지배합니다"라고 말했다. 켈리와 같은 인력 대행업체들은 전문화된 소프트웨어를 사용해 직업들에 속한 개별 업무들을 구분하고 그 일에 적합한 기술을 지닌 노동자들을 파악한다. 그리고 고객의 요청에 따라 연중무휴로 인력들을 투입해 고객의 문제를 해결하고, 주어진 프로젝트를 완수한다. 그러므로 고객들은 정규직 근로자를 고용하는 데 따르는 비용을 줄이고 골치 아픈 문제들을 해결할 수 있다. 이처럼 소프트웨어 기반의 온라인 플랫폼을 통해 프리랜서와 고용주들을 연결해주는 회사들이 점점 늘어나는 추세다(다음 장에서는 내가 그런 업체 중 하나에 캠든과의 인터뷰를 문서로 기록하는 일을 맡긴 이야기를 들려주려 한다).

소프트웨어에 관한 캠든의 의견은 기본적으로 버켄펠드와 같다.

"가상의 환경에서 업무를 수행하는 능력이 개발되면서 모든 상황이 바뀌고 있습니다." 그는 이렇게 말했다. "예를 들어 우리는 어느 대기업을 위해 콜센터를 운영합니다. 이 콜센터는 최상의 고객 서비스를 제공하는 것으로 유명합니다. 그러나 사실 이 콜센터는 물리적으로 존재하지 않아요. 우리가 특별한 기술 장비를 사용해 그 콜센터를 가상으로 존재하게 만드는 겁니다. 우리 회사의 관리자들은 가상 환경에서 그 콜센터를 모니터합니다. 그리고 콜센터 인력들은 자신이 일하기 원할 때 가상의 콜센터에서 전화를 받으며 근무하는 거죠."

"예를 들어 어떤 남성이 외출했다 집으로 돌아옵니다. 그리고 이렇게 생각하죠. '앞으로 4시간 동안은 아무 할 일이 없군. 그동안 일을 해서 돈을 더 벌어볼까.' 그리고 우리 시스템에 접속합니다. 시스템은 '예, 그러면 당신에게 콜센터 일을 배정하겠습니다' 또는 '죄송합니다. 지금은 콜센터가 꽉 찼네요' 하고 답을 하죠. 그가 콜센터 일을 배정받는다면 우리는 그가 헤드폰을 쓰고 집에서 앉아 있기만 해도 일정 요율의 임금을 지불합니다. 그리고 고객에게 걸려온 전화를 응답한 시간 동안에는 별도 요율로 수수료를 계산해줍니다. 만일 고객에게 전화가 걸려왔을 때 그가 받게 될 금액은 물리적인 콜센터에 앉아서 받을 수 있는 금액보다 훨씬 큽니다. 물리적 콜센터에서는 직원들의 생산적인 시간과 비생산적인 시간을 어떻게 활용할지 고민해야 하거든요." 이는 모든 사람이 윈-윈 할 수 있는 방법이라고 한다.

글쎄, 아마 '거의' 모든 사람일 것이다.

"요즘 창고에서 근무하는 사람들이 점점 줄어드는 이유는 꼭 로봇 때문만이 아닙니다. 사실 로봇은 똑똑한 지게차에 불과해요. 진짜 이유는 소프트웨어의 발달로 인해 무재고 방식의 배송과 효과적인 공급망 운영이 가능해졌기 때문입니다." 캠든이 말했다. "아마존 같은 회사들은 꼭 필요한 경우가 아니면 창고에 물건을 보관하지 않아요. 만일 예전에 2주나 2개월 동안 창고에 보관해야 했던 물건을 2일만 보관할 수 있다면 창고 비용의 7분의 6이 절약됩니다. 우리가 인간의 노동력을 줄이고 로봇을 활용하는 이유는 대체로 첨단의 기술과 분석 능력을 바탕으로 한 스마트한 관리 시스템이 필요하기 때문입니다."

나는 캠든이 예로 든 창고 이야기가 마음에 들었다. 컴퓨터의 분석 및 관리 시스템이 개선되어 갈수록 일자리가 줄어들 수밖에 없는 이유를 적절하게 설명했기 때문이다. 나는 효율성을 증가시키고 기술을 발전시키는 데 결코 반대하지 않는다. 특히 따분하고 반복적인 직업들을 개선하는 일이라면 두말할 나위도 없다. 하지만 프리랜서와 자영업자들로 이루어진 사회가 진정으로 의미하는 바는 무엇인가?

나는 캠든과 몇 시간을 함께 보내면서 그가 서너 개의 어휘를 특히 즐겨 사용한다는 것을 깨달았다. 그중 하나가 '밈meme'이라는 단어였다. 원래 나는 이 말의 뜻을 잘 몰랐다. 옥스퍼드 영어 사전에 따르면 '밈'은 '어떤 문화권 내에서 사람과 사람 사이에 퍼지는 생각, 행위, 또는 스타일'이다. 원대하고 훌륭한 밈일수록 지속적으로 복제되면서 널리 퍼져나가는 법이다. 캠든은 늘 새로운 밈을 찾기 위해 노력하며, 일단 찾은 후에는 이를 어떻게 표현하고 활용해서 켈리의 브랜드를 개선하는 데 기여할지 고민한다고 한다.

'임금 노예'는 그가 가장 좋아하는 밈 가운데 하나다. 예를 들어 사람들은 이 단어를 이런 식으로 사용한다. "나는 ____ (주로 IBM이나 엑슨

모빌 같은 대기업들이 빈칸에 들어간다)의 직원이 되어 아버지 같은 임금 노예로 살고 싶지 않아요."

"9시에서 5시까지 근무하는 일자리가 좋은 직업이라는 생각은 사라져갑니다." 캠든의 말이다. "과거 15년 동안 미국의 노동자들(화이트칼라까지 포함해)은 직업과 연금을 잃고 상실감에 시달렸습니다." 고용주와 피고용인의 유대감이 약해지면서 한 회사에서 평생을 일하거나 회사로부터 계속 보살핌을 받는 일을 기대할 수 없게 됐다.

캠든은 인재를 채용하기 위해 1년에 '최소 50개에서 60개의' 대학교를 방문한다고 한다. 그는 학생들에게 '임금 노예'라는 밈을 사용해서 프리랜서가 부모님들이 가졌던 직업보다 훨씬 삶의 균형과 보람을 찾을 수 있는 경력이 될 수 있다고 설득한다.

"나는 어릴 때부터 '일을 중심으로 삶을 계획하라'는 말을 귀에 못이 박히도록 들어왔습니다." 캠든은 이렇게 말했다. "하지만 켈리는 '삶을 중심으로 일을 계획할 수 있도록' 하나의 혁명을 주도하고 있습니다. 사람들은 자신이 어느 정도의 돈을 원하느냐에 따라 일과 삶의 균형점을 스스로 결정할 수 있어요. 만일 돈을 최대한 많이 벌고 싶다면 그 목표에 맞는 방식으로 일하면 되는 거고, 반대로 시간적 여유가 있는 삶을 추구한다면 또 다른 방식으로 일하면 되는 겁니다. 수많은 선택의 여지가 놓여 있지만 결국 선택을 하는 것은 자기 자신입니다. 내가 어떻게 일하고 살아가느냐를 선택하는 것은 더 이상 기업의 사장이나 관공서의 몫이 아닙니다."

켈리는 최근 여성 프리랜서 변호사들을 고용하기 위한 광고 캠페인을 시작했다. "이제는 켈리걸이 어떤 일을 하고 있는지 보십시오." 어느 여성의 나직한 목소리가 흘러나온다. 그리고 화면에는 깔끔한 정장 차림의 여성 변호사가 등장한다. "정의의 여신"이라는 문구와 함께.

캠든은 자사가 계획 중인 또 다른 광고 캠페인에 대해서도 말해주었다. 이 광고에는 어느 제약 회사에 근무하는 과학자 한 명이 열심히 일하는 임시직 사무원의 모습을 바라보면서 이렇게 말하는 장면이 나온다. "켈리가 언제부터 비서들도 파견하기 시작했지? 과학자들만 보내는 줄 알았는데." 캠든의 목표는 점점 확대되어가는 여러 사업 영역에 자사의 품질과 정직함, 그리고 서비스의 가치를 정착시키는 것이다. "언젠가는 미국에서 가장 좋은 대학교를 우수한 성적으로 졸업한 인재가 부모님에게 자신이 켈리의 프리랜서가 되지 못해 유감이라고 말하는 날이 왔으면 좋겠습니다." 캠든이 말했다. "결국 그 학생은 임금 노예가 되어야 할 테니까요."

프리랜서라는 직업이 제공하는 자유와 유연한 삶, 그리고 자영업자로서의 혜택은 캠든과 나의 아들들을 포함해서 많은 밀레니얼 세대 젊은이들의 공감을 불러일으키는 듯하다. 캠든의 아들 앤드루는 올해 겨우 25세지만 제너럴모터스에서 1년에 10만 달러를 받는다고 한다. 하지만 캠든은 아들이 그 회사에서 오래 일할 것 같지는 않다고 말했다. 앤드루는 최근 3D 프린터를 구입해, 퇴근 후에 친구 한 명과 함께 자신의 차고에서 드론drone• 부품들을 만든다고 했다. 두 사람은 '디트로이트 드론Detroit Drone'이라는 이름의 회사도 차렸다.

"또 하나의 스티브 잡스가 탄생하는 건가요?" 내가 물었다.

• 사람이 타지 않고 무선 전파로 비행하는 비행기나 헬리콥터.

"그럴 것 같지는 않아요." 캠든이 말했다. "앤드루는 오픈소스open source*를 지지해요. 그는 특허를 받는 것이 구시대적 사고방식이라고 생각해요. 자신이 어떤 제품에 대한 특허를 신청해도 그 특허가 나올 때쯤이면 이미 쓸모없는 기술이 되어 있을 거라고 말하죠. 그런데 모르는 사람이 자기가 공개한 오픈소스 소프트웨어를 사용해보고 멋지다는 칭찬을 하는 순간 전율을 느낀다고 하더군요. 하지만 나라면 우리 회사의 소프트웨어를 누구에게도 절대 무료로 제공하지 않을 겁니다."

캠든이 그의 아들 앤드루에 대해 말하는 동안 나는 내 아들 매트 생각이 났다. 매트는 내가 이곳에 올 때 비행기에서 만난 크리스티나와 동갑이다. 그래픽 디자이너인 아들은 재능이 꽤 뛰어나다. 여러 대학교의 교수들과 기업의 담당자들이 매트가 디자인한 작품들을 칭찬했다. 하지만 매트는 고정 급여와 복지가 제공되는 정규직 일자리를 찾지 못했다. 그래픽디자이너를 고용하는 기업은 매우 적었다. 처음에 아들은 여러 온라인 광고 회사에서 보수 없이 인턴 생활을 했다. 그후에는 소매점이나 음식점에서 일했다. 지난 2년 동안 매트와 그의 아내 케이틀린은 일자리를 잡아서 근근이 생활을 꾸려나갔다. 가족들의 도움도 받아야 했다. 매트는 소매점에서 정규직으로 일하고 있다. 그리고 한편으로 스쿠버다이빙 강사가 되기 위해 노력하는 중이다. 하지만 매트는 이런 상황을 별로 개의치 않는다. 그의 삶은 아내 케이틀린, 친구, 그리고 그가 온라인에서 관계를 맺은 지인들과 함께 보내는 시간으로 온통 채워져 있다. 또 독서, 그림 그리기, 온라인 게임 같은 일에도 열중한다. 나와는 달

* 소프트웨어의 소스 코드를 공개해서 모든 사람이 자유롭게 수정, 사용하자는 개념.

리 매트는 일하기 위해 살지 않는다. 만일 제대로 된 삶의 조건이 행복이라면, 나는 일하기에 연연하지 않는 매트의 삶이 나보다 훨씬 낫다고 평가하고 싶다.

모든 밀레니얼 세대가 전통적인 형태의 노동에 반대 입장을 취할까? 그들은 새롭게 대두되는 프리랜서 경제의 일원이 되는 것을 기쁘게 생각할까?

소프트웨어 개발 기업 얼티메이트 소프트웨어Ultimate Software와 세대별 특성 연구 센터Center for Generational Kinetics가 1,055명의 밀레니얼 세대(1977~1995년에 태어난 미국인)를 대상으로 한 조사에 따르면, 이들은 베이비부머Baby Boomer* 세대와는 확연하게 다른 사고방식을 보여준다.[4]

— 밀레니얼 세대의 25퍼센트는 어느 곳에서든 7개월 이상 근무하면 자신이 성실한 직원이라고 생각한다.

— 거의 절반(45퍼센트)은 현재 근무하고 있는 직장이 본인의 향후 진로에 적합하지 않다고 생각하면 직장을 그만둘 의사가 있다.

— 3분의 1(34퍼센트)은 직장 상사가 자신의 페이스북 페이지를 폐쇄하라고 요구하면 직장을 곧바로 그만둘 것이라고 말한다.

— 42퍼센트의 밀레니얼 세대는 매주 회사로부터 피드백을 받기를 원한다. 다른 세대의 2배에 해당하는 비율이다.

하지만 또 다른 설문 조사들을 여러 차례 실시한 결과, 전반적으로 밀레

● 2차 대전이 끝난 1946년부터 1965년 사이에 출생한 사람들. 현재 미국 인구 중 29%를 차지한다.

니얼 세대는 노동에 관해 매우 다양한 입장을 갖고 있다는 사실이 드러났다. 많은 젊은이들이 임금 노예가 되기를 거부하지만, 나이가 들고 가정을 꾸리면서 단일 고용주 밑에서 정규직으로 일하는 데 관심을 갖는 사람들이 늘어난다. 특히 남성들이 이런 경우가 많다. 반면 아이를 가질 계획인 밀레니얼 세대 여성들은 근무 조건이 유연한 직업을 더 높이 평가한다. 만일 크리스티나의 경우라면 현재 시점에서 일단 안정적인 직장, 즉 휴가와 복지 혜택이 주어지고 경력을 쌓을 수 있고 선배들의 조언도 받을 수 있는 그런 일자리를 찾는 것이 좋을 것이다.

하지만 프리랜서 경제에는 커다란 문제가 존재한다. 그런 식의 유연한 일자리가 모두가 아닌 일부 젊은이들에게만 유리하게 작용한다는 사실이다. 예를 들어 젊고 독신이며 기술과 학력 수준이 높아 많은 소득을 올릴 수 있는 사람들, 또는 내 아들 매트나 캠든의 아들 앤드루, 또는 크리스티나처럼 집으로 돌아가서 자신보다 형편이 나은 부모님에게 의지할 수 있는 안전망을 갖추고 있는 20대 젊은이들에게나 가능한 말이다. 반면 저숙련 노동자들, 특히 가족을 부양하고 노후를 준비해야 하는 사람들 사이에서는 "비정규직 노동은 형편없는 일이다"라는 믿음이 지배적이다. 하지만 기술의 발전으로 정규직 저숙련 노동자들에 대한 수요가 점점 줄어드는 상황에서 그들에게 남은 유일한 선택은 비정규직 일자리밖에 없다. 나는 이런 이유로 인해 저숙련 노동자들이 이 책의 후반부에서 제시되는 기본소득의 개념을 지지할 것이라고 생각한다. 기본소득은 그들이 가족을 부양하고 노후 대책을 세울 수 있도록 해주기 때문이다.

오늘날에는 사람들이 경력에 대한 계획을 세우기가 이전보다 훨씬 어려워졌다. "기술의 발전은 직업의 생명 주기를 더욱 단축시킵니다." 캠든이 이렇게 말했다. "그렇기 때문에 기업들은 직원에게 평생 고용을 약속하기가 어렵습니다. 예를 들어 컴퓨터에 데이터를 입력하는 일을 하는 직원이 아주 솜씨가 뛰어나다고 해보죠. 하지만 더 이상 데이터를 입력할 필요가 없어졌다면 그 직원을 어떻게 해야 할까요." 그는 또 다른 사례를 들었다. "예전에 우리 회사의 중요한 비즈니스 중 하나는 고객사의 전화교환원들이 아파서 결근했거나 휴가를 갔을 때 대리 직원을 파견하는 일이었습니다. 하지만 요즘 내가 우리 아이들 앞에서 '전화교환원'이라는 단어를 사용하면 아이들은 이렇게 묻습니다. '아빠, 그게 무슨 말이에요?' 마치 그런 종류의 직업이 한 번도 존재한 적이 없다는 듯이 말입니다."

캠든과 그의 경영진은 이렇게 유동성이 심한 노동시장 속에서 프리랜서들을 위한 새로운 사업 영역을 찾기 위해 고심한다. 예를 들어 켈리는 특정한 과업을 수행해야 하는 기업들에 '완벽한 부서의 역할을 하는 팀'을 파견해왔다. "일례로 어떤 회사에 지질학이나 천연자원과 관련한 데이터를 분석할 팀이 필요한 경우, 켈리는 그런 조직을 제공할 수 있습니다."

나이 든 노동자와 관련된 사업 역시 성장하고 있는 사업 영역의 하나다. "그동안 이 나라에 존재했던 무수한 직업들은 노동자가 은퇴할 시기가 되면 더 이상 신체적으로 해내기 버거운 일들이 대부분이었습니다. 하지만 오늘날에는 은퇴가 단계적으로 이루어져요." 캠든이 말했다. "만일 어떤 고객사에서 근무하는 근로자가 은퇴할 시기가 되면 우리는 그에게 이런 편지를 보냅니다. '지미, 우리는 당신의 은퇴가 가까워온다는 사실을 알고 있습니다. 은퇴는 멋진 일이에요. 그동안 당신이 했던 업무 중에는 싫어했던 일도 있었겠죠. 반면 보고서를 쓰거나 메모를 작성하는 일처럼 당신이 좋아했던 일도 있었을 겁니다. 당신이 정말로 선호하는 업무를 알려주시면, 우리가 시간제로 근무할 수 있는 적당한 일자리를 찾아드리겠습니다. 예를 들어 임원들의 연설문을 작성하는 업무는 어떨까요.'"

켈리는 지미의 직업을 여러 개의 단위 업무와 과업으로 분리한다. 그중 지미가 은퇴 후에도 계속하고 싶은 일들을 선택해 알려주면 켈리는 보다 효율적이고 제한된 방식으로 지미의 노동력을 그 회사에 되파는 것이다. 이는 고용주와 근로자 모두에게 유리한 거래다. 은퇴하는 직원 입장에서는 추가의 소득을 올리며 시간제 근무를 즐길 수 있고, 그를 고용하는 회사는 낮은 인건비로 필요한 프로젝트나 과업을 완수할 수 있기 때문이다. 하지만 이는 한편으로 대단히 불길한 조짐이기도 하다. 이런 방식은 기업들이 정규직 일자리와 관련된 비용을 줄여 수익을 극대화하는 전략의 일환이 될 수 있기 때문이다.

앞 장에서 언급했지만 MIT의 앤드루 매카피는 지난 40년간 임금과 고용이 경제성장으로부터 '대분리'되었다고 주장했다. 하지만 현재 우리에게는 또 다른 대분리가 발생하고 있다. 바로 정규직 고용과 노동자의 대분리, 또는 직원들에게 W-2*를 제공하던 고용주와 근로자의 대분리 현상이다. 사실상 새롭게 대두되고 있는 1099 경제의 가장 큰 문

• 정규직 직원의 근로소득 신고서.

제는 바로 이것이다. 우리는 (자신이 원해서든 아니든) 직장에 소속되지 않고 독립적으로 일하는 수많은 노동자들에게 어떤 방법으로 건강보험과 직업적 안정성, 그리고 노후 혜택을 제공할 수 있을까?

이는 캠든이 켈리라는 임시 고용직 근로자의 왕국을 건설하면서 맞닥뜨린 가장 큰 문제였다. "이 나라에서는 임시직 직원들에게 사회적 혜택을 제공하기가 쉽지 않습니다. 만일 당신이 어떤 회사에 고용되어 직업을 갖는다면 휴가를 가거나 일을 잠시 쉬더라도 회사에서 급여를 못 받지는 않죠. 정상 임금이 지급되기도 하고 경우에 따라 다소 줄어든 액수가 주어지기도 할 겁니다. 때로는 장애에 대한 보상을 받을 수도 있고요. 하지만 켈리의 노동자들은 일을 하지 않으면 한 푼도 벌지 못해요. 기업에서 제공하는 혜택들을 시장에서 돈을 주고 사야 한다면 문제가 심각해지는 거죠."

캠든은 그동안 여러 명의 노동운동 지도자들을 만나서 켈리의 임시직 노동자들을 위해 연합 노동조합을 만드는 아이디어를 협의했다. 만일 그런 일이 가능하다면 프리랜서들은 회비를 납부하는 대신 노조를 통해 의료 보상, 연금 수당, 보육, 병가, 출산휴가 등의 혜택을 받을 수 있을 것이다. 하지만 캠든의 아이디어를 받아들이는 노동조합은 어디에도 없었다.

나는 그 이유를 안다. 노동운동가들을 포함해서 임시직 파견 산업을 비난하는 많은 사람들은 캠든이 정규직 직원을 고용하지 말라고 미국의 기업들을 부추긴다고 생각한다. 정규직 직원들에게 각종 복지 혜택, 휴가, 직업 안정성을 제공하는 것은 회사의 수익에 해를 끼치는 일이라고 주장한다는 것이다. 노동운동가들은 임시직 파견 산업이 노동과 노동자의 가치를 폄하시켜서 임금을 낮추고 직업의 안정성을 훼손하며 노동자의 협상력을 약화시키는 주요 세력이라고 여긴다. 그렇지만 자신이 원할 때 언제라도 저렴한 비용으로 사용할 수 있는 임시직 노동력이 넘쳐나는 상황에서, 대부분의 고용주들에게 그런 주장은 별로 설득력이 없을 것 같다.

캠든은 2020년이 되면 미국 전체 노동자의 50퍼센트(대략 8,000만 명의 미국인) 이상이 임시 고용직으로 일할 거라고 예상한다. 프리랜서 유니온의 세라 호로비츠 역시 그 의견에 동의한다. "2020년이 되면 미국의 노동자 대부분이 어떤 형태로든 임시직 노동에 관여하게 될 겁니다. 우리가 조사한 자료에도 나와 있지만, 부업에 종사하는 주변의 수많은 사람들을 보세요. 프리랜서는 점점 늘어나면서 빠른 시간 내에 노동의 주류로 자리 잡을 겁니다. 물론 그들 중에는 '전통적인' 직업을 가진 이들도 있겠죠. 하지만 그 사람들도 더 많은 돈을 벌기 위해 본업 외에도 남의 컴퓨터를 관리해주고, 물건을 만들고, 운전을 할 거예요."

캠든과 호로비츠는 이런 현상이 미국과 아메리칸드림에 중대한 영향을 미칠 거라 우려한다는 점에서 나와 의견이 같았다. 캠든은 이렇게 말했다. "우리는 '직업'에 대한 개념을 바탕으로 사회의 구조를 구축해왔습니다. 하지만 그 개념은 더 이상 유효하지 않습니다."

일반적으로 노동시장은 사회가 수행해야 하는 '일'들을 조직하고 분배하는 장치를 의미한다. 하지만 우리가 현재 사용하고 있는 '잡job'이란 말이 정의된 것이 아주 오래전의 일이 아니라는 사실을 기억할 필요가 있다. 다트머스 대학의 역사학자 베타니 모턴Bethany Moreton은 열린 사회재단이 주최한 토론회에서 이렇게 말했다. "과거 미국을 포함한 세계 모든 곳에서 '잡'은 일의 '한 조각'이라는 개념으로 매우 협소하게 정의돼왔으며, 결코 노동 그 자체를 의미하지는 않았습니다." 우리가 옥스퍼드 영어 사전에서 발견할 수 있는 '잡'의 가장 오래된 정의는 '수레 한 대분의 짐cartload', 즉 말 한 마리가 운반할 수 있는 최대한의 짐을 말한다. 다시 말해 '잡'은 '고용주가 사람들에게 분배하고 임금을 지급한' 개별적인 일들을 의미했다. 예를 들면 이런 식이었을 것이다. "이 신발 수레를 옆 마을까지 운반해주면 2달러를 주겠소."

산업혁명이 일어나기 전에는 이렇게 남에게 삯일을 맡기는 것이 '노동력'을 확보하기 위한 유일한 방법도 최선의 방법도 아니었다. 모턴은 말했다. "그때는 노동력이 필요하면 포로를 잡아오거나, 노예를 사거나, 결혼을 하거나, 입양을 하거나, 아니면 아이를 낳았죠."

'잡'은 '공직이나 대중에게 신뢰받는 자리에 올라 출세하는 일'을 뜻하기도 했다. 그뿐만이 아니다. 모턴은 이렇게 말했다. "이 단어의 옛 의미 중 하나는 '투자 상품을 사고파는 행위를 교활하고 급하게 해치움으로써 경제적 거품을 일으키고 사람들을 파탄에 이르게 하는 일'을 의미하기도 했습니다. '잡'이란 단어에 이런 뜻이 있었다는 사실을 상상하기는 쉽지 않죠." 이런 의미가 형성된 것은 17세기 금융혁명 때의 일이다. 당시 새로 생긴 런던 증권거래소의 '증권 중개인jobber'들은 '대중의 시야 밖에서 부도덕하고 기생충같이 행동하는 전형적인 브로커'의 역할을 했다. 어쨌든 이 모든 의미를 종합적으로 검토해보면 '잡'은 일을 작은 단위로 나누어 분배하는 행위를 뜻한다고 할 수 있다. 하지만 대부분의 사람들은 이런 방식을 통해 좋은 결과를 얻기가 어렵다고 믿었다. 모턴은 이렇게 말했다. "여러 사람에게 일을 나누어주는 것이 대부분의 고용주가 우선적으로 선택하는 방식은 아닙니다. 하지만 그런 방법이 효율적이다보니 계속하게 되는 겁니다."

20세기 초부터 발전하기 시작한 노동시장을 좌우한 것은 두 가지였다. 첫 번째 요인은 효과적인 경제정책을 수립하고 집행하는 강력한 국가이다. 두 번째는 기업과 산업계에 근무하는 노동자들을 규합해서 그들에게 유리한 임금과 복지 혜택을 위해 협상해온 강력한 노동조합이다. 20세기 이전에는 고용주와 피고용인 사이에 일방적이고 봉건적인 관계만이 존재했을 뿐이다. 모든 권한은 사업주가 독점한 반면 노동자들은 삯일을 하면서 궁핍하고 불안한 삶을 꾸려나갔다. 사실 당시에는 거의 대부분의 미국인이 수공으로 제품을 만들거나 이를 사고파는 일에 종사했다. 그들에게는 여러 개의 수입원이 존재했다.

나 역시 대부분의 미국인처럼 '직업job'이란 말과 '노동work'이란 말을 혼동하며 자랐다. 하지만 이는 옳지 않다. '직업'은 다분히 정치적인 측면에 바탕을 둔 용어로 고용의 수준이나 경제의 건전성을 판단하는 데 사용된다. 반면 '노동'은 사람의 활동에 기반을 둔 개념이다. 모든 사람이 노동을 통해 생계를 유지하고 사회를 건강하게 만드는 데 기여한다. 1930년대 이후로 노동자들은 자신의 회사가 기업 활동을 유지하고 직원들을 돌보는 한 그곳에서 오랫동안 일하기를 원했다. 그동안 노동운동은 더 많은 미국 노동자들이 중산층에 편입하는 데 기여했다. 그리고 고용주가 지불하는 급여는 미국의 가정들에게 의료보장이나 연금, 기타 다양한 혜택을 가져다주는 주요 수단이 되었다. 그후 80년의 세월이 지나는 동안 이런 기대를 바탕으로 미국 국세청, 사회보장국, 메디케어, 그 외 여러 정부기관들이 만들어졌다.

이제 더 이상 '직업'과 '노동'의 개념을 혼동해서는 안 된다. 고용주들은 기술의 발전 덕분에 현대식 개념의 '직업'에 포함된 여러 일들을 이 단어의 원초적 정의에 더 타당한 '단위 업무'들로 세분화시키고 있다. 기술은 경제를 보다 효율적이고 생산적으로 만들었다. 또한 수백만의 미국인들에게 자유롭고 유연한 삶, 그리고 다양한 선택의 여지를 제공했다. 하지만 그 과정에서 고용주와 직원 사이의 대분리가 발생했다. 많은 사람들에게 중산층 진입이라는 희망과 아메리칸드림의 기반이 됐던 바로 그 관계가 무너져내린 것이다.

이런 관계의 붕괴는 미래 사회에 어떤 결과를 초래할까. 내게 그 대답을 들려준 것은 세계에서 가장 거대하고 난해한 건설 현장에서 임시직 노동자들을 이끌고 노동의 미래를 헤쳐나가고 있는 인물이다. 허리케인 카트리나가 휩쓸고 지나간 뉴올리언스시에서.

5장

프리랜서 경제의
그늘

기술이 노동에 미치는 영향을 계속 탐구해나가기 전에, 내게는 해야 할 일이 하나 있었다. 나는 디트로이트로 가는 비행기에서 만난 크리스티나와의 10분간의 대화, 그리고 켈리의 CEO 칼 캠든과 나누었던 4시간 동안의 인터뷰를 모두 녹음기에 담았다. 이제 그 인터뷰들을 글로 옮겨야 하는 일이 남았다. 하지만 학교 교장들이 대리 교사를 스스로 찾기 싫어하는 만큼이나 나는 그 일을 직접 하기가 싫었다.

앞에서 말한 대로 1940년대 후반에 켈리가 처음으로 시작했던 비즈니스의 하나가 고객사에서 업무상 발생하는 공문, 메모, 보고서 등을 문서로 작성해주는 일이었다. 나는 오늘날에도 옛날에 켈리가 했던 것과 비슷한 비즈니스를 하는 사람들이 있는지, 그리고 그런 서비스를 받기 위해서는 어떻게 해야 하는지 궁금했다.

만일 내가 4시간 분량의 인터뷰 테이프를 직접 글로 옮겨야 한다면 적어도 이틀은 꼬박 걸릴 것 같았다. 중간에 낮잠을 잔다거나, 녹음된 내용 중 잘 들리지 않는 부분까지 해독하려고 쓸데없는 강박관념에 빠져 허비하는 시간을 포함하면 그보다 훨씬 긴 시간이 필요할 수도 있었다.

만일 지금이 내가 첫 번째 책을 집필하던 2005년이라면 분명 SEIU의 내 비서에게 이 일을 맡겼을 것이다. 또 내가 SEIU를 그만둔 2010년쯤이라면 인근 대학교의 일자리 게시판에 재학생들을 대상으로 시간당 15달러에서 20달러 정도를 주겠다고 구인 광고를 내지 않았을까 싶다. 물론 그럴 경우 시간과 비용이 생각보다 훨씬 더 들었을지 모른다. 게다가 학생들에게는 학업이 우선이기 때문에 일이 마냥 늘어질 가능성도 컸다.

나는 몇 가지 선택지를 놓고 고심하던 중, 운 좋게 업워크Upwork라는 프리랜서 일자리 알선 사이트를 발견했다.

내가 업워크에 회원 가입을 하고 의뢰할 일에 관한 게시물을 작성하는 데는 15분 정도 걸렸다. 사이트에서 지원하는 업무 유형은 웹 개발자, 모바일 개발자, 작가, 디자이너, 고객 서비스, 영업 및 마케팅 컨설턴트, 회계사, 그리고 사무 지원 등이었다. 일단 마지막의 '사무 지원' 업무가 내 일과 가장 연관성이 클 것 같아 그 항목을 클릭했다. 그러자 몇 개의 세부 항목이 포함된 상자가 열렸다. 인터넷 조사원, 개인 비서, 그리고 마침내 내가 찾던 '문서 기록원'이 보였다.

우선 나는 '10분 정도의 인터뷰를 문서로 작성하는 일'이라고 업무 내용을 적었다. 그리고 소요 시간, 대금 지불 방식, 기대하는 경험 및 언어 숙련도 등 여러 항목을 체크했다.

내 일을 담당할 후보자들에게는 이전에 일을 의뢰했던 고용주들의 평가에 따른 업무 점수가 매겨져 있었다. 또 후보자들에게 자기소개서를 보내달라고 요청하는 일도 가능했다. 하지만 나는 의뢰할 업무가 그다지 복잡하지 않다는 점을 감안해서 자기소개서 요청은 생략하고 게시물 등록을 마쳤다.

그러자 업워크 시스템은 불과 몇 분, 아니 몇 초 만에 내가 설정한 기준에 가장 적합한 프리랜서 10명의 명단을 보내왔다. 그들의 국적은 영어권 국가 전체를 망라했다. 필리핀 3명, 인도 2명, 캐나다, 케냐, 스리랑카 각 1명, 그리고 미국은 2명이었다. 북미 지역의 프리랜서들이 원하는 요금(시간당 12.5달러에서 25달러)은 나머지 국가 사람들이 기대하는 요금(시간당 3달러에서 7.5달러)과 큰 격차가 있었다. 물론 미국의 프리랜서와도 협상을 잘하면 시간당 10달러쯤에 그 일을 맡길 수 있었을 것이다. 하지만 나는 글로벌한 노동력을 시험해보고 싶다는 모험심에 끌려 (그들이 제시한 금액이 얼마든) 인도, 케냐, 그리고 필리핀 후보자들을 고려 대상으로 삼았다. 아마 회사의 일자리를 인건비가 저렴한 해외로 옮겨야 할지 고민하는 CEO들이 이런 기분을 느끼지 않을까 싶었다.

케냐의 후보자는 업무 점수가 4.93으로 매우 높았지만 시간당 요금은 5.56달러에 불과했다. 그녀는 업워크를 통해 170여 개의 업무를 맡아 수행했으며 수천 시간 동안 일한 경력을 가지고 있었다. MSNBC°의 토크쇼 〈모닝 조Morning Joe〉의 기록을 맡은 적도 있다고 했다. 이는 뜻밖의 사실이었다. 이 프로그램은 일자리의 해외 아웃소싱에 비판적인 입장을 취하는 것으로 유명했기 때문이다. 나는 나이로비 출신의 이 초인처럼

•　미국의 케이블 뉴스 채널.

바쁜 여성이 직접 일을 하지 않고 다른 사람에게 하도급을 주어 수입을 올리고 있을지도 모른다는 느낌이 들었다.

나는 고민 끝에 마리 J.^{Marie J.}라는 필리핀 여성을 선택했다. 그녀는 필리핀 대법원에서 속기사로 12년 동안 근무한 경력이 있었다. 업무 점수 또한 4.96으로 거의 완벽했다. 마리가 원하는 금액은 시간당 7.5달러였다. 하지만 나는 마리가 그보다 낮은 가격에 일한 적도 많다는 사실(전 고용주들의 후기나 그녀의 소득 기록을 참고해서)을 알고 있었다. 만일 내가 협상가로서의 본능을 발휘한다면 더 저렴한 가격에 마리에게 일을 의뢰할 수도 있었을 것이다. 하지만 더 이상 낮은 금액을 제시하는 일이 도덕적으로 편안하게 느껴지지 않았다. 게다가 마리는 법원 속기사 경험을 바탕으로 내 일을 완벽하고 신속하게 해줄 거라는 확신이 들었다.

며칠 후, 마리의 남편이 그녀가 작업한 문서 파일을 내게 이메일로 보냈다. 그리고 4.67달러가 표시된 청구서를 동봉했다. 이것이 마리가 받을 대가의 전부라니! 나는 도저히 믿을 수가 없었다. 내가 비행기에서 크리스티나와 나눈 대화 전부를 문서로 기록하는 데 소요된 비용이 스타벅스 커피 2잔 정도의 금액에 불과했던 것이다. 마리의 남편에게 이메일을 받았을 때 마침 스타벅스에 앉아 있던 나는 그가 파일과 함께 보낸 편지를 열었다. 그리고 그 내용을 읽고 더욱 놀랐다.

안녕하십니까. 선생님,

저는 마리의 남편 되는 사람입니다. 마리가 이틀 전에 작업을 완료한 문서 파일을 첨부해서 보내드립니다. 제때 보내드리지 못해 죄송하다는 마리의 사과를 대신 전합니다.

마리는 며칠 전 자신이 일하는 법원의 판사에게 급한 연락을 받았습니다. 어느 강간 살인 용의자에 대한 조사 내용을 문서로 기록해야 한다는 것이었습니다. 아내가 출장을 간 곳은 인터넷과 휴대전화 사용이 불가능한 산악 지역이었습니다.

마리는 제출이 늦어진 점을 고려해서 지불하신 요금 전액을 환불해드릴 예정입니다.

감사합니다.

얼 J.^{Earl J.}

놀랍게도 마리와 그녀의 남편은 요금 전부를 돌려주고 싶어했다. 나는 그녀가 자신이 약속한 바를 얼마나 진지하게 생각하는지 깨닫고 매우 깊은 감동을 받았다. 마리는 일을 완벽하게 해냈으며 덕분에 나는 큰 골칫거리를 덜었다. 나는 마리의 남편에게 고맙다는 인사를 전하면서 그녀가 일을 잘해준 데 대한 보답으로 원래의 금액과 함께 소정의 사례금을 추가로 보내겠다고 답장했다.

내가 업워크를 처음으로 이용하며 가장 놀랐던 점은 전 세계의 수많은 독립 계약자들과 그렇게 짧은 시간 안에 연결될 수 있다는 사실이었다. 나처럼 누군가의 도움이 필요한 사람이 업워크 소프트웨어에 접속하면 불과 몇 초 안에 전 세계의 프리랜서들을 활용할 수 있었다. 게다가 필요에 따라 연중무휴로 서비스를 이용할 수 있었다.

일을 맡긴 고용주 입장에서 보면 이런 시스템은 큰 장점이었다. 인건비, 의료 혜택, 사회보장 등 직원들에게 들어가는 각종 경비를 지불하지 않고도 필요한 업무를 완료할 수 있기 때문이다. 생각해보라. 만일 당신이 회사를 새롭게 설립하는 기업가라면 인도의 전문가에게 시간당 5달러나 10달러, 많아야 20달러에 맡길 수 있는 일을 왜 150달러를 지급하며 미국인 회계사에게 의뢰하겠는가? 이미 회사를 운영하고 있는 CEO라고 해도 마찬가지다. 세계 최고의 프리랜서들에게 가장 저렴한 가격으로 회계, 법률 조사, 웹 디자인 서비스를 의뢰할 수 있다면, 이를 마다할 사람이 있을까?

하지만 스타벅스를 사무실처럼 이용하며 아침부터 일에 열중하는 많은 사람들에게 둘러싸여 있다보니, 나는 전 세계의 프리랜서 시장이 미국의 프리랜서들에게 미치는 영향을 우려하지 않을 수 없었다. 만일 제한된 수의 일거리를 두고 전 세계의 대학 졸업자들과 경쟁해야 한다면, 미국의 프리랜서들은 절대 이길 수 없다. 그렇다면 그들은 어떻게 가족을 먹여 살리고, 의료비를 부담하고, 아이들을 대학에 보낼 수 있을까? 쥐꼬리만 한 수입을 어떻게 저축해서 노년에 대비해야 할까?

필리핀의 마리 J.에 대해서도 걱정이 되기는 마찬가지였다. 지금이야 세계의 다른 프리랜서들과 경쟁하면서 여분의 수입을 올리는 일이 가능할지 모른다. 하지만 앞으로 음성인식 기술이 더욱 정교하게 발전해서 법원의 속기일이나 문서 작성 업무를 더욱 저렴한 비용으로 대신한다면 그녀는 어떻게 해야 할까?

내가 미시간주 트로이에서 인터뷰한 켈리서비스의 CEO 칼 캠든은 프리랜서의 혜택과 장점을 열정적으로 강조했다. 특히 고소득을 받는 우수 인력들이나, 보다 자유롭고 유연하며 즐거운 삶을 추구하는 사람들에게 더욱 적절한 노동 형태라고 주장했다. 하지만 프리랜서 경제의 이면에 드리워진 그늘은 매우 어둡다. 나는 크리스티나와의 인터뷰를 문서로 기록하기 위해 마리를 고용하는 과정에서, 특히 미국의 프리랜서들에게 절대적으로 불리한 저임금 경쟁을 경험하면서 그 어두움을 절감했다.

내게 프리랜서 경제의 그늘을 더욱 적나라하게 보여준 사람은 사켓 소니Saket Soni라는 37세의 남성이었다. 그는 뉴올리언스에 본부를 둔 '미국 이주노동자연합National Guest worker Alliance(NGA)'의 설립자 겸 대표다. NGA는 미국 단기 노동자 프로그램guest worker program을 통해 단기 비자를 들고 매년 수십만 명씩 밀려들어오는 외국인 노동자들의 목소리를 대변하는 단체다. 그들이 주로 일하는 분야는 조경업이나 건설 현장이다. 하지만 NGA는 월마트 납품용 해산물의 가공 공장에서 일하는 여성들의 권익 보호에도 나선다. 뿐만 아니라 예전에는 비정규직이나 저임금 직업으로 인식되지 않았던 식종의 근로자들, 예를 들어 대학의 외래 교수 같은 이들을 대변하기도 한다. 소니는 NGA가 기본적으로 강제 노동이나 노예 계약 형태의 착취형 노동에 종사하는 사람들을 대신해서 싸우는 경우가 많다고 했다.

"프리랜서들이 많다고 하지만 사실 프리free하지 않은 임시직 노동자들이 적지 않습니다." 소니가 말했다. "경기가 침체되면서 노동자들에게는 선택지가 점점 줄어듭니다. 일례로 해산물 가공 공장에서 일하는 여성들이 저임금에 시달리는 이유는 그들의 고용주가 비용 절감의 대가로 월마트에서 장려금을 받기 때문입니다. 브라질에서 온 용접공들은 텍사스의 조선소에 투입되기 전까지 오두막 같은 집에서 3개월을 대기해야 합니다. 그 시간 동안에는 급여를 받지 못해요. 또 여러 대학에서는 비정규직 교수들이 수업에 많이 투입됩니다. 하지만 이 박사 학위 소지자들이 받는 급여는 놀라울 정도로 적어요. 게다가 그들은 의료 혜택을 받지도 못하고 노조에도 가입할 수 없습니다. 물론 정규직 교수가 될 수 있다는 희망도 없고요."

소니는 최근 몇 년간 내가 만난 노동 운동가 가운데 가장 논리 정연한 인물이었다. 또한 냉소적이면서도 부드러웠고, 동시에 냉철했다. 그는 노동의 미래에 대해 독특한 관점을 갖고 있었고, 사물의 패턴이나 연관성을 파악하는 통찰력이 뛰어났다. 아마 자라온 환경과 가정교육 덕분인 듯했다.

소니는 인도의 델리에서 외무부에 근무하는 '하급직' 직원의 아들로 태어났다. "저의 부모님은 인도가 영국에서 독립한 후에 태어난 세대였습니다. 그래서인지 사람이 교육을 받으면 남에게 예속된 상태로부터 자유로워질 수 있다는 믿음이 강했죠." 부모님은 아들에게 세상이 어떻게 돌아가는지 관심을 갖고 열심히 배우라고 격려했다. 소니는 초등학교 시절 남아공의 반(反)인종차별 운동 지도자 넬슨 만델라의 석방을 위한 편지쓰기 캠페인을 벌였다. 1990년 만델라가 남아공의 대통령으로 인도를 처음 방문했을 때, 소니는 7명의 학생 대표단 중 하나로 뽑혀 만델라를 만났다. 그는 이렇게 말했다. "그런 일을 경험하고 나니 저도 역사의 지렛대를 움직일 수 있다는 생각이 들더군요." 그는 더 나은 임금과 작업환경을 위해 싸우는 NGA의 회원들에게도 그때 자신이 받았던 느낌을 불어넣으려 노력한다고 말했다.

소니는 원래 노동 운동가가 될 생각이 없었다. 1996년 그는 연극과 영문학을 배우기 위해 시카고 대학교 장학생 신분으로 미국에 건너

왔다. 장래의 목표는 연극 연출가가 되는 것이었다. 하지만 2001년 그는 인생을 뒤바꿔버린 사무 착오의 희생자가 됐다. 학생 비자 연장을 위한 서류가 미 이민국으로 발송되지 않은 것이다. "하루아침에 불법 이민자 신세가 되어버렸죠."

그해 9·11 사태가 발생하면서 온 나라가 들썩였다. 소니와 같은 불법 이민자들에게는 혹독한 시련의 시간이었다. "관계 당국의 눈을 피해 2년 동안 숨어 지내야 했습니다." 그는 이렇게 말했다. "다른 사람도 마찬가지였겠지만 나는 남들에게 쫓기는 신세가 되면서 누구에게도 신분을 밝히거나 내가 불법 이민자라는 사실을 털어놓지 못했습니다. 마치 커다란 범죄라도 저지른 기분이 들었어요."

당시 소니는 시카고의 노스이스트사이드Northeast Side에 있는 작은 아파트에서 7명의 다른 불법 이민자들과 함께 살았다. "우리는 서너 가지 비공식 직업을 전전하며 돈을 벌었습니다. 심지어 침대가 부족해 돌아가며 잠을 자야 했어요." 소니는 낮이면 지하실 청소 일을 했고 밤에는 한 인도 식당에서 테이블을 치웠다. 또 택시 회사에서 배차 업무를 담당하기도 했다. "그러다가 청소 일을 하던 지하실에서 숨어 지내기 시작했습니다. FBI가 단속에 나섰다는 소문이 돌았거든요. 동네 사람들이 불법 이민자들 명단을 만들어 이민국에 전달했다는 말도 퍼졌습니다. 나는 나를 포함해서 어떤 사람도 인도로 추방되게 만들고 싶지 않았어요. 그래서 세상이 잠잠해질 때까지 기다려보기로 한 거죠."

소니는 9·11 사태를 통해 법적 권리가 전혀 없는 불법 이민자가 얼마나 무력한 존재인지 절실하게 깨달았다. 2005년 8월 또 다른 재앙 허리케인 카트리나가 미국을 휩쓸고 지나가자, 소니는 태풍 복구 작업에 투입된 수천 명의 외국인 노동자들을 돕기 위해 뉴올리언스로 향했다. 카트리나가 이 도시를 강타했을 때 소니는 시카고에서 저소득 시민들의 주택 개선 프로젝트를 주도하고 있었다. "카트리나가 이곳을 덮친 후, 제가 시카고에서 하던 모든 일이 의미 없게 느껴졌습니다." 그는 이렇게 회고했다. "그런 엄청난 태풍이 휩쓸고 간 다음 날, 시카고 지역의 시의회 의원들에게 저소득자 주택의 잠금장치 몇 개를 고쳐달라고 요구하는 일이 무슨 의미가 있겠습니까. 뉴올리언스에서는 수천 명의 주민이 집을 잃고 슈퍼돔Superdome 경기장에 수용되어 있는데 말이죠. 당시에는 그런 상황에 대응하기 위한 사회적 움직임도 전혀 없었습니다."

뉴올리언스는 하루아침에 세계에서 가장 거대하면서도 가장 혼란스러운 건설 현장이 됐다. 부시 대통령은 1931년에 발효된 데이비스-베이컨 법Davis-Bacon Act., 즉 공공사업에서 일하는 기술자들과 노동자들에게 적절한 표준임금을 지불해야 한다는 이 법의 효력을 한시적으로 유보하는 명령을 발동했다. 부시의 행정명령이 떨어지자 저임금 비정규직 노동자들이 전 세계 모든 곳에서 뉴올리언스로 홍수처럼 쏟아져 들어왔다.

"매일 아침 수백 명의 외국인 노동자들이 버스를 타고 건설 현장에 몰려들었습니다. 공사가 완료될 때까지 여러 주 동안 현장에 묶여서 일하는 사람들도 많았어요. 그들은 변변한 안전 장비도 없이 부서진 집들에서 시체들을 꺼냈습니다. 어디를 가나 온통 참혹한 모습뿐이었죠. 태풍이 지나간 후 끔찍한 상황에서 처음 몇 달 동안 일을 하거나 자원봉사를 한 사람들은 나중에 트라우마에 시달렸습니다."

그건 소니도 마찬가지였다.

"저는 이곳에서 젊은 변호사들과 민권운동가들 그룹에 합류했습니다. 우리는 카지노들을 청소하고 프렌치쿼터French Quarter*를 재건하는 노동자들에게 무엇을 해주어야 할지 고민했습니다. 수천 명의 노동자가 이 도시를 다시 세우기 위해 몰려들었지만 그들이 묵을 숙소조차 마련되어 있지 않았죠. 그래서 그들은 거주할 곳을 임시변통해야 했어요. 뉴올리언스는 미시시피강이 도심 한복판을 지나는 도시입니다. 그리고 커다란 다리 하나가 강을 가로지르죠. 사람들은 태풍으로 부서져버린 자동차들을 그 다리 밑에 끌어다놓았습니다. 자동차 안은 진흙과 곰팡이로 엉망이었죠. 노동자들은 그 자동차들을 임시 거처로 사용했습니다. 다른 사람들은 시티파크City Park**로 몰려갔어요. 임금도 변변히 받지 못하는 수많은 노동자들이 천막에 거주하면서 이 공원은 거대한 캠프촌으로 변했습니다."

그 노동자들 가운데 46세의 한 흑인 여성이 있었다. 아칸소주에 살던 그녀 역시 오래전에 불어닥친 폭풍우로 집을 잃은 이재민이었다. 그래서 정부로부터 트레일러를 하나 제공받아 그곳에 기거하고 있었다. 그런데 연방재난관리청(FEMA)이 갑자기 그 트레일러를 회수해버리자 그녀는 자신의 트레일러를 따라 이곳까지 수백 마일을 옮겨온 것이었다. "카트리나가 지나간 후 연방재난관리청 직원 하나가 그녀를 찾아와 이런 말을 했다더군요. '이 트레일러는 뉴올리언스에서 사용해야 합니다.' 그들은 그녀를 쫓아내고 트레일러를 뉴올리언스로 가져와 다른 사람에게 주었습니다. 내가 그 여성을 만났을 때 그녀는 버스를 타고 트레

-    뉴올리언스의 구시가지.
-    뉴올리언스의 공원.

일러를 따라와 시티파크 캠프촌의 천막에서 살던 중이었습니다. 자신이 다시 그 트레일러를 사용하게 될 날을 기다리면서 말이죠. 그녀는 스스로를 '개선'하려고 노력하는 중이라고 말했습니다. 일자리를 찾아 경제적으로 조금 여유를 갖겠다는 의미였습니다."

"그런 사람들은 어떻게 일자리를 찾았죠?"

"좋은 질문입니다." 소니가 답했다. "그동안 뉴올리언스에서 벌어진 상황이 프리랜서 경제와 노동의 앞날을 어떻게 예고하는지 이야기하려면 바로 그 주제에서부터 대화를 시작해야 하니까요."

나는 소니에게 무슨 말인지 물었다.

"카트리나가 휩쓸고 간 후 뉴올리언스는 일용직 노동자들의 도시로 변했습니다. 그들은 로마시대의 미로만큼이나 복잡한 계약관계로 얽혀 있었어요. 노동자들은 특정인에게 고용된 상태가 아니었습니다. 그들은 어떤 브로커에게 속해 있거나, 그 브로커를 통해 또 다른 브로커와 계약을 맺고 공사 현장에 투입됐습니다. 고용 관계 자체가 확실하지 않았던 거죠. 다시 말해 수천 명의 노동자가 어떤 사람에게 소속되어 일하지만, 그 사람은 다른 도급업체를 위해 일하고 그 도급업체는 다른 브로커를 위해 일하는 상황이 반복된 겁니다."

소니는 조지아주 출신의 북미 원주민 노동자들에게 접근했던 어느 브로커 이야기를 들려주었다. 그 브로커는 뉴올리언스의 도급업체가 자신에게 좋은 일자리를 제공하기로 약속했다고 큰소리를 쳤다. 하지만 노동자들이 뉴올리언스에 도착하자 브로커는 그들을 버리고 달아났다. "아마 계약을 맺는 데 실패했기 때문일 겁니다." 그래서 노동자들은 또 다른 브로커를 통해 한 하도급업체와 계약을 맺었다. 하지만 노동자들에게 임금을 지급할 시기가 다가오자 하도급업자는 돈이 없어서 임금을 지불할 수 없다고 말했다. 자신과 계약을 맺은 상위 도급업체로부터 아직 공사 대금을 받지 못했다는 것이었다.

"노동자와 고용주 사이에 분명한 고용 관계가 없었습니다." 소니가 말했다. "뿐만 아니라 일주일 뒤에, 하루 뒤에, 심지어 몇 시간 뒤에 무슨 일이 생길지 아무도 예측하기 어려운 상태였어요. 노동자들이 어떤 사람에게 직접 통제를 받는 기간이 단 몇 시간에 불과했던 거죠."

"공사 일이 그렇게 많았는데도 왜 도급업체들은 노동력을 안정적으로 확보하려 하지 않았을까요?" 내가 물었다.

"우선 카트리나가 휩쓸고 간 후에는 도급업체라는 개념 자체가 별 의미가 없었어요." 소니가 말했다. "당시에는 트럭 한 대만 가지고 있어도 도급업체가 될 수 있었죠. 하지만 공사를 도급받았던 업체들은 노동력을 관리해본 경험이 거의 없었습니다. 모든 선설 현장이 자유노동 시장이었습니다. 거리마다 일용직 노동자들이 삼삼오오 모여 일거리를 찾았어요. 도급업체들 입장에서는 일단 공사 계약을 따내는 일이 중요했죠. 공사를 하는 건 뒷전이었어요. 그야말로 무법천지였습니다. 공사 업체 대부분이 한몫 잡을 생각으로 이곳에 왔다가 금방 떠나버렸죠."

"커다란 호텔이나 카지노 같은 건물도 마찬가지였나요?" 내가 물었다. 내 경험상 호텔이나 카지노를 소유한 대기업들은 대형 청소업체에 공사를 의뢰했을 거라는 생각이 들었다. 소규모 도급업체들에 일을 나누어주지는 않았을 터였다.

"그렇습니다. 대기업들은 대형 회사들에 일을 맡겼어요. 하지만 그 회사들 역시 전체 청소 프로젝트를 작은 과업들로 나누어 처리하는 관행이 있었습니다. 그리고 개별 과업별로 별도의 인력들을 채용했죠. 그러다보니 노동자 중에 경험이 풍부한 사람이나 과거 업무 내용을 아는 인력들은 전혀 없었습니다."

청소 업체들도 다른 기업들처럼 정규직 직원을 고용하는 데 필요한 세금과 복지 혜택, 그리고 기타 비용을 줄이기 위해 안간힘을 썼다는 말이다.

"당시 노동자들이 한번에 수십 명씩 우리에게 몰려와서 하소연했어요. 방금 일터에서 이런 말을 듣고 온 사람들이었죠. '당신의 일은 끝났소. 급여도 다 지급했으니 이제 나가주시오.'" 소니가 말했다. "도시 전체가 심각한 트라우마에 시달렸던 시기였습니다. 엄청난 기반 시설들이 파괴된 틈을 타 한몫 잡을 생각만 하는 기회주의자들이 판을 쳤어요. 제대로 된 규정이나 단속도 없었어요. 그런 상황에서 정부가 이곳에 수십억 달러를 투자한다는 이야기가 나온 겁니다."

"소위 '파란 지붕 작전 Operation Blue Roof' 같은 건가요?"

"바로 그겁니다." 소니가 웃었다.

파란 지붕 작전은 재건축이 필요한 뉴올리언스의 모든 주택 지붕에 파란색 방수포를 덮을 수 있도록 정부가 자금을 지원한 프로젝트이다. 당시 시세대로라면 185제곱미터 넓이의 지붕에 방수포를 씌우는 데 채 300달러가 들지 않았다. 하지만 정부에서는 같은 면적의 지붕에 방수포를 설치하는 비용으로 도급업체에 2,980~3,500달러를 지불했다. 뿐만 아니라 행정 업무와 관련한 비용도 별도로 정산해주었다.[1]

"지붕 위로 올라가 직접 방수포를 설치하는 노동자 위로 도급업체들이 무려 7단계의 먹이사슬을 이루고 있었습니다. 이익의 대부분은 맨

위에 있는 업체가 챙겼죠. 사다리를 타고 지붕에 올라가 힘들게 일하는 노동자까지 그 돈이 전달되기는 불가능했어요. 모든 사람이 그 사실을 알고 있었습니다." 소니가 말했다.

소니한테서 이런 끔찍한 이야기들을 듣다가 나는 아칸소에서 트레일러를 따라 이곳에 왔다는 흑인 여성이 궁금해졌다. 그녀는 어떻게 됐을까? 트레일러는 되찾았을까?

"잘 모르겠어요." 소니가 대답했다. "하지만 제가 분명히 알고 있는 것은 그녀가 이 상황 속에서도 분노하지 않고 끝까지 겸손하고 남에게 감사하는 모습을 보였다는 사실입니다. 처음에 그녀에게는 묵을 천막조차 없었어요. 하늘을 지붕 삼아 매트리스만 깔고 잠을 잤죠. 그리고 아침 5시면 자리에서 일어나 친구가 된 다른 여성 몇 명과 함께 공사업자를 기다렸습니다. 아니면 누군가가 자신들을 공사 현장으로 데려가주기를 바랐어요. 나중에는 몇 마일 떨어진 공사 현장까지 직접 걸어가서 일이 주어지기를 기다리곤 했습니다."

그는 이렇게 말했다. "저는 이 공동체의 이방인들한테 얼마나 감동받았는지 모릅니다. 그들은 천막에 살고 있었지만 개인위생에 신경 썼고 직업 정신에 투철했으며 품위를 지켰어요. 다리 아래의 망가진 자동차들에 살던 사람들은 아이들 사진으로 차 안을 장식하고 과달루페의 성모*를 위한 제단도 차려놓았습니다. 어디를 가나 이런 모습을 볼 수 있었어요. 그들은 이곳에 만연한 비합리적인 고용구조를 이해하려 노력했습니다. 돈도 거의 벌지 못했어요. 점점 돈이 떨어지면서 집으로 돌아

• 멕시코 과달루페에서 발현한 갈색 피부의 성모 마리아.

가야 할 처지에 놓인 사람들도 많았죠."

한편 뉴올리언스에 살다가 하루아침에 집을 잃어버린 현지 주민들은 일자리를 찾기가 더욱 어려웠다.

"우리는 이곳에서 벌어진 상황을 통해 노동의 미래가 어떨지 확신할 수 있었습니다. 공사 업체들은 지역 주민들을 고용하기보다 인건비가 저렴한 불법 이민자들을 찾았어요. 카트리나가 덮친 후 뉴올리언스의 실업률은 80퍼센트로 치솟았습니다. 그럼에도 기업들은 노동력이 부족하다고 정부에 아우성을 쳤습니다. 공사 현장, 호텔, 시설 관리 등에 투입할 인력이 없다는 거였죠. 그들은 볼리비아, 페루, 도미니카, 베트남, 멕시코, 인도 같은 나라의 노동자들을 단기 비자로 데려와서 성수기에 부족한 일손을 메웠습니다. 집까지 잃은 상태에서 일자리를 찾아 헤매던 현지 인력들이 넘쳐났는데도요.

당시 어떤 호텔 하나가 연방 정부로부터 자금을 지원받는 대가로 집을 잃은 사람들을 수용하고 있었습니다. 연방재난관리청의 지원을 받는 이재민들이 집을 마련할 때까지 거처를 제공하기로 한 거죠. 그 호텔에 수용된 사람들은 대부분 실직한 성인들이었고 모두가 일자리를 찾고 있었습니다. 하지만 호텔은 볼리비아, 도미니카, 페루 같은 곳에서 온 외국인 이주 노동자들을 고용해서 시간당 6달러를 주었습니다. 그리고 시간당 14달러를 지급해야 하는 현지인 직원들을 모두 내보냈어요. 꼭 돈 때문만은 아니었습니다. 이주 노동자들은 신분이 자유롭지 못했기 때문에 파업을 하거나 다른 업체로 옮길 수 없어요. 게다가 고용주가 그들을 언제라도 국외로 추방해버릴 수 있었으니까요."

소니의 이야기를 듣다보니 뉴올리언스에서 벌어진 상황이 사회 전반에 어느 정도의 여파를 미쳤는지 궁금해졌다. 물론 카트리나는 임시직 노동의 급격한 팽창을 불러왔으며, 많은 사람들이 일을 나누어 하는 형태의 노동을 확산시키는 역할을 했다. 그런데 이런 변화는 건설 산업에서만 불가피하게 발생했을까, 아니면 다른 분야에도 영향을 미쳤을까?

"이런 현상은 마치 들불처럼 걷잡을 수 없이 번져나갔습니다." 소니가 말했다. "건설 현장에서 혼란스런 상황이 벌어지던 거의 같은 시기에, 필리핀에서 온 이주 노동자들이 학교 교사 자리를 차지하기 시작했습니다. 일자리를 빼앗긴 지역 출신 교사들은 인가가 취소된 교직원 노동조합 소속이었어요. 호텔이나 조선소들도 정규직 인력을 대대적으로 감원했습니다. 뉴올리언스에서 노동이 이루어지고 노동력이 조직되는 방식이 전부 프리랜서 위주로 바뀐 거죠. 그리고 그 여파는 시카고나 뉴저지 같은 다른 지역에도 미쳤습니다. 이런 도시들이 갑자기 '임시직 노동자의 근거지'로 변하면서 많은 불법 이민자를 건설 현장에 공급하게 된 겁니다. 그런 와중에 펜실베이니아의 허쉬초콜릿 공장에서 근무하던 학생 이주 노동자 400명이 파업에 나선 거예요."

나는 2008년의 경제 위기 이후에 어떤 과정을 거쳐 그 파업이 발생했는지 잘 알고 있었다. 북미 지역에서 가장 큰 초콜릿 제조업체인 허쉬는 자사의 일부 업무가 비즈니스의 핵심과 별 상관이 없다는 결론을 내렸다. 예를 들어 초콜릿을 포장하는 일은 회사의 핵심 사업인 초콜릿을 제조하는 일과 직접적으로 관련이 없다. 그런데 왜 포장 담당 직원 수백 명을 직접 고용하고 관리해야 할까?

허쉬는 고민 끝에 새로운 비즈니스 모델을 도입하기로 결정했다.

2010년 이 회사는 자사의 포장 공장에서 일하던 직원들을 내보내고 엑셀Exel이라는 기업의 미국 지사에 공장 운영을 위탁했다. 엑셀은 독일 기업으로 세계적인 물류 및 공급망 관리 업체다. 엑셀은 허쉬 포장 공장의 직원 채용 업무를 SHS 온사이트 솔루션SHS Onsite Solution이라는 회사에 다시 맡겼다. 이 회사는 펜실베이니아 르모인Lemoyne에 소재한 임시직 파견 기업이었다. 이 업체는 외국 학생들과의 문화 교류 프로그램을 주관하는 교환학생재단Council for Educational Travel USA(CETUSA)과 다시 하도급 계약을 맺었다.

CETUSA의 프로그램에 따라 미국을 방문하는 외국인 학생들은 J-1 비자를 받았다. 이 비자를 소유한 외국 대학생들은 체류에 필요한 생활비를 조달하기 위해 단순 직종에서 4개월까지 일할 수 있었다. 허쉬에서 일하게 된 400명은 중국, 몽고, 태국, 몰도바, 폴란드, 코스타리카, 우크라이나 등 수십 개국에서 온 학생들이었다. 그들은 모두 모집 안내 서류에서 약속한 대로 '영어를 배우고 미국인과 교류를 나누며 미국의 문화를 경험하는' 대가로 모집인들에게 4,000달러 정도를 지불했다. 하지만 학생들이 간 곳은 초콜릿 포장 공장이었던 것이다. 미국 이주노동자 연합(NGA)은 나중에 작성한 보고서에서 그들이 '혹독한' 환경에서 일했다고 밝혔다.[2]

보고서는 이렇게 기술한다. "회사는 학생들의 급여에서 시세보다 훨씬 높은 금액을 월세와 기타 비용의 명목으로 공제했다. 학생들이 손에 쥔 돈은 시간당 1달러 정도에 불과했다. 그들은 심한 허리 통증과 손의 마비 증세를 겪었고, 팔과 다리는 멍으로 얼룩졌다. 또 만성적인 탈진 증세에 시달리기도 했다. 학생들이 작업 환경에 대해 항의하자 모집인들은 학생들을 추방해버리겠다고 협박했다."

"뉴올리언스에서 일했던 이주 노동자들처럼 학생들도 협상할 상대가 없었습니다." 소니가 말했다. "허쉬는 공장 노동자들이 엑셀의 소관이라고 말했죠. 엑셀은 SHS가 책임을 져야 한다고 했습니다. SHS는 학생들이 CETUSA와 이야기해야 한다고 주장했어요. CETUSA는 각 나라에서 학생들을 데려온 모집인들 탓을 했어요. 하지만 그들 모두가 하나의 사실에 동의했습니다. 학생들은 법적으로 노동자가 아니라 문화 교류 프로그램에 참가할 목적으로 이곳에 온 사람들이라는 거죠. 그래야 책임을 면할 수 있으니까요."

맨해튼에서 월스트리트 점령 운동이 발생하기 한 달 전인 2011년 8월, 400명의 학생 노동자들은 팔미라Palmyra의 포장 공장 바닥에 앉아 파업에 돌입했다. 이 소식이 〈뉴욕 타임스〉를 포함한 주요 신문 1면에 대서특필되면서 허쉬가 J-1 학생 노동자들을 착취한 일이 백일하에 드러났다.[3] 학생들이 파업에 나서기 10년 전에 허쉬의 포장 공장에서 근무하던 노동자들은 적절한 수준의 급여를 받았으며 노동조합이 얻어낸 각종 복지 혜택도 누릴 수 있었다. 말하자면 그 400개의 일자리들은 400개의 중산층 가정을 유지하는 역할을 했다. 하지만 허쉬는 그 일자리들을 조각조각 나누어 남에게 맡겨버렸다. 그리고 그 일을 대신한 사람들은 저임금 노동자가 아니라 여행과 공부를 위해 이 나라에 온 외국 학생들이었다.

2012년 2월 노동부 산하의 직업 안전 및 건강 관리부Occupational Safety and Health Administration는 엑셀에 28만 3,000달러의 벌금을 부과했다. 2008~2011년에 발생한 42건의 심각한 상해 사건을 보고하지 않았다는 이유에서였다.

허쉬는 학생들의 노동력을 착취했는데도 아무런 책임을 지지 않았다. 하지만 파업에 참가한 400명의 학생들은 J-1 학생 이주 노동자 프로그램의 내용을 크게 바꾸는 결실을 맺었다. 그중 가장 눈에 뜨이는 대목은 그동안 학생들의 노동력을 가장 많이 착취한 주범들, 즉 건설, 제조, 창고, 식품 가공 등의 산업 분야에 속한 기업들은 이 프로그램을 통해 학생들을 고용할 수 없게 된 것이다.

나는 이 소식을 듣고 매우 기뻤다. 파업이 발생한 곳은 1935년 존 L. 루이스가 산별노조협의회Congress of Industrial Organizations(CIO)를 설립한 도시, 또 2000년 내가 SEIU의 조합원들에게 노동의 역사를 새로 쓰자고 호소한 도시에서 불과 몇백 마일밖에 떨어지지 않은 장소였다. 이곳에서 중산층 가족들의 일자리를 빼앗고 단기 이주 노동자들을 착취하는 미국 기업들을 상대로 노동운동의 역사에 한 획을 긋는 중요한 사건이 벌어진 것이다.

허쉬가 저지른 일은 참으로 반미국적인 행태가 아닐 수 없다. 하지만 2015년 6월, 미국을 상징하는 더 유명한 기업 월트디즈니가 중산층 정규직 직원들을 내보내고 대신 단기 비자로 미국에 온 노동자들을 고용했다는 소식이 알려졌다. 〈뉴욕 타임스〉에 따르면 월트디즈니는 250명의 정규 직원들을 해고하고 그 자리에 인력 파견 회사 소속의 이주 노동자들을 채용했다고 한다.[4] 이 노동자들은 외국인을 특정한 기술직에 고용할 목적으로 발급하는 H-1B 비자를 소유하고 있었다. 뿐만 아니라 회사는 상처를 입은 해고 직원들에게 더 큰 모욕을 주었다. 그들에게 새로 들어오는 외국인 노동자들을 훈련시키는 일을 맡긴 것이다.

〈뉴욕 타임스〉의 기자 줄리아 프레스턴Julia Preston에 따르면 1년에 발급되는 H-1B 비자는 8만 5,000건으로 제한되어 있으며, 미국 기업들은 특별한 기술을 지닌 인력이 필요한 경우에만 이 프로그램을 이용해 사람을 채용할 수 있다고 한다. "그러나 이 비자를 주로 활용하는 것은 인도에 위치한 아웃소싱 및 컨설팅 회사, 또는 그 회사의 미국 지사들이다. 이 회사들은 고객과 대형 계약을 맺고 노동자들을 수입해서 고객사의 기술 부서 전체 인력을 공급한다. 이를 통해 고객의 비용을 절감해준다." 그녀의 말대로라면 참으로 우려스러운 상황이 아닐 수 없다.

나는 뉴올리언스에서 일어난 상황 같은 극도의 혼란과 좌절을 직접 겪어본 적은 없다. 하지만 노동운동에 몸담았던 경험 때문에 도급 계약 프로세스에 개입된 많은 사람들이 어떻게 부를 축적하는지(물론 노동자들은 제외하고) 잘 안다. 비정규직 경제의 장단점을 탐구하는 과정에서 발견한 의외의 한 가지 사실은 칼 캠든이 보여주었던 것처럼 연중무휴로 돌아가는 프리랜서 경제가 켈리의 과학자나 기술자 같은 고소득 노동자들에게는 훨씬 자유로운 삶을 제공할 수도 있다는 점이었다. 동시에 24시간 가동되는 주문형 경제가 소비자들의 삶을 더욱 풍요롭게 만들어준다는 사실도 새롭게 깨달았다.

모든 사람들이 항상 스마트폰과 컴퓨터로 연결되어 있는 상황에서, 노동자들과 일거리를 맺어주는 작업은 점점 효율적이고 저렴해진다. 나는 크리스티나와 칼 캠든과 진행한 인터뷰를 문서로 기록하는 과정에서 손가락 하나로 전 세계의 노동력을 활용할 수 있었다. 놀라운 경험이었다. 이런 온라인 플랫폼들은 우리가 보다 효율적인 삶을 살아갈 수 있도록 돕는다. 집안을 청소해야 할 때면 핸디^{Handy} 사이트에 접속해보라. 이사를 하고, 정원 일을 하고, 책을 조사하고, 무거운 물건을 날라야 할 필요가 있다면 태스크래빗^{Task Rabbit}을 활용해보라. 맛있는 음식을 원하는 사람은 스푼로켓^{Spoon Rocket}에 들어가보라. 15분 내로 문 앞에 음식이 배달될 것이다.

최근 자전거 한 대를 내가 살고 있는 워싱턴 D.C에서 플로리다로 보낼 일이 생겼다. 가까운 집안의 아들 하나가 그 자전거를 사용하고 싶다고 했기 때문이다. 나는 자전거를 망가뜨리지 않고(물론 내 허리도 망가뜨리지 않고) 어떻게 분해해서 배송해야 할지 몰랐다. 그래서 태스크래빗 사이트를 이용해보기로 했다. 그곳에서 장거리 자전거 경주 챔피언이었다는 남성 하나를 찾았다. J.D.라는 이름의 그 남자는 자전거를 분해해서 경주가 열리는 여러 장소로 보낸 경험이 많았다. 그는 어떻게 일을 처리해야 하는지 정확히 알고 있었다. 자전거를 분해해서 플로리다까지 운송하는 데 총 80달러 정도가 들었다.

요즘에는 새어머니가 물려주신 미술품들을 벽에 거는 일을 다른 사람에게 맡겨볼까 생각 중이다. 몇몇 작품들은 너무 크고 다루기가 어렵다. 내가 태스크래빗에서 찾아낸 어떤 사람은 미술 전시장에서 그림이나 사진을 벽에 거는 일을 한다. 그는 특수한 고리를 사용해서 그림을 걸고, 높이도 적절하게 조절하는 기술을 가지고 있다. 나로서는 결코 쉽게 할 수 없는 일이다. 직접 하려 들었다가는 그림을 바닥에 떨어뜨리거나 나 자신이 사다리에서 떨어질 수도 있다. 벽 전체가 무너질지도 모른다. 그 일의 대가로 시간당 20달러면 나쁘지 않은 금액이다. 일을 마치는 데 두세 시간이면 충분할 것 같다.

앞에서 예를 든 자전거를 분해하는 사람과 그림을 거는 사람 둘 다 태스크래빗을 통해 자신이 좋아하는 일을 하고 소액의 돈을 추가로 번다. 그렇다고 그 일에 자기의 생계 전부를 걸지는 않는다. 반면에 태스크래빗 같은 온라인 '주문형' 플랫폼에 전적으로 의존해서 임대료를 내고 가족을 부양하고 아이들을 교육하는 사람들은 새로운 경제 시스템하에서 대단히 취약한 계층이다. 그리고 그들 중 놀라울 정도로 많은 사람들이 석사나 박사 학위 소지자들이다.

고학력 프리랜서들의 존재를 특히 실감할 수 있는 영역이 크라우드소싱crowdsourcing의 세계다. 위키피디아는 이 단어를 이렇게 정의한다. "크라우드소싱은 기업들이 온라인 커뮤니티를 포함한 일반 대중으로부터 서비스, 아이디어, 콘텐츠 등을 제공받는 일을 의미한다."

인터넷 기반의 크라우드소싱 서비스는 전 세계의 온라인 노동자들에게 새로운 기회를 안겨주는 혁명적 발상으로 여겨시기도 한다. 하지만 자원봉사 차원의 크라우드소싱과 민간 기업이 업무 수행을 위해 노동자들에게 일자리를 제공하는 '크라우드 노동' 산업은 구분해서 이해해야 한다. 전 세계 수백만 노동자들이 시간당 1달러도 안 되는 돈을 받으며 크라우드 노동 서비스에 참여하고 있다. 물론 노동자에 대한 보호장치나 복지 혜택도 없다.

사실 위키피디아는 크라우드소싱의 가장 대표적인 사례다. 2001년에 이 사이트를 공동으로 설립한 지미 웨일스Jimmy Wales와 래리 생어Larry Sanger는 학문적 전문가들이나 관련 주제에 정통한 사람들을 포함한 모든 인터넷 사용자들에게 위키 소프트웨어를 이용해 함께 백과사전을 만들자고 제안했다.

현재 위키피디아에 등록된 글은 288개 언어 3,500만 개에 달한다. 영어 위키피디아 사이트도 지속적으로 내용이 갱신된다. 하루에 750개 꼴로 새로운 기사들이 등록되면서 현재 489만 2,042개의 기사가 게시되어 있다. 위키피디아에 따르면 세계적으로 7만 5,000명 정도의 기고자들이 적극적으로 기사를 작성 및 편집하고, 참고 자료를 올리고, 사진을 게시하며 다른 매체(인터넷 링크를 포함해서)와 연동시킨다. 그들 대부분은 돈을 받지 않고 자발적으로 이 일에 참여한다.

나는 위키피디아가 자발적 기고자들을 이용해서 이익을 취한다고 생각하지 않는다. 그들은 위키피디아의 사명을 잘 알고 있다. 위키피디아 재단은 정부로부터 세금을 면제받는 비영리 조직으로, 자발적 기고자들이 하는 일을 통해 수익을 추구하지 않는다. 하지만 아마존이나 구글 같은 기업들은 다르다. 그들은 '크라우드 노동자'들을 활용해 데이터를 수집하고 사용자를 대상으로 조사를 하고, 언어 데이터베이스를 구축한다. 기업들의 궁극적인 목표가 주주에게 수익을 제공하는 것이기 때문이다.

가끔은 크라우드소싱과 크라우드 노동의 경계가 모호해지기도 한다. 탑코더Topcoder라는 온라인 플랫폼이 그런 사례 중 하나다.[5]

최근에 아이를 둔 부모들과 자식들의 장래에 대해 대화를 나누다 보면 이런 이야기를 듣게 된다. "우리 아이에게 컴퓨터 프로그램을 배우라고 했어요. 프로그램 기술을 배우면 일자리를 얻기 쉽잖아요. 혹시 우리 애가 나중에 스티브 잡스 같은 사람이 될지 어떻게 알겠어요."

"그래요?" 나는 그럴 때마다 탑코더에 대해 말해주고 싶은 충동을 느낀다.

탑코더는 45만 명의 가입자들(주로 프리랜서 프로그래머들이다)이 경쟁을 통해 각자의 기술을 발휘하고 개선하는 사이트다. 가입자들은 실제 구글, 스타벅스, NASA, 버진 아메리카 같은 기업들이 제시하는 프로그램 과제를 해결하는 작업에 참여한다. 참가자들은 서로 경쟁하며 프로그램을 개발하고, 그중 우수한 성적을 거둔 사람은 상금과 찬사를 받는다. 콘테스트를 후원한 기업 입장에서는 비용과 시간을 줄일 효율적인 방법이 될 수도 있다. 가장 뛰어난 프로그래머는 정규직 일자리를 얻기도 한다. 하지만 다른 참가자들 대부분은 아무 소득도 없이 힘들게 노력만 할 뿐이다.

크라우드 노동 산업의 전문가에 따르면, 아마존이나 구글 같은 업체가 새로운 기술을 개발할 때 뒤에서 지원하는 '데이터 노동자data worker'들도 변변찮은 임금을 받기는 마찬가지다. 마이크로소프트 리서치Microsoft Research의 수석 연구원인 메리 그레이Mary Gray는 열린사회재단이 주관한 노동의 미래 연구 세미나에서 '라스트마일Last Mile•'이라는 개념에 대해 설명했다. "새로운 기술이 출시될 때마다 보이지 않는 노동자들의 숨은 노력이 동반됩니다. 그들의 일은 기계가 대신할 수 없습니다." 그레이가 말했다. 그들은 수많은 사진에 일일이 '개', '미션 양식 의자', '캐딜락' 같은 태그를 달고, 음성 파일을 문자로 변환하며, 뉴스 피드에서 선정적인 내용들을 걸러낸다. 물론 단순 반복적인 작업 같지만, 인간의 직관이나 감각 지능, 그리고 패턴 인식 등의 능력이 없으면 절대 해내기

• IT 제품 개발의 최종 단계 작업이라는 의미이다. 원래는 죄수가 사형 집행장으로 향하는 마지막 길을 뜻한다.

가 불가능한(물론 언젠가 컴퓨터가 직접 할 수도 있겠지만) 일들이다. 그럼에도 그 노력에 대한 대가는 매우 보잘것없다.

그레이는 마이크로소프트 리서치에서 일하는 한편 인디애나 대학의 미디어 스쿨Media School과 하버드 대학 버크먼 센터the Berkman Center for Internet and Society에서 부교수로 근무한다. 그녀는 디지털 노동과 온라인 플랫폼 기반의 경제에 관해 많은 글을 발표했다. 그레이에 따르면 고용주와 피고용인의 관계는 더 이상 존재하지 않는다고 한다. "이제 디지털 노동자들의 상사는 중간 관리자가 아니라 플랫폼에 사용되는 API application programming interface* 프로그램입니다. 아마존, 업워크, 리드지니어스LeadGenius 같은 회사들이 사용하는 플랫폼은 API 프로그램을 기반으로 노동자들의 사용자 계정을 만들거나 인증하고, 수백만 건의 구인 게시물을 관리하며, 업무가 완료됐을 때 노동자들에게 돈을 지불합니다." 그야말로 철저하게 '비인간적인' 프로세스 아닌가.

열린사회재단의 노동의 미래 연구에 참여하고 있는 릴리 아이라니Lilly Irani는 샌디에이고에 소재한 캘리포니아 대학의 부교수로 재직 중이다. 그녀는 2003~2008년에 구글에서 사용자 경험 디자인user experience design** 업무를 수행한 적이 있다. 릴리는 이렇게 말했다. "구글이 자랑하는 생산적이고 평등하며 즐거운 일터 뒤에는 수많은 '데이터 노동자'들의 숨은 노력이 존재합니다. 재무 장부에도 반영되지 않는 이 하도급 직원들은 눈에 보이지 않고 회사에 출근하지도 않아요. 기업가들이 장담

- • 컴퓨터의 운영 체제와 애플리케이션 사이의 통신에 사용되는 언어나 메시지 형식.
- •• 사용자가 서비스나 제품을 접하며 느끼는 만족감을 높이기 위해 사용자 인터페이스를 디자인하는 작업.

하는 일자리 창출에 대한 약속에서도 이 사람들은 제외되죠."

릴리도 새로운 기술이 출시되기 전에 크라우드 노동자들이 수행하는 '라스트마일' 작업에 대해 언급했다. "구글의 자율 주행 자동차가 승객이 원하는 곳은 어디든 갈 수 있도록 만드는 것은 간단한 일이 아닙니다. 자동차가 '스스로' 움직이게 하려면 사람이 직접 자동차를 운전해서 돌아다니며 도로 경계석의 높이나 교차로의 각도 같은 세세한 부분까지 확인하고 이 데이터를 자동차에 입력해야 합니다. 자동차의 머신 러닝 machine learning* 알고리즘은 데이터 자동 처리 능력이 제한적입니다. 새로운 주제들에 대해 지속적으로 훈련을 받아야 해요."

릴리는 이런 일에 종사하는 사람들을 '디지털 마이크로 노동자'라고 부른다. "구글을 포함한 첨단 기술업체들은 그런 인력들을 고용해 알고리즘을 훈련하고 다듬는 작업을 합니다. 또한 해당 기업의 검색 알고리즘이 검색 최적화 프로그램**이니 스팸메일들과의 치열한 검색 순위 전쟁에서 승리하게 만드는 일도 그들의 몫이죠."

기업들이 검색 순위 전쟁을 위해 사용하는 가장 강력한 도구 중 하나가 아마존 머캐니컬 터크Amazon Mechanical Turk(AMT)라는 온라인 플랫폼이다. 이 서비스를 출범한 아마존은 AMT가 '인간의 지능을 사용해 컴퓨터가 할 수 없는 일들을 수행하는 개인 또는 기업을 위한 크라우드소싱 시장'이라고 정의한다. 스스로를 '터커Turker'라고 부르는 크라우드 노동자들은 이 플랫폼을 통해 문서 기록, 콘텐츠 수정, 이미지 분류 등의 다

•　　인간의 학습 능력과 같은 기능을 컴퓨터에서 실현하는 기술.
••　　인터넷에서 특정한 웹사이트나 웹페이지가 우선적으로 노출될 수 있도록 만드는 프로그램.

양한 업무를 수행한다. 그들은 자신이 일한 데이터의 양에 따라 대가를 받는다. 하지만 그들의 일이란 결국 '정신적' 삯일에 불과하다.

머캐니컬 터크라는 수수께끼 같은 이름은 역사상 가장 유명한 속임수로 알려진 가짜 체스 기계에서 유래했다. 터크는 1770~1854년까지 미국과 유럽을 순회하며 보나파르트 나폴레옹과 벤저민 프랭클린을 포함한 수많은 사람과 체스를 두어 이겼다. 이 움직이는 기계 장치는 터키식 의상과 터번을 착용한 사람의 모습으로 제작됐다. 하지만 사람의 착시 현상을 이용해 기계 내부에 인간 체스 챔피언을 숨겨놓았다고 한다.

AMT의 이용 방법은 '비인간적'일 정도로 간단하다. 리퀘스터 Requester는 일을 요청하는 고용주이며, 워커Worker는 작업을 수행하는 노동자다. 마스터 워커Master Worker는 특정한 업무에서 성공적인 결과를 제공하는 능력이 탁월하다고 리퀘스터들에게 인정받은 사람을 뜻한다. AMT 사이트에서는 리퀘스터가 요청하는 일을 HIT Human Intelligence Task라고 부른다. 인간의 지능을 바탕으로 한 작업이라는 뜻이다. AMT 웹사이트에 게시되어 있는 수많은 작업 중 몇몇 항목을 예로 들어보자.

─ 특정한 단락을 영어에서 프랑스어로 번역하기
─ 어떤 기사의 논조를 구분하기
─ 제품을 종류별로 적절하게 분류하기
─ 특정 웹사이트가 일반 독자들에게 공개하기에 적당한지 분석하기
─ 특정한 키워드들에 대한 검색결과 등수 매기기

메리 그레이는 이렇게 말했다. "기본적으로 머캐니컬 터크는 인력 거래

소 형태의 노동 모델에 기반하고 있습니다. 이곳에서는 어떤 외부 규제도 없이 노동력이 거래됩니다. 그러므로 노동력을 구매하는 사람이 판매하는 사람에 비해 우월한 힘을 갖는 것은 당연합니다." 물론 AMT 노동자들이 수행하는 일들이 대부분 단순 작업이라고는 하지만, 일의 대가는 건당 0.08달러에서 많아야 2.5달러 사이다. 따라서 최소한의 생활비를 충당하기 위해서는 엄청나게 많은 일을 해야 한다. 터커들은 모두 독립 계약자들이기 때문에 복지 혜택은 생각도 못하며, 최저임금법의 보호를 받을 수도 없다. 만일 리퀘스터 생각에 워커가 제대로 일을 하지 못했다면 돈을 지불하지 않아도 그만이다.

AMT를 통해 노동에 종사하는 사람은 190개 국에 걸쳐 50만 명에 달한다. "이 사람들은 인공지능 기술이 성공적으로 작동하는 데 필요한 모든 일을 합니다." 릴리가 말했다. "AMT에서 일하는 노동자 중 많은 수가 고학력자입니다. 그중에는 두 번째나 세 번째 직업으로 이 일을 하는 사람도 있을 겁니다. 어떤 사람은 아이들을 키울 돈이 부족해서 집에서 일을 할 수도 있겠죠. 나날이 치솟는 생활비 때문에 추가로 돈을 벌기 위해 일을 시작한 사람도 있을 것이고, 실직을 하고 AMT를 통해 돈을 버는 이들도 있을 겁니다."

터커들은 세상 누구에게도 드러나지 않는다. 심지어 일을 맡긴 리퀘스터에게도 보이지 않는 존재다. 만일 리퀘스터가 구글이라고 해보자. "터커들은 구글의 재무제표에 반영되지 않습니다. 또 고용이 평등하게 이루어지는지 측정하는 통계에서도 제외됩니다. 일을 아무리 잘해도 칭찬을 받기는커녕 누가 그 일을 했는지 아무도 알지 못해요. 그들의 이름은 아마존 머캐니컬 터크일 뿐입니다."

최근 크리스티 밀런드Kristy Milland라는 37세의 캐나다 여성이 터커들의 대변자로 부상하기 시작했다. 터커네이션TurkerNations.com이라는 웹사이트를 운영하는 밀런드는 아마존의 설립자 겸 CEO인 제프 베조스Jeff Bezos에게 편지 쓰기 캠페인을 벌이고 터커들에게 더욱 책임 있는 자세를 보여달라고 호소했다. 그녀는 베조스에게 보낸 첫 번째 편지에 이렇게 썼다.[6]

나는 알고리즘이 아니라 사람입니다. 그러나 리퀘스터들은 내가 그들의 명령을 따르기 위해 존재한다고 생각합니다. 그들은 나와 동료 터커들에게 공정한 임금을 제공하지 않고, 우리를 존중하지도 않습니다. 오히려 우리가 '쉬운' 일을 하는 대가로 최저임금에 가까운 돈이라도 버는 것을 고마워해야 한다고 말합니다. 매일같이 일거리를 찾기는 쉽지 않습니다. 프로그램을 효율적으로 만들기 위해 스크립트를 일일이 찾거나 설치하기는 쉽지 않습니다. 부당한 이유로 일자리를 거절당하는 상황을 감당하기는 쉽지 않습니다. 터커로 살아가기는 쉽지 않습니다. 나는 당신이 우리를 값싼 노동력으로 치부하지 말고, 일을 완수할 능력을 갖춘 고급 기술자로 대해주기를 요구합니다. 우리의 노동력을 한낱 알고리즘처럼 팔아버리는 일을 중단하고, 당신의 서비스를 이용하는 사람들에게 숨을 쉬고 살아 있는 인간으로 우리를 소개해주기 바랍니다. 우리는 맥주나 마시고 즐기기 위해 일을 하는 것이 아니라 음식과 옷을 구입하고 가족을 부양하기 위해 일을 합니다.

현재 전 세계의 터커 중 약 50퍼센트가 미국인이다. 하지만 AMT나 업워크 같은 곳에는 미국의 노동법이 적용되지 않는다. 더욱이 앞으로 몇 년

안에 미국에 필요한 지식 노동의 대부분이 인도와 같은 저임금 국가로 아웃소싱될 가능성이 크다.[7] 인도는 이미 AMT 인력의 40퍼센트를 차지한다.

열린사회재단의 세미나에서 그레이는 건설이나 항만 노동자들이 길모퉁이와 공장 정문 앞에서 삯일이 주어지기를 기다리는 모습을 상상해보라고 말했다. 100년 전 산업화가 시작되던 시기에나 볼 수 있었던 광경 아닌가. 나는 문득 엘리아 카잔Elia Kazan 감독의 1954년 영화 〈워터프론트On the Waterfront〉의 한 장면이 생각났다. 권투선수 출신의 부두 노동자 테리 멀로이(말론 브란도 분)는 동료 노동자들과 함께 부두로 몰려가 일자리를 달라고 요구한다. 하지만 온갖 권력을 휘두르던 부패한 노조 지도자 조니 프랜들리(리 J. 코브 분)는 그 요구를 외면한다.

"디지털 노동이 형태가 없고 불확실하다는 개념은 낡은 생각입니다." 그레이가 말했다. "이제는 모든 일들이 크라우드소싱이라는 방식으로 이루어집니다." 그 자리에 있던 사켓 소니 역시 이 점을 날카롭게 지적했다. "예전에 일용직 근로자들이 일거리를 찾아 삼삼오오 모여들던 길모퉁이가 이제 온라인 플랫폼으로 옮겨간 셈입니다."

지금까지 그레이는 수백 명의 크라우드 노동자들을 인터뷰했다. 그들은 스스로를 자영업자, 또는 영세사업자로 표현한다. 그리고 크라우드 노동을 자신의 목표를 달성하기 위한 하나의 수단으로 여긴다. 예를 들어 미디어에 관한 기술을 개선함으로써 더욱 흥미롭고 수익성 높은 일을 시작하고 싶어한다. 또는 좀 더 많은 수입을 올리기 위해 하루에 대여섯 시간 정도 근무하는 부업으로 인식하는 사람들도 있다. 대학생이 맥주 살 돈을 벌기 위해, 혹은 가정주부가 TV 앞에서 보내는 시간을 줄이고 싶어 잠시 짬을 내어 일할 수도 있을 것이다.

"일반적으로 크라우드 노동에 종사하는 사람들은 그 일이 자신의 정체성을 대표한다고 생각하지 않습니다. 반면에 노인 요양 보호사들은 요양 보호사라는 직업이 자신을 나타내는 표현이라고 여기죠." 그레이가 말했다. "이런 이유로 크라우드 노동자들은 점점 이름도 없고 보이지도 않는 존재가 되어갑니다." 크라우드 노동자들을 결속하기가 무척 어려운 것은 이 때문이다.

소니는 이렇게 말했다. "이전 세대에는 노동이 단순히 가계소득의 원천에 그치지 않았습니다. 직장은 노동자들이 단체 협상을 벌일 수 있는 무대였고, 위기가 닥쳤을 때 자신을 보호해주는 사회적 안전망이기도 했습니다." 하지만 새로운 경제 시스템 속에서 하나의 직업은 무수한 삯일들로 분화되어간다. 따라서 노동자들이 더 높은 임금을 위해 단체 협상에 나서기는 점점 어려워진다. "우리의 사명은 노동자들을 새로운 방식으로 결속해서 누군가(고용주들의 연합, 주州, 노조 연합 등등)가 그들을 책임지게 만드는 겁니다." 소니가 말했다. 그는 AMT를 예로 들었다. "분명 아마존은 터커들을 필요로 합니다. 그들이 자신의 존재 가치를 보다 적절히 활용할 방법이 있을 겁니다."

그레이는 이런 글을 썼다. "오늘날 크라우드 노동자들은 새로운 경제의 엔진을 가동하는 역할을 하지만, 그들에게 지불되는 숨겨진 비용은 불공정할 정도로 적다. [그들은] 밤낮을 가리지 않고 언제라도 경제 성장에 기여할 준비와 능력을 갖춘 사람들이다." 문제는 우리가 어떻게 하면 그들에게 새로운 경제의 성공을 더욱 많이 나누어줄 수 있는가 하는 것이다. 그레이는 노동자가 어느 조직에서 근무하는지 또 몇 시간을 일하는지에 관계없이 모두에게 기본소득과 의료 혜택을 제공하는 세계적 안전망을 만들자고 제안한다. 또한 크라우드 노동자의 임금을 체불하거나 지급하지 않는 고용주들을 처벌해야 한다고 주장한다.

새로운 노동의 세계에서 프리랜서들은 훨씬 더 큰 문제에 직면해 있다. "노동자라는 직업을 가진 사람은 더 이상 존재하지 않는다는 문화적 인식이 확산되고 있습니다. 이제 모든 사람이 사업가라는 거죠." 소니가 말했다. "미국인들이 신봉하는 '사업가 정신'이라는 이름의 종교는 매우 설득력이 강합니다. 모든 사람이 자신만의 비즈니스를 시작해서 성공할 수 있다고 믿어요. 물론 이해는 갑니다. 자유로운 삶을 원하지 않는 사람은 없으니까요. 하지만 스스로 사업가라는 환상에 빠진 수많은 노동자들이 자신의 잠재적인 능력을 대기업에 헐값에 넘겨주고 있는 겁니다." 소니는 사람들이 지닌 사업가의 꿈을 착취 수단으로 삼는 대기업들이 너무 많다고 생각한다. "노동자에게는 이런 말이 매우 호소력 있는 유인책이 되겠죠. '문화적인 면에서 당신은 더 이상 노동자라고 할 수 없습니다. 축하합니다! 이제 당신은 사업가입니다.' 하지만 그 사람이 하는 일은 과거와 다를 게 없고, 선택이 제한되어 있는 상황도 예전 그대로예요."

소니는 자신이 뉴올리언스의 어떤 병원에서 수술을 받았을 때 만났던 남자 간호사의 이야기를 들려주었다. 그는 임시직 간호사로 일하고 있었다. 일자리를 찾아 이 도시에서 저 도시로, 이 병원에서 저 병원으로 옮겨 다닌 지가 5년이 넘었다고 했다. "그가 받는 급여는 다른 간호사들에 비해 매우 적었습니다. 일을 계속하기가 어려울 정도였죠. 하지만 그는 자신이 얼마나 자유로움을 느끼는지 나에게 계속 강조했습니다." 소니는 말했다. "사람들은 더 높은 소득을 받는 일과 보다 많은 자유를 누리는 일, 둘 중에 하나를 선택해야 한다고 생각해요. 모두 가질 수는 없다고 믿는 겁니다. 그리고 자신의 길을 선택하는 과정에서 이 경제 시스템으로부터 뭔가 더 요구할 수 있는 자신감을 잃어버립니다."

내가 연구원으로 근무하는 컬럼비아 대학에서도 비슷한 일이 벌어진다. 요즘은 컬럼비아 대학의 MBA 과정을 졸업한 학생들도 예전과 달리 일자리를 쉽게 구하지 못한다. 학교 측에서는 비즈니스랩^{Business Lab}과 스타트업랩^{Startup Lab}이라는 두 개의 공동 공간을 만들어 창업을 고려하는 학생들이 사무 공간을 공유하고 학교의 자원이나 시설을 활용할 수 있도록 배려한다. 경영대학원에서도 공동 사무실을 갖춘 15개 시설에 대한 정보와 창업 프로그램 등을 졸업생에게 제공한다. 이 공동 공간은 아직 취업하지 못한 학생들이 매일 출근해서 '일하는' 장소로 사용되기도 한다. 그들이 이곳에 나오는 동안에는 부모님이나 친지들로부터 근황에 대한 질문을 받았을 때 한결 편하게 대답할 수 있을 것이다. "요즘에는 어떻게 지내니?" 하고 누군가가 물었을 때 일자리를 찾느라 악전고투하는 중이라고 말하기보다는 "새로운 프로그램을 개발하는 중이에요" 또는 "몇몇 사람들과 사업을 준비하고 있어요"라고 대답하는 편이 훨씬 쉬울 테니까.

앞서 말한 대로 나는 노동의 미래를 발견하기 위해 길을 나섰다. 그동안 흥분과 좌절이 교차하는 여정이 반복됐다. 무어의 법칙이 탄생시킨 새로운 기술들이 발전하고 값싸지면서 얼마나 기업들의 효율성과 생산성을 증가시켰는지, 또 우리 사회와 경제에 얼마나 큰 혜택을 안겨주었는지 확인했다. 동시에 우리 경제에 근본적인 변화를 가져온 전략적 변곡점을 알게 되면서 정신이 번쩍 들었다. 임금과 일자리는 생산성과 부가 증가하는 만큼 성장할 수 없다. 고용인과 피고용인의 전통적인 관계는 더 이상 존재하지 않는다. 아마 영원히 사라졌을지도 모른다. 9시에서 5시까지 근무하는 직장은 과거의 유산이 되어버렸다. 새로운 시대의 노동은 많은 미국인들에게 자유롭고 유연한 삶, 그리고 사업가로서의 꿈을 실현할 기회를 제공하기도 한다. 하지만 더 많은 사람들이 어렵고 불안정한 직업, 낮은 임금, 그리고 부족한 협상력에 시달린다.

나는 두 명의 안내자를 통해 프리랜서 경제의 세계를 알게 되었다. 켈리서비스의 CEO 칼 캠든은 소프트웨어 기반의 프리랜서 시스템이 어떻게 운영되는지 보여주었다. 인도네시아에서 석유를 굴착할 때도, 아이오와의 학교에서 대리 교사를 구할 때도 이 시스템은 훌륭하게 작동했다. 그는 부모님들처럼 임금노예로 살고 싶지 않은 젊은이들, 또 삶에서 일과 인간관계, 그리고 여가 활동을 적절히 조화시키고 싶어하는 사람들에게 프리랜서는 매우 적합한 생활 방식이라고 설득력 있는 주장을 했다.

반면 사켓 소니라는 노동운동가는 프리랜서 경제의 어두운 그늘을 보여주었다. 정규직 노동자의 업무는 많은 삯일들로 분화되고, 기업들은 이를 위해 익명의 노동자들을 수없이 고용하는 노동의 무법지대가 만들어지고 있다. 나는 뉴올리언스의 건설 현장, 창고, 식품 가공업체 등에서 일하는 노동자들에게 닥친 상황이 대학의 외래 교수나 AMT의 터커 같은 사람들에게도 똑같이 발생한다는 데 충격을 받았다.

내가 가장 우려하는 점은 새로운 노동의 세계와 미국의 전통적인 사회계약 사이에 단절이 발생하고 있다는 사실이다. 소니는 이렇게 말했다. "노동자들을 위한 복지 혜택은 노사 협상 계약을 통해서만 얻어질 수 있다는 역사적 사실은 노조가 붕괴되어가는 상황에서도 변하지 않았습니다." 게다가 전통적인 고용-피고용 관계도 사라졌다. 대부분의 미국인에게 중산층으로 진입할 수 있는 통로는 막혀버렸다. 사람들이 직장을 잃거나, 노동이 불가능하거나, 노후에 안정적인 수입이 보장되지 않았을 때 기댈 수 있는 사회적 안전망도 더 이상 존재하지 않는다.

정규직 직업이 수많은 삯일들로 분화되는 현상은 이 나라에 대단히 심각한 결과를 초래할 수 있다. 아직도 소득과 복지 혜택을 낡아빠진 월급봉투에 의존하는 사람들이 절대다수이기 때문이다.

"우리에게는 전략이 필요합니다." 소니가 이렇게 말했다. "막연한 희망은 전략이 아닙니다. 과거에 대한 향수도 전략이 아닙니다. 우리에게 필요한 것은 새로운 노동의 세계에 대한 구체적인 전략입니다. 그렇지 않으면 양질의 일자리, 소득, 품위, 창의성 같은 개념들은 세상에서 영영 사라져버릴 겁니다."

나는 소니의 의견에 전적으로 동의한다. 우리는 새로운 노동의 세계에 대한 전략을 구상해야 한다. 내가 이 책의 후반부에서 논의할 기본소득이라는 아이디어에 빠져든 것도 그 때문이다.

프리랜서 경제의 어두운 그늘 속에서 한동안 헤매다보니, 나는 조그마한 희망의 불씨라도 발견하고 싶은 생각이 간절했다. 그런 나를 한 줄기 빛으로 인도한 사람은 소니와 비슷한 일을 하는 동료였다. 아이젠 푸Ai-jen Poo라는 41세의 이 여성은 최근 저임금 가사 노동자들을 위한 노동조합을 결성해 맥아더MacArthur 재단으로부터 '천재'상과 62만 5,000달러의 상금을 받았다. 소니가 이주 노동자들을 규합하는 데 어려움을 겪었듯이 가사 노동자들도 조직하기가 매우 어려운 사람들이다. 푸는《품위의 시대The Age of Dignity》라는 베스트셀러를 펴낸 작가이기도 하다.[8] 그녀가 이 책에서 사용한 '품위'라는 단어에는 많은 의미가 함축되어 있다. 즉 갈수록 늘어나는 미국의 노인들을 품위 있게 돌보려면 따뜻한 마음씨에 숙련된 전문가들이 필요하다는 의미이며, 동시에 그 서비스를 제공하는 노동자들을 존중하고 그들에게 품위 있는 노동 환경을 제공해야 한다는 촉구의 메시지이기도 하다.

다음에 제시하는 몇 가지 사실들은 푸가 추진하는 일들의 긴급함을 잘 보여준다.

1. 2050년이 되면 장기적인 간병 서비스나 개인적 보조를 필요로 하는 사람의 수가 현재의 2배인 2,700만 명으로 늘어날 것이다.
2. 미국에서 전문 가정 요양 보호사로 일하는 300만 명의 사람들은 자기자신의 가정도 돌보지 못하고 장시간 근무하는 대가로 매우 적은 임금과 미미한 복지 혜택을 받는다.
3. 공식 훈련조차 받지 못한 요양 보호사들이 제공하는 가정 요양 보호 업무는 전체의 80퍼센트가 넘는다. 그들 대부분은 자신의 아이들과 연로한 부모들을 돌보기도 벅찬 상황이다.

전통적으로 노동운동 지도자 자리는 남성들의 몫이었다(1996년 내가 애나 버거Anna Burger와 메리 케이Mary Kay를 SEIU의 핵심 간부로 선임했을 때 모든 사람이 획기적인 일이라고 말했다). 아이젠 푸는 새로운 영역에서 노동의 미래를 이끌어가는 젊은 여성 운동가 중 한 사람이다. 그 밖에 대표적인 여성 노동운동 지도자들을 소개하자면, 요식업종사자모임Restaurant Opportunities Centers United, ROC-United의 공동 창립자 겸 공동 대표이면서 캘리포니아 대학 버클리 캠퍼스의 요식업노동자연구센터Food Labor Research Center 대표인 사루 자야라만Saru Jayaraman, 프리랜서와 독립 계약자, 그리고 기타 비정규직 노동자들의 권익 보호를 위한 비영리 플랫폼 코워커(Coworker.org)의 공동 설립자 미셸 밀러Michelle Miller와 제시카 쿠츠Jessica Kutch, 그리고 다음 장에서 보다 자세히 다룰 피어스(Peers.org)의 공동 설립자 내털리 포스터Natalie Foster 등이 있다. 기술과 노동의 앞날에 대한 푸의 견해가 중요한 이유는 단지 그녀가 미래를 주도할 여성 인재라서가 아니라, 가사 도우미와 노인 요양 보호사는 장기적으로 종사자 수가 크게 늘어나리라 예상되는 몇 안 되는 직업 가운데 하나이기 때문이다.

대만 출신인 푸의 부모님은 1970년대에 미국에 건너와 대학원에 다녔다. "미국 교육 기관의 수준과 학문적 경험은 대만과 비교할 수 없을 정도로 우수했어요." 푸가 말했다. 그녀의 아버지는 1987년까지 계엄령이 유지된 대만에서 민주화 운동에 투신한 학생 운동가이기도 했다. 대만의 다른 반체제 인사들처럼 그도 자신의 정치적 신념을 계속 부르짖기 위해 미국에 왔다. 나중에 푸의 어머니는 텍사스 대학 엠디앤더슨 암 센터MD Anderson Cancer Center의 종양 전문의가 됐다. 신경생리학자인 아버지는 캘리포니아 대학 버클리 캠퍼스의 교수 자리를 얻었다.

푸는 필립스 아카데미와 컬럼비아 대학을 다녔다. 대학 재학 중에는 다른 학생 100여 명과 함께 로우 라이브러리Low Library의 원형 건물을 점거하고 시위를 벌이기도 했다. 이 사건은 컬럼비아 대학에 민족 및 인종 연구 센터Center for Study of Ethnicity and Race가 설립되는 계기가 됐다. 역시 그 아버지에 그 딸이었다. 하지만 어떤 면에서 그녀는 어머니를 닮기도 했다. "어머니가 의사가 된 이유는 타인에 대한 동정심이 많았기 때문입니다. 그래서 단순히 의학을 연구하는 사람보다는 환자들을 돌보는 의사가 되고 싶어한 거죠. 어머니는 집에 돌아오면 자신이 베트남인이나 캄보디아인 같은 사람들을 어떻게 도왔는지, 그리고 그 일을 하는 과정에서 어떤 어려움이 있었는지 이야기하곤 했습니다." 푸는 여름이면 대만으로 돌아가 조부모와 함께 시간을 보내는 일이 많았다. "할머니는 저희가 자라는 데 많은 도움을 주셨어요. 그 때문에 저는 세대 간의 밀접한 관계와 교류가 정말 중요하다는 것을 깨달았습니다. 조부모님이 안 계셨다면 저는 지금 어떤 사람이 됐을지 상상도 할 수 없어요."

그녀는 고등학생 때 여성 보호 센터에 자원봉사를 나갔다. "그곳에서 이민 여성들이 할 수 있는 일이 얼마나 적은지 깨닫게 됐습니다. 그들이 구할 수 있는 일이라고는 기껏해야 식당 종업원이나 가사 도우미, 공장 노동자 같은 자리들이 전부였어요. 급여도 최저임금 수준을 벗어나기 어려웠죠." 그런데 제조업체들이 저임금 국가로 일자리를 아웃소싱하면서 공장들이 문을 닫기 시작했다. 일부 여성들은 가정 요양 보호사가 됐다. 불법체류 중인 여성들은 가사 도우미가 되거나 비공식적으로 급여를 받을 수 있는 다른 직업들을 택하는 경우가 많았다. "저는 그 일자리들을 어떻게 개선해야 노동자들에게 경제적으로 자립할 기회를 제공할 수 있을지 고민했습니다."

푸는 대학을 졸업한 후 뉴욕에서 일단의 자원봉사자들과 함께 아시아 출신의 이민 여성들로 구성된 노조를 결성했다. 그리고 2001년에는 카리브해, 아시아, 히스패닉 이민자들을 조직해 가사노동자연합 Domestic Workers United(DWU)을 설립했다. 이곳의 회원들은 주로 보모, 청소부, 노인 요양 보호사 같은 직업에 종사하는 여성들이었다. 2007년, DWU와 다른 11개 노동조합은 미국 가사노동자연맹(NDWA)을 설립했다.[9] 그들은 자신들이 만든 조직이 '250만 명의 보모, 가사 도우미, 노인 요양 보호사들에게 힘과 존경, 그리고 공정한 노동의 대가를 제공하기 위한 단체'라고 표현했다. 이 조직의 사무총장인 푸는 2010년에 조직한 캠페인을 통해 미국 최초로 '가사노동자 권리장전 Domestic Workers' Bill of Rights'을 이끌어냈다. 이에 따라 뉴욕에서 일하는 가사 노동자들에게는 초과 근무 수당과 기타 복지 혜택, 그리고 1년에 3일의 유급휴가가 주어지게 됐다. NDWA는 캘리포니아, 하와이, 매사추세츠 등지에서도 비슷한 법률이 통과되는 일을 도왔으며, 미 노동부에 로비해 노인 및 장애인 요양 보호사들도 연방 최저임금과 초과근무 수당 혜택을 받을 수 있게 했다.

훌륭한 리더는 새로운 기회를 포착하는 능력이 뛰어나다. 푸는 보모나 가사 도우미로 일하는 가사 노동자들이 집주인들로부터 자신의 친척 노인들을 보살펴달라고 요청받는 경우가 많다는 것을 알게 됐다. 2011년, 그녀는 동료들과 함께 '케어링 어크로스 제너레이션 Caring Across Generation'이라는 새로운 캠페인을 시작했다. 이는 경제적으로 여유가 있는 노인들에게 보다 품질 높은 서비스를 적절한 가격에 제공하고, 요양 보호 종사자들에게는 양질의 일자리를 공급하기 위한 캠페인이다. 푸는 2012년에 〈타임〉지가 선정한 '세계에서 가장 영향력 있는 100인', 〈포춘〉지가 선정한 '세계에서 가장 위대한 리더 50인' 가운데 한 사람으로 뽑혔다.

내가 푸를 만난 것은 MIT 미디어랩을 방문한 직후였다. 이 책의 서두에서 소개했듯, 미디어랩의 팔라시 낸디가 개발한 로봇은 아이나 노인의 감정 상태에 반응하는 정교한 센서를 이용해 눈과 눈썹의 모양을 바꿔가며 다양한 감정을 표현한다. 그렇다면 푸는 이런 인간 친화적 로봇이 요양 보호 산업에 위협이 될 거라고 생각할까? 대부분의 전문가는 베이비부머 세대가 나이가 들면 요양 보호 산업의 일자리가 늘어날 거라고 예상한다. 하지만 기술의 발전이 그런 직업을 쓸모없게 만들 것인가?

"저는 낙관주의자입니다." 푸가 말했다. "세상이 변화하는 시기에는 언제나 미래를 위한 새로운 기회와 탈출구가 생겨나는 법이죠. 낙관적이지 않은 사람은 그런 기회를 발견할 수 없어요."

푸는 기술의 발전 덕분에 자신이 가사 노동자들을 조직하는 방식이 얼마나 달라졌는지 이야기했다. "처음에는 불가능한 일이라고 생각했어요. 가사 노동자들의 명단이 따로 있는 것도 아니고 그들을 추적할 방법도 없었으니까요. 그렇다면 그 많은 사람들을 어떻게 결속할 수 있었을까요?" 그녀는 온라인 플랫폼 때문에 노동자들을 조직하고 그들을 고용주들과 맺어주는 작업이 매우 쉬워졌다고 말했다. 과거라면 절대 불가능한 일이었다.

일리노이에 거주하는 요양 보호사들은 푸에게 야간 근무를 할 때 페이스북을 사용하면서 외로움을 달랬다고 이야기했다. "치매 환자를 밤새워 보살피는 것은 무척 힘들고 외로운 일입니다." 푸가 말했다. "많은 이주 노동자들이 왓츠앱, 스카이프, 페이스북 등을 이용해서 가족들과 연락을 주고받죠. 그들에게는 기술이 자신을 가족이나 공동체와 연결해주는 생명선입니다."

그녀는 기술의 발전이 고용주와 피고용인의 관계를 개선하는 데도 기여한다고 말했다. 예를 들어 가사 도우미들은 물건을 훔쳤다고 오해받는 경우가 많다. 하지만 집주인과 언어가 잘 통하지 않는 도우미는 자신을 방어하기가 어렵다. NDWA는 고용인과 피고용인의 소통을 개선하기 위해 집주인이 원하는 집안일을 가사 도우미에게 설명하는 앱을 개발했다.[10] "계약서도 영어와 스페인어 2개 국어로 되어 있어요. 이 앱을 사용하면 의사소통 문제가 해결되는 거죠."

그녀는 기술의 발전 때문에 노인 요양 보호 업무 역시 쉬워지고 서비스의 품질도 향상될 거라고 생각한다.

그런데 인간 친화적 로봇은 인간 요양 보호사 입장에서 볼 때 잠재적인 위협 요소가 될까?

"그동안 로봇에 대해 많은 이야기를 들었습니다. MIT나 일본을 포함해 세계 곳곳에서 그런 기술이 개발되고 있는 것도 알고요. 로봇을 활용하면 노인들을 들어올리거나 이동시키는 과정에서 부상을 줄일 수 있습니다. 요양 보호사에게는 중요한 보조 수단이 되겠죠." 푸의 말이다. "하지만 로봇이 사람의 일을 완전히 대신할 거라고는 생각하지 않아요. 기술이 편리함을 가져다주기는 하지만 삶의 질을 보장해주지는 못합니다. 우리는 노인들을 보살피는 일을 지나치게 의학적인 차원에서 해결하려 합니다. 노인들이 진정으로 원하는 것은 사람의 손길입니다. 우리에게는 보다 인간적인 해법과 선택이 필요해요."

6장

아메리칸드림은
종말을 고하는가?

그동안 나는 새로운 경제를 창조해나가는 사람들의 다양한 견해를 접했다. 예컨대 투자가의 역할을 수행하는 스티븐 버켄펠드, 프리랜시 군단을 이끌고 인력을 공급하는 칼 캠든, 노동자들의 직업 안정성과 단체 협상력 강화를 위해 노력하는 사켓 소니와 아이젠 푸 등을 만나 대화를 나누었다. 하지만 거대한 다국적 기업의 경영진, 특히 자동차나 비행기 같은 기계를 만드는 회사에 근무하는 사람들은 미래를 어떻게 바라보는지 궁금했다.

몇 년 전 심슨-볼스 위원회에서 나와 함께 일했던 데이비드 M. 코티는 하니웰인터내셔널의 CEO다. 포춘 선정 100대 기업의 하나인 이 회사는 비행기 조종석, 제트 엔진, 터보차저, 환경 제어 시스템 같은 제품을 생산한다. 나는 코티에게 전화를 걸어 만날 약속을 잡으면서, 그가 노동과 일자리의 앞날을 어떻게 생각하는지 알고 싶다고 말했다. 그때만 해도 코티와의 대화가 더 중요한 주제, 즉 미래에 노동이 사라질 거라고 아이들에게 교육을 해야 하는지와 같은 심각한 주제로 이어질 거라고는 생각하지 못했다. 또한 그를 만난 후에 내가 할렘*을 방문했다가 미국에 기본소득과 새로운 아메리칸드림이 필요한 이유에 대해 충격적인 통찰을 얻게 될 거라는 것도 알지 못했다.

하니웰 본사는 내가 나고 자란 곳으로부터 불과 15마일밖에 떨어지지 않은 뉴저지의 모리스타운에 있었다. 하지만 나는 이 회사의 로비를 걸어 들어갈 때 왜 그토록 낯선 느낌이 드는지 이유를 알 수 없었다. 나중에 안내 데스크에서 방문 접수를 할 때에야 비로소 그 이유를 조금 알게 됐다. 접수 담당 직원은 내 출입 카드에 쓸 사진을 촬영하면서 이렇게 말했다. "손님은 이번 주에 제가 처음으로 뵌 미국인 방문객이에요. 우리 회사에는 영국, 중국, 인도, 인도네시아, 카타르, 이스라엘 등 전 세계에서 방문객이 찾아옵니다. 손님은 아마 지난 2주 동안 이곳을 방문한 분들 가운데 첫 번째 미국인일 거예요."

이상한 일이었다. 데이비드 코티는 매우 전형적인 미국인이었다. 그리고 무일푼도 거부가 될 수 있다는 1950년대의 아메리칸드림을 상징하는 대표적 인물이기도 했다. 그가 자라온 환경만 보면 그는 다국적 기업의 임원 자리에 오르거나 세계에서 가장 많은 돈을 버는 CEO가 될 가능성이 희박한 사람이었다. 코티는 뉴햄프셔주의 어느 작은 공장지대에서 자라났다. 주유소를 운영하던 아버지는 학교를 9년밖에 다니지 못

* 뉴욕 맨해튼섬의 동북부에 있는 흑인 거주 구역.

했다. 다섯 아이를 키우느라 바빴던 어머니 역시 고등학교를 몇 개월 다닌 것이 학력의 전부였다. "그 동네에서는 누군가가 성공했다는 이야기를 별로 들을 수 없었어요." 코티가 말했다. "당연히 모범으로 삼을 만한 사람도 거의 없었죠. 하지만 부모님은 막일을 전전하며 생활비를 벌고 있던 나를 대학에 보내겠다고 결심했어요."

코티는 대학에 가는 것이 옳은 결정인지 확신하지 못했다. 그는 뉴햄프셔 대학에 입학하기 전까지 정비공, 견습 목수, 어부 같은 사람이 되려고 했다. 하지만 그런 직업들은 모두 그와 맞지 않았다. 코티는 대학에 입학한 후에도 1년 동안은 공부에 별 관심이 없었다. 그러다가 아내가 임신을 하자 자신이 아버지가 된다는 사실에 정신이 번쩍 들었다. 그는 열심히 공부해서 학점을 1.8에서 4.0으로 끌어올렸다. 그리고 우수한 성적 덕분에 제너럴일렉트릭(GE)의 사내 감사부에 일자리를 얻는 데 성공했다. 코티는 자신에게 주어진 기회를 십분 활용해서 1976~1996년까지 GE에 근무하며 연 매출 60억 달러에 달하는 가전 사업 부문 담당 부사장까지 승진했다. 그리고 40대 중반의 나이에 이 회사의 전설적인 CEO 잭 웰치Jack Welch의 뒤를 이을 최종 후보자 가운데 한 사람이 되었다. 하지만 코티는 GE의 CEO가 되는 데 실패했고, 클리블랜드에 소재한 제조업체 TRW의 최고운영책임자(COO)로 자리를 옮겼다. 그리고 1년 뒤에 CEO가 됐다.

2002년 하니웰은 코티를 CEO로 영입했다. 당시 하니웰은 매출이 220억 달러로, 2년 연속 적자를 기록하던 중이었다. 그는 부임 후 몇 년 동안 비즈니스를 다각화해서 하니웰을 기술 및 제조업 분야의 선두에 올려놓았다. 회사의 수익성은 크게 개선됐으며 연 매출도 400억 달러로 뛰었다. 직원 수 역시 13만 명으로 늘었다. 2013년 코티는 〈치프 익스제큐티브Chief Executive〉지가 선정한 '올해의 경영인'으로 뽑혔다. 그가 수령한 5,580만 달러의 연봉은 미국의 전 CEO 가운데 2번째로 많은 액수였다. 엄청난 성공이었다. 올해 63세의 코티는 하니웰의 CEO로 재직하는 한편 비즈니스 라운드 테이블Business Round Table이라는 CEO 단체를 이끌며 기업들에게 유리한 공공 정책을 이끌어내기 위해 노력한다. 또 그는 세계적 은행 및 금융 서비스 기업인 JP 모건 체이스JP Morgan Chase와 다국적 사모 펀드 기업인 KKR & Co.의 이사회 멤버이기도 하다.

내가 하니웰 본사를 방문한 이유는 코티를 통해 현실을 보다 정확히 파악할 수 있기를 기대했기 때문이다. 그동안 나는 경제학자, 대학교수, 노조 지도자, 프리랜서 등 다양한 사람들과 대화를 나누었다. 그들 대부분은 노동과 직업의 미래에 대해 어두운 전망을 내놓았다. 반면 코티는 밝은 앞날에 대한 자신감으로 충만한 사람 중 하나였다.

그는 자신의 집무실 앞에 서서 만면에 미소를 띤 채 팔을 벌려 나를 맞아주었다. 블루진(요새는 블루진이 CEO들의 유니폼인 모양이다) 바지에 말끔하게 다린 파란색 셔츠 차림이었다. 코티와 나는 2010년 오바마 대통령으로부터 심슨-볼스 위원회 위원으로 위촉되면서 알게 된 사이였다. 우리는 위원회에서도 가장 특이한 커플로 통했다. 그와 나는 지지하는 정당(코티는 공화당원이었고 나는 민주당원이었다)도 달랐지만, 노동조합을 바라보는 관점 역시 하늘과 땅 차이였다(나는 노동조합을 옹호했지만 코티는 노동조합이 미국의 기업들을 파국으로 몰아넣을 것이라고 믿었다). 당시 나는 코티에게 위원회 활동을 위해 먼저 만나자고 제안했다. 하지만 SEIU의 홍보 담당자들은 나를 만류했다. "기업의 CEO와 노조 지도자가 만나서 좋을 일이 없어요." 하니웰의 홍보부도 내가 코티에게 제안한 만남에 대해 회의적이기는 마찬가지였다. 하지만 코티는 이렇게 말했다. "만일 그가 나를 만날 용기가 있다면, 나도 그를 만날 용기가 있어야지." 그래서 우리는 만났다. 뜻밖에도 우리 두 사람은 그후 매우 생산적인 관계를 이어나갔다. 코티는 전형적인 적자 매파$^{deficit\ hawk}$*였다. 그는 적자를 줄일 수 있는 모든 방법을 테이블 위에 올려놓고 고려하자는 입장이었다. 반대로 나는 사회보장과 노인 의료보험만큼은 절대 줄일 수 없다고 선을 그었다. 하지만 우리는 서로가 신뢰할 만하고 배울 점이 많은 사람이라고 믿었다. 우리 두 사람이 의회에서 사이좋게 활동하는 경우가 많아지면서, 의원들은 이 예상치 못했던 조합을 두고 이렇게 말하게 됐다. "만일 앤디 스턴과 데이브 코티가 잘해나갈 수 있다면, 공화당원과 민주당원도 이 중차대한 국가적 문제 해결을 위해 뭔가 함께 이루어내지 못할 이유가 없을 것이다."

우리는 코티의 사무실에 마주 앉았다. 그의 사무실은 엄청나게 많은 물건들로 장식되어 있었다. 그는 그동안 100여 개 국을 여행하며 모든 곳에서 기념품을 수집했다고 한다. 나이지리아 어느 부족의 가면부터 뉴질랜드의 물수제비 돌멩이까지 온갖 물건들이 여기저기에 흩어져 있었다. 낚시 모자나 보스턴 스포츠 팀들의 셔츠 같은 평범한 수집품들도 많았다. 코티는 책상 서랍에서 오렌지색 종이 한 장을 꺼냈다. "당신을 위한 선물입니다." 그가 그 종이를 내게 건넸다. 100조 달러짜리 짐바브웨 지폐였다.

• 　정부의 재정 통제를 극단적으로 강조하는 사람을 가리키는 정치권 은어.

"이게 진짜 돈인가요?" 내가 물었다.

"그럼요." 그가 웃었다. "몇 년 전 짐바브웨가 이 화폐를 포기하고 미국 달러를 사용하기 시작했을 때 이 지폐의 가치는 87센트 정도였어요. 우리에게도 이런 일이 닥칠 거라는 이야기는 아닙니다만, 국가의 재정 문제를 제대로 해결하지 못했을 때 어떤 결과가 초래될 수 있는지 알려주는 사례라 할 수 있죠."

코티와 국가 부채 문제에 대해 대화를 계속한다면 힘들면서도 재미있을 수 있겠지만, 오늘 내가 이곳을 방문한 이유는 그 때문이 아니었다. 나는 앞으로 우리에게 닥쳐올 위기에 관한 코티의 견해를 듣고 싶었다. 그는 하니웰의 CEO로서 수십억 달러가 달린 전략적 의사 결정을 내린다. 단적으로 말해, 코티는 기술이 일자리를 창출할 거라고 생각할까, 아니면 사라지게 만든다고 생각할까? 또 새로운 기술의 발전은 현재 하니웰에 어떤 영향을 미치고 있을까?

그는 잠시 생각하더니 말했다. "우리는 기계를 보다 스마트하게 만들기 위해 노력합니다. 제일 먼저 그 점이 생각나는군요." 그는 자신의 말뜻을 설명하기 위해 한 가지 사례를 들었다. 1년 전, 그는 이 회사의 인사 담당 관리자에게 인사부 직원의 업무를 단위 작업들로 구분해보라고 지시했다. 그 결과 65퍼센트의 작업이 자동화될 수 있다는 결론이 나왔다. "만일 인사부 직원 수가 1,000명이었다면 그중 300명은 능력이 뛰어났죠. 400명도 그럭저럭 괜찮았습니다. 하지만 나머지 300명은 회사의 임직원들에게 적절한 정보를 제공하는 자신의 직무를 제대로 해내지 못했어요. 요즘 임원들과 관리자들은 컴퓨터를 통해 정확한 정보를 스스로 얻어냅니다." 이제 더 이상 그런 정보를 중간에서 전달하는 사람이 필요 없다는 것이다. 그 말은 인사부 직원의 수는 줄어들었지만 부서 전체로 보면 회사를 위해 더 나은 서비스를 제공하게 됐다는 의미다. "재무 부서나 IT 부서 같은 다른 영역에서도 마찬가지로 기계를 더 스마트하게 발전시키기 위해 노력하고 있습니다." 결국 코티의 말은 캠든과 버켄펠드의 주장을 다시 한 번 입증할 뿐이었다. 기술의 발전은 화이트칼라와 중산층의 정규직 일자리를 계속 줄이는 역할을 한다.

나는 하니웰이 에너지 효율이나 실내 온도 조절 장치를 만드는 기업 여러 곳을 인수했다는 사실을 기억해내고 코티에게 그 이유를 물었다.

"신중한 포지셔닝positioning*의 일환이었죠." 코티에 따르면 그는 하니웰에 부임한 이후 80개 기업을 인수해서 120억 달러의 매출 증대를 이루었으며, 반면 50개 사업부를 매각해서 70억 달러를 절약했다고 한다. 그는 절감한 금액을 연구 개발에 투입한다고 덧붙였다. "기술이 발전한다고 해서 사업을 접어야 하는 그런 비즈니스는 하고 싶지 않습니다." 그는 이 회사에 근무하는 2만여 명의 과학자 중 절반에 가까운 사람이 소프트웨어 개발 업무에 종사한다고 말했다. "온도 조절 장치는 컴퓨터 칩이 내장된 플라스틱 조각에 불과합니다." 이 역시 신중한 포지셔닝의 하나라는 생각이 들었다. "요즘에는 세계를 바꿔놓을 제품을 개발하려면 제품이 스스로 생각할 수 있도록 만들어야 합니다." 그는 하니웰이 새롭게 내놓은 환경 제어 시스템에 대해 말했다. 자신의 집에도 이 제품을 직접 설치했다고 한다. "바로 알토Alto라는 제품입니다." 그가 말했다.

•   소비자의 마음속에 자사 제품이나 서비스의 이미지가 경쟁자들보다 유리한 위치에 놓이도록 노력하는 과정.

"만일 내가 온도를 바꾸고 싶다면 아이폰의 앱을 실행시켜서 이렇게 말하면 됩니다. '알토, 지금 추워.' 그러면 알토는 온도를 2도 올립니다. 한밤중에 추워서 잠에서 깼을 때도 내가 직접 침대에서 일어나 온도를 올리거나 방 안의 조명을 조절할 필요가 없어요. 알토가 모든 일을 마술처럼 해내죠."

코티의 이야기는 내가 여정을 계속해오는 동안 줄곧 들어온 말들을 다시 확인해주었다. 소프트웨어는 세상을 지배한다. 코티는 '소프트웨어 기술력'이 없는 기업은 앞으로 30년쯤 후에는 세계 무대에서 경쟁할 수 없을 거라고 말했다.

코티는 회사가 거둔 성공에 크게 고무되어 있는 것 같았다. 특히 해외에서 실적이 크게 증가한 사실을 자랑스러워했다. 조금 다른 질문을 던져보기에 적당한 시점인 듯했다. "당신은 아직도 하니웰이 미국 기업이라고 생각합니까?" 나는 하니웰 본사를 찾는 미국인이 매우 적다는 이야기를 보안요원에게 들었다고 말했다. "물론 하니웰이 미국에 본사를 두고 있고, 이 나라에 투자도 많이 한다는 사실을 알고 있어요. 하지만 당신은 점점 더 많은 비즈니스 역량과 초점을 해외로 집중하는 것 같습니다. 하니웰인터내셔널을 미국 회사라고 불러야 하는 가장 큰 이유는 뭘까요?"

"바로 나 자신 때문입니다." 그가 대답했다. 하니웰이 미국 회사인 이유는 '할 수 있다'는 자신감과 끝없는 호기심, 그리고 실적 위주의 사고방식에 충만한 뉴햄프셔 토박이 CEO가 회사의 방향과 분위기를 이끌어가기 때문이라는 것이다.

"그렇다면 영국인이나 프랑스인이 당신의 뒤를 이어 CEO가 된다고 해도 하니웰이 여전히 미국 기업일 수 있을까요? 20년쯤 후에는 중국인이 하니웰의 CEO가 되는 날이 올 수도 있지 않을까요?"

"당연히 가능한 일이죠." 그가 말했다. "나는 늘 진화에 대해 말합니다. 다윈이 말하고자 했던 핵심은 적자생존이 아닙니다. 가장 유연한 존재가 살아남는다는 거예요. 하니웰을 포함한 미국의 경제가 갖춰야 할 능력이 바로 이겁니다. 우리는 유연해야만 세계에서 어떤 일이 일어나는지 정확히 인식하고 다른 사람들보다 빨리 그 상황에 적응할 수 있어요." 코티는 자신의 대중^{對中} 비즈니스 전략을 예로 들었다. 하니웰은 중국에서 1만 1,000명의 직원을 고용 중이며 30억 달러의 매출을 올린다고 한다. "우리는 다른 중국 기업들과 동등한 입장에서 중국 경제에 참여하고 있습니다. 나는 직원들에게 이렇게 말하죠. '미래에 우리의 최대 경쟁자는 전 세계 어느 곳보다 중국에서 나올 가능성이 큽니다. 만일 우리가 중국 기업들을 이기지 못한다면, 다시 말해 구매, 제조, 교육, 자금 조달 같은 일들을 중국 현지에서 그들보다 잘해내지 못한다면 앞으로 유럽이나 미국에서 중국의 경쟁자들과 부딪히게 될 겁니다.' 그렇다고 하니웰이 비미국적인 기업인가요? 절대 아닙니다. 우리는 중국에서 중국 기업들을 이기는 법을 배움으로써 전 세계에서 중국을 이길 수 있는 기반을 마련하는 겁니다."

코티는 열흘 후에 오바마 대통령과 함께 인도에 가서 미국-인도 CEO 포럼에 참석할 예정이라고 했다. 그는 타타 그룹 회장인 사이러스 미스트리^{Cyrus Mistry}와 공동으로 회의를 주재할 예정이었다. 이 포럼에서는 재생에너지, 보건, 스마트시티, 비자, 영상물 불법 복제, 양자 간 무역 정책 등의 주제가 논의될 것이라고 한다. 코티는 친^親기업 성향의 나렌

드라 모디^{Narendra Modi} 인도 총리에게 기대가 크다고 했다. "인도를 왕래한 지 20년이 됐지만 인도의 기업 공동체에 이렇게 흥분되는 마음이 들기는 처음입니다. 전부 모디 총리 덕분이죠. 만일 그가 관료주의를 철폐하고 정부가 보다 책임감 있는 자세를 취하도록 만든다면 인도는 크게 발전할 겁니다."

코티는 만일 그렇게 된다면 인도의 인재 유출 현상도 중단될 거라고 말했다. 외국으로 유학을 떠나는 인도 학생의 수는 연 19만 명에 달한다. 그들은 주로 미국, 영국, 캐나다 같은 선진국으로 떠난다. 그리고 대부분은 학업을 마친 후에도 본국으로 돌아가지 않고 현지에 눌러앉는다. 취업 기회가 많고 급여가 높기 때문이다. 워싱턴 D.C에 소재한 퓨 리서치 센터^{Pew Research Center}의 조사에 따르면 인도계 미국인들은 1년에 평균 9만 달러를 번다. 미국인의 평균 소득 5만 달러를 훨씬 능가한다. 1세대 및 2세대 인도계 미국인들은 교수, 의사, 언론인, 회계사, 엔지니어 등으로 크게 성공했다.[1]

코티는 모디 총리가 인도의 비즈니스 환경을 개선하는 데 성공하면 많은 유학생들이 본국으로 돌아갈 것이라고 예상했다. 그 이야기를 듣고 나는 궁금해졌다. 그렇다면 미국 출신의 대학 졸업생들은 어디로 가서 돈을 벌어야 할까? 아니면 어떻게 최소한의 품위 있는 생활이라도 꾸려나갈 수 있을까? 인도나 다른 개발도상국으로 가야 하나?

코티는 소득 불평등이 심화되고 중산층이 붕괴되는 현상을 크게 우려하지 않는 듯했다. "우리가 산업혁명을 겪은 지 150년이 지났습니다." 그가 말했다. "농업에서 제조업으로 산업구조가 바뀌는 과정은 매우 고통스러웠죠. 특히 세상에 무슨 일이 일어나는지 관심이 없던 사람들이 큰 충격을 받았어요. 하지만 산업혁명의 결과 생산성은 엄청나게 향상되었고 인간의 생활수준도 크게 개선됐습니다."

"미래에는 새로운 직업들이 어디서 만들어질까요?" 나는 질문을 계속했다.

"흥미로운 질문입니다." 그가 대답했다. "먼저 일부 직업은 절대로 자동화가 불가능하다는 사실을 생각해야 합니다. 예를 들어 앞으로도 목수, 배관공, 전기 기사 같은 직업들은 결코 사라지지 않을 거예요."

나는 배관과 전기 설비가 내장된 조립식 주택을 내 눈으로 직접 목격했던 경험을 말했다. 건축가나 엔지니어들은 3D 프린터를 이용해 고층 건물을 모듈 방식으로 쌓아올린다. "하니웰도 3D 프린터로 제트 엔진 시제품을 만들지 않나요?" 내가 물었다.

"그렇습니다." 코티가 인정했다. 하지만 그 역시 다른 경제학자나 사업가들이 내렸던 결론을 똑같이 되풀이했다. "나는 어디서 새로운 직업들이 만들어질지 모릅니다. 하지만 지난 수천 년 동안의 경제적 흐름에서 입증됐듯이 새로운 일자리들은 항상 생겨났고… 늘 생겨나고 있으며… 앞으로도 생길 겁니다."

"그렇게 확신하십니까?" 나는 계속 질문을 퍼부었다. 최근에 코티는 뉴욕주 북부에 700에이커 넓이의 농장을 구입했다고 했다. "25년 후에도 지금과 똑같은 수의 일자리가 존재할 거라는 데 당신의 농장 전부를 걸 수 있나요?"

"일자리 수는 훨씬 더 많아질 겁니다." 그가 말했지만, 별로 설득력 있게 들리지는 않았다. "현재에는 상상조차 불가능한 곳에서 수많은 직업들이 개발될 거라고 믿습니다."

2013년 코티는 미국 기술 기업 리더상^{American Technology Corporate Leadership} ^{Award}을 수상하면서 이렇게 소감을 밝혔다. "현대와 같은 불확실성의 시대에는 많은 사람들이 자식들이나 손자들의 세대에 어떤 일이 일어날지 우려합니다. 하지만 저는 기술은 곧 희망을 의미한다는 강한 신념을 통해 위안을 얻습니다. 기술은 미래에 대한 희망의 이름으로 현재를 거부합니다."

또한 코티는 성실한 노동의 가치를 높이 평가했다. 2013년 그는 뉴햄프셔 대학 졸업식에서 이렇게 연설했다. "서구 세계에서 살아가는 우리는, 자신이 풍요로운 삶을 누리는 이유가 부모님과 조상들이 지구상의 다른 곳에 사는 사람들보다 더 열심히 일한 결과라는 사실을 종종 잊어버립니다."

나는 코티에게 기술이 발전하고 사람들이 열심히 일한다고 해서 미국의 아이들에게 밝은 미래가 보장될지는 잘 모르겠다고 말했다. "기계가 점점 많은 사람을 일터에서 몰아내는 상황에서, 우리가 대학을 졸업한 학생들에게 아직도 열심히 일하면 보상을 받을 거라고 말할 수 있을까요?"

"당연히 그렇습니다." 코티가 날카롭게 대답했다. 아마 내 질문이 그의 핵심적인 신념을 건드린 듯했다. "단, 열심히 일하는 것이 전부는 아니에요. 올바른 방향을 설정하고 난 후에 적절한 노력을 기울여야 합니다."

코티는 STEM(과학, 기술, 엔지니어링, 수학) 교육을 열렬히 지지하는 사람이다. 그는 하니웰 홈타운 솔루션^{Hometown Solutions}이라는 자선 프로그램을 통해 전 세계 공동체 구성원들에게 과학 및 수학 교육(유치원 과정부터)을 지원한다.

"우리에게는 변호사보다 엔지니어가 더 많이 필요합니다." 그는 2007년 미국에서 배출된 과학자와 엔지니어의 수가 45만 명에 불과하다고 지적했다. 중국의 95만 명에 비해 크게 적은 숫자라고 했다. "게다가 미국에서 대학에 진학할 나이의 아이들 중 3분의1 정도가 대학에 간다는 점을 고려해야 합니다. 만일 중국의 대학 진학률이 미국과 같다면 중국은 1년에 300만 명의 과학자와 엔지니어를 배출하게 될 겁니다.[2] 모든 아이들이 과학자나 엔지니어가 되기를 희망했던 스푸트니크Sputnik•의 시대가 다시 와야 합니다."

코티는 미국의 학생들이 STEM 관련 학과를 전공한다면 미래의 전망이 밝다고 주장했다. "정치학이나 역사학, 심리학, 사회학 같은 학과를 졸업한 학생들을 생각해보세요. 물론 그 아이들도 열심히 공부해서 학위를 받았겠죠. 하지만 그들이 과학이나 수학, 소프트웨어 개발 등에 집중한다면 더 좋은 일자리를 얻게 되지 않을까요? 물론 역사학이 미래에 전혀 필요 없는 학문이라는 뜻은 아닙니다. 단지 역사를 전공한 사람보다 수학을 전공한 사람이 더 성공할 가능성이 크다는 말이죠. 그렇게 생각하지 않으세요?"

나는 수학 전공자가 역사 전공자보다 일생 동안 더 많은 돈을 벌 가능성이 크다는 사실을 부인하기 어려웠다. 하지만 다음 세대의 미국 아이들이 수학이나 과학, 컴퓨터 프로그램 등을 더 많이 공부한다고 해서 좋은 일자리를 얻거나 부모 세대에 비해 더 나은 삶을 살게 될 거라는

• 1957년 구소련에서 발사한 세계 최초의 인공위성.

코티의 말에는 동의할 수 없었다. 특히 새롭게 등장하는 프리랜서 경제 하에서 고학력의 미국인들은 변변치 않은 삯일들을 두고 전 세계의 과학자, 수학자, 프로그램 개발자와 경쟁을 하고 있는 실정이다. 그들은 예전에 정규직 근로자들에게 주어졌던 직업적 안정성이나 연금, 그리고 기타 복지 혜택도 없이 근근이 생계를 꾸려나간다.

최근에는 STEM 교육이 중산층 삶에 이르는 최선의 통로라는 코티의 신념과 정면으로 배치되는 연구 결과도 발표됐다. 존 캐시디[John Cassidy]는 〈뉴요커〉에 기고한 글에서 이렇게 기술했다. "아직 그 이유는 정확히 알 수 없지만, 2000년을 기점으로 고소득 및 고숙련 분야의 일자리 창출 속도가 눈에 띄게 느려졌다."[3] 또한 경제학자 폴 보드리[Paul Beaudry], 데이비드 A. 그린[David A. Green], 벤저민 M. 샌드[Benjamin M. Sand]는 미국의 노동력을 수백 개의 직업으로 나누고 그 직업들의 평균임금을 등수대로 나열했다. 그리고 각각의 항목에서 고용의 변화 추세를 관찰했다. 그들 역시 2000년 이후로 고학력 노동자에 대한 수요가 줄어들기 시작했다는 사실을 발견했다. "고숙련 노동자들은 직업의 피라미드를 거꾸로 내려가 전통적으로 저숙련 노동자들이 수행하던 업무를 대신하기 시작했다." 그리고 이렇게 결론 내렸다. "결과적으로 저숙련 노동자들은 피라미드 더 아래쪽으로 밀려 내려가게 됐다." 와튼 스쿨의 경영학 교수 피터 카펠리[Peter Cappelli]는 새로 출간한 저서 《대학에 갈 필요가 있을까?[Will College Pay Off?]》에서 최근 STEM 관련 학과를 졸업한 학생들 중 5분의 1만이 자신이 받은 교육을 활용할 수 있는 일자리를 얻었다고 밝혔다.[4] 카펠리는 이렇게 말했다. "최근 대학 졸업자들의 현황을 분석해보면 전체적으로 STEM 졸업자들의 수가 결코 부족하지 않다는 결론에 도달한다."

마이클 S. 타이틀바움Michael S. Titelbaum은 〈애틀랜틱The Atlantic〉 지에 이런 글을 썼다. "그동안 존경받는 학자들과 국립경제연구소National Bureau of Economic Research, 랜드 연구소Rand Corporation, 미국 도시연구소Urban Institute 같은 우수 연구 기관이 수많은 조사 결과를 내놓았다. 하지만 어느 누구도 대학 졸업 이상의 학력이 요구되는 과학자나 엔지니어 직업군에서 인력 부족이나 구인난이 존재한다는 증거를 찾아내지 못했다. 반면 앞으로 고등학교 졸업자를 필요로 하는 직업의 수가 크게 늘어날 거라고 예측하는 사람들은 많다. 결론적으로 미국의 고등교육기관들은 과학 및 엔지니어링 분야에 필요한 인력보다 훨씬 많은 졸업생을 배출하고 있는 셈이다. 다만 그 비율이 100퍼센트인지 200퍼센트인지 의견이 일치하지 않을 뿐이다."[5]

또한 코티는 인도의 모디 총리에 대한 기대감이 크다고 말했지만, 인도 공과대학들의 STEM 관련 학과를 졸업하는 학생들의 형편도 크게 다르지는 않다. 2006~2007년에 1,511개였던 인도의 공과대학 수는 2014~2015년에 3,345개로 껑충 뛰었다. 대학 숫자로만 보면 인도의 엔지니어 고용 시장이 매우 활발하다고 생각할 수 있다. 하지만 올해 인도에서 공과대학을 졸업한 150만 명의 학생 가운데 20~30퍼센트는 아예 일자리를 구하지 못할 것으로 예상된다.

컬럼비아 대학 경영대학원의 학장 글렌 허버드Glenn Hubbard는 이렇게 말했다. "이제 엘리베이터는 멈춰버렸습니다. 젊은이들은 부모들과 같은 층에 머물러 있습니다." 내 생각에 미국의 중상류층 부모 대부분은 이 사실을 알고 있으며, 이에 대해 우려하고 있을 것이다. 만일 허버드의 말이 사실이라면, 저층에서 멈춰버린 엘리베이터에 탑승한 부모와 젊은이들은 어떻게 아메리칸드림을 향해 갈 수 있겠는가?

뉴욕시 125번가에 자리 잡은 '할렘 어린이 보호 구역Harlem Children's Zone' 건물의 널찍한 로비로 걸어 들어가면 이곳의 존재 이유를 금방 알 수 있다. 어린아이들의 그림, 부모님 교실을 광고하는 포스터, 그리고 학습에 열중하는 초중고교 학생들의 동영상들은 이곳의 부모님과 선생님들이 아이들의 삶에 깊은 관심을 보인다는 사실을 알려준다.

할렘 어린이 보호 구역은 1990년대 초에 처음 출범했다. 설립 취지는 '특정 지역 내에서 어린이와 가족들이 직면한 모든 문제들, 즉 노후화된 아파트, 마약 남용, 실패한 학교 교육, 강력범죄, 만성적인 건강 문제 등을 해결하는 것'이었으며, 처음에는 이 지역의 한 블록에서 시범 운영하는 형태로 시작됐다. 할렘 지역에서는 60퍼센트의 가정이 빈곤선 아래의 삶을 살아가며, 75퍼센트의 아동이 주에서 실시하는 읽기와 셈하기 테스트에서 표준 이하의 점수를 얻는다. 할렘 어린이 보호 구역은 이런 처지에 놓인 지역 주민들을 위해 체계적이고 모범적인 프로그램을 운영함으로써, 아이들이 출생해서 대학에 입학할 때까지 지속적으로 지원한다는 목표를 설정했다. 할렘 어린이 보호 구역의 시범 운영은 매우 성공적이었기 때문에 프로그램의 운영 범위가 1블록에서 20블록, 그리고 60블록으로 계속 확대됐다. 현재 할렘 어린이 보호 구역은 할렘 전 지역의 97블록에 걸쳐 연간 1만 3,700명의 아동과 1만 3,200명의 성인에게 봉사하는 단체로 성장했다.

오바마 대통령은 자신의 주도한 '프로미스 존 이니셔티브Promise Zone Initiative'를 기획하는 과정에서 할렘 어린이 보호 구역을 모델로 삼았다.

2013년 그는 연두교서에서 빈곤도가 높은 도시와 농촌, 또 특정 인종들로 구성된 지역사회들을 '프로미스 존'으로 지정하겠다는 계획을 발표했다. 연방 정부는 이 지역 공동체들과 협력 관계를 맺고 그 지역들에 투자를 단행함으로써 일자리 창출, 민간투자 유도, 지역 경제 활성화, 교육 기회 확대, 범죄율 감소 등의 효과를 이끌어낸다는 계획이었다. "이 나라에서는 열심히 일하는 모든 사람에게 성공의 기회가 공평하게 주어져야 합니다." 오바마는 이렇게 말했다. "어디서 왔는지, 어느 지역 출신인지, 어떻게 생겼는지, 성炸이 무엇인지에 관계없이 모든 사람은 성공할 수 있어야 합니다." 2014년 그는 샌안토니오, 필라델피아, 로스앤젤레스, 켄터키주 남동부, 그리고 오클라호마의 촉토 네이션Choctaw Nation•등 5개 지역을 첫 번째 프로미스 존으로 지정했다.

할렘 어린이 보호 구역 설립자인 올해 63세의 제프리 캐나다Geoffrey Canada는 사우스브롱크스 출신으로 아메리칸드림을 전형적으로 상징하는 사람이다. 그의 어머니는 약물 남용 상담 전문가였다. 부모님이 이혼했을 때 캐나다는 불과 4살이었고, 아버지는 아들의 삶에 아무 역할도 하지 못했다. 캐나다는 자신의 회고록《주먹, 몽둥이, 칼, 총Fist Stick Knife Gun》에서 아버지가 없는 빈곤한 생활, 그리고 24시간 폭력이 난무하는 환경 속에서 자랐던 경험을 이야기한다. 하지만 그는 이런 악조건을 극복하고 보든Bowdoin 대학에서 심리학과 사회학 학사, 그리고 하버드 대학에서 교육학 석사 학위를 취득했다. 그리고 컬럼비아, 프린스턴, 터프츠, 다트머스 등 수많은 대학에서 명예박사 학위를 받았다. 캐나다는 2010

• 아메리카 원주민의 한 갈래인 촉토 부족의 자치 구역.

년에 발표된 다큐멘터리 영화 〈웨이팅 포 슈퍼맨Waiting for Superman〉을 통해 사람들에게 알려졌다. 무너져가는 미국의 공교육을 다룬 이 영화에서 그는 할렘가의 아이들과 가족들을 위해 '요람에서 대학까지'라는 프로그램을 운영하는 모습을 보여주어 큰 반향을 얻었다. 뉴욕 시장 마이클 블룸버그Michael Bloomberg는 캐나다에게 미국 최대 도시인 뉴욕시의 공교육 시스템을 맡아달라고 제안했다. 하지만 그는 할렘 어린이 보호 구역 일에 전념하기 위해 그 제안을 고사했다.

내가 캐나다를 알게 된 지는 거의 10년이 됐다. 우리 두 사람은 열린사회재단의 자문위원이다. 뿐만 아니라 2006년 5월 11일에 CBS의 시사프로그램 〈60분60 Minutes〉의 주인공으로 함께 출연한 인연도 있다. 그날 〈60분〉의 또 다른 꼭지에는 부시 대통령의 이라크전쟁을 비난한 3인조 여성 밴드 딕시 칙스Dixie Chicks가 출연했다. 그날 우리가 같은 프로그램에 출연한 것은 순전히 우연이었지만, 돌이켜 생각해보면 공교육 개혁을 위한 그의 열정과 노동운동 혁신을 향한 나의 노력에는 공통점이 많다. 캐나다와 나는 각각 공교육과 노동운동의 영역을 담당하며 21세기의 모든 미국인이 아메리칸드림을 성취하게 만든다는 목표를 공유하고 있었다.

〈60분〉에서 캐나다는 할렘의 빈곤한 아이들에게도 교외에 사는 중상류층 아이들과 동일한 혜택을 주겠다는 자신의 목표를 밝혔다. "우리는 아이들에게 안전함, 제대로 된 주거 환경, 충분한 교육, 문화 활동에 참여할 기회를 제공할 것입니다. 또 아이들을 사랑하고 아이들에게 어떤 일이라도 해줄 수 있는 어른들이 되어줄 겁니다."

그는 할렘 어린이 보호 구역 내에 거주하는 학부형들에게 이렇게 약속했다. "만일 여러분의 아이가 이 학교에 입학한다면, 우리는 그 아이를 대학까지 진학시키겠습니다. 우리 학교에 발을 들여놓는 그 순간부터 대학을 졸업하는 날까지 여러분의 아이와 함께하겠습니다." 캐나다에게 대학이란 바로 약속의 땅이며, 아메리칸드림을 여는 열쇠였다. 대학을 졸업한 젊은이는 좋은 일자리를 얻고 훌륭한 삶을 살아감으로써 몇 세대 동안 계속된 빈곤의 고리를 끊게 될 가능성이 많다고 생각했기 때문이다.

하지만 대학 진학이라는 투자를 통해 중산층 가정이 얻을 수 있는 혜택이 점점 줄어드는 현 상황에서, 캐나다는 아직도 대학에 가는 일이 할렘 어린이 보호 구역의 아이들을 가난으로부터 벗어나게 할 최선의 수단이라고 생각할까?

우리 두 사람은 125번가의 모습이 내려다보이는 회의실에 마주 앉았다. 할렘가의 상업 중심지인 이 지역은 재개발이 한창이었다. 짙은 색 양복을 입은 캐나다는 마치 이사회에서 발표하는 대기업 사장처럼 보였다. 그는 자리에서 일어나 뉴욕시의 5개 자치구가 표시된 지도 앞으로 걸어갔다. "이 지도는 뉴욕 각 지역의 교도소 수감자 수를 보여줍니다." 캐나다가 말했다. 그는 눈, 입, 팔, 손, 심지어 다리까지 몸의 모든 부분을 유연하게 사용하며 말했다. 그는 지도 위에서 가장 어두운 색으로 표시된 지점을 손으로 짚었다. 할렘 어린이 보호 구역에서 불과 0.5마일 거리에 위치한 할렘과 브롱크스의 한 구역이었다. 그는 이렇게 말했다. "음영이 짙을수록 사람들이 교도소에 간 비율이 높은 겁니다. 물론 이 검은 점들은 온 도시에 흩어져 있어요. 부자들에게 이 지도를 보여주면 그들은 자신의 거주지에 가까이 위치한 검은 점들을 보고 이렇게 말합니다. '어떻게 제 아내가 쇼핑을 하고, 아이들이 학교에 가고, 내가 일하는 곳으로부터 그토록 가까운 장소에서 온갖 범죄가 발생할 수 있죠? 이 모든 것은 저소득층을 위한 주택단지 건설 때문이 아닐까요?' 그러면 나는 그 사람에게 할렘 어린이 보호 구역의 97개 블록을 가리키며 이렇게 말하죠. '우리 구역의 아이들 중에 교도소에 간 사람은 아무도 없습니다. 881명의 아이들이 대학을 다니고 있죠. 그중 감옥에 있는 아이는 한 명도 없어요.'"

캐나다는 범죄 예방을 위한 최선의 방법은 아이들을 대학에 보내는 것이라고 생각했다. "우리 아이들은 꿈이 큽니다. 이웃 동네에 가보면 자본주의의 모습을 금방 확인할 수 있으니까요. 아이들은 모두 부자가 되고 싶어해요. 진짜 롤렉스 시계에다 최신형 자동차를 갖길 원하죠. 내가 아이들에게 지속적으로 주입시키는 것은 범죄를 저지르지 않고도 그런 물건들을 가질 수 있다는 사실입니다. 교육이 무엇보다 중요해요."

그렇다면 경기의 호황은 범죄를 줄이는 또 하나의 예방책이 될 수 있을까?

"당연하죠." 그는 클린턴 행정부 말기인 2000년에 발표된 보고서를 인용했다. 당시 실업률은 4.0퍼센트로 1968년 이후 가장 낮았다. "그 보고서에 따르면 경제가 호황을 누리면서 기업들은 전과가 있는 흑인들까지 채용했습니다. 경기가 좋으면 그런 일도 생기는 거예요. 학위가 있든 없든, 대학을 졸업했든 아니든, 범죄 경력이 있든 없든, 그들은 인력이 필요했습니다. 하지만 그런 모습을 본 지 꽤 오래됐어요."

캐나다는 미국의 정치가들이 공공 부문 일자리를 늘리는 데 별로 열의가 없는 것 같다고 말했다. "그렇다고 민간 기업들이 이곳처럼 낙후

된 지역에 더 많은 일자리를 만들 수 있는 방법도 없어요. 사실 이곳뿐만 아니라 어디나 마찬가지죠." 그도 실업률이 감소되고 있다는 발표를 들었다고 했다. "전부 거짓말입니다. 주변에 일자리를 찾기를 포기한 사람이 넘쳐나요. 당국에서 하는 말만 들으면 온 세상이 다시 장밋빛으로 바뀌는 것 같지만, 전혀 그렇지 않아요."

데이비드 코티와 나를 포함해 내가 이 책을 쓰기 위해 인터뷰했던 많은 사람들처럼, 캐나다 역시 성실한 노동의 가치를 믿었다. "노동을 하는 사람에게는 좋은 일이 생깁니다. 일을 하지 않는다면 그 반대겠죠. 만일 모든 사람이 노동을 그만두면 어떻게 될까요. 알코올중독, 마약, 청소년 임신, 범죄 같은 일들이 만연할 겁니다. 70년대와 80년대에는 그런 사회문제가 별로 심하지 않았지만 오늘날에는 온 나라가 몸살을 앓고 있어요. 예를 들어 미국의 농촌에서조차 메타암페타민 같은 끔찍한 마약이 확산되는 중입니다."

캐나다는 이렇게 말을 이었다. "이 나라가 어디를 향해 가는지 알고 싶다면 시카고, 디트로이트, 폰티액, 플린트, 클리블랜드 같은 도시의 도심을 방문해보세요. 범죄자들을 비난하는 사람은 이렇게 말하죠. '마약에 빠져 가치 없는 삶을 살아가는 저 사람들을 봐요.' 하지만 그렇게 되는 이유는 일자리가 없기 때문입니다. 사람들은 일을 하지 못하면 필요한 물건들을 살 수 없어요. 그러면서 경제는 침체되고 사회 기반 시설들도 방치되기 마련이죠. 결국 모두가 방향을 잃어버린 사회가 되는 겁니다."

미국 통계국US Census Bureau에 따르면 정부가 제공하는 다양한 구호 프로그램에도 불구하고 거의 1,600만 명에 달하는 미국인들이 빈곤선의 50퍼센트에도 미치지 못하는 삶을 살아간다.[6] 그들의 소득은 4인 가족 기준으로 하루에 34.40달러, 1인당 8.60달러에 불과하다.7 〈뉴욕 타임스〉의 칼럼니스트 에두아르도 포터Eudardo Porter는 이렇게 썼다. "이토록 많은 국민이 결핍의 상태에 놓인 선진국은 없다. 미국인 20명 중 1명이 빈곤에 허덕인다. 지난 50년 동안 경제가 성장했다고 하지만 이 비율은 변하지 않았다." 포터는 이렇게 명예롭지 못한 상황이 발생한 것은 정부가 1996년에 복지 시스템을 바꾸었기 때문이라고 주장한다. 당시 정부는 직업이 있고, 결혼을 했고, 자식을 둔 빈곤층에 대한 지원을 대폭 늘렸다. 그러나 이 조건을 충족하지 않는 최저 소득 계층에 대한 혜택은 삭감했다. 포터의 주장은 신랄했다. "우리는 그 사람들이 열심히 일하지 않았기 때문에 가난한 거라고 생각하면서 그들을 보살피는 일을 회피했다." 그리고 이런 믿음으로 인해 정치인들(그리고 유권자들)은 할렘 어린이 보호 구역의 학생들을 포함한 1,600만 명의 미국인이 하루에 8.60달러 이하의 소득으로 살아가는 현실을 외면하고 자신의 이익을 추구하는 데 여념이 없다.

나는 지금까지 이 여정을 계속해오면서, 기업의 정규직 직원으로 한평생 열심히 일한 아버지나 할아버지의 혜택을 입은 사람들의 눈을 통해 아메리칸드림을 관찰했다. 하지만 사켓 소니의 봉사 대상인 이주 노동자들을 제외하면, 내가 윗세대로부터 빈곤, 범죄, 실업 같은 유산을 물려받은 공동체에 대해 글을 쓰는 것은 이번이 처음이다. 할렘 어린이 보호 구역의 프로미스 아카데미에 운 좋게 입학한 어린이들은 부모나 조부모에 비해 성공할 가능성이 훨씬 높다고 한다. 그런데 과연 그럴까?

2015년 프로미스 아카데미 출신 학생 100명이 대학을 졸업했다. 70명은 4년제, 30명은 2년제를 나왔다. 하지만 그들 중 6개월 안에 일자리를 얻은 사람은 절반밖에 되지 않았다. "우리 학교에 다니는 아이들은 대학을 졸업하면 쉽게 직업을 구할 수 있을 거라 생각합니다. 하지만 현실은 그렇지 못해요." 캐나다의 말이다. "인턴 자리를 얻기조차 쉽지 않아요. 더구나 정상적으로 노동시장에 연결되어 성공적인 진로를 밟아나가기는 더욱 어렵습니다."

나는 오늘날의 경제에서 성공하려면 STEM과 관련된 과목들을 공부해야 한다는 데이비드 코티의 주장을 이야기했다.

"저도 그 이야기는 알고 있습니다." 캐나다가 말했다. "모든 사람이 그렇게 말을 해요. STEM에 관련된 학과에 진학해서 엔지니어가 되어야 한다고요. 우리 재단 이사회에서도 나에게 그런 요구를 많이 합니다. 아이들에게 배관공 일도 가르쳐야 하지만 컴퓨터 프로그램을 더 많이 교육해야 한다고요. 우리 아이들은 배관공을 업신여기지 않습니다. 돈을 벌 수 있다면 무슨 일이라도 할 용의가 있으니까요. 만일 정말로 배관공 숫자가 부족하다면 나는 최선을 다해 수천 명의 아이들을 배관공으로 키울 수 있습니다. 하지만 이제는 어떤 직업이 10년 후에 살아남을 수 있을지 예측하지 못하겠어요. 산업 분야에 상관없이 모든 기업들이 사람 없이도 일을 해낼 방법을 찾고 있으니까요."

스티븐 버켄펠드는 자신에게 투자 요청을 하는 수많은 기업가들이 하나같이 보다 적은 인력으로 더 많은 일을 해낼 수 있는 소프트웨어를 개발한다고 말했다. 나 역시 하니웰에서 그런 현실을 목격했다. 데이비드 코티 역시 기계를 더 스마트하게 발전시켜 인적 자원을 줄이려고 온갖 노력을 쏟아부었다.

"로봇에게 아기의 옷을 갈아입히도록 가르치는 건 분명 매우 어려운 일입니다." 캐나다는 자리에서 일어나 아기의 기저귀를 교환하는 과정을 손동작으로 흉내 냈다. 그러면서 이게 무슨 대수로운 일이냐는 표정을 지으며 말했다. "예를 들어 스탠포드에 다니는 학생들 모두가 세상을 바꿀 기술을 개발해 수십억 달러를 벌고 싶어합니다. 그들이 조만간 아기의 기저귀를 갈 수 있는 로봇을 개발하지 못할 거라고 생각하세요? 흔히들 어떤 직업은 컴퓨터가 절대 대신할 수 없다고 하죠. 정말일까요? 그렇지 않다는 사실을 이미 온 세상이 알고 있어요. 기술은 수많은 사람들로부터 일자리를 빼앗아갈 겁니다."

나는 미래에는 일자리가 부족하고 소득 불평등이 심화될 거라는 현실적 전망을 아이들에게 들려줄 생각을 해봤는지 물었다.

"그럴 수는 없어요." 그가 단호하게 대답했다. "바깥세상이 얼마나 불확실한지 알려주면 오히려 아이들을 망칠지도 몰라요. 우리가 국가 차원에서 이 문제를 함께 해결하지 못하면 나라 전체가 심각한 상황에 빠지는 거죠."

캐나다는 그의 아들 제프리 주니어Geoffrey Jr.가 12살 때 아이를 프로미스 아카데미로 데려간 적이 있다고 했다. 마침 복도에 모인 500명의 학생이 아침 일과의 하나로 학교의 신조를 낭송하는 중이었다. "우리는 대학에 갈 것입니다!" 제프리 주니어는 아버지가 아이들을 세뇌시킨다고 항의했다. "나는 아들에게 그 말이 옳다고 인정했습니다. 하지만 결코 미안해할 일은 아니라고 했죠. 어차피 아이들은 살아가면서 어떤 방향으로든 스스로 세뇌되어 자기가 어떤 사람인지 결정하게 될 테니까요. 아이들이 대학에 갈 수 있느냐 없느냐는 그들이 자신을 어떻게 판단하는가에 달려 있습니다. 만일 자신의 지적 능력이 부족하다고 생각하는 학생은 학교에서 계속 버텨내기 어려울 겁니다. 반면 스스로 똑똑하다고 생각한다면 책임감 있게 행동해서 숙제를 하지 않거나 학교에 결석하는 일 등의 문제를 일으키지 말아야 하죠. 나는 열심히 공부하고, 학교를 다니고, 좋은 일자리를 얻는다는 아메리칸드림은 아이들에게 주입할 가치가 있다고 생각합니다. 자신의 노력으로 성공을 거둔다는 것은 품을 가치가 충분한 꿈 아닐까요."

하지만 미국이 그 약속을 지킬 방법을 찾아내는 순간 그 꿈의 가치는 얼마나 더 커질까? 우리가 아이들에게 제시하는 꿈을 모든 사람이 함께 성취할 수 있다면 얼마나 좋을까?

할렘 어린이 보호 구역은 사회에서 소외된 흑인 아이들을 빈곤의 악순환에서 구출하고 그들에게 중산층의 삶을 제공한다는 목표를 지닌 단체다. 하지만 나는 이곳을 나오면서 이 여정에서 여러 차례 경험했던 안타까움을 다시 한 번 느꼈다. 내 친구 제프리 캐나다는 어린아이들에게 동기를 부여하고 그들이 스스로 책임지는 삶을 살아가도록 만들기 위해 아메리칸드림이라는 믿을 수 없는 희망을 제시한다. 하지만 나는 그 꿈을 이룰 수 있다는 약속이 지켜지지 않았을 때 그들(그리고 미국의 모든 아이들)이 커다란 낙담의 수렁에 빠지게 될까 두렵다. 나는 캐나다가 아메리칸드림이라는 오래된 신화를 아이들에게 들려주는 일을 비난하고 싶지 않다. 적어도 그는 그것이 신화라고 인정하는 정직한 사람이다. 또 칼 캠든과 데이비드 코티의 입장도 이해한다. 그들에게는 아메리칸드림이 신화가 아닌 현실이다. 비즈니스를 하는 데 그보다 더 강력한 동기부여는 없기 때문이다. 하지만 문제는 정치인들이다. 의회의 의원들이나 대통령은 몇몇 정책을 대충 시행하는 것으로 찬란했던 1950년 대의 아메리칸드림을 회복하기에 충분하다고 생각한다. 우리에게는 보다 급진적인 해결책이 필요하다. 예를 들어 책의 후반부에서 논의하게 될 기본소득 제도가 그중의 하나다.

나는 지금까지의 여정에서 쌓은 지식을 바탕으로 보다 '큰 그림'을 바라보고 싶었다. 물론 내가 말한 큰 그림은 거시경제라는 의미가 아니다. 거시경제는 항상 나와는 상관없는 먼 나라 이야기처럼 들린다. 단지 나는 급격한 경제적 변화의 물결을 어렵게 견뎌온 여러 세대의 가족에게 그동안 실제로 어떤 일이 발생했는지 알고 싶었을 뿐이다.

나는 그 이야기를 듣기 위해 젊은 역사학자 도리언 워런Dorian Warren 을 찾았다. 그는 정부의 노동정책 변화 과정을 내가 이해할 수 있는 용어로 설명하는 능력이 탁월했다.

나는 록펠러 센터에서 워런을 만났다. 이 건물에는 그가 고정 토론 패널로 출연하는 케이블 뉴스 채널 MSNBC가 입주해 있었다. 내가 방문한 날은 MSNBC에게 끔찍한 하루였다. 그날 방송된 오후 뉴스 프로그램이 25세~54세의 성인 중 고작 1만 1,000명이라는 최악의 시청자 수를 확보하는 데 그쳤기 때문이다. 워런은 〈모닝 조〉를 포함한 여러 프로그램에 출연하는 동시에 〈너딩 아웃Nerding Out〉이라는 자신의 온라인 뉴스 쇼도 따로 진행했다. 요즘 뉴스 네트워크 기업들의 새로운 전략은 공중파나 케이블 뉴스를 잘 보지 않는 젊은이들이 휴대폰이나 다른 모바일 장비를 통해 뉴스를 시청하도록 유도하는 것이라고 한다. 나는 요즘 뉴스 산업이 어렵다는 이야기, 또 그가 컬럼비아 대학에서 기술에 의해 파괴되어가는 여러 산업들의 현황을 연구한다는 이야기를 포함해서 하루

종일 워런과 대화를 나눌 수 있을 것 같았다. 하지만 나는 무엇보다 이 젊고 재능 있는 학자가 직업, 일, 그리고 아메리칸드림의 역사적인 관계에 대해 어떤 의견을 지니고 있는지 궁금했다.

워런이 말했다. "우리의 역사는 대부분 자본주의경제 시스템하에서 진행되어왔습니다. 하지만 그것은 중세식의 봉건적 규칙에 기반을 둔 자본주의였죠. 1930년대까지만 해도 일터에서 진정한 자유를 찾아보기 어려웠습니다. 저의 개인적인 가족사에서도 이 역사를 이해하는 일이 필요합니다." 그는 자신의 조상 이야기를 세대별로 들려주었다.

"저의 5대조 조부모님은 노예였습니다." 그가 말했다. "그분들은 조지아, 미시시피, 오클라호마 등지에서 플랜테이션 농장을 운영하던 주인의 소유물에 불과했습니다. 고조부모님은 남북전쟁 후에 노예에서 해방된 신분으로 처음 태어난 세대였습니다. 하지만 그분들의 부모가 노예 신분일 때 했던 농장 일과 하녀 일을 직업으로 물려받았습니다. 결국 플랜테이션 농장 주인과의 관계는 별로 변하지 않았던 겁니다."

그러나 20세기에 들어서면서 그런 상황은 바뀌기 시작했다.

"증조부모님들은 주로 소작인과 하녀로 일했습니다. 그들은 남부에서 북부로 이주한 1세대 흑인들 가운데 하나였습니다. 증조부님 중 한 분이 1차 대전에 참전했다 시카고로 이주했죠. 다른 형제들도 그분을 따라갔어요. 그들을 북쪽으로 이끈 것은 산업화와 자유를 향한 약속이었습니다. 즉 인종차별과 폭력으로부터의 자유, 또 직업을 갖고 공동체 안에서 품위 있는 삶을 누릴 수 있는 그런 자유를 갈망한 겁니다."

반면 남부에서는 고용인과 피고용인의 관계가 여전히 주인과 노예, 또는 농장주와 계약 노동자의 형태에 머물러 있었다. 어떤 경우든 권력을 지닌 사람은 소유주였다. 그렇다면 흑인들이 북쪽으로 대이동Great Migration한 후에 이런 상황은 변했을까?

"조부모님은 1910~1920년에 시카고에서 태어났습니다." 워런이 말했다. "그분들은 모두 건물 관리인으로 일했습니다. 우리 가문의 역사에서 농사일이나 가정부 일, 또는 다른 사람의 노예나 계약 노동자 외의 일자리를 얻은 사람은 그분들이 처음이었습니다. 다시 말해 사회적 이동성, 그리고 다른 직업을 가질 자유를 최초로 누린 거죠.

친할머니는 건물 관리인으로 평생을 보냈습니다. 외할머니 역시 시카고의 공립학교에서 관리인으로 일했죠. 또 전등갓을 만드는 일 같은 부업을 하면서 여분의 수입을 올렸습니다. 외할머니는 50대에 2년제 공립대학교를 나와 직장 생활의 마지막 5년 동안을 무단결석 학생 지도원으로 일했어요. 외할아버지도 시카고의 어느 공립학교에서 수위로 근무했습니다. 그러다가 학교의 난방을 책임지는 관리인이 됐죠."

말하자면 워런의 조상은 새로운 나라로 이주한 1세대 흑인들이었다. 워런의 말을 듣다보니 우리 가문의 역사가 생각났다. 나의 친할아버지는 20세기 초에 러시아에서 미국으로 건너왔다. 정치적 박해를 피하고 새로운 기회를 찾기 위해서였다. 그는 뉴저지주의 뉴어크에서 자수성가해 정육점 주인이 됐다. 할아버지가 세상을 떠났을 때 나의 아버지는 겨우 15세였다. 아버지는 대학에 진학해서 작은 로펌의 변호사가 됐다. 그리고 이 회사를 미국에서 두 번째로 큰 로펌으로 키워냈다. 아버지는 내게 이렇게 말하곤 했다. "내가 우리 아버지보다 성공하기는 그다지 어렵지 않았단다. 그저 대학에 가기만 하면 됐으니까. 내가 운이 좋았기 때문에 이 모든 일을 이루었다는 사실을 생각하면 네가 앞으로 이 아버지보다 더 성공하기는 힘들지도 모르겠구나." 만일 아버지가 아직 살아 계신다면 그 말이 틀렸노라고 자랑스럽게 인정할 거라고 확신한다.

워런의 아버지는 15세가 되던 해에 고등학교를 그만두었다. 그리고 나이를 속이고 공군에 입대했다. "아버지는 한국에서 아프가니스탄까지 전쟁이 있는 곳이라면 어디든 날아갔습니다." 한편 그의 어머니는 시카고 사우스사이드^{South Side}의 아이다 B. 웰스 주택단지[*]에서 태어났다. 1955년 그녀의 부모님은 주민 대부분이 경찰관, 교사, 소방대원 등의 직업에 종사하던 중산층 거주 지역 채텀^{Chatham}으로 이사했다. 그들은 이 동네로 이사 온 3번째 흑인 가족이었다. 다른 사람들은 주로 아일랜드계 미국인이었다. 하지만 1962년이 되면서 이 구역의 백인 대부분은 교외로 이사해버렸고, 주변에는 흑인들밖에 남지 않았다. 하지만 그 흑인들은 성공했다는 자부심이 컸다. 주택을 소유한 이 중산층 흑인들은 아메리칸드림을 이루어낸 사람들이었다. 그들은 미국 정부나 군대의 도움으로 자신들이 성취한 꿈을 아이들에게 물려줄 수 있었다. 워런의 어머니도 그 아이들 중 하나였다.

워런의 어머니는 1960년대에 어린 시절을 보냈다. 그녀는 간호대학과 사범대학이라는 두 가지 선택을 두고 고민하다 결국 교사가 되는 길을 택했다. 그리고 시카고의 공립학교에서 45년간 근무했다. 그녀는 노조에 가입되어 있었기 때문에 의료 지원과 휴가 등의 혜택을 누렸으며 퇴직할 때 연금을 수령했다. "시카고는 정육, 자동차, 철강 등의 산업이 발달한 도시입니다. 이곳에서 제조업 노동조합은 흑인들을 중산층으

• 　흑인 인권신장에 앞장섰던 사회운동가 아이다 B. 웰스의 이름을 딴 저소득 주택단지.

로 만드는 데 결정적인 역할을 했습니다." 워런이 말했다. "하지만 교직원 노조를 포함한 공공 부문 노동조합의 영향력은 더욱 대단했죠."

워런의 부모님은 그가 한 살 때 이혼했다. 그는 어머니와 함께 외할머니 집으로 이사했다. 그리고 워런이 열 살 되던 해에 어머니는 바로 옆 집을 사들였다. "저는 중산층 마을에서 다른 흑인 아이들과 함께 자라났습니다. 그 아이들의 부모님은 주로 공공 부문에서 일했죠."

도리언 워런이 어린 시절을 보낸 집은 책으로 가득했다. 그의 외할머니는 값비싼 백과사전을 들여놓기도 했다. 워런은 동생과 함께 그 책을 "미친 듯이" 읽어댔다. 워런의 어머니도 데이비드 코티의 어머니처럼 사람은 배울 수 있는 만큼 한껏 배워야 한다고 자식들에게 강조했다. "그것은 우리 집안에 전해오는 주문呪文과도 같았습니다. 자기가 배운 것은 누구도 가져가지 못한다는 거죠. 어머니는 또 이렇게 말하곤 했어요. '엄마보다 나은 사람이 돼라.' 그 말은 '선생이 되지 마라. 돈을 벌지 못하니까'라는 뜻이었어요. 그래서 오늘의 제가 이런 모습으로 있게 된 거죠." 그가 웃었다.

원래 워런은 학자가 될 생각이 없었다. 일리노이 대학에서 정치학을 전공한 후에 로스쿨에 지원할 계획이었다. 하지만 자신의 멘토였던 여교수가 로스쿨 추천서를 써주려 하지 않았다. "흑인 변호사들은 넘쳐나지만 흑인 박사들은 부족하다고 교수님이 말했어요." 워런은 4개 대학에서 장학금 제의를 받았는데 그중 하나인 예일 대학에서 정치학 석사와 박사를 취득했다. 워런은 대학원에서 3년을 보낸 후에 시카고로 돌아왔다. 그리고 의료 산업 종사자들의 권익을 대변하는 유나이트-히어UNITE-HERE 노동조합의 시카고 지부인 로컬 원Local One에서 노동자들을 조직하는 일을 했다. 그는 자신의 학위 논문에서 로컬 원의 역사를 언급하기도 했다.

올해 36세의 워런은 노예의 후예이지만 뛰어난 학자이자 전문가, 그리고 운동가로 성공했다. 그는 컬럼비아 대학과 시카고 대학에서 학생들을 가르쳤으며 포드 재단, 뉴욕 시립대학의 머피 연구소Murphy Institute, 러셀 세이지 재단Russel Sage Foundation 등에서 연구원으로 일했다. 워런의 전공 분야는 미국의 정치와 불평등 연구이다. 그는 월마트의 인력 정책에 관한 책을 포함해 세 권의 책을 냈다. 또한 어플라이드 연구 센터Applied Research Center, 공동체 변화 센터Center for Community Change, 그리고 〈네이션Nation〉지의 이사회 멤버로 활동 중이다.

내가 워런을 만났을 때 그는 컬럼비아 대학을 그만두려던 참이었다. 학과 간의 세력 다툼에 염증을 느꼈다고 했다. 그는 소셜 미디어를 포함한 다양한 온라인 기술들을 사용해 젊은이들을 성지석 논의와 행동의 장으로 이끌어내고 싶어했다. 그런 면에서 보면 워런은 낙관적인 사람이었다. 하지만 그는 과거의 교훈을 바탕으로 미래를 바라보는 능력도 탁월했다.

예를 들면 워런은 흑인들이 미국 경제에서 '광산의 카나리아' 역할을 해왔다고 생각했다. 19세기의 광부들은 카나리아를 유독가스 탐지용 경보기로 사용했다. 광부들은 호흡기가 약한 카나리아가 숨을 헐떡이면 탄광을 빠져나가야 할 때라는 것을 알았다. 마찬가지로 농장에서 목화를 따는 일이 자동화되고 북부 지역에서 산업화가 이루어지자 흑인들은 남부를 떠나야 한다는 사실을 깨달았다. 1910~1970년에 흑인 600만 명이 좋은 일자리를 얻고 중산층의 꿈을 이루기 위해 디트로이트나 시카고 등의 북부 도시로 이주했다.

그러나 1950년대 말~1960년대 초에 걸쳐 그 도시들에서 일자리가 사라지기 시작했다. 흑인들의 실업률은 백인들의 2배가 넘었다. 1963년에 워싱턴 행진*을 주도한 인권운동가 베이어드 러스틴Bayard Rustin은 자동화와 소득 불평등의 위험에 대해 경고했다. "자동화는 사회적 편견을 포함한 어떤 요인보다 흑인들의 일자리를 더 많이 강탈해간다."[8] 그는 또 이렇게 말했다. "자동화로 인해 우리는 모든 곳에서 새로운 형태의 남북전쟁을 치르고 있다. 어느 반쪽만 자유로운 상태로는 국가적 통합이 유지될 수 없다. 고소득을 올리는 사람과 일자리를 잃고 실업수당으로 근근이 버티는 사람들로 나라가 양분된다면 미국이라는 연합체는 존속이 불가능하다."

제프리 캐나다는 시카고, 디트로이트, 클리블랜드, 뉴욕 등지의 도심에서 일자리가 사라지면서 어떤 상황이 벌어졌는지 생생하게 증언했다. 한때 모든 주민이 자랑스러워했던 도시는 절망의 싸움터가 되어버렸다. 만일 기술의 발전으로 수백만 개의 일자리가 무용지물이 된다면 미국의 다른 지역들도 같은 운명을 맞게 될까? 우리는 죽어버린 카나리아에서 교훈을 얻어 낡은 아메리칸드림을 뒤로하고 우리 자식들이 성취할 수 있는 새로운 아메리칸드림을 만들 수 있을까?

자동화가 도입되면서 미국 남부의 상황이 급변하자 도리언 워런

---

* 1963년 8월 워싱턴 D.C에서 20만 명의 군중이 모여 흑인들의 일자리와 자유를 요구한 시민 집회.

의 조상들 역시 다른 흑인들처럼 남부를 떠나 산업화된 북부로 대이동 했다. 반면 오클라호마에서 소작농으로 일하던 내털리 포스터의 가족은 서쪽으로 향했다. 그들은 가뭄과 경제적 어려움에 시달리다 1930년대 에 집이 은행에 넘어가자 고향을 떠난 것이었다. 마치 《분노의 포도The Grapes of Wrath》*에 등장하는 조드Joad 가족처럼 그들은 일자리와 땅, 그리고 품위 있는 삶을 찾아 캘리포니아로 향하는 수천 명의 '오키Okie'** 무리에 합류했다.

하지만 포스터 일가는 원하는 바를 이루지 못하고 다시 오클라호 마로 돌아왔다. 그리고 곧바로 전쟁이 터졌다. 내털리 어머니의 남자 형 제들은 모두 참전했다. 그들은 전쟁에서 돌아온 후 제대군인 원호법(GI Bill)의 혜택을 받고 대학에 진학했다. 졸업 후에는 노조가 있는 직장에 취직해서 중산층 대열에 올랐다. 내털리의 어머니 역시 대학에 진학해 교사가 됐다. 그녀는 캔자스주의 스태퍼드Stafford에서 목회를 하던 목사 와 결혼해 1979년에 내털리를 낳았다.

올해 36세의 내털리는 내가 앞부분에서 언급한 '대분리' 현상, 즉 생산성의 증가에도 불구하고 임금이 정체되는 경제 현상이 시작될 무렵 에 태어났다. 그리고 레이건 행정부 시절에 유년기를 보냈다. 당시는 사 회진화론을 바탕으로 낮은 세율과 작은 정부를 강조하는 정책, 그리고 가난을 죄악시하는 사회적 분위기가 지배적이었다. 내털리는 인터넷을 고등학교 학습에 활용한 첫 번째 세대였으며, '정보는 손가락 하나로 언

• 　미국 작가 존 스타인벡John Steinbeck의 소설.
•• 　1930년대 오클라호마 출신의 이동 노동자.

제 어디서나 자유롭게, 그리고 무료로 활용할 수 있어야' 한다는 믿음을 갖고 자라났다. 그녀는 캔자스주의 보수적인 분위기에도 불구하고 비트 세대Beat Generation* 시인들의 작품을 탐독했다. 그리고 앨런 긴즈버그Allen Ginsberg, 윌리엄 S. 버로스William S. Burroughs, 잭 케루악Jack Kerouac 같은 비트 세대 작가들이 1950년대 젊은이들에게 전달하려 했던 메시지에 관해 전 세계 사람들과 인터넷 채팅으로 대화를 나누었다.

내털리의 가족과 아버지 교회의 신도들은 예배를 매우 중요시했다. "그래야만 영혼이 구원을 받고 천국에 갈 수 있다고 믿었거든요." 하지만 내털리는 캘리포니아 말리부에 소재한 '그리스도의 교회' 계통의 페퍼다인 대학Pepperdine University에 진학한 후 주말이면 로스앤젤레스의 빈민들을 대상으로 자원봉사를 나가기 시작했다. 그녀는 노숙자들에게 봉사를 하면서 인생의 방향을 바꾸었다. 다음 생애를 위한 영혼의 구원보다는 현세에서 사람들이 더 나은 삶을 살아가도록 돕는 일이 훨씬 중요하다는 사실을 깨달은 것이다.

내털리가 대학을 졸업하던 해에 비행기 두 대가 뉴욕의 세계 무역 센터 건물을 들이받는 사건이 발생하면서 세계는 공포의 도가니로 변했다. 당시 그녀는 애틀랜타에서 노동자들을 조직하는 일을 하고 있었다. 처음에는 환경운동가들을 훈련하는 그린코어Green Corps라는 단체에서 일했으며, 그후에는 시에라클럽에서 그레이트스모키마운틴스 국립공원Great Smoky Mountains National Park 보호를 위해 애팔래치아산맥의 탄광 가동 중

• 전후 50년~60년대에 삶에 안주하지 못하고 사회로부터 패배감beat을 경험했던 문학가와 예술가의 그룹.

지를 촉구하는 캠페인을 주도했다. 그녀는 또 무브온(MoveOn.org)의 조직 담당 이사가 되어 이라크전쟁을 반대하는 인터넷 운동에 앞장서기도 했다. 그리고 내털리는 다시 시에라클럽으로 돌아가 온라인 조직을 결성한 다음 '지구를 보호하고 탐구하기 위해' 전통적인 조직운동과 소셜 미디어, 그리고 대중 모금 운동을 통합해 이끌었다. 내털리의 활약은 대단했다. 결국 백악관이 그녀에게 구애의 손길을 보냈다. 2009년 4월, 내털리 포스터는 '미국을 위한 조직Organizing for America'의 디지털 부문 이사로 임명되어 오바마 대통령의 의료 개혁안 통과를 위해 디지털 전략을 실행하는 역할을 맡았다.

내가 내털리와 인연을 맺게 된 것은 그때였다. 그녀는 의료 제도 개혁을 위해 함께 투쟁한 내 동료이자 지도자였다. 내털리는 의료 개혁안이 통과된 후 민주당 전국위원회Democratic National Committee의 디지털 조직을 이끌었다. 그리고 의회 중간선거를 계기로 오바마케어를 폐지하려는 티파티Tea Party*에 대항했다(오바마케어는 이 격렬한 싸움을 통해 큰 상처를 입었지만 여전히 건재하다). 당시 내털리와 결혼을 약속한 매트 유잉Matt Ewing 역시 사람들을 조직하는 데 뛰어난 재능을 지닌 사람이었다. 그는 자신을 "새로운 땅에서 봉사하는 개혁가"라고 불렀다. 두 사람은 대공황 시대에 '오키'였던 내털리의 조부모처럼 캘리포니아로 이주했다. 내털리와 매트는 디지털 기술을 통해 '걱정 합중국'의 국민들에게 공동체 의식과 안정감을 심어줄 방법을 찾고 있었다. 내가 내털리를 만나 이야기를 나누고 싶었던 것은 이런 이유에서였다. 그녀는 이제 새로운 경제의 시

• 미 공화당 내의 극보수 조직.

민들에게 아메리칸드림을 되돌려주는 일에 주력하고 있었다.

2011년 5월, 내털리는 인권 운동가 밴 존스Van Jones와 함께 '아메리칸드림의 재건Rebuild the Dream'이라는 단체를 출범했다. 그들은 이 조직의 사명이 '기술을 활용해 중산층의 보호와 확대를 위한 창의적 해결책을 도출하고, 모든 사람을 번영으로 이끌 방법을 창조해내는' 것이라고 말했다. 내털리가 말했다. "그동안 미국의 중산층을 결집할 수 있는 조직은 노동조합밖에 없었습니다. 이제 중산층은 사라졌습니다. 우리는 오픈 소스 기반의 '지도자 없는' 아메리칸드림 운동을 조직하고자 했습니다. 하지만 국민들이 진정으로 원하는 것은 그런 운동이 아니었을 겁니다. 무엇보다 대중은 이 나라에 만연한 불평등 때문에 매우 화가 난 상태입니다. 월스트리트에서 점령 운동이 벌어진 후 6개월이 지나면서 불평등의 문제가 사회적 담론의 핵심 주제로 떠올랐습니다. 대중의 분노는 점점 확산되는 추세입니다."

그런 가운데 내털리는 또 다른 사회적 기류를 체감하기 시작했다. "이제 전 세계의 사람들이 서로를 돕는 '공유 경제peer economy'가 구축되고 있습니다. 아기 돌보는 일을 공유하는 협동조합이나 시간 은행time bank*, 그리고 집, 자동차, 기술, 시간 같은 자원을 함께 나누는 시스템에 이르기까지 사람들이 생활비를 벌고, 시간에 구애받지 않고 자유롭게 일하며, 가족들과 보다 많은 시간을 보낼 수 있도록 돕는 체제가 만들어지고 있는 거죠." 그녀는 이 공유 경제 시스템이 수십 년 동안 세계를 지

---

* 다른 사람에게 봉사한 시간만큼 점수를 획득하고 누적된 점수만큼 자신도 남에게 봉사 받을 수 있는 상호부조 제도.

배했던 경제 모델의 대안이 될 거라고 생각한다. "여러 세대에 걸쳐 소수의 사람이 부와 생산, 그리고 사회 통제력을 독점했습니다. 이제 모든 사람에게 더 많은 가치를 안겨주는 새롭고 평등한 경제 모델이 탄생한 겁니다."

2013년 내털리 포스터는 동료들과 함께 피어스^{Peers}라는 회원제 온라인 공동체를 출범시켜 새로운 경제를 창조하기 시작했다. 다른 두 명의 설립자는 〈뉴욕 타임스〉의 전략 이사로 재직 중인 제임스 슬레작$^{James Slezak}$과 에어비앤비의 커뮤니티 담당 임원인 더글러스 앳킨$^{Douglas Atkin}$이었다. 내털리는 인터뷰에서 피어스가 자신의 고향 캔자스주 스태퍼드의 모습을 떠올리게 한다고 말했다. 스태퍼드의 유일한 슈퍼마켓은 최근 문을 닫았다. "그래서 지역 공동체가 조금씩 돈을 거두어 지역 주민들을 위한 슈퍼마켓을 자체적으로 만들었어요." 내털리가 말했다. "그곳은 단지 물건을 사는 장소가 아니라 공동체를 위한 장場이 됐죠. 이제 전 세계의 모든 사람이 서로에게 의지하면서 자신들이 원하는 방향으로 경제를 구축하고 있어요. 그것이 바로 피어스가 추구하는 세상입니다."

내털리와 그의 동료들은 집이나 카페, 그리고 기타의 장소에서 공동체 회원들과 함께 '포트럭$^{potluck•}$' 저녁식사 모임을 시작했다. 사람들은 함께 음식을 나누며 서로의 경험과 미래의 희망을 이야기하고 친목을 쌓았다. 내털리는 오클랜드에서 열린 행사에 참가했던 경험을 이렇게 말했다. "한 여성은 이웃 사람들과 '아이 돌보기' 협동조합을 조직한 이야기를 들려주었습니다. 또 어떤 사람은 리프트$^{Lyft••}$를 통해 운전하며 돈을 벌었고, 또 다른 사람은 쉽$^{Shyp•••}$에서 배송 일을 하며 수입을 올렸다는 이야기도 했죠. 그런 서비스들이 막 시작되던 무렵이었어요." 피어스의 저녁식사 모임Dinners with Peers은 전 세계 92개 도시로 확산되었다. 케냐의 나이로비, 그리고 오클라호마 주의 털사Tulsa에서도 모임이 열렸다.

내털리는 저녁식사 모임을 통해 사람들이 매우 다양한 이유로 공유 경제에 참여한다는 사실을 깨달았다. 일례로 어떤 사람들은 소매점에서 일하다 업무 스케줄이 너무 빡빡해 삶의 계획을 세우거나 부업을 할 수도 없고, 그렇다고 다른 직업을 찾기도 어려워 일을 그만두었다. 하지만 공유 경제 체제에서는 누구나 자신의 사정에 따라 여러 가지 일을 하며 새로운 방식으로 소득을 얻을 수 있다. "그러므로 그 일들을 더 이상 직업이라고 부르기는 어렵습니다." 내털리가 말했다. "그보다는 '생계 수단을 설계하는' 일에 가깝죠."

현재 피어스의 가입자 수는 50만에 달한다. 피어스 웹사이트에 접속해보면 새로운 경제가 어떤 모습으로 형성되고 있는지 확인할 수 있다. 독자들의 이해를 돕기 위해 피어스에서 수행되는 주요 업무의 종류와 이 사이트에 등록된 회사들, 그리고 프리랜서들이 일을 하며 수입을 올리는 방식에 대해 간단히 소개한다.

차량 공유 및 배송

— 우버 및 리프트: 이동이 필요한 승객을 원하는 장소까지 태워준다.

— 셔들Shuddle: 바쁜 부모들을 대신해 아이들을 등하교시킨다.

- 자기 음식을 조금씩 가져와서 나누어먹는 식사.
- •• 미국의 차량 공유 서비스 업체.
- ••• 2013~2018년까지 운영되었던 미국의 주문형 배송 스타트업.

— 사이드카^{Sidecar} : 지역 공동체 사람들과 자동차를 나누어 탄다.

— 릴레이라이즈^{Relay Rides} : 개인의 자가용을 다른 사람에게 장기간 대여해 준다.

— 먼체리^{Munchery} : 음식이 필요한 사람에게 품질 좋은 요리를 배달한다.

— 포스트메이츠^{Postmates} : 자동차, 자전거, 스쿠터, 기타의 교통수단을 이용해 물건을 배송한다.

— 스핀리스터^{Spinlister} : 개인이 소유한 자전거, 서핑 보드, 겨울 스포츠 장비 등을 대여한다.

— 인스타카트^{Instacart} : 이웃 주민들에게 식료품을 배달한다.

— 쉽^{Shyp} : 지역 공동체 사람들에게 포장과 배송 서비스를 제공한다.

— 돌리^{Dolly} : 물건 운반을 돕는다.

주택 공유

— 홈스테이^{Homestay} : 개인의 집을 이용해 여행객들에게 숙박을 제공하고 여행 가이드 역할을 해준다.

— 에어비앤비^{Airbnb} : 개인의 주택, 아파트, 또는 빈방을 다른 사람들에게 대여한다.

— VRBO : 개인의 주택이나 별장을 대여한다.

비즈니스

— 업워크(4장에서 소개했다).

— 썸택^{Thumbtack} : 창의적이고 전문적이며 숙련된 프리랜서들을 고객과 연결시켜준다.

— 블로그머트^{Blogmutt} : 참신한 콘텐츠가 필요한 회사들에게 블로그를 작성해주는 서비스를 제공한다.

심부름 및 청소

— 핸디^{Handy} : 집안일을 대신해준다.

— 잡러너스^{Job Runners} : 다양한 심부름과 기타 일상적인 업무 서비스를 제공한다.

케어

— 어반베이비시터^{Urbanbabysitter} : 아이 돌보는 일이나 보모 업무를 제공한다.

— 도그배케이^{DogVacay} : 애완견을 돌봐준다.

— 케어닷컴^{care.com} : 아이, 애완동물, 노인 등을 돌봐주고 집안일을 돕는다.

교육

— 인스타에듀^{InstaEdu} : 대학생들에게 과외 교습 서비스를 제공한다.

— 코치업^{CoachUp} : 운동선수들을 코치해준다.

기술과 재능

— 태스크래빗(5장에서 소개했다).

— 고릴리^{Gorrilly} : 자신이 선호하는 시중의 제품들을 다른 사람에게 소개하고 경험을 나눈다.

— 피스틀리^{Feastly} : 가정에서 요리한 음식을 저렴한 가격으로 손님에게 제

공한다.

　— 엣시: 수제품이나 공예품, 기타 빈티지 물건들을 판매한다.

　— 스파크플러그Sparkplug: 자신의 악기를 음악가들에게 대여한다.

　— 베이어블Vayable: 여행자들에게 문화적 경험을 제공한다.

피어스에서는 여러 기업이나 조직에 대한 후기와 관련 링크를 제공하기 때문에 회원들이 비즈니스, 보험, 세금, 법률 및 재무 관련 문제들을 관리하는 데 도움이 된다.

　2014년 내털리 포스터는 피어스를 그만두었다. 나는 그 이유를 물었다. "매트와 저는 각자 스타트업 회사를 운영했습니다. 어린 아들도 하나 있었어요. 실리콘밸리를 꿈꾸는 사람들에게는 멋진 드라마 같은 모습일 수도 있었겠죠." 내털리가 말했다. "하지만 그런 식의 생활을 계속하는 건 끔찍한 일이었습니다." 두 사람은 각자의 회사를 "아주 훌륭한 사람의 손에" 넘긴 후에 멕시코 남부의 오악사카Oaxaca에서 6개월의 안식년 휴가를 보냈다. 휴가에서 돌아온 뒤 매트는 "지역 공동체에 태양전지판 보급을 확산시키는" 사명을 지닌 솔라시티SolarCity라는 스타트업에 들어갔다. 내털리는 팔로알토에 소재한 미래발전연구소Institute for Future Approach의 연구원이 됐다. 이 비영리 단체는 기업들이 장기적 미래와 관련해 내리는 의사결정을 돕는다. 내털리는 이렇게 말했다. "한 가지 걱정은 우버의 운전사들이 처한 상황이 제 아버지의 처지와 매우 비슷하다는 겁니다." 그녀의 아버지는 교회 목사 생활을 그만둔 후 콜로라도로 이주했다. 그리고 집 안팎의 잡일들을 대신해주는 자영업자로 변신했다. 내털리는 아버지의 비즈니스를 위해 웹사이트도 만들어주었다. "아버지는 사업을 잘하고 계세요. 사람들에게 입소문도 퍼졌고 옐프Yelp 같은 온라인 플랫폼을 통해 평판도 좋아졌어요. 하지만 아버지에게는 사회적 안전망이 없습니다. 우버의 운전사들을 포함해 공유 경제에 참가한 다른 자영업자들도 마찬가지고요. 저는 그들에게 보호 장치를 마련해주는 데 매우 관심이 많습니다."

나는 뉴햄프셔 시골에서 자라난 어린 소년이 아메리칸드림을 바탕으로 거대한 다국적 기업의 CEO가 됐다는 이야기로 이 장을 시작했다. 그리고 역시 아메리칸드림을 꿈꾸고 이루어낸 시카고, 할렘, 오클라호마, 캔자스 출신 아이들을 소개했다. 이제 샌프란시스코에 거주하는 내털리 포스터가 세 살배기 아들에게 품고 있는 꿈을 말하며 이 장을 맺으려고 한다. 아이의 정식 이름은 헉슬리Huxley지만 부모는 그를 허크Huck라고 부른다. 내가 그 이유를 묻자 내털리가 이렇게 대답했다. "정장을 입었을 때는 헉슬리가 되고 작업복을 입었을 때는 허크가 될 수 있잖아요." 두 개의 이름에서는 뭔가 문학적인 향기가 풍겼다. 나는 영국 작가 올더스 헉슬리Aldous Huxley의 《멋진 신세계Brave New World》, 그리고 미국 작가 마크 트웨인Mark Twain이 미시시피 강을 배경으로 쓴 허클베리 핀과 톰소여의 이야기들을 떠올렸다. 만일 마크 트웨인이 살아 있다면 이런 기술적 파괴와 변화의 시대를 살아가는 세 살배기 허크 유잉의 성장 이야기를 어떻게 쓸까?

"당신은 허크의 미래에 대해 어떤 꿈을 꾸고 있나요?" 나는 내털리에게 물었다.

"아, 솔직히 허크의 앞날에 유토피아가 펼쳐져 있다고 생각하기는 어려워요." 내털리가 대답했다. "지구온난화 현상도 갈수록 심각해지는 데다 대학을 졸업하는 아이들은 많은 빚을 떠안고 학교를 나서는 형편이니까요. 하지만 저는 허크가 모든 아이에게 공평한 기회가 주어지는 사회에서 살았으면 합니다. 그리고 자기가 진정으로 좋아하는 일을 하면서 생계를 해결했으면 좋겠어요."

7장 ─────

새로운 아메리칸드림을
향하여

앞서 소개한 전략적 변곡점에 관한 앤디 그로브의 심오한 통찰은 내가
직업과 노동, 그리고 중산층에 미치는 기술의 영향을 생각하는 데 큰 자
극제가 됐다. 그리고 2014년 4월, 나는 이 문제의 심각성을 더욱 적나라
하게 느끼게 된 개인적 경험을 했다. 당시 나는 노스캐롤라이나주 더럼
Durham시에서 열린 풀 프레임 영화제Full Frame Film Festival•1에서 〈더 핸드 댓
피드The Hand That Feeds〉(2014)라는 영화의 시사회에 참가했다. 이 영화는 사
회의식이 투철한 두 젊은이 레이첼 리어스Rachel Lears와 로빈 블로트닉Robin
Blotnick이 각본을 쓰고 감독과 제작도 맡았다.

리어스와 블로트닉은 맨해튼의 어퍼이스트사이드에 위치한 식당
겸 제과점 핫 앤 크러스티 베이글 카페Hot and Crusty Bagel Cafe에서 노동자들

●   1997년부터 더럼에서 매년 개최되는 다큐멘터리 영화제.

을 조직해 싸웠던 어느 용감한 남자의 실제 이야기를 필름에 담았다. 마오마 로페스Mahoma Lopez는 멕시코 출신의 불법 이민자로 이 식당에서 샌드위치 만드는 일을 했다. 이곳을 드나드는 부유한 고객들은 로페스를 포함해 카운터 뒤에서 일하는 이주 노동자들이 휴일도 없이 하루에 12시간씩 일하면서도 최저임금에 미치지 못하는 보수를 받는다는 사실을 알지 못했다. 물론 그들은 휴가, 의료보험, 잔업수당 등도 생각할 수 없었다. 몸이 아파 결근이라도 하면 해고를 각오해야 했다.

로페스는 소심한 성격이었지만 이런 상황을 더는 참을 수 없었다. 그는 열악한 근무 환경에 항의하면서 다른 직원들에게 함께 싸우자고 제안했다. 두 달 동안 급여를 받지 못한 로페스와 동료들은 핫 앤 크러스티를 상대로 파업에 돌입했다. 자신들을 이민국에 넘겨서 추방해버리겠다는 고용주의 위협에도 아랑곳하지 않고 용감하게 저항한 것이다. 당시 막 시작된 월스트리트 점령 운동에 참여하던 시위대 일부도 카페를 점거하고 파업에 동참했다. 핫 앤 크러스티의 주인은 업소를 폐쇄하겠다고 위협을 이어갔다. 하지만 몇몇 훌륭한 변호사와 노조 지도자의 활약 덕분에 이 식당의 새 주인은 노조의 존재를 받아들였다. 로페스와 22명의 동료들은 결국 종업원을 위한 복지 혜택이 담겨 있는 계약서를 손에 쥘 수 있었다. 수많은 권력자들이 노동운동을 말살하기 위해 애쓰는 이 시대에 노동자들의 단결을 통해 얻은 드물고 값진 승리였다.

나는 영화가 끝나자 다른 관객들처럼 자리에서 벌떡 일어났다. 그리고 힘겨운 투쟁 끝에 의미 깊은 승리를 얻어낸 노동자와 노조 지도자에게 박수를 보냈다. 하지만 극장을 나서는데 왠지 모를 깊은 우려와 좌절감이 마음을 가득 채웠다. 이런 느낌은 2009년에 근로자 자유 선택법

이 의회에서 통과되지 못한 이후로 처음이었다. 내가 지난 수십 년 동안 목격한 노동운동 중 가장 용감하고 창의적이며 세심하게 조직된 52일의 파업으로 직접적인 혜택을 받은 사람들은 겨우 23명의 노동자들이었다. 만일 우리가 이보다 천배 만 배 많은 노력을 기울인다 해도, 1퍼센트의 부자들과 나머지 99퍼센트의 미국인 사이에 가로놓인 불평등의 벽에 흠집조차 내기 어려울 거라는 생각이 들었다.

반면 의료 개혁은 우리가 단결하면 세상을 조금이라도 바꿀 수 있다는 가능성을 보여준 사건이었다.[2] SEIU를 포함한 여러 조직들이 지혜롭고 끈기 있는 노력을 쏟아부은 끝에 변화의 시대에 선출된 오바마 대통령은 2010년에 오바마케어, 즉 '환자 보호 및 부담 적정 보험법Patient Protection and Affordable Care Act'(ACA)에 서명했다. 미국 보건 사회 복지부는 2015년 3월 현재 오바마케어의 혜택을 받는 사람의 수가 1,640만 명에 달한다고 발표했다.[3] 그중에는 보험 시장을 통한 가입자, 메디케이드 확대 혜택Medicaid Expansion* 수혜자, 부모의 보험을 통해 수혜를 받는 젊은 성인들 등 다양한 형태의 수혜자들이 존재했다.

만약 노동조합들이 전통적인 형태의 단체교섭이나 조직력에만 의존했다면 의료 개혁과 같은 거대한 승리를 거두기는 어려웠을 것이다. 우리는 전혀 예상치 못한 인물들을 포함해서 다양한 전략적 파트너들을 끌어들일 수밖에 없었다. 또한 대통령의 권한과 영향력도 충분히 활용해야 했다. 우리가 불안과 우려의 변곡점 위에 놓인 미국의 경제를 바꾸기

---

* 오바마케어 발효 이후 메디케이드의 적용 범위를 연방 빈곤지수의 133% 미만으로 확대해서 제공하는 혜택.

위해서는 이러한 노력이 필요할 것이다. 앞으로 기술의 비약적인 발전 때문에 미국의 노동자 중 절반 가까이가 일자리를 잃을 것이다. 우리의 할아버지와 아버지에게는 삶의 동기가 되었던 아메리칸드림이 우리 자식들과 손자들의 세대에 이르면 잡을 수 없는 환상에 불과해질 것이다.

그렇다면 이런 모든 노력을 주도할 사람은 누구인가? 물론 마오마 로페스가 이끌었던 것 같은, 노동자들에게 승리를 안겨줄 수 있는 노동조합의 존재는 여전히 중요하다. 하지만 기술 기반의 경제가 새롭게 대두되는 상황에서 노조의 역할은 이전보다 훨씬 제한적이다. 특히 정규직 근로자가 줄어든다면 노조가 대변할 조합원의 수도 함께 감소할 수밖에 없다. 새로운 경제는 새로운 사고방식과 혁신을 요구한다. 안타깝게도 노동조합을 이끄는 사람들은 변화하는 경제에 대응할 만큼 창의적이지 못하다. 이는 우버와 에어비앤비를 포함한 여러 혁신적인 벤처 기업들의 사례, 그리고 프리랜서들을 결속하는 데 어려움을 겪었던 노동조합들의 경험을 통해 이미 입증됐다. 대부분의 노조 지도자들은 단체교섭권의 행사가 노동자들의 권익을 대변할 수 있는 유일한 길이라는 외골수적 신념에 사로잡혀 있다.

그렇다면 새로운 문화적 변화를 이끌 수 있는 아이디어는 무엇일까? 어떤 신선한 메커니즘이 그처럼 거대한 변혁의 동력이 되어야 할까? 나는 더럼의 극장을 떠나며 내 자신에게 이런 질문을 던지기 시작했다. 내가 찬사를 보냈던 영화 속 운동가들은 그동안 만났던 어떤 사람들보다도 유능하고 전략적이며 헌신적이었다. 하지만 내가 만일 65세가 아니라 25세의 젊은이로 되돌아가 미래의 노동자들에게 뭔가 변화를 안겨주기 위해 노력한다면, 나는 노동조합이나 늘 자금난에 허덕이는 공동체를 조직하는 일에만 매달리지는 않을 것이다. 대신 노동자만이 아니라 모든 미국인의 삶을 변화시키는 문제로 눈을 돌리고, 정부가 사회보장 연금, 메디케어, 그리고 오바마케어 등과 같은 업적을 이루어 냈을 때처럼 진정한 국가적 노력을 이끌어낼 수 있는 조직을 결성하는 데 전념할 것이다.

나는 지난 4년 동안 세계에서 가장 영향력이 큰 경제학자와 정책 입안자들을 만나 노동의 미래에 대해 논의했다. 그들 중에는 노벨 경제학상을 받은 두 명의 학자, 뉴욕 주립대학 스턴 경영대학원Stern School of Business의 마이클 스펜서Michael Spencer와 컬럼비아 대학의 조지프 스티글리츠도 포함되어 있다. 또한 조지 W. 부시 행정부 시절에 대통령 경제 자문위원회 의장을 지냈으며, 공화당 대통령 후보였던 밋 롬니Mitt Romney와 젭 부시Jeb Bush의 경제 고문 역할을 했고 지금은 컬럼비아 경영대학원 학장으로 재직 중인 글렌 허버드, 그리고 조 바이든 부통령의 수석 경제 자문을 역임한 제러드 번스타인Jared Bernstein 같은 인물들과의 대화를 통해 공화당과 민주당의 핵심 인사들에게 조언을 제공하는 전문가들의 사고방식을 엿볼 수 있었다.

매킨지 글로벌 연구소의 정책 분석가 수전 룬드Susan Lund와 뉴스쿨New School의 테리사 길라르두치Teresa Ghilarducci 교수는 고용 창출, 실업, 노후 보장 등에 관한 최선의 시나리오와 최악의 시나리오를 정리해주었다. 또 프리랜서유니언의 설립자 세라 호로비츠는 비정규직 경제하에서 일하는 노동자들이 직면한 문제점을 보다 깊이 이해하는 데 도움을 주었다. 그리고 하니웰의 CEO 데이비드 코티나 켈리서비스의 CEO 칼 캠든과도 앞서 소개한 대화를 포함해 오랜 시간에 걸쳐 이야기를 나누었다. 뿐만 아니라 내가 연구원으로 재직 중인 컬럼비아 대학에서 나를 재정적으로 지원해주는 억만장자 로널드 페럴먼Ronald Perelman, 그리고 내가 노동의 미래를 연구하기 위해 조직한 열린사회재단의 이사장 조지 소로스George Soros 같은 인사들과도 많은 대화를 했다.

나는 그들 모두에게 이런 질문들을 던졌다. 최근의 경제 회복에도 불구하고 고용 창출 부진과 임금 정체 현상이 나타나는 이유는 무엇인가? 또 이 기술의 시대에서 중산층의 발전을 가로막는 가장 큰 문제는 무엇이라고 생각하는가?

나는 앞에서 열거한 사람들 모두가 기술이 일자리에 미치는 장기적인 영향에 대해 어느 정도 우려할 거라 생각했다. 하지만 내가 특별히 그 이야기를 끄집어내지 않는 한, 그들과의 대화 도중 '기술 발전에 따른 실업'이라는 주제가 등장하는 경우는 드물었다. 이야기가 나온다고 해도 하니웰의 데이비드 코티처럼 말하는 사람이 대부분이었다. "걱정 마세요. 일자리는 분명히 새로 만들어질 겁니다. 기술이 변화하는 시대에는 언제나 그랬으니까요."

그 많은 전문가 가운데 기술이 고용에 미치는 영향을 우려하는 사람이 거의 없다는 것은 낯설고도 걱정스러운 사실이었다. 하지만 현재의 추세가 이어진다면 '기술적 파괴'라는 이름의 서사敍事는 비극적인 결말을 맞이할 개연성이 매우 높다. 그 서사의 마지막은 "언제나처럼 새로운 일자리들이 생겨날 것이다"라는 낙관적인 이야기가 아니라 "좋은 일자리는 영원히 사라지고 새로운 일자리들은 미국의 중산층을 떠받치기에 양과 질에서 부족하다"는 대사로 마무리될 것이다.

나는 미래가 그럴 것이라고 확신했다. 그래서 '일자리가 사라진 미래A Jobless Future'라는 제목의 첫 번째 프레젠테이션을 작성해 컬럼비아 경영대학원과 여러 회의석상에서 발표했다. 이따금 강의에 참석한 학생들이나 정치가들이 내게 이의를 제기하기도 했다. 그들은 나의 '비관적' 관점과 상반되는 저명한 학자들의 학설을 인용하면서, 현대의 기술 혁명은 과거 많은 일자리를 창출해냈던 농업 및 산업 시대의 그것과 왜 달라야 하느냐고 물었다.[4] 물론 미래에 대한 논쟁을 하는 시점에서는 누가 옳고 그른지를 입증할 수 없다. 그런 면에서 앤디 그로브는 전략적 변곡점에 대해 매우 선견지명이 있는 예측을 했다. "…되돌아보고 나서야 확실히 알게 되는 경우가 많다."

이제 내가 생각하는 노동의 미래를 간략하게 소개해보고자 한다.

먼저 나는 앤드루 매카피나 에릭 브린욜프슨 같은 학자들의 견해대로 인류는 디지털 기술과 정보 기술이 경제에 미치는 영향을 이미 체감하고 있다고 생각한다. 뿐만 아니라 불과 15~25년 후에는 패러다임의 대전환을 야기하는 충격이 밀어닥칠 것이라고 믿는다. 〈애틀랜틱〉의 선임 편집자 데릭 톰슨Derek Thompson의 '노동 없는 세상A World Without Work'이라는 기사에는 내 주장의 핵심적인 내용이 담겨 있다.[5]

톰슨은 이렇게 썼다. "노동 없는 세상이라는 말은 단순히 실업률 문제가 긴박하다거나 향후 10년 내에 미국 전체 노동인구의 30~50퍼센트가 실직할 가능성이 있다는 것을 의미하는 게 아니다. 더 큰 문제는 기술로 인해 노동의 가치와 효용성이 지속적으로 하락할 것이라는 사실이다. 특히 임금과 정규직 노동자의 비율은 앞으로 계속 감소할 것으로 예상된다. 결국 노동이 성인의 삶에서 가장 중요한 요소라는 개념이 사라지는 뉴노멀new normal•이 창조될 것이다."

물론 현재 상황이 우리가 과거에 경험했던 기술적 변화의 시대와 엄청나게 다르다는 것은 내 개인적 의견이다. 또한 전문가들 사이에서도 로봇이나 소프트웨어가 어느 정도 일자리를 없애거나 만들어낼지 의견이 일치하지 않는다. 그러나 중요한 점은 거대한 기술적 파괴의 시대가 다가오고 있다는 견해에 동의하는 학자와 교수, 그리고 기술자들이 점점 늘어나고 있다는 사실이다.

예를 들어 전 미국 국무장관 래리 서머스는 기술적 변화의 영향을 실감한 후 생각을 바꾼 사람 중 하나다. "1970년대 초 내가 MIT 대학원생이었던 시절에는 대부분의 경제학자들이 자동화로 인해 모든 일자리가 사라질 거라고 믿는 멍청한 사람들을 경멸했습니다." 2013년 7월 국립경제연구소의 하계 연구 프로그램에 참석한 서머스는 이렇게 말했다. "몇 년 전까지만 해도 나는 이것이 그토록 복잡한 문제라고 생각하지 않았습니다. 단순히 러다이트 운동가들은 틀렸고 기술적 진보를 믿는 사람들이 옳다고 여긴 겁니다. 하지만 지금은 그 생각에 대해 확신이 없습니다."[6]

서머스는 이렇게 주장한다. "만일 현재의 추세가 지속된다면 앞으로 한 세대 후에는 중년층 인구의 4분의 1이 언제든 일자리를 잃게 될 겁니다." 그는 "충분한 일자리 공급"이 인류가 해결해야 할 가장 심각한 경제적 과제라고 본다.

하지만 2014년 퓨 리서치 센터가 새로운 기술이 경제에 미치는 영향에 대해 전문가 1,896명의 의견을 조사한 결과, 그들은 여전히 견해

●   시대 변화에 따라 새롭게 떠오르는 기준 또는 표준.

가 엇갈린다는 사실이 드러났다. 인터넷을 기반으로 한 이 조사는 세 종류의 전문가 그룹을 대상으로 이루어졌다.[7] 첫 번째는 퓨 리서치 센터와 엘론 대학Elon University이 과거 다섯 차례의 공동 조사를 수행할 때 대상자였던 사람들, 또 인터넷 형성기의 12년 동안 다양한 연구를 통해 파악된 전문가 집단이 포함됐다. 두 번째 그룹은 세계 인터넷 연구자 학회Association of Internet Researchers, 인터넷의 권리와 원칙을 위한 연합Internet Rights and Principles, 자유 기술 연구회Liberation Technology, 미국 정치학회American Political Science Association, 사이버텔레콤Cybertelecom, 미국 사회학회American Sociology Association의 정보 통신 기술 위원회 등에 소속된 유명 인터넷 분석가들이다. 마지막 세 번째 전문가들은 퓨 리서치 센터가 인터넷 프로젝트를 진행할 때 설문 대상자 목록에 포함됐던 사람들로, 기술 동향과 데이터에 민감하게 반응하면서 때로는 스스로 온라인 세계를 구축하는 전문가들이 여기에 속한다.

퓨 리서치 센터의 연구에 따르면 위의 전문가 가운데 절반(48퍼센트) 정도가 미래에는 로봇과 컴퓨터 때문에 화이트칼라와 블루칼라 노동자들의 일자리가 상당 부분 사라질 것이며, 그에 따라 소득 불평등 심화, 실업자 증가, 사회질서 붕괴 등의 현상이 발생할 가능성이 높다고 응답했다. 하지만 나머지 52퍼센트는 이와 반대의 의견을 보였다.

미래를 정확히 내다보는 일은 최고의 미래학자들에게도 어려운 문제다. 매카피와 브린욜프슨은 공저 《제2의 기계 시대The Second Machine Age》에서 이렇게 주장했다. "컴퓨터의 능력은 너무도 뛰어나기 때문에, 앞으로 10년 후에 이 기계가 어떤 곳에 사용될지 예측하는 일은 불가능에 가깝다."[8]

또한 자동화가 어떤 형태로 이루어질지에 대한 논란도 지속적으로 이루어진다. 앞서 언급한 옥스퍼드대 연구의 저자들처럼, 기술과 인공지능의 발전으로 인해 향후 많은 직업들이 자동화될 것이라고 말하는 사람들이 있다. 반면에 자동화의 네 가지 핵심에 관한 매킨지 보고서에서처럼, 개별 과업이나 행위에 초점을 맞춰야 자동화의 과정을 보다 잘 이해할 수 있다고 주장하는 사람들도 있다.

나는 매킨지 연구자들의 견해에 동의한다. 향후 10~15년 사이의 가까운 미래에 진행될 자동화 과정을 예상하는 데는 이 접근 방법이 더 적합할 것 같다. 다시 말해 자동화에 관한 논의의 핵심은 기술이 특정한 작업이나 역할을 대신함으로써 인간의 노동력에 대한 필요를 감소시키는 과정을 이해하는 데 있다는 것이 그들의 주장이다. 그리고 세상은 이미 그런 식으로 돌아가는 중이다. 아마존의 창고 운영 방식은 그중 가장 대표적인 사례다. 매킨지 연구자들은 ㅗ 외에도 공항의 키오스크^{kiosk}•나 질병의 진단에 활용되는 IBM 슈퍼컴퓨터 왓슨을 예로 든다. 말하자면 최근의 기술적 변화가 해당 직업들을 완전히 사라지게 만들지는 않았지만 인간이 직접 수행하던 수많은 작업들이 기계의 손에 넘어갔다. 그리고 이런 방식의 진보가 계속 이루어지면서 기업들은 서서히 노동력을 줄여갈 것이다.

내 생각에 매킨지 연구자들의 주장대로 '행동 기반'의 자동화가 이루어지면서 사람이 수행하는 작업들의 양은 꾸준히 줄어들고, 이에 따라 일자리는 계속 감소하게 될 것 같다. 그러다가 게임의 판도를 바꾸어

• 공공장소에 설치된 터치스크린 방식의 무인 종합 정보 안내 시스템.

놓을 몇 가지 커다란 사건이 일어날 것이다. 첫째, 조만간 교통이나 운송 분야에서 자율 주행 자동차가 본격적으로 도입될 것이다. 이런 일이 현실화된다면 현재 29개 주에서 가장 많은 종사자를 보유한 직업군이 사라지면서 사상 최악의 실업이 초래될 가능성이 있다. 둘째, 인공지능이 충격적일 정도로 똑똑하게 발전하는 상황을 예상해본다. 이런 세상이 온다면 엘론 머스크, 빌 게이츠, 스티븐 호킹 같은 기업가와 학자들이 우려했듯 인간 사회는 예측할 수 없는 방향으로 대변혁을 이룰 것이며, 우리가 일하고 살아가는 방식은 완전히 바뀔 것이다.

물론 미래에 대한 전문가들의 견해는 일치하지 않으며, 배심원들의 평결도 반반으로 나뉜 상태다. 하지만 나는 개인적으로 톰슨의 결론에 마음이 끌린다. "그러나 노동이 사라진 미래 사회가 어떤 모습일지는 결국 우리 자신에게 달렸다. 우리는 보다 긍정적인 결과를 얻어낼 수 있는 방향으로 사회를 변화시켜야 한다."⁹ 우리에게 닥친 문제는 참으로 거대하다. 우리는 모든 관심과 역량을 기울여 이 변화 앞에서 무엇을 해야 할지 고민해야 할 것이다.

나는 문제의 해결책을 찾기 위한 첫 번째 단계로 경제학자, 전문가, 정책 입안자들 같은 사람들과 다양한 의견을 교환했다. 또한 친구나 옛 동료를 포함한 각 방면의 최고 권위자들에게 끊임없이 질문을 던졌다. "기술에 따른 실업의 문제를 해결하기 위해서는 어떤 정책을 세워야 할 것인가?"

나는 이 과정에서 훌륭한 정책적 해법을 이루는 가장 중요한 요인은 '타이밍'이라는 사실을 깨달았다. 내가 대화를 나눈 사람들의 의견과 그들이 제시한 권고 사항은 대체로 세 가지 종류로 나뉜다.

첫 번째는 현재에 초점을 맞춰야 한다고 주장하는 사람들과 해법들이다. 그들은 기술이 실업을 초래할 가능성 자체를 부인하면서 내 질문을 회피했다. 또한 그런 일을 생각하거나 계획하는 데 자원과 두뇌를 낭비하기보다 우리에게 닥친 시급한 문제들을 해결하는 일에 전념해야 한다고 주장했다. 나는 그들과 대화하면서 좌절감을 느꼈다. 하지만 나는 현재의 사안들에 대한 그들의 관심과 헌신을 존중한다. 그들은 최저임금 인상을 위해 싸우고, 경제적 불평등에 대항하고, 노동조합의 힘을 구축하고, 공정하고 포괄적인 이민자 정책을 얻어내기 위해 투쟁한다. 그들은 숭고하고 위대한 일을 수행하는 사람들이다. 나는 그 힘겨운 노력을 폄하할 생각이 전혀 없다. 하지만 그들이 제시하는 정책적 해법은 내가 생각하는 문제의 본질을 비껴간다. 그러므로 나는 현재의 문제를 해결하는 중요한 일을 그들의 손에 맡기고, 미래 지향적인 해결책을 찾아 여정을 계속할 수밖에 없었다.

두 번째는 내가 '완화파mitigator'라고 부르는 전문가 그룹과 해법이다. 그들은 기술적 발전에 따른 실업의 문제가 급진적인 해결책을 요한다는 사실을 완전히 받아들이지는 않지만, 기술적 혁신이 충격을 미칠수 있다는 데는 어느 정도 공감한다. 그러므로 그들이 제안하는 정책 역시 그들의 중도적인 신념과 닮은꼴이다. 그들의 아이디어는 완전히 새로운 패러다임을 수용할 만큼 급진적이지는 않지만, 가까운 미래에 닥칠 문제들을 어느 정도 완화하고 기술적 진화의 긍정적 요소를 활용하는 데 도움을 줄 수 있는 해결책들이다. 우리는 가까운 장래에 실시를 고려하게 될 이 정책들에 대해 보다 많은 관심을 기울일 필요가 있다.

그러므로 아래에서 이에 대해 좀 더 자세히 살펴보려고 한다.

마지막 부류의 전문가들은 나 자신을 포함해 기술이 실업에 미치는 영향을 진지하게 믿는 사람들이다. 우리는 기술로 인해 일자리가 사라지는 것은 필연적인 귀결이며, 이에 따라 향후 15~25년 사이에 근본적이고 포괄적인 정책적 해법이 강구되어야 한다고 생각한다. 이 그룹에 속한 대표적인 인물은 앤드루 매카피, 에릭 브린욜프슨, 앨버트 웽거Albert Wenger•, 스티븐 버켄펠드, 마틴 포드Martin Ford•• 같은 사람들이다. 하지만 우리는 그 해결책이 지금 당장 도입되어야 한다고 주장하는 것은 아니다. 다만 앞날을 대비해 적절한 정책을 고려하고 논의하고 이해해야 할 필요가 있다고 말하는 것이다. 나는 워싱턴 D.C에서 여러 해를 보내며 한 가지 교훈을 얻었다. 정책의 변화, 특히 급진적인 정책 변화는 하루아침에 이루어지지 않으며, 이를 위해서는 모든 지지 세력이 강력하게 연합해서 승리를 향한 길을 닦아야 한다는 사실이다. 그런 의미에서 이 장의 뒷부분부터 다음 장에 걸쳐 우리 사회를 기술에 따른 실업의 위기에서 건져내어 번영하게 만들 수 있는 좀 더 파격적인 정책을 위한 두 가지 주요 제안을 소개할 것이다.

하지만 그 전에 앞서 '완화파' 그룹이 제안한 정책들을 먼저 살펴보자. 대체로 다음과 같은 아이디어들이 포함된다.

첫째, 교육과 혁신에 초점을 맞춘다. 간접적인 방법처럼 보이지만 노동자들을 새로운 환경에 대비시킬 수 있으며 어느 정도의 고용 창출

•   유니언 스퀘어 벤처의 파트너.
•• 미국의 미래학자 겸 저술가.

도 가능하다.

둘째, 새로운 경기부양책을 강구하고 사회 기반 시설에 투자한다. 아직 자동화가 초기 단계인 상황에서는 이 방법을 통해 성장을 촉진시키고 고용을 창출할 수 있다.

셋째, 근로 장려 세금제도를 개선 및 단순화하고 최저임금을 인상한다. 이 방법은 노동자들의 소득 기반을 향상시키고 저소득 노동자들의 과도기적 어려움을 완화시킬 것이다.

넷째, 주당 노동시간을 축소한다. 이는 역사적으로 오래된 아이디어이며, 전혀 새로운 발상이 아니다. 노동시간을 줄이면 노동자들은(적어도 단기적으로는) 다른 일을 하며 추가적인 수입을 올릴 수 있을 것이다.

이제 이 아이디어들을 하나씩 자세히 살펴보자.

기술을 활용한 공교육 개선

일자리가 사라진 미래에 대한 망령을 떨쳐내기 위해서는, 초중고 교육을 개선해 현재 개발되고 있는 기술들에 대한 미국 경제의 경쟁력과 적응력을 강화하는 일이 필요하다. 물론 이를 위한 교육과정 개발이나 예산의 문제가 끊임없이 논란의 대상이 되기도 하지만, 미국 시민들이 훌륭한 교육에 높은 가치를 부여한다는 사실에는 누구도 이의를 제기하지 않는다. 뿐만 아니라 여러 여론조사 결과, 대부분의 사람들은 양질의 교육을 받을 기회가 기본적 인권의 하나라고 응답했다.

하지만 안타깝게도 교육과 관련한 최근의 통계는 대단히 실망스럽다. 대학이 제공하는 '임금 프리미엄(대학 졸업자와 고등학교 졸업자의 임

금 차이)'은 2000년 이후로 변함이 없다. 뿐만 아니라 대학을 나온 사람의 실질소득도 감소했다.[10]

이 글을 쓰는 2016년 초반을 기준으로 했을 때, 학생들이 대학에 등록하는 비율은 3년 연속 하락세를 나타냈다.[11] 부모들은 자신의 아이에게 학비 부채라는 이름의 무거운 짐을 떠안기는 대학 교육의 투자 대비 수익률(ROI)을 두고 고민한다. 인간의 일이 자동화와 아웃소싱으로 인해 사라지고 자율 주행 자동차나 트럭이 길을 누비는 시대, 그리고 터치스크린으로 계산과 주문이 이루어지고 창고 업무가 완전 자동화되는 시대에 사람들이 그런 고민을 하는 것은 당연하다. 이런 현상은 화이트칼라 직업군에도 영향을 미치기 시작했다. 우리는 변호사, 회계사, 의사, 보험 사정인, 주식 중개인, 소프트웨어 프로그래머의 업무를 기계가 점차 대신하는 모습을 목격한다.

하지만 '완화파'에 속하는 전문가들은 교육에 현명하게 투자하면 적어도 단기적으로는 어느 정도 도움이 될 거라는 강력한 믿음을 가지고 있다. 나 역시 그들의 의견에 일부 동의한다. 매카피와 브린욜프슨은 《제2의 기계 시대》에서 교육에 대한 훌륭한 투자 방법론을 제시한다.[12] 그들의 지침을 따른다면 적어도 향후 10년간은 현재의 문제를 타개하는 데 도움이 될 것이다. 첫째, 기술을 활용해서 가능한 한 많은 사람에게 양질의 교육을 제공해야 한다. MOOCs, 즉 개방형 온라인 강좌Massive Open Online Courses•는 그 과정에서 매우 중요한 역할을 담당할 것이다. 최고의 강사들이 제공하는 교육과정을 수백만의 사람들에게 저렴한 가격에

• 인터넷을 통해 대학 강의를 공개하는 강좌.

제공하는 특별한 능력 때문이다. 둘째, 훌륭한 교사를 적절히 지원하고 우대하는 정책이 필요하다. 또한 그들이 제공하는 노동의 가치에 합당한 급여를 지불해야 한다. 요컨대 학생들에게 높은 품질의 교육을 공급하기 위해서는 교사들에게 높은 소득을 보장할 수 있는 방법을 지속적으로 모색해야 할 것이다.

물론 이런 식의 투자는 간단한 일이 아니다. 하지만 우리가 이를 통해 보다 역동적인 교육 시스템을 만들어낸다면 기술로 인한 실업의 충격을 완화하고 보다 근본적인 개혁을 준비하고 실행할 시간을 벌 수 있을 것이다.

혁신을 위한 투자

단기적 정책이기는 하지만, 산업의 변화를 가져올 기술을 지속적으로 혁신하면 크게 두 가지의 가치가 창출된다. 첫째, 혁신을 통해 새로운 일자리, 새로운 산업 영역, 새로운 기업들이 만들어지면서 단기적 성장이 이루어질 것이다. 둘째, 미국인들을 포함한 세계 모든 사람의 생활수준이 향상될 수 있다. 우리는 새로운 기술의 능력을 활용해서 세계를 더욱 살기 좋고 공정하며 정의로운 장소로 만들기 위해 지속적으로 투자와 독려를 아끼지 말아야 한다. 하지만 우리는 이 방식을 통해 창출이 가능한 일자리의 수에는 한계가 있다는 사실 또한 잊어서는 안 된다. 매카피가 2014년 열린사회재단 회의에서 발표한 것처럼 현재 세계 '4대' 기업(애플, 아마존, 페이스북, 구글)에서 일하는 미국 내 정규직 직원의 수는 20만 명에도 미치지 못한다.[13]

새로운 경기 부양책

미국 경제 회복 및 재투자 법안American Recovery and Reinvestment Act, 즉 줄여서 '경기 부양책Stimulus Package'이라고 부르는 법안에는 2008년의 경제 위기 이후에 수백만의 국민들을 자립하게 만든 다양한 정책들이 포함되어 있다.[14] 정부는 이 정책들을 사용해 실직자들이 실업급여를 받는 기간을 늘려주고, 에너지 효율성 제고와 재생에너지 연구에 대한 투자를 강화했으며, 3자녀 이상을 둔 가정에게 한시적으로 근로 장려 세금제도의 혜택을 확대했다. 또 보육 관련 지원을 늘리고, 주택 구입 보조금을 인상했으며, 대학생이나 직장인의 신용도를 상향 조정했다. 그리고 생활보호 대상자나 장기 실업자들을 고용하는 기업들에게 장려금을 지급했으며 추가적인 세제 혜택을 제공했다. 이제 급격한 자동화에 따른 고용감축이 가속화되는 상황에서, 우리는 이런 정책들을 제도화시켜 사람들이 새로운 경제로 보다 원활하게 전환할 수 있도록 도와야 할 것이다.

사회 기반 시설에 대한 투자

하버드 대학의 래리 서머스, 컬럼비아 대학의 제프리 삭스Jeffrey Sachs, 미국 경제정책연구소의 래리 미셸Larry Mishel은 1930년대의 경제 대공황 때 입증되었듯 고용 창출을 위한 최선의 전략은 사회 기반 시설에 집중적으로 투자하는 것이라고 주장한다. 프랭클린 루스벨트 대통령은 공공산업진흥국Works Progress Administration(WPA)을 설립해서 사회 기반 시설 분야에 사상 최대 규모의 투자를 단행했다.[15] 이를 통해 대공황 이후 고통에 시달리던 많은 사람들에게 임시직 일자리를 제공했으며, 2차 대전과 관련한 정부 지출이 발생하면서 미국이 10년 이상 이어진 불황에서 벗어나기까지 경제의 공백을 메워주는 역할을 했다. 공공산업진흥국은 100만 킬로미터가 넘는 도로를 새로 만들거나 개선했으며, 12만 4,000개의 다리를 건설했고, 110만 곳의 지하 배수로를 조성 및 보수했다. 또 3만 9,000개의 학교를 신규 건축 및 수리했고, 8만 5,000개의 공공건물을 세웠으며, 8,000개의 공원과 1만 8,000개의 놀이터와 운동장을 건설했다. 비록 2009년의 경기 부양책에 포함되었던 공공 프로젝트들의 단기적 경기부양 효과가 다소 기대를 벗어나기는 했지만, 이 모든 일들은 결국 미국인들에게 새로운 경제적 기회를 제공하는 역할을 하게 될 것이다. 오늘날에도 낡은 다리, 도로, 공항, 철도 등을 개선하고 21세기에 대비한 사이버 기반 시설을 구축할 필요성은 항상 존재한다. 아직은 이 모든 공사들을 기계의 힘으로 완전히 수행할 수 없기 때문에 우리가 이 분야에 적절한 투자를 실행한다면 단기적으로 많은 미국인들에게 소득을 제공함으로써 그들이 새로운 경제로 이행하는 일을 도울 수 있을 것이다.

하지만 내가 이 글을 쓰는 시점에도 의회는 여전히 사회 기반 시설 프로젝트에 자금을 투입하기를 거부한다. 국가 부채가 증가하고 정부의 역할이 비대해진다는 이유 때문이다. 특히 공화당 소속 의원들이 그 아이디어에 결사적으로 반대한다. 하지만 그런 문제점을 극복할 수 있는 방법이 없는 것은 아니다. 우선 미국 기업들에게 한시적으로 법인세 인하 혜택을 제공함으로써 그들이 외국 은행에 예치해둔 약 2조 1,000억 달러의 해외 수익금을 국내로 들여오게 할 수 있을 것이다.[16] 그리고 여기에서 나오는 세금을 '사회 기반 시설 은행infrastructure bank'의 초기 자본으로 활용하는 방법이 있다. 만일 기업들의 수익금을 국내로 반입해서 약 10~20퍼센트의 법인세를 부과한다면 연간 2,100억~4,200억 달러의 신규 세수가 발생한다. 미국 사회 기반 시설 은행의 개념은 미국 상공회의소와 미국 노동총연맹 산업별 조합회의(AFL - CIO), 그리고 롭 포트먼 Rob Portman(공화당, 오하이오), 뎁 피셔 Deb Fischer(공화당, 네브라스카), 척 슈머 Chuck Schumer(민주당, 뉴욕), 마크 워너 Mark Warner(민주당, 버지니아) 상원의원을 포함한 연방 상원의원들의 폭넓은 지지를 받는다. 미 상공회의소 회장인 토머스 도너휴 Thomas Donahue는 이렇게 말했다. "국가적 차원에서 사회 기반 시설 은행을 설립하는 일은 사회적 이동성을 확대하고 고용을 창출하며 국가 경쟁력을 향상시킬 수 있는 좋은 출발점입니다. 처음에 100억 달러 정도의 소규모 투자만 이루어져도 결국에는 개인 투자가들에게서 6,000억 달러 이상의 자금을 모집해 이를 바탕으로 노후화된 산업 기반 시설들을 수리하고 현대화하고 확장할 수 있을 겁니다."[17] 또 마크 워너 상원의원은 이렇게 제안했다. "…우리는 사회 기반 시설들을 개선할 수 있는 다른 방법을 찾아야 합니다. 그런 점에서 이 은행은 우리의 단기적 필요를 충족하는 동시에 장기적 성장과의 균형을 적절히 맞추는 데 도움이 될 거라 생각합니다."

나는 그들의 주장에 전적으로 동의한다. 향후 10년 동안 사회 기반 시설 분야에 적절히 투자가 이루어진다면 국민들에게 단기적인 혜택을 제공할 수 있는 것은 물론, 그들이 기술의 발전에 따른 미래 사회의 변화에 보다 잘 적응할 수 있도록 도울 수 있을 것이다.

물론 이 두 가지 정책은 별도로 논의되는 경우가 많다. 하지만 나는 우리가 노동자의 임금을 인상하는 데만 초점을 맞추지 말고 근로 장려 세금제도Earned Income Tax Credit(EITC)를 현대화하고 간소화하는 일에도 관심을 가져야 한다고 생각한다.

2012년 켈리서비스의 CEO 칼 캠든과 나는 미국 노동자의 최저임금을 단계적으로 시간당 12.5달러까지 인상하자고 제안했다.[18] 노동자들이 평균 일주일에 40시간을 근무한다고 가정하면 그들의 임금은 연방 빈곤선 기준을 30퍼센트 정도 상회하는 액수가 된다. 이는 1인의 소득으로 3인 가족이 기본적인 생활을 유지할 수 있는 수준이다. 다시 말해 이 정도 금액이면 노동자들이 빈곤선에서 벗어나고, 가족에게 음식을 제공하고, 의료보험에 가입할 수 있다. 또한 정부의 대대적인 지원없이도 안정적인 주거 대책을 세울 수 있다. SEIU는 그 이후에 '시간당 15달러를 위한 투쟁'이라는 또 다른 캠페인에 돌입했다. 당시에는 모두가 이를 '급진적' 아이디어라고 생각했다. 하지만 이 캠페인은 다수의 지방 자치단체들이 해당 지역 도시의 최저임금을 올리도록 설득하는 역할을 했으며, 연방 최저임금 인상에 관한 활발한 논의를 이끌어내기도 했다. 내 필생의 신념 중 하나는 일하고자 하는 의지를 지닌 사람은 누구도 가난해서는 안 되며, 적어도 정규직 일자리를 가진 사람들은 빈곤 속에서 허덕이지 말아야 한다는 것이다.

생각해보라. 하루 종일 힘들게 일하고 집에 돌아온 노동자가 자신의 수입으로 가족이 먹을 음식을 구할 수 없고, 의료보험에 가입하지도 못하며, 정부의 지원 없이는 집세를 감당하기조차 어렵다면 그는 얼마나 심한 굴욕감과 실패감에 시달릴 것인가. 이런 상황에서 노동의 성스러움이나 가족에 대한 책임감 같은 개념이 무슨 의미가 있겠는가.

물론 최저임금을 인상한다고 해서 기술 발전에 따른 실업의 문제를 완전히 해결할 수는 없다. 하지만 이는 수많은 노동자들이 턱없이 적은 일자리를 두고 다투는 극한 경쟁의 상황을 어느 정도 완화시킬 수 있으며, 저임금 노동자들에게도 최소한의 소득을 보장해줄 수 있을 것이다.

1970년대부터 실시된 환급형 세제 혜택인 근로 장려 세금제도(EITC)도 최저임금 인상과 함께 적절히 시행된다면 저소득 및 중간 소득 근로자들의 삶이 한층 개선될 수 있을 것이다. EITC는 사회보장 정책들이 숙명적으로 부딪치는 수많은 회의론과 당파적 정쟁 속에서도 꿋꿋이 살아남아 오늘날 2,400만 명의 빈곤층 노동자들에게 약 600억 달러를 지원한다. 대부분의 재원은 부유한 미국인들에게 거둔 세금에서 나온다. 그러나 EITC는 그 폭넓은 지원 대상에도 불구하고 완벽한 제도로 정착되기에는 아직 부족하다. 첫째, EITC는 주로 저소득 노동자들에게 보조금 형태로 지원되므로 근로자들에게 저임금을 제공하는 고용주들에게는 오히려 요긴한 혜택으로 작용한다. 만일 EITC가 없다면 이론상 사람들은 저임금 직업을 택하지 않을 것이다. EITC의 개혁이 최저임금 인상과 함께 실시돼야 하는 이유가 여기에 있다. 둘째, EITC는 소득 신고 절차를 거쳐야 환급이 이루어진다. 하지만 EITC의 수혜 대상인 저소득 노동자들은 시간이 없고 정보도 부족해 이 제도가 어떻게 돌아가는지 이해하지 못한다. 게다가 노동자의 소득 출처가 여러 일자리에 걸쳐 있다면 가뜩이나 까다로운 소득 신고 업무는 극도로 복잡해진다. 이 나라에 4,300만 명의 독립 노동자들 또는 프리랜서들이 존재한다는 사실을 기억해야 한다. 셋째, '미국 예산 및 정책 우선순위 센터Center on Budget and Policy Priorities'에서는 이런 내용의 보고서를 발표했다. "아이를 둔 가장들에게 제공되는 EITC에 비해, 아이가 없는 노동자들을 위한 EITC의 규모는 매우 미미하다. 너무 작아서 빈곤선에 놓인 노동자들에게 부과되는 세금과 이 보조금을 서로 상쇄할 수 있을 정도다. 법률에 따르면 아이가 없는 성인이나 이혼 후 아이를 부양하지 않는 정규직 노동자들은 소득수준이 연방 최저임금에 불과해도 EITC의 혜택을 받지 못한다."[19]

그러므로 우리는 EITC를 간단하고 유연하게 개선해서 아이가 있건 없건 모든 노동자들에게 쉽고 자동적으로 혜택이 돌아가도록 만들어야 할 것이다. 많은 노동자들이 여러 가지 직업을 전전하며 수입을 얻는다. 예를 들어 그들은 낮에는 세차장에서 일하고 저녁에는 우버에서 운전기사로 근무하다 늦은 밤에는 AMT에서 터커로 변신한다. 수혜자들이 많은 비용과 시간을 들여야만 혜택을 받을 수 있는 프로그램의 한계성과 비효율성은 개선되어야 마땅하다.

주당 노동시간 축소

역사적으로 주당 노동시간을 줄이는 정책은 고용을 늘리고 노동자들에게 삶을 즐길 시간을 부여하는 방편으로 활용되어왔다. 1938년에 제정된 '미 연방 공정 노동기준법Fair Labor Standards Act'에서는 오늘날 우리가 보편적으로 시행하는 하루 8시간, 그리고 주 5일 근무의 노동시간을 규정했다. 하지만 이 숫자는 큰 의미가 없다. 후버 대통령은 대공황 시기에 기업의 감원을 피하기 위해 주당 노동시간을 30시간으로 줄이려 했다. 이런 정책은 오늘날에도 특정한 기업이나 산업 분야에, 예를 들어 정부 기관, 의료, 금융 기관 등에 적용이 가능할 것이다. 하지만 주당 30시간에서 36시간 정도로 주당 노동시간을 표준화하는 일은 정해진 시간 동안 근무하는 정규직 근로자들이 줄어드는 현대의 경제 상황에서 점점 어려워지지 않을까 싶다. 또한 짧아진 노동시간에도 불구하고 노동자들의 소득을 현재와 같이 유지시켜줄 수 있는 정책을 상상하기도 어렵다.

—

위에서 소개한 '완화파' 그룹의 정책은 단기적으로 사람들의 생활수준을 향상시키고 고용을 창출하며 삶의 품위를 되돌려줌으로써 국민들의 고통을 완화시킬 수 있는 현명하고 유용한 아이디어들이다. 많은 훌륭한 개인과 단체들이 이런 해결책을 미국인들에게 제공하기 위해 힘겹게 노력하는 중이다. 이러한 정책들을 올바르게 이해하고 시행하는 일은 물론 중요하다. 하지만 그 방법들이 향후 20년 동안 수백만의 미국인들을 파국으로 몰아갈지도 모를 기술적 파괴의 해결책이 될 수는 없다. 예를 들어 미국이 현재부터 2020년까지 사회 기반 시설 건설에 1조 달러를 투자한다고 가정해보자. 그러나 그것이 10년 후에 벽돌공이나 배관공 같은 사람들이 생계를 꾸려가는 데 어떤 도움을 줄 수 있는가? 최근 출시된 벽돌 쌓는 기계는 어떤 기술자보다 훨씬 정확하고 빠르게 벽돌을 쌓아올린다. 또한 3D 프린팅 기술 덕분에 주택이나 고층건물의 벽에는 배관이나 전기 배선이 미리 내장된 채 건축이 이루어진다.

EITC는 저임금 노동자를 위한 훌륭한 지원책이다. 그러나 20년 후에 일자리 수가 지금보다 훨씬 줄어든다면 우리가 직면할 진정한 과제는 임금에 대한 보조금을 주는 일이 아니라 기술로 인해 쓸모없어진 직업을 대신할 새로운 일자리를 창출하는 일이 될 것이다.

최저임금 역시 마찬가지다. 시간당 임금을 1시간에 50달러로 올린다고 해도, 일자리 자체가 계속 줄어드는 상황에서는 이 조치를 통해 혜택을 입을 수 있는 사람이 극소수에 불과하다. 결국 상위 1퍼센트 부자들과 나머지 사회 구성원들과의 격차는 점점 더 벌어질 것이다.

주당 노동시간을 줄이는 것도 단기적으로는 효과가 있을지 모른다. 하지만 전통적인 기업들에 고용된 노동자들이 계속 줄어든다면, 주당 노동시간 단축의 적용 대상이 되는 사람들은 근무시간이 규정되고 표준화된 소수의 노동자들로 한정될 수밖에 없다. 그렇다고 이 정책이 화이트칼라 노동자들에게 적용될 가능성은 낮다. 그들의 근무시간은 법적으로 제한되지 않기 때문이다. 또 프리랜서 경제에 속한 비정규직 노농자들에게도 이 정책은 별 다른 의미를 갖지 못한다. 뿐만 아니라 예전에 유럽의 사례에서 목격했듯, 주당 노동시간을 단축하면 해당 국가의 기업들이 다른 나라로 일자리를 옮기는 일이 벌어져 국가 경쟁력만 악화시키는 결과를 낳을 수도 있다.

기술적 혁신을 통해 새로운 경제성장을 꾀한다는 기대에도 한계가 있다. 2013년에 발표된 옥스퍼드 연구 보고서는 기술이 일자리를 빼앗지 않을 거라고 주장하는 사람들이 꼭 읽어봐야 할 자료다. 이 보고서에 따르면 미국의 일자리 중 47퍼센트가 소프트웨어, 로봇, 인공지능 등으로 인해 사라질 위기에 처했다고 한다.[20] 기술 혁신주의자들은 자동화의 적용 대상이 오직 단순 반복적인 직업에 한정된다는 믿음에 빠져 있다.

단기적으로 본다면 그들의 주장이 옳을지도 모른다. 하지만 자동화의 그림자는 복잡한 업무나 화이트칼라 노동자들의 일자리에도 서서히 드리워지는 중이다. 앞서 말한 대로 투자 금융가 스티븐 버켄펠드가 자금을 투자하는 기업들은 하나같이 더 적은 인력으로 더 많은 일을 해내는 소프트웨어를 개발한다. 심지어 그 일들 중에는 글쓰기, 연구 조사, 진단, 교육, 투자 등과 같이 예전에 인간의 두뇌가 반드시 필요했던 작업들도 포함되어 있다.

오늘날 인류가 개발하는 기술이 장기적으로 고용 창출의 엔진이 될 가능성은 매우 희박하다. 매카피와 브린욜프슨은 그 이유를 설득력 있게 설명한다. 그들에 따르면 현대의 기술적 변화는 과거 어느 때보다 빠르게 이루어지고, 확산력이 강하다. 또한 그 변화의 초점은 사람의 일을 더욱 저렴한 비용으로 자동화하는 데 맞춰진다. 그들은 최근에 펴낸 두 권의 책에서 컴퓨터, 디지털 기술, 로봇 등이 얼마나 빠른 속도로 진화하는지 설명했다. 매카피는 자신의 블로그에 이렇게 썼다. "최근 기술이 인간의 능력을 잠식하는 속도와 규모를 보면 앞으로 경제에 초래될 심각한 영향을 짐작할 수 있다. 요컨대 디지털 기술의 발전에 따라 경제의 전체 규모는 커지겠지만 반면에 많은 사람들이 곤경에 처하게 될 것이다."

두 사람은 또 〈뉴욕 타임스〉에 기고한 글에서 이렇게 주장했다. "기술의 힘은 갈수록 강해지고 능력이 발전할 것이다. 기술은 이미 자동차를 자동으로 움직이고, 인간의 자연어를 능숙하게 구사하며, 완벽하게 작문을 해낸다. 또 제퍼디!$^{Jeopardy!}$ 퀴즈쇼에서 인간 챔피언을 물리치기도 한다. 디지털의 발전은 이미 많은 사람들에게 충격을 주었지만 아직 시작에 불과하다. 고성능 컴퓨터와 똑똑한 프로그래머, 그리고 빅데이터가 합쳐져 이루어내는 강력한 조합이 본격적으로 능력을 발휘하려면 아직 멀었다."[21] 이런 상황에서 혁신을 통해 새로운 일자리들이 창출되리라는 기대를 할 수 있겠는가.

매카피와 브린욜프슨의 주장 가운데 매우 중요하면서도 잘 알려지지 않은 대목이 이른바 '범용 기술general purpose technology(GPT)'이라는 개념이다. GPT는 일반적인 진보의 과정에 혼란을 초래할 정도로 획기적인 기술적 혁신을 의미한다. 예를 들어 증기기관, 전기, 내연기관처럼 역사상 가장 중요한 기술적 혁신을 가리키는 개념이라 할 수 있다. 그런 면에서 컴퓨터는 가장 최근에 탄생한 GPT라는 의견에 대부분의 사람이 동의한다. 대체로 GPT는 시간이 흐르면서 지속적으로 개선되며, 이를 통해 다양한 보완적 혁신이 이루어지는 경우가 많다(예를 들어 컴퓨터가 발전하면서 네트워크 기술, 인터넷, 업무용 소프트웨어 등이 세상에 나왔다). 그러므로 매카피와 브린욜프슨은 컴퓨터의 영향을 고정적인 관점에서 생각해서는 안 된다고 주장한다. 그들은 컴퓨터가 세계에 미치는 영향이 갈수록 강력해질 것이며, 기술의 발전이 가속화하면서 컴퓨터 스스로가 새로운 혁신과 자동화의 가능성을 확대해나갈 거라고 믿는다.

브린욜프슨과 매카피의 말대로 현대의 기술적 발전은 과거의 그것과 다르다. '디지털 혁명'이 발생하기 전에 제조업에서 이루어진 기술적 진보는 인류에게 강력한 물리적 힘을 선사했다. 하지만 그 기술들이 인간의 정신 작용과 관련된 일을 대신하지는 못했다. 사람들은 여전히 머리를 사용해 생각을 해야 했다. 매카피는 〈뉴욕 타임스〉의 칼럼니스트 토머스 에드셀Thomas Edsall과의 인터뷰에서 이렇게 말했다. "그런 상황은 디지털 혁명이 시작된 후에도 마찬가지였습니다. 물론 컴퓨터는 사람보다 계산을 잘했어요. 또 특정한 업무 영역에서 사람보다 나은 능력을 보이기도 했죠. 하지만 인간은 그 밖의 분야에서 대부분 컴퓨터를 훨씬 능가했습니다. 따라서 기업들은 여전히 인간을 고용해야 했죠. 그들에게는 고객과 대화를 나누고, 보고서를 작성하고, 다양한 정보들에서 패턴을 발견하는 작업을 포함해 현대의 지식 노동자들이 수행하는 모든 일들을 해낼 수 있는 사람이 필요했습니다." 뿐만 아니라 트럭을 운전하고 바닥을 청소하는 일처럼 다양한 물리적 작업을 수행하는 데도 인간의 손길이 필요했다. 사람의 감각적 인식능력이 필요한 영역에서도 마찬가지였다. 축구공이 골라인을 넘었는지 판정하는 데 심판이 필요한 것처럼 말이다. 하지만 매카피는 이렇게 말한다. "이제 디지털 기술은 그 모든 일들을 해낼 능력을 갖췄습니다. 실험실에서가 아니라 실제 업무 현장에서 말이죠. 그러므로 앞으로 기업들은 디지털 노동자가 그런 일들을 대신하게 할 겁니다. 그리고 이런 과정은 머지않은 미래에 매우 빠른 속도로 일어날 거예요. 왜냐하면 컴퓨터는 저렴하면서도 인간에 비해 신뢰할 수 있으니까요. 또 초과근무 수당이나 복지 혜택, 의료 혜택 등을 요구하지도 않습니다."[22] 요컨대 컴퓨터의 발전과 디지털 혁명이 가속화되고 빅데이터가 지식 노동자들의 능력을 빠른 속도로 앞지르기 시작하면서, '혁신'을 통해 새로운 일자리들이 만들어질 것이라는 우리의 맹목적 믿음은 그릇된 낙관주의로 판명될 것이다.

독자들은 기술의 발전이 가져올 변화의 속도와 결과에 대해 내가 지나치게 확신한다고 생각할 수도 있다. 하지만 '완화파'들이 제안한 정책들이 아무리 이상적인 형태로 실행된다고 하더라도, 그 정책들로 인해 25년 후에 중산층의 일자리가 늘어날 것이라고 상상하기는 어렵다. 기술의 발전에 따른 실업과 함께 두 가지 형태의 대분리(성장과 소득의 대분리 및 노동과 직업의 대분리)가 일어나고, 거기에 세계화와 소득 불균형이 더해지면서 인류는 대단히 위험한 상황으로 몰리게 될 가능성이 크다. 물론 앞에서 말한 새로운 경기 부양책 실시, 사회 기반 시설에 대한 투자, EITC 개선, 노동조합 강화, 최저임금 인상, 주당 노동시간 단축 등과 같은 조치들은 단기간 반짝하는 효과를 가져올 수도 있을 것이다. 하지만 국가 경제를 활성화하기 위해 그런 정책들을 장기적 전략으로 가져가는 일은 눈을 가리고 낭떠러지를 향해 걸어가는 행위와 다를 바가 없다.

물론 학자나 정치가, 그리고 나처럼 인생의 3분의 2 이상을 살아온 노인들과 그들의 자녀는 이런 기술적 파괴로부터 가장 먼저 피해를 입을 대상이 아닐 수도 있다. 하시만 기술로 인해 일자리를 뺏길 위험에 처한 47퍼센트의 노동자들은 그 재난을 최전선에서 맞이할 사람들이다. 그들은 우리의 친구, 자식, 이웃, 그리고 동료들이다. 그런 점에서 앤디 그로브가 우리에게 남긴 조언은 신랄하다. "성공은 안일함을 낳고, 안일함은 실패를 낳는다. 오직 편집광만이 살아남는다." 그는 또 이렇게 말한다. "안일함은 가장 성공적인 기업들에게 닥칠 수 있는 재앙이다. 특정한 환경하에서 완벽한 기술들을 개발해온 기업들(또는 국가들)은 무사안일주의에 빠지는 경우가 많다. 하지만 환경이 바뀌면 상황에 대응하는 속도가 더뎌진다. 그러므로 항상 상실의 공포를 적당히 지녀야만 생존을 위한 본능을 날카롭게 가다듬을 수 있다."[23]

그러므로 기술이 수백만 명의 일자리를 빼앗아갈지도 모른다고 우려하지 않는다면(심지어 편집증적으로 우려하지 않는다면), 우리는 생존을 위한 본능을 날카롭게 가다듬을 수 없으며, 노동이 사라진 미래에 현명하게 대처할 수도 없다. 또 미래에 닥칠지 모를 위협을 심각하게 받아들이지 않았을 때 그 대가는 우리의 아이들이 고스란히 치르게 될지도 모른다.

앤디 그로브는 이런 조언을 남겼다. 이는 기업들뿐 아니라 경제적 혼란과 불확실성 앞에서 힘겨워하는 모든 미국인에게 해당되는 말이라고 생각한다. "논쟁(혼돈의 상태)과 단호한 실행(혼돈이 제어된 상태)이라는 두 단계의 문화를 지닌 조직은 강하고 적응력이 뛰어나다."

그런 조직은 두 가지 특징을 보인다. 첫째, 논쟁을 장려한다. 그들은 어떤 배경을 지닌 개인이 논쟁에 참여하든, 문제를 적극적으로 탐구하는 자세를 보인다. 둘째, 분명한 결론을 내리고 이를 받아들인다. 그리고 모든 조직 구성원이 이 결정을 지지한다.

나는 미국이 자유로운 논쟁의 문화가 지배하는 나라가 되길 바란다. 그리고 거센 변화의 물결 속에서 모든 사람이 새롭고 영광스러운 미래를 향해 항해할 수 있기를 바란다.

—

기술의 발전에 따라 일자리가 더욱 줄어드는 미래 사회를 상상할수록, 나는 더 깊은 우려에 빠져들 수밖에 없었다. 만일 생계에 필요한 소득을 제공하는 일자리가 사라진다면 나부터도 다른 모든 사람들처럼 패배감과 박탈감에 시달릴 수밖에 없을 것이다. 노동은 생활에 필요한 비용을 지불하는 기능을 수행할 뿐 아니라, 사회에 기여하고, 남들에게 인정받고, 공동체의 일원이 될 기회를 제공하며, 인간으로서의 자존감을 지켜주는 역할을 한다. 요컨대 노동은 인간에게 삶의 목적을 안겨준다.

그러므로 미래에 불어닥칠 기술적 파괴 앞에서 내가 자연스럽게 생각한 첫 번째 해결책은 노동의 의지가 있는 모든 미국인에게 일자리를 보장해주는 방법이었다. 앞서 말한 대로 루스벨트 대통령은 대공황이 몰고 온 기나긴 실업의 늪에서 미국을 건져내기 위해 그런 정책을 추진했다. 공공산업진흥국은 800만의 미국인들에게 일자리를 제공하여 다리, 공원, 도로, 병원, 공항 등을 건설했다. 그렇다면 미래에 닥칠 실업의 문제를 풀 수 있는 해결책, 즉 모든 사람에게 일자리를 제공할 수 있는 21세기의 해결책이 바로 이런 방법일까? 물론 낡은 도로, 다리, 철로를 보수하는 일 외에도 우리 사회에 해야 할 일은 넘쳐난다. 정부는 동네 스포츠팀을 지도하고, 벽의 낙서를 지우고, 다른 사람의 아이를 돌보고, 청소년들을 지도하고, 노인들을 병원에 모셔가고, 공원을 손질하는 일을 하는 사람들에게 돈을 지급할 수 있을 것이다. 만일 이런 공익활동을 하는 사람들을 파악해서 그들에게 보조금을 제공하는 시스템을 만든다면(공유 경제에서 사용되는 소프트웨어들을 보면 그리 어려운 일도 아니다), 정부는 그 사람들을 관리하고 그들에게 자금을 지원하는 일을 전담하는 별도의 기관을 설립할 수도 있을 것이다.

하지만 그런 종류의 정책을 생각할수록 머릿속은 점점 복잡해진다. 특히 특정한 공익 활동의 가치를 모든 미국인이 동일하게 받아들일 수 있는지가 문제의 핵심이다. 또한 이 공공 직업들은 기존의 일자리들과 상관없이 추가적으로 존재하게 되는가, 아니면 궁극적으로 민간 부문의 노동자들을 대체하게 될 것인가?

의회를 포함해 나라 전체가 다음과 같은 논쟁에 휩싸이는 상황을 상상해보라. 어린아이를 돌보는 일과 노인을 돌보는 일 중에 어느 쪽이 더 중요한가. 음악을 작곡하는 일이 비디오게임을 만드는 일에 비해 사회적으로 더 가치 있는 행위라고 장담할 수 있는가. 이산화탄소 배출을 줄이는 데 자금을 지원하는 일이 옳은가. 10대들에게 피임이나 가족계획에 대한 정보를 제공하는 사람들을 경제적으로 지원해야 하는가. 어떤 공익 활동이 종교나 이념적으로 여러 사람을 불편하게 만든다면 어떻게 해야 하는가 등등. 결국 이런 상황 속에서는 정부 기관의 소수 담당자들이 특정한 직업이나 활동에 대한 국가 전체의 가치관을 결정할 수밖에 없다. 그리고 이 과정에서 사람들의 다양한 개인적 차이나 선택은 무시될 가능성이 크다.

뿐만 아니라 모든 사람에게 일자리를 보장하는 프로그램은 정부의 관료주의를 불가피하게 확대시킬 것이다. 또 노동자의 일거수일투족을 추적하는 복잡한 메커니즘 때문에 개인의 자유와 사생활 침해의 논란이 필연적으로 야기될 것이다. 우리는 사람들에게 그들이 원하지도 않는 일을 강요해야 하는가? 수백만의 미국인들을 감시하고 그들에게 약물 검사를 실시할 것인가? 만일 조금이라도 규정을 어긴 사람들은 모두 범죄자로 만들어야 하는가? 또 미국 사회 기반 시설들을 모두 정비한 후에는, 모든 국민에게 일자리를 제공하는 이 훌륭한 프로그램을 사람들을 놀리지 않기 위한 목적으로 계속 유지해야 할까, 아니면 대기업들처럼 필요 없는 사람들을 해고해야 할 것인가?

21세기 버전의 공공산업진흥국 프로그램은 생각하면 할수록 더 많은 비용이 요구되는 정책인 것 같다. 차라리 사람들에게 현금을 나누어주는 것이 더 쉽고 효과적인 방법 아닐까.

기본소득은 사람들에게 일자리가 아닌 현금을 제공하는 정책이다. 다시 말해 특정한 국가나 지역에 거주하는 국민 모두에게 자격 조건에 상관없이 일정한 금액을 고정적으로 지급한다는 의미다.

다이어 스트레이츠Dire Straits*가 '대가 없는 돈Money for Nothing'이라는 제목의 노래를 부르기도 했지만,[24] 나는 이 개념이 처음엔 매우 낯설었다. 하지만 연구를 거듭하면서 기본소득이란 단어에 점점 깊이 빠져들게 됐다. 사실 미국에서 기본소득이 논의된 역사는 결코 짧지 않다. 특히 토머스 페인Thomas Paine**을 포함해서 미국 독립전쟁 시기에 활약했던 사회 사상가들이 그 효시라고 할 수 있다. 그후 200년이 지나 이 개념은 빈곤 문제가 신문의 헤드라인을 장식하기 시작한 1960년대와 70년대의 미국에서 되살아났다. 마틴 루서 킹Martin Luther King Jr. 목사와 리처드 M. 닉슨 대통령은 노동을 하지 않는 사람들에게도 모두 최저 소득을 지급하고 싶어했다. 미국은 1970년대에 이미 기본소득과 매우 유사한 정책을 시행할 뻔했다. 미국 하원이 역소득세*** 방식의 저소득층 지원 법안을 통과시킨 것이다. 하지만 상원이 이를 부결했다.

최근에는 정치적으로 좌파와 우파에 속한 모든 사람이 기본소득에 커다란 관심을 보인다. 국민들을 빈곤 상태에서 벗어나게 할 수 있는 가장 분명하고 간단한 방법이기 때문이다. 보수주의자들은 기본소득을 통

- 1977년에 결성된 영국의 록밴드.
- •• 18세기 미국의 작가이자 국제적 혁명 이론가.
- ••• 소득수준이 면세점에 미달하는 모든 저소득자에게 면세점과 과세 전 소득과의 차액의 일정 비율을 정부가 지급하는 소득 보장 제도.

해 고비용 저효율의 복지 프로그램들을 대체할 수 있을 거라고 생각한다. 반면 자유주의자들은 기본소득이 시민들에게 개인주의를 보장해주고 삶의 방식을 스스로 선택하게 만드는 최선의 길이라고 믿는다.

반면 내가 기본소득을 지지하는 가장 큰 이유는 이 제도가 세계화와 기술적 진보의 시대를 맞아 일자리를 찾기가 어려워진 미국인들에게 경제적 정의와 안정을 안겨줄 수 있다고 믿기 때문이다. 또한 이 제도가 아메리칸드림에 새로운 의미를 부여하고 이를 되살릴 수 있다고 확신하기 때문이다.

내가 이런 결론에 도달한 것은 현대와 같은 '탈脫결핍'의 사회, 즉 사람들이 굶주림과 집을 잃을 염려에서 벗어나 삶을 즐길 여건이 갖춰진 현대사회에서 노동과 여가의 본질은 무엇인지에 대한 글을 여러 편 읽고 난 후의 일이다. 벨기에의 철학자이며 경제학자인 필리프 판 파레이스Philippe Van Parijs와 〈자코뱅Jacobin〉 지의 편집자 피터 프레이스Peter Frase 는 오늘날 미국인들이 역사상 가장 오랜 시간 동안, 가장 열심히, 그리고 가장 생산적으로 일하는데도 예전보다 많은 임금을 받지 못하는 현 상황에 흥미로운 대안을 제시했다.

노동자들이 업무 현장에서 보내는 시간을 측정했을 때 미국인은 1년에 평균 1,836시간을 일한다. 1979년에 비해 9퍼센트가 증가한 수치이다.[25] 이와 대조적으로 독일 노동자의 근무시간은 1950년에 2,387시간이었지만 2010년에 1,408시간으로 줄었다. 같은 기간에 프랑스인들의 노동시간도 2,241시간에서 1,552시간으로 감소했다. 미국인들의 노동시간이 증가한 것은 노동의 특성이 하루 24시간 연중무휴 일하는 방식으로 바뀌었다는 사실과 무관하지 않다. 또한 저임금 노동자들이 추가 소득을 위해 더 많은 시간 동안 일하는 상황에도 어느 정도 원인이 있을 것이다.

이 통계치는 노동자들이 오직 일터에서 보내는 시간만을 측정한 결과다. 현대인들이 휴대전화나 노트북 같은 장비를 사용해 집을 포함한 모든 장소에서 일할 수 있게 된 덕분에, 미국의 산업화를 이끌었던 프로테스탄트Protestant*적 노동관은 또 한 차례의 전환기를 맞았다. 사람들은 일거리를 집으로 가져가 밤이든 주말이든 쉼 없이 일한다. 노동은 저녁식사 시간, 아이들과의 대화 시간, 통근 시간, 휴가 시간 등을 가리지 않고 인간의 일상을 24시간 파고든다.

이미 우리에게는 너무도 익숙한 상황 아닌가.

영국 랭커스터 대학의 컴퓨터 및 커뮤니케이션 학과School of Computing and Communications를 이끌고 있는 존 휘틀John Whittle은 이렇게 말했다. "오늘날 우리는 '항상 켜져 있고 항상 접속된' 세계를 살아간다. 스마트폰과 소셜 미디어의 일상화는 일과 삶의 경계를 모호하게 만든다. 우리는 아침에 눈을 뜨면 아이에게 아침 인사를 하기도 전에 침대 옆에 놓아둔 스마트폰(알람시계 대용이기도 하다)을 집어 들고 이메일을 확인한다. 기술의 발전으로 우리의 일과 삶 사이에 놓인 스위치는 더욱 빠르고 빈번하게 작동되게 되었다.[26] 사무실을 떠나면 그날의 일이 끝난다는 것은 옛말이다. 오히려 집에 돌아간 후에도 가족과 일 사이의 스위치는 쉴 새 없이 온 오프를 반복한다. 배우자를 위해 저녁식사를 준비하는 순간에도 업무와 연관된 소셜 미디어의 굴레에서 벗어나지 못한다."

• 16세기에 일어난 종교개혁으로 로마가톨릭에서 분리되어 나온 교파의 총칭.

다시 말해 당신이 운 좋게 직장에 고용되어 있든, 아니면 다른 어떤 형태로 돈을 받고 일을 하든, 당신은 장소를 불문하고 지금 이 순간에도 노동을 하고 있을 것이다.

6세기 이후 노동은 서구 문명의 중심을 차지해왔다. 성 베네딕트가 설파한 '오라 에 라보라Ora et Labora!', 즉 '기도하라, 그리고 일하라!'는 말은 영적 균형과 보람 있는 삶이라는 두 가지 기둥을 상징하는 개념으로 자리 잡았다.[27] 그리고 1100년대로 접어들면서 직업이 사람의 이름과 정체성을 대변하는 현상이 나타났다. 슈메이커Shoemaker*, 대처Thatcher**, 위버Weaver***, 카펜터Carpenter****, 스미스Smith***** 같은 성씨들이 오늘날에도 수없이 남아 있는 것이 그 증거다. 18세기와 19세기의 산업화된 사회로 돌입하면서 근면한 노동과 검소한 생활을 강조하는 프로테스탄트적인 노동관은 자본주의를 발전시키는 토양이 됐다.

독일의 사회학자 막스 베버Max Weber는 1905년에 발표한 《프로테스탄트 윤리와 자본주의 정신The Protestant Ethic and the Spirit of Capitalism》에서 특히 칼뱅주의Calvinism******에 깊은 관심을 나타냈다.[28] 칼뱅은 사람이 직업을 갖고 노동을 하며 생산적인 삶을 사는 것이 높은 영적 가치를 지닌 일이라고 찬사를 보냈으며, '천직Calling'이란 개념을 제창하기도 했다. 그는 신앙인들도 돈을 벌거나 사업에 성공해야 한다고 주장했으며, 이를 통해

* 제화공.
** 지붕 수리공.
*** 방직공.
**** 목수.
***** 대장장이.
****** 스위스 종교 개혁가 칼뱅에서 발단한 사상운동.

거둔 수익을 경박한 기쁨을 누리는 데 소비하지 말고 재투자할 것을 장려했다. 허레이쇼 앨저^{Horatio Alger•}의 작품들에는 가난한 부모 밑에 태어난 사람도 성실한 노동과 인내를 통해 시련을 극복함으로써 성공의 사다리를 오를 수 있다는 프로테스탄트적인 노동관이 극명하게 묘사되어 있다.

이런 신학적 움직임은 자원이 부족했던 세계, 즉 미국의 경우 지난 세기 중반까지 지속됐던 결핍의 세계라는 시대적 배경에 그 뿌리를 둔다. 당시 일반인들의 현실에 대한 통계자료를 보면 충격을 금할 수 없다. "1900년대에는 10~15세의 아동 175만 명(이는 당시 전체 아동 인구의 5분의 1이다)이 노동을 했다. 아이들이 벌어들이는 수입은 노동자계급 가정의 평균수입 중 4분의 1 내지 3분의 1을 차지했다. 노동자 계층은 소득의 90퍼센트를 식품, 주거, 의복에 사용했다. 1900년대의 미국인들은 의료비보다 2배나 많은 돈을 장례식에 지출했으며, 전체 인구 중에 휴가를 가는 사람은 2퍼센트에 불과했다."[29]

그로부터 50년 후, 미국은 2차 대전 이후에 커다란 발전을 거두면서 세계에서 가장 생산적이고 혁신적인 나라가 됐다. 일반 국민들도 결핍의 굴레에서 벗어나 미국 역사상 유례없는 부를 누릴 수 있었다. 이 풍요의 시대에 중산층인 공장 노동자들은 각종 편의 시설이 딸린 교외 주택을 구입했다. 2~3년에 한 번씩 새 자동차를 살 여유도 있었다. 또 자식들을 대학에 보냈으며, 1년에 2주의 휴가를 즐겼고, 편안한 노후를 위해 저축을 할 수도 있었다.

하지만 내가 읽었던 전문가들의 글들은 이 풍요의 시대에도 왜 미

• 19세기에 활동한 미국 아동 문학가.

국인들은 계속 힘들게 일하는지 묻는다. 로버트 스키델스키^{Robert Skidelsky}와 에드워드 스키델스키^{Edward Skidelsky} 부자는《여가 예찬^{In Praise of Leisure}》에서 미국을 포함한 부유한 국가들에는 "좋은 삶"을 위한 물질적 조건이 이미 갖춰져 있다고 주장한다.[30] 그러므로 이런 선진국의 입법부에서는 노동 시간을 강제로 제한하는 법을 제정해 시민들이 보다 보람 있고 흥미로운 삶을 살아가는 사회를 만들어야 한다는 것이다.

로버트 스키델스키는 영국의 경제학자 존 메이너드 케인스^{John Maynard Keynes}에 관한 3권짜리 전기를 써서 울프슨 상^{Wolfson Award}•을 받기도 한 경제사학자다. 그의 아들 에드워드는 철학자다. 두 사람은 자신들의 주장이 전혀 새로운 이론이 아니라는 사실을 인정한다. '경제학의 아버지'라고 불리는 18세기의 스코틀랜드 출신 도덕철학자 애덤 스미스^{Adam Smith}는 이런 질문을 던졌다. 만일 모든 사람이 충분한 부를 축적할 정도로 경제적 성장이 이루어진 후에는 무슨 일이 벌어질까? 케인스는 1930년대에 발표한 유명한 글《우리 자손들 시대의 경제적 가능성 Economic Possibilities for Our Grandchildren》에서 이렇게 예측했다. "2030년 무렵 인류는 영구적이면서도 실제적인 문제와 맞닥뜨리게 될 것이다. 다시 말해 긴급한 경제적 문제로부터 어떻게 자유로워질 것인지, 과학과 기술이 제공하는 여가의 기회를 어떻게 활용해 현명하고 쾌적하며 건강한 삶을 누릴 수 있을까 하는 문제다."[31] 케인스는 경제성장의 진정한 목적은 사람들이 자본을 얻기 위해 더욱 열심히 일하도록 만드는 것이 아니라, 궁극적으로 사람들을 노동으로부터 해방시키는 데 있다고 믿었다.

• 영국에서 뛰어난 역사 관련 저작물을 쓴 저자에 수여하는 상.

2030년까지는 10년 이상 남았지만, 나는 미국 경제의 생산성과 효율성, 그리고 경쟁력은 기술의 발전에 따라 앞으로도 계속 강화될 거라고 본다. 미국은 역사상 어느 나라보다도 부유하고 풍요로운 나라로 남을 것이다. 반면 고소득을 얻을 수 있는 일자리는 점점 줄어들고 1퍼센트의 부자와 나머지 99퍼센트 대중 사이의 간격은 점점 벌어질 것이다. 그렇다면 우리는 모든 미국인이 빈곤선을 벗어난 삶을 살 수 있도록 어떻게 해야 할까? 과거의 진리(열심히 일하고, 대학에 가고, 규칙을 지키는 일)가 우리의 아이들에게는 더 이상 밝은 미래를 위한 조건이 되지 않는 상황에서, 우리는 아메리칸드림에 대한 열망의 엔진을 어떻게 계속 가동할 수 있을까?

답은 기본소득에 있다.

벨기에의 철학자이자 경제학자인 필리프 판 파레이스는 이렇게 말했다. "기본소득에서 '기본'이라는 단어가 사용되는 이유는 이 소득이 우리가 안전하게 의지할 수 있고 삶에 안정적인 휴식을 제공하는 물질적 바탕이 되기 때문이다."[32] 판 파레이스 덕분에 나는 기본소득을 반反노동의 개념으로 이해해서는 안 된다는 것을 알게 되었다. 또한 기본소득이 주어진다고 해서 돈을 벌려고 열심인 사람들이 의욕을 잃어버리는 게 아니라는 것도 알게 되었다. 그는 이렇게 말한다. "어떤 종류의 추가 소득, 즉 현금이나 이와 비슷한 종류의 재화, 노동이나 저축을 통해 벌어들이는 돈, 민간 기업이나 공공 부문에서 제공되는 임금 등은 모두 [기본소득 외에] 별개로 존재할 수 있다." 다시 말해 기본소득이 주어진다고 해서 사람이 벌 수 있는 돈의 한도가 낮아지는 것이 아니다. 오히려 기본소득은 모든 사람의 삶을 증진하는 역할을 할 것이다.

피터 프레이스는 임금노동자가 되지 못한 수많은 사람들도 기본소득을 통해 생존하고 번영할 수 있다는 사실을 내게 깨우쳐주었다. 이는 내가 오랫동안 고민해온 문제였다. 기술이 노동의 본질을 바꾸어가는 현 상황에서 직업과 복지 혜택이 주어지지 않은 사람들은 어떻게 경제적으로 생존할 수 있을까? 그런 점에서 프레이스는 사람들이 스스로 발전할 수 있는 능력을 키워간다는 사실을 강조함으로써 나의 시야를 넓혀주었다. 만일 생활에 필요한 기본적 욕구가 충족될 수 있다면, 부자들뿐 아니라 다른 모든 사람도 자신에게 적합한 노동의 형태와 삶의 스타일을 스스로 선택할 수 있을 것이다. 입에 풀칠하기 위해 형편없는 직업에 더 이상 매달릴 필요도 없으며, 아픈 아이나 죽어가는 부모 옆에서 시간을 보내야 할 시간에 열악한 임금을 받아가며 일하러 나가야 할 이유도 없을 것이다. 그들은 스스로의 의지에 따라 노동시간을 줄이거나 노동시장을 떠나 더욱 이색적이고 보람된 생계유지의 수단을 추구할 수 있으며, 일이 중심에 놓이지 않은 보다 의미 있는 삶을 찾아 나설 수도 있을 것이다.

부유한 사람들은 이미 그런 선택이 가능하다. 그렇다면 다른 모든 사람도 그럴 수 있어야 하는 것 아닐까.

나 자신과 가족에게 적절한 삶의 방식을 선택할 자유. 바로 그것이 새로운 아메리칸드림이다. 모든 미국인은 기본소득을 통해 그 꿈을 성취할 수 있다. 다음 장에서는 이에 대해 보다 자세한 이야기를 나누어보고자 한다.

8장

21세기의 문제,
21세기의 해결책

모든 미국 시민에게 기본소득을 제공한다는 아이디어, 즉 노동의 의무를 이행하지 않는 사람이나 사회 활동에 참여하지 않는 사람에게도 일정한 소득을 지급한다는 아이디어가 처음에는 그다지 미국적인 개념으로 생각되지 않을 것이다.

부를 성취할 수 있는 유일한 길은 근면한 노동이라고 생각하는 이 나라에서 아무 대가도 없이 사람들에게 돈을 나누어주는 일(물론 빚쟁이들의 독촉이나 배고픔에서 겨우 벗어날 정도의 금액이기는 하지만)은 이단적 행위에 가까울지도 모른다. 하지만 기본소득은 어떤 면에서 미국 독립선언서에 제시된 기본적 원칙을 완벽히 충족하는 이상적이고 희망적이며 지극히 미국적인 개념이라 할 수 있다. "우리는 이러한 사실들을 자명한 진리로 여긴다. 즉 모든 인간은 동등하게 태어났으며, 삶과 자유, 그리고 행복을 추구할 권리를 포함해 누구에게도 양도할 수 없는 권리들을 창조주로부터 부여받았다."

오늘날 경제가 어렵다고 하지만 어쨌든 사람들은 부와 자원이 넘치는 풍요로운 땅에서 살아간다. 기본소득은 우리가 원하는 삶의 형태를 스스로 선택할 수 있는 최소한의 수단이다. 지난 20세기에 유효했던 방식은 오늘날 더 이상 효과를 발휘하지 못한다. 그런 점에서 기본소득은 모든 사람을 우려로 몰아넣은 기술적 진보를 자아실현과 공공의 이익을 이끌어내는 힘으로 바꿈으로써 곤경에 빠진 21세기의 경제를 회복시킬 수 있는 잠재적 해결책이다.

이런 주장을 고상하고 배부른 소리로 여기는 사람도 있을 것이다. 하지만 나는 독자들이 이 장에서 논의되는 내용을 통해 기본소득이 왜 국민의 삶을 증진하고, 미국의 건국이념을 되살리며, 모든 사람에게 새로운 아메리칸드림을 제공할 수 있는 정책인지 깨닫기를 바란다.

—

미국 역사상 기본소득을 가장 먼저 주장한 사람은 건국의 아버지이자 정치 이론가인 토머스 페인이다.[1] 그는 영국으로부터의 독립을 주장한 유명한 소책자 《상식Common Sense》(1776)을 펴낸 지 20년 후에 《토지 분배의 정의Agrarian Justice》(1795)를 써서 국민에게 최소 소득을 보장하는 정책의 철학적 정당성을 제공했다. 페인은 이렇게 주장했다.

"경작되지 않은 자연 상태의 토지는 인류의 공동재산이었으며 앞으로도 그럴 것이다. 여기에는 논란의 여지가 없다." 하지만 경작된 토지를 "개인이 소유한다는 말은 토지 자체가 아니라 토지를 개선한 데 대한 가치를 획득한다는 의미일 뿐이다." 그러므로 페인은 모든 경작된 토지의 소유주가 "자신의 땅에 대한 지대地代를 공동체에 지불할 의무를 지닌다"고 결론 내렸다.

그는 토지 소유주들이 납부한 지대를 기본소득의 재원으로 삼자고 제안했다.

기본소득에 대한 페인의 구상은 자유에 대한 그의 갈망만큼이나 급진적이고 선견지명을 지닌 아이디어였다. "토지 사유제가 도입됨으로써 많은 사람이 자연으로부터 물려받은 유산을 상실한다. 우리는 그 대가로 21살이 된 모든 사람에게 15파운드를 일괄 지급해야 한다. 또한 50살이 된 사람에게도 그들이 살아 있는 동안 매년 10파운드를 주어야 한다."

페인은 21세가 된 미국 시민에게 기본적으로 15파운드의 고정 금액을, 그리고 50세에 달한 사람에게는 매년 10파운드를 노령 연금으로 제공하자고 제안했다.

그의 주장은 받아들여지지 않았지만 많은 사람들에게 영감을 제공했다. 일례로 최근 사회적 기업가 피터 반스Peter Barnes는 페인이 제안한 대로 자연적 유산을 소유하거나 사용하는 기업과 개인에게 세금을 거두어 기본소득의 재정적 기반을 구축하자고 주장했다.[2]

기본소득에 대한 아이디어는 1790~1940년에 유럽으로 전해졌고, 특히 1차 대전의 폐허 속에서 크게 각광받았다.

철학자이자 수학자인 버트런드 러셀Bertrand Russell은 저서 《자유로 가는 길Roads to Freedom》(1918)에서 "사람들이 노동에 종사하는지의 여부에 관계없이 삶에서 필수적인 요소를 충족하기에 충분한 소정의 금액을 모든 이에게 지급하자고" 제안했다.[3] 그는 모든 인간이 기본소득을 지급받을 근본적인 권리를 지닌다고 믿었다.

또한 러셀은 "공동체가 유용하다고 판단하는 특정한 노동에 참가하는 사람에게는 보다 많은 소득이 주어져야 한다"고 말했다. 바로 오늘날 '참여소득participation income'이라고 불리는 개념이다.

러셀은 사회적으로 유용한 노동에 종사하는 사람들에게 보너스를 제공하자고 제안했지만, 인간이 어떤 일을 하느냐에 따라 그 사람을 규정해서는 안 되며, 인간에게 노동 자체를 강요하지도 말아야 한다고 생각했다. 그는 이렇게 썼다. "사람은 교육과정이 끝났다고 해서 노동을 강요받아서는 안 된다. 일을 하지 않기로 선택한 사람에게도 최소한의 생계비와 함께 완전히 자유로운 상태가 보장되어야 한다." 그의 주장은 기본소득을 지지하는 많은 자유주의자들의 공감을 얻었다.

1918년 퀘이커 교도이자 영국 노동당원이었던 데니스 밀너Dennis Milner는 1차 대전 후 영국 전역을 덮쳤던 빈곤의 문제를 해결하기 위해 모든 시민에게 기본소득을 주급의 형태로 지급하는 '국가 보너스state bonus' 제도를 시행하자고 주장했다. 엔지니어이자 철학자였던 영국의 C. H. 더글러스C.H. Douglas 역시 다음과 같은 논리로 기본소득의 정당성에 힘을 보탰다. 영국의 총체적인 생산력은 수많은 사람의 "노력, 그리고 창의성과 기술이라는 사회적 유산이 합쳐진 결과물이다." 그러므로 "모든 시민은 이런 공통의 유산으로부터 거두어진 수확을 함께 나누어가질 권리가 있다". 나중에 노벨상을 받은 경제학자 제임스 미드James Meade 역시 밀너의 아이디어를 지지했다. 그는 공공이 소유한 생산 자산을 통해 발생한 수익을 기본소득의 재원으로 활용해야 한다고 주장하면서 기본소득을 "사회적 배당금social dividend"이라고 불렀다.

1948년, 유럽이 2차 대전의 잿더미에서 벗어나기 위해 갖은 애를 쓰는 가운데 아시아와 아프리카의 식민지들은 독립을 주장하기 시작했다. 새로 결성된 국제연합(UN)의 〈세계인권선언Universal Declaration of Human Rights〉에도 기본소득의 개념이 포함됐다. 이 선언문의 25조는 이렇게 천명한다. "모든 사람은 자기 자신과 가족이 건강한 삶을 살아가는 데 필요한 음식, 의복, 주택, 의료 및 기타 사회복지 등 적절한 생활수준을 누릴 권리를 갖는다. 또 실업, 질병, 장애, 배우자 상실, 노화 등과 같이 스스로 통제할 수 없는 상황 속에서 생계가 위험에 처할 때 보호받을 권리가 있다."4

기본소득이 사람들에게 커다란 관심을 받은 다음 장소는 미국이었다. 자유주의 경제학자 밀턴 프리드먼Milton Friedman은 1962년에 펴낸 저서 《자본주의와 자유Capitalism and Freedom》에서 "역소득세negative income tax"의 시행을 제안했다.5 이는 연방 조세제도를 활용해 소득이 일정 수준에 미치지 못하는 개인이나 가정에게 보조금을 지급하는 형태로 국민들에게 기본소득을 제공한다는 발상이었다. 프리드먼은 이렇게 썼다. "이 제도의 기본적인 아이디어는 국가가 일정 소득수준이 넘는 사람들로부터 세금을 징수해, 소득이 그 수준에 미치지 못하는 사람들에게는 반대로 재정적 지원을 제공하는 메커니즘을 활용하자는 것이다." 그의 목표는 프랭클린 루스벨트 대통령이 뉴딜 정책을 통해 수립한 복지 시스템을 폐지하는 것이었다. 프리드먼은 역소득세 제도를 통해 사회안전망과 고비용 저효율의 관료주의의 필요성을 경감할 수 있다고 생각했다.

노벨상을 받은 또 다른 자유주의 경제학자 F.A. 하이에크F.A. Hayek는 이런 글을 남겼다. "자유 사회의 정부는 모든 사람에게 최저임금을 제공하거나 적정한 생활수준을 보장함으로써 국민들을 심각한 결핍의 상태로부터 보호해야 한다."[6]

하이에크는 자신이 제시하는 방안이 공동의 이익에 기반을 둔다고 주장한다. 그에 따르면 우리 모두는 "극단적으로 불행한 상황이 닥쳤을 때에 대비하기 위한 보험"을 필요로 한다. 또한 사회는 "조직된 공동체의 구성원 가운데 스스로 문제를 해결하지 못하는" 사람들을 지원할 도덕적 책임을 지닌다.

사실 1930년대의 경제 대공황과 2차 대전을 거치며 세계에서 가장 부유한 나라로 떠오른 미국에서도 빈곤은 국가 전체에 만연한 문제였다. 1964년 린든 존슨 대통령은 빈곤과 싸우기 위한 사회적 프로그램인 '위대한 사회Great Society' 캠페인을 시작했다. 하지만 1968년 봄으로 접어들면서 그의 정책적 초점은 베트남전쟁으로 옮겨갔다. 당시 경제학자 1,000여 명은 "국민들에게 적절한 소득을 보장하고 부가적인 혜택을 제공하는 시스템을 채택할 것을" 의회에 촉구하는 문서에 서명했다.[7] 서명자 가운데 하나이며 당대 미국에서 가장 저명한 경제학자였던 존 케네스 갤브레이스John Kenneth Galbraith는 이렇게 썼다. "(빈곤 문제의) 해결책은 간단하다. 모든 사람에게 적절한 기본소득을 제공하는 것이다."

노벨 경제학상 수상자인 제임스 토빈James Tobin 예일 대학 교수 역시 이 문서에 서명했다. 그는 정부가 미국의 모든 가정에 기본소득을 제공하되, 가족의 구성이나 규모에 따라 액수를 차등 지급해야 한다고 역설했다. 그는 다른 형태의 과세 소득을 통해 이런 '일반 급부demogrants'•를 보조해야 한다고 주장했다.

토빈과 갤브레이스가 기본소득 제도를 관철시키기 위해 의회에 로비를 하고 있을 때, 마틴 루서 킹 목사는 자신이 주도하는 국가적 캠페인 '빈민 행진 운동Poor People's Campaign'에 대한 대중의 주의를 환기시키기 위해 '워싱턴 행진'을 기획했다. 킹 목사는 1967년에 펴낸 저서《우리는 이제 어디로 가는가Where Do We Go From Here》에서 자신이 기본소득을 지지하는 이유를 설명했다.[8] 그는 정부가 운영하는 빈곤 퇴치 프로그램들, 예를 들어 주택 건설, 기아 방지, 교육 지원 프로그램 등은 "기본적으로 문제의 본질과 다른" 목표를 향하고 있다고 주장했다. "나는 가장 단순한 방식이 효과적이라고 믿는다. 다시 말해 빈곤 문제에 대응하기 위해서는 최근 광범위하게 논의되고 있는 방법, 즉 모든 사람에게 적절한 소득을 보장해줌으로써 빈곤을 직접적으로 없애는 방법이 가장 좋은 해결책이다."

킹 목사는 정부의 복지 제도를 신랄하게 비판했다. "현대사회는 부족한 자원을 여러 사람에게 분배하는 시스템에 기반을 둔다. 하지만 이제 사람들이 함께 나눌 자원은 사라졌다. 모든 풍요로움은 중산층이나 상류층이 차지한다. 그들의 입은 넘쳐나는 음식으로 숨쉬기도 곤란할 정도다. 만일 민주주의에 보편성이라는 가치가 포함되어 있다면 우리는 이런 불평등을 해소할 방법을 찾아내야 한다. 이는 도덕뿐 아니라 지성과도 관련된 문제다. 우리는 구태의연한 사고방식에 빠져 사람들의 소중한 삶을 낭비하고 훼손한다."

페인이나 러셀 외에 기본소득을 지지했던 많은 선구자들처럼, 킹

• 소득이나 고용 상태에 관계없이 일정한 인구론적 사유에 해당하는 전 국민에게 정액을 급부하는 제도.

목사 역시 우리가 결핍이 아닌 풍요의 시대에 살고 있으며 기술은 우리에게 빈곤에서 벗어나게 할 도구, 자원, 그리고 도덕적 정당성을 제공한다는 사실에 동의했다. "이 시대에는 누구도 빈곤의 저주에 빠져 허덕일이유가 없다. 이는 사람들이 문명화되기 전에 동족끼리 잡아먹던 일처럼 참혹하고 눈먼 행위일 뿐이다. 사람들이 서로를 잡아먹은 이유는 아직 땅을 가꾸어 곡식을 재배하거나 주변의 다른 동물들로부터 음식을구하는 방법을 몰랐기 때문이다. 이제 빈곤을 전면적, 직접적, 즉각적으로 퇴치함으로써 우리 스스로를 문명화할 시대가 찾아왔다."

토빈을 포함한 여러 경제학자가 1968년에 제출한 청원서는 닉슨행정부가 추진하던 빈곤 퇴치 계획에 동력을 제공했다. 1969년 대통령자문위원회는 프리드먼이 제안한 역소득세 방식으로 모든 사람에게 일정 소득을 보장하는 권고안을 만장일치로 채택했다. 그리고 미 하원은이 법안을 통과시켰다. 이 안건은 중도 보수 성향의 공화당 정치 모임리펀회Ripon Society와 진보 성향의 미국 기독교협의회National Council of Churches에서 공통적으로 지지를 받았다. 하지만 미 상원은 1970년과 1972년에이 법안을 부결시켰다.

민주당 대통령 후보였던 조지 맥거번George McGovern은 1972년 자신의 정책안에 토빈의 '일반 급부' 개념을 포함시켰다. 그러나 맥거번이선거에서 닉슨에게 패하고, 닉슨마저 하원에서 탄핵이 의결되며 사임하는 상황이 벌어지자 기본소득에 대한 논의는 정치가들의 손을 떠나 학계로 옮겨갔다.

이 대목에서 우리가 주목해야 할 중요한 사례 한 가지를 소개하겠다. 1970년대에 알래스카 횡단 파이프라인이 건설되는 과정에서 석유 회사들은 원유를 탐사하고 채굴권을 확보하는 대가로 알래스카주 정부에 막대한 임대료를 지급했다. 알래스카는 갑자기 어마어마한 돈을 손에 쥐게 됐다. 주 정부는 석유에서 나오는 미래의 소득원을 안정적으로 확보하기 위해 주 헌법을 수정해서 그 돈의 25퍼센트를 '알래스카 영구 기금Alaska Permanent Fund'이라는 펀드에 투자했다. 당시 알래스카 주지사였던 공화당 출신의 제이 해먼드Jay Hammond는 이 펀드에 대한 대중의 지지를 얻기 위해 모든 주민에게 알래스카에서 거주한 기간에 비례해서 펀드 배당금을 지급했다. 미국 연방 대법원은 해먼드의 조치가 다른 주에서 알래스카로 이주한 주민들을 차별할 수 있다는 이유로 14차 수정 헌법의 '평등 보호 조항'에 위배된다고 판결했다. 그러자 해먼드는 정책 방향을 바꿔서 알래스카의 모든 법적 주민에게 동일한 액수의 배당금, 즉 기본소득을 지급하기로 했다. 매년 알래스카 주민 65만 명이 알래스카 영구 기금에서 발생하는 배낭금의 혜택을 받았다. 배당금은 주식시장이나 유가 시세에 따라 오르내렸지만, 처음에는 1인당 386달러에서 나중에는 2,000달러를 웃돌 정도로 증가했다. 이 프로그램은 전 세계적으로 엄청난 유명세를 탔다. 사람들은 이 제도가 알래스카를 미국에서 가장 평등한 주로 만들었다고 찬사를 퍼부었다. 한때 실업률이 60퍼센트를 넘었던 알래스카 변두리 지역 주민들의 빈곤을 개선하는 데 결정적인 도움을 주었다는 것이다.[9]

이제 내가 생각하는 기본소득 계획을 여러분에게 공개하기 전에, 최근 여러 전문가가 제안한 3개의 각기 다른 아이디어를 먼저 소개하는 편이 좋을 듯하다.

예일대 로스쿨의 브루스 애커먼Bruce Ackerman과 앤 앨스톳Anne Alstott

교수는 1999년에 또 다른 동료와 함께 쓴 책《이해 당사자의 사회The Stakeholder Society》에서 18세 생일을 맞은 모든 미국 시민에게 일시불로 8만 달러를 지급하자고 제안했다.[10] 이 보조금으로 미국의 모든 젊은이가 미국의 부와 미래에 중요한 이해 당사자가 될 수 있다는 것이다. 그 이해 당사자들은 성년이 되면서 대학 교육을 받고, 주택을 구입하고, 새로운 사업을 시작하는 데 이 돈을 투자하거나 저축하고, 또는 소비할 수 있을 것이다. 애커먼과 앨스톳은 상위 40퍼센트의 부자들로부터 매년 2퍼센트의 재산세를 거두어 이 금액의 재원을 마련하자고 제안했다. 물론 8만 달러라는 돈은 성년의 삶을 시작하는 젊은이들에게 요긴한 수단이 될 수 있지만, 그들이 노동을 하지 않는 상황에서 평생 생계를 유지하는 데 경제적으로 충분한 금액이라고는 할 수 없다.

진보 성향의 정치학자 찰스 머리Charles Murray는 2006년에 퍼낸《우리의 손안에In Our Hands》에서 다음과 같은 방식으로 기본소득의 재원을 충당하고 제도를 시행하자고 제안했다.[11]

"앞으로 연방, 주, 지역 정부는 전체가 아닌 일부 시민들에게만 혜택이 돌아가는 모든 복지 법안이나 프로그램을 제정하고 시행하는 일을 멈추어야 한다. 또 기존에 운용하던 프로그램들도 모두 중단해야 마땅하다. 그리고 이전에 복지 프로그램에 투입된 비용을 모든 시민이 21세가 된 순간부터 사망할 때까지 현금으로 계속 지급해야 한다. 이 프로그램이 시행되는 초기에 한 사람에게 제공할 수 있는 금액은 연 1만 달러 정도일 것이다."

머리는 정부의 복지 프로그램이 사람들을 오히려 망치는 역할을 한다고 믿는다. 미국에서 결혼이 줄고 10대의 임신이 늘어나는 주된 이유가 이것 때문이라는 것이다. 그는 정부의 지원이 없다면 10대 소녀들이 임신을 보다 신중하게 생각할 거라고 말한다. 그는 국민들에게 기본소득을 제공함으로써 그들이 삶에 대해 보다 책임감 있는 자세를 갖게 해야 한다고 주장한다.

나는 10대들이 복지 장려금을 믿고 혼외 임신을 한다는 머리의 의견에 동의하지 않는다. 또한 정부가 지원을 중단한다고 해서 청소년이나 빈곤층 시민을 포함한 어떤 사람도 보다 책임감 있는 삶을 살게 될 거라고 생각하지 않는다. 복지 프로그램을 삭감해야 하는 유일한 이유는 가난한 사람을 도울 수 있는 더 좋은 방법, 즉 기본소득에 대한 재원을 마련하기 위해서다. 머리는 가난한 사람들에게 교훈을 주려고 한 듯하다. 그러나 기본소득의 핵심은 빈곤하고 소득이 적은 사람들에게 자신의 삶을 선택할 수 있는 자유를 제공하는 것이다. 이것은 민주주의의 핵심이기도 하다. 어떤 사람들은 남들보다 더 책임감 있는 삶을 살아갈 것이며, 반면 그렇지 못한 사람들도 있을 것이다. 아주 당연한 일이다. 부자로 태어났든 가난하게 태어났든, 사람들은 무언가를 자유롭게 선택할 수 있을 때 이처럼 다양한 행동 양식을 보이는 법이다.

사회적 기업가 피터 반스는 2014년에 퍼낸 《우리의 당연한 권리, 시민배당With Liberty and Dividends for All》에서 기본소득에 대한 자신의 구상을 소개했다.[12] 그의 이론은 토머스 페인의 사상, 즉 모든 인간은 자연으로부터 물려받았거나 공동으로 창출한 부를 통해 소득을 얻을 권리가 있다는 개념을 바탕으로 한다. 반스에 따르면 공기, 물, 전자기파 스펙트럼 등은 모두의 공통 자산이며, 특허권, 저작권, 상표권 등과 같은 지식재산권은 인류가 함께 창출한 자산에 해당한다. 그러므로 연방 정부가 이런 권리를 특정인에게 부여한다는 의미는 지식재산권을 가진 개인이나 기업에게 수익 창출을 위한 '임시적' 독점권을 제공한다는 뜻이다. 미국의 소프트웨어나 엔터테인먼트 기업, 그리고 제약 회사들이 소유한 지식재산 자산의 가치는 5조 달러가 넘는다. 반스는 이 기업들이 자사의 지식재산권을 침해받지 않는 대가로 정부에 수수료를 납부하는 것은 매우 정당한 일이라고 믿는다.

반스는 알래스카 영구 기금을 모델로 '스카이 신탁기금Sky Trust('청정대기 신탁기금'이라고도 불린다.)'을 설립하자고 제안했다. 공기를 이용해서(때로 오염시켜서) 돈을 버는 모든 기업은 스카이 신탁기금에 공기 사용료를 지급해야 한다. 그리고 이 신탁기금은 그 돈으로 18세 이상의 미국 시민에게 매월 배당금을 지불한다는 것이다. 반스는 이렇게 말한다. "인류가 자연으로부터 부여받은 선물을 쓰레기를 버리는 데 사용하는 기업은 규제해야 마땅하다. 아니면 공통 자산을 사용하는 대가를 우리에게 지불해야 한다." 반스는 정부가 이러한 기준을 모든 공통 자산에 적용해 기업들로부터 수수료를 받는다면 미국의 모든 성인에게 연간 5,000달러의 배당금을 지급할 수 있다고 생각한다.

하지만 반스는 국민의 소득수준을 향상시키는 일 자체에는 별 관심이 없는 듯하다. 그의 주된 목표는 환경오염을 줄이는 일이다. 그는 기업들로부터 받은 사용료를 정부에 주어 지출하도록 하는 것보다는 직접 시민들에게 나누어줌으로써 시민들의 소득을 향상시키는 방법을 선호한다. 나와 달리 반스는 정부의 복지 시스템을 그대로 두는 것을 지지하는 편이다. 하지만 그의 방법론은 빈곤층 시민들에게 의도치 않은 피해를 입힐 수도 있다. 새로운 프로그램에 따라 저소득층 시민들의 소득이 늘어나면 의회의 의원들은 근로 장려 세금제도(EITC)의 수혜를 받을 수 있는 소득 기준을 높일지도 모르기 때문이다. 또는 다른 정치적 목적을 위해, 즉 전쟁에 뛰어들거나 기업과 상류층 사람들에게 세금 혜택을 제공하기 위해 복지에 할당된 금액을 줄여버릴 수도 있다.

　　현재까지 가장 오래 지속되어온 기본소득 프로그램은 알래스카 영구 기금이다(물론 석유에서 나오는 수익으로 주민들에게 배당금을 지불할 수 있는 알래스카주의 지역적 특수성 덕분이다). 하지만 미국의 다른 지역에서도 기본소득을 실험했던 흥미로운 사례가 있다. 노스캐롤라이나주 그레이트스모키산맥에 자리 잡은 체로키 인디언의 동부 연맹은 1996년 카지노를 개장하고 여기에서 나오는 수익을 8,000명의 주민에게 똑같이 나누어주기로 결정했다. 듀크 대학의 임상심리학 교수인 엘리자베스 제인 코스텔로Elizabeth Jane Costello의 연구에 따르면, 2001년 이곳에서 지급하는 1인당 배당액이 연 6,000달러에 달하게 되자 빈곤선 아래에서 살아가는 체로키족의 수는 절반으로 줄었다고 한다. 이 추가 소득으로 빈곤에서 벗어난 청소년들은 행동장애가 20퍼센트 감소하였다. 또한 아이들이 크고 작은 범죄를 저지르는 건수도 뚝 떨어진 반면 학교를 제때 졸업하는 비율은 높아졌다. 코스텔로 교수는 체로키족 아이들을 9세, 11세, 13세 그룹으로 나누어 연구했다. 그리고 10년 후, 추가 소득의 혜택을 가장 먼저 받았던 아이들은 성년기에 들어 정신 건강상의 이상이나 약물 남용 등의 문제에 시달릴 확률이 다른 아이들에 비해 3분의 1 정도 낮은 것으로 나타났다. 그 돈은 부모들이 아이들을 양육하는 데도 요긴하게 쓰였다.[13] 언론인이자 저술가인 모이세스 벨라스케스 마노프Moises Velasquez Manoff가 〈뉴욕 타임스〉에 기고한 칼럼에 따르면, 그가 인터뷰한

체로키족 공동체의 어느 주민은 이렇게 말했다고 했다. "카지노가 개장하고 주민들에게 배당액이 분배되기 전에 사람들은 일이 있을 때만 이따금씩 일하곤 했습니다. 많은 체로키족 주민들이 여름 동안 '힘겹고 기나긴' 노동의 시간을 보냈지만, 겨울이 찾아오고 일자리가 사라지면 아무 일도 하지 못하고 집 안에 틀어박혀 지냈어요. 그런 상황에서 카지노의 배당금은 풍요로움과 배고픔이 반복되는 상황을 완화시키는 역할을 했죠. 어떤 사람들은 그 돈으로 몇 개월 치의 각종 청구서 대금을 미리 납부했습니다. 아이들이 학교에 갈 때 입을 옷을 구입하거나 아이들에게 크리스마스 선물을 사주는 사람도 있었어요. 예전에는 아이들에게 그런 일을 해줄 방법을 찾기 위해 노심초사하며 많은 에너지를 쏟아부어야 했지만 금전적 문제가 어느 정도 해결되면서 그들은 더 좋은 부모가 될 수 있었습니다."[14]

캐나다, 아프리카, 유럽 등지에서도 기본소득을 실험한 사례가 있다.

1970년대 중반에 캐나다 남서부의 작은 도시 도핀Dauphin("매니토바주의 정원"이라 불린다)은 '민컴Mincome'이라는 사회정책의 실험 무대 역할을 했다. 이 실험에는 캐나다 연방 정부와 매니토바주 정부가 함께 자금을 지원했으며, 목표는 주민들에게 최저소득을 보장했을 때 노동 의욕이 저하되는지 여부를 파악하는 것이었다. 5년간 진행된 실험에서 최저소득을 받은 후에 노동시간이 줄어든 사람들은 단 2개 그룹에 불과했다. 첫째, 청소년들―그들에게는 가족을 부양해야 한다는 압박이 없었다. 둘째, 아이를 처음 낳은 여성들―그들은 아이와 함께 집에서 더 많은 시간을 보내길 원했다. 이들의 경우를 제외하면 사회 대부분의 영역에서 많은 긍정적 변화가 일어났다. 우선 빈곤이 사라졌다. 또 병원의 입원 환자가 줄었으며, 특히 정신 건강 문제나 사고 및 부상으로 병원을 찾는 사람들이 감소했다. 반면 고등학교를 졸업하는 학생들의 수는 늘었다.[15] 결과적으로 주민들에게 매년 일정액의 소득을 보장해주는 정책을 사회 전반으로 확대한다면 공동체 차원에서 건강이 증진되고 사회적 성과가 개선될 것이라는 예측이 가능해졌다.

2008년과 2009년에는 나미비아에 소재한 오치베로-오미타라 Otjivero-Omitara라는 가난한 마을에서 기본소득 실험이 이루어졌다. 이곳에서 도출된 결과는 매우 흥미롭다. 일단 자영업을 시작하는 사람들이 크게 늘면서 주민들의 평균 소득이 기본소득을 39퍼센트 상회하는 수준까지 뛰어올랐다. 많은 주민이 그 돈으로 작은 규모의 사업들, 예를 들어 빵을 굽고, 벽돌을 찍어내고, 옷을 만드는 일을 시작했다. 기본소득이 보장되자 각 가정의 구매력이 높아졌으며, 이에 따라 상품들이 거래되는 지역 시장들이 생겨났다. 또한 남성들에게 성을 매매하면서 생계를 유지하던 여성들의 수도 훨씬 줄어들었다. 에이즈에 걸린 주민들도 치료를 받기 위해 인근의 고바비스Gobabis시로 여행할 시간과 돈이 생겼다. 저체중에 시달리는 아이들의 비율도 전체의 42퍼센트에서 10퍼센트로 감소했다. 학교를 자퇴하는 아이들의 수도 40퍼센트 줄었다. 아마 부모가 학교 수업료를 내고 아이들에게 교복을 사줄 수 있었기 때문이리라. 가계 부채는 감소한 반면 저축은 늘었다. 집에서 키우는 가축의 수도 크게 증가했다. 또 하나, 기본소득이 주어지면 알코올중독자가 늘어날 것이라고 예상하는 사람이 많았지만, 실제는 그렇지 않았다. 매달 정부가 돈을 나누어주는 날에는 술집 주인들이 가게를 열지 않기로 합의를 한 데도 원인이 있었을 것이다.

2015년 7월, 나미비아 정부가 기본소득을 전국적으로 확대하는 방안을 "매우 적극적으로 고려하고 있다"는 보도가 나왔다.[16]

네덜란드의 위트레흐트Utrecht시는 2017년 1월부터 1년 동안 기본소득 프로그램을 한시적으로 실험 운영할 예정이다.[17] 도시의 모든 주민들이 이 프로그램의 대상이 되는 것은 아니다. 대상자로 선정된 사람들은 성인의 경우 매월 900유로로, 그리고 부부나 가족의 경우 1,300유로를 지급받으며 이 돈을 어떻게 소비하든 아무 제약을 받지 않는다. 네덜란드의 경우 생산 가능 인구 중 46퍼센트가 임시직 노동자들이다. 따라서 이 실험은 시민의 삶을 증진시키려면 근로자의 최저임금을 높이는 방법이 옳은가, 아니면 노동을 하지 않는 사람에게도 조건 없이 소득을 제공하는 것이 좋은가에 대한 치열한 논쟁의 장이 될 것이다. 위트레흐트에서 진행할 실험의 목표는 기본소득을 지급받는 사람들이 정부에서 제공하는 복지 프로그램의 혜택을 받는 사람들에 비해 경제적·사회적으로 어떤 행동 양식을 보이는가를 연구하는 것이다. 네덜란드는 틸뷔르흐Tilburg, 흐로닝언Groningen, 마스트리흐트Maastricht, 하우다Gouda, 엔스헤더Enschede, 네이메헌Nijmegen, 바헤닝언Wageningen 등의 도시에서도 같은 실험을 진행할 예정이다.

스위스는 전 국민에게 조건 없이 기본소득을 지급하는 안을 2016년에 국민투표로 결정한다.[18] 만일 국민투표에서 이 안이 통과되면 기본소득은 시민의 헌법적 권리로 자리 잡는다. 이 안이 국민투표에까지 이르게 된 과정은 흥미롭다. 국민투표로 기본소득의 시행을 결정하자는 청원이 시작된 것은 지난 2012년 4월의 일이다. 청원서에 서명한 사람의 수는 1년 만에 7만 명이 넘었다. 2013년 10월에는 서명자가 13만 명에 달하면서 기본소득 법안이 국민투표에 회부됐다. 이 안을 지지하는 사람들은 대중에게 청원서의 내용을 알리기 위해 수도 베른에 있는 연방 의사당Federal Palace 앞에서 트럭 한 대를 800만 개의 동전으로 가득 채우고 시위를 벌였다. 그들이 주장하는 기본소득의 규모는 한 달에 2,500 스위스 프랑, 즉 2,650달러 정도였다.

스위스 연방의회는 기본소득이 실시되면 여성 노동자들이 일터를 떠나 집안일이나 가족들을 돌보는 일에 매달리게 될 것이며, 저임금 일자리들이 해외로 빠져나갈 수 있고, 프로그램의 재원 마련을 위해 세금이 증가할 거라는 이유 등을 들어 이 안에 반대표를 던져달라고 시민들에게 호소했다. 이 국민투표의 결과가 어떻게 나올지 매우 궁금하다.•

한편 최근에 수행된 여론조사에 따르면 핀란드에서는 69퍼센트의 국민이 기본소득에 찬성하며, 응답자들이 기대하는 평균 소득은 월 1,000유로(약 1,083달러) 정도라고 한다.[19] 핀란드는 2017년부터 2년에 걸쳐 그동안 선진국에서 시행된것 가운데 가장 철저한 기본소득 실험을 실시할 계획이다. 중도 우파 성향인 핀란드 정부에서는 이 실험을 위해

• 2016년 6월 5일 스위스에서 기본소득 법안에 대한 국민투표가 실시되어 찬성 23.1퍼센트, 반대 76.9퍼센트로 부결되었다. 국내 언론 보도에는 월 300만 원 기본소득 투표로 알려졌지만, 정확히는 헌법에 '모든 국민이 기본소득에 대한 권리를 갖고 있다'는 내용을 명시할 것인가에 대한 투표였으며 법안에 구체적인 액수는 명시되어 있지 않았다. 월 300만원은 이 법안을 처음 발의한 단체에서 스위스의 월 최저생계비를 근거로 추정한 금액이다. 반대가 많았던 이유에 대해서도, 일부 국내 언론의 표현대로 '스위스 국민들이 포퓰리즘을 거부했기 때문'이라기보다는 이미 높은 수준의 사회복지 혜택을 누리고 있는 스위스 국민들이 현재의 사회복지시스템을 기본소득으로 대체해야 할 필요성을 크게 느끼지 못했다는 해석이 지배적이다. 기본소득 지지층에서는 이번 투표를 '첫발을 떼는 데 성공했다'고 평가하고, 향후 기술의 발전으로 일자리가 줄어들면 기본소득에 대한 욕구는 더욱 커질 것이라고 전망하고 있다. ─편집자 주

200억 유로(220억 달러 조금 못 미치는 금액)의 자금을 지원하기로 했다. 그들은 복지 혜택을 기본소득으로 완전 대체하는 방식, 부분적인 기본소득 방식, 그리고 역소득세 방식과 복지 혜택을 함께 운영하는 방식 등 여러 가지의 실험 모델을 고려하고 있다.

앞으로 몇 년 동안 캐나다에서 벌어질 일 역시 관심을 끈다. 2015년 10월, 쥐스탱 트뤼도Justin Trudeau가 이끄는 자유당은 총 338석의 하원 의석 중에 184석을 획득함으로써 거의 10년 동안 정권을 차지했던 보수당 정부를 밀어냈다. 자유당의 강령 중에는 이런 내용이 포함되어 있다. "캐나다 자유당은 적어도 한 개의 캐나다 마을이나 도시를 대상으로 주 및 지방자치 정부의 협조하에 기본소득을 시범 운영하기로 결의했다."[20] 과연 캐나다 정부가 1970년대 매니토바에서 이루어진 '민컴'과 같은 실험을 재현할 수 있을지 자못 기대가 된다.

기본소득은 바다 건너 영국에서도 입지가 확대되는 중이다. 최고의 권위를 지닌 왕립예술협회 회원들은 최근 영국 경제가 맞닥뜨린 어려움을 해결할 수 있는 가장 현실적인 방법으로 기본소득을 지지했다. 왕립예술협회의 정책 전략 국장 앤서니 페인터Anthony Painter는 기본소득에 관한 논문에서 이렇게 기술했다. "급변하는 경제와 노동시장, 복지 시스템의 효과에 대한 대중의 우려, 그리고 더 많은 자유, 통제력, 권한에 대한 시민들(특히 젊은이들)의 갈망이 오늘날의 변곡점을 만들어낸다. 우리의 사고방식은 보다 근본적이고 실제적인 방향으로 바뀌지 않으면 안 된다. 이제 21세기에 우리가 원하는 나라, 우리가 원하는 정부, 우리가 원하는 삶에 대한 논의의 핵심에 접근하기 위해 과거 수백 년 동안 많은 사람이 지지했던 아이디어를 받아들이기에 적당한 시기가 됐다."[21] 왕립예술협회가 기본소득의 개념을 심각하게 고려한다는 사실은 의미심장하다. 현재 이 단체의 수장은 영국 왕실의 앤^{Anne} 공주다. 그녀는 아버지 필립 공, 어머니 엘리자베스 2세에 이어 왕립예술협회의 회장이 됐다. 이 협회가 창립된 1754년 이래로 찰스 디킨스, 애덤 스미스, 벤저민 프랭클린, 칼 마르크스, 토머스 게인즈버러, 윌리엄 호가스 등을 포함한 2만 7,000명의 저명인사들이 회원으로 선출됐다. 현재 대표적인 회원으로는 이론물리학자 스티븐 호킹^{Stephen William Hawking}, 그리고 월드와이드웹^{World Wide Web}을 만들어낸 것으로 유명한 컴퓨터 과학자 팀 버너스 리^{Tim Berners Lee} 등이 있다.

왜 현대의 미국에서 기본소득이 필요할까

기본소득이 논의된 것은 이미 수백 년에 달한다. 하지만 그 오랜 시간 동안 기본소득은 그저 하나의 아이디어로 남아 있었다. 그렇다면 왜 21세기의 미국에서 기본소득을 현실화하는 문제를 심각하게 고려해야 할까? 그것은 무엇보다 과거 제조업 중심의 경제가 디지털 기반 경제로 이동하면서 우리의 경제 시스템 자체가 돌이킬 수 없을 정도로 무너지고 있기 때문이다.

이런 나의 생각에 확신을 불어넣어준 사람 중 하나가 최근에 만났던 유니언스퀘어의 수석 파트너 앨버트 웽거다. 유니언스퀘어는 뉴욕에 소재한 벤처 캐피털 기업으로서 징가^{Zynga}, 텀블러^{Tumblr}, 트위터, 엣시 같은 업체들의 초기 투자가로 유명하다. 웽거는 데이터 분석, 투자, 경영 컨설팅에 전문화된 여러 기술 기업들을 설립하기도 했다. 그는 하버드 대학에서 컴퓨터 공학과 경제학을 전공했으며 MIT에서 정보 기술 박사 학위를 취득했다. 웽거는 기술이 노동의 세계를 어떻게 바꿀지 고민하는 데 많은 시간을 보낸다. 그는 과거 제조업 기반 경제의 근간을 이루었던 경제의 순환 고리가 붕괴하는 이유를 내게 이렇게 설명했다. "제조업 경제에서는 대부분의 사람들이 직업에 종사하면서 노동에 투입한 시간과 임금을 교환합니다. 그리고 다른 사람이 생산한 제품이나 서비스를 구매하는 데 그 돈을 소비하죠. 오늘날 이 기본적인 순환 고리가 무너져가는 이유는 기업들이 인간의 노동력 없이 점점 더 많은 일을 해낼 수 있기 때문입니다. 우리는 더 이상 '미래에 그런 일이 생길 것이다'라는 식으로 말해서는 안 됩니다. 수많은 데이터가 입증하듯, 그런 상황은 이미 발생하고 있습니다."

기술의 발전은 인간을 더욱 생산적이고 효율적으로 만들겠지만, 그 일에 필요한 사람의 수는 점점 감소할 것이다. 물론 얼마나 많이 줄어들지 정확한 숫자를 예측하기는 불가능하다. 또한 제조업 경제에서 새로운 경제로 전환하는 일이 정해진 시간표에 따라 이루어지는 것도 아니다. "그러나 한 가지 사실은 확실합니다." 투자 금융가 스티븐 버켄펠드는 이렇게 말했다. "그 전환 과정은 매우 혼란스러울 겁니다." 그가 지적했듯이 전환기 혼란과 고통을 떠안을 사람은 대부분 빈곤층이나 소외계층, 그리고 중하층 소득 가정이다. 반면 부자들에게는 그 충격이 훨씬 덜할 것이다. 나는 버켄펠드와 22세 된 그의 아들에 관해 대화를 나누면서 그 사실을 보다 분명하게 실감했다. 그 아이가 갑자기 일자리를 잃거나 일이 임시직으로 바뀐다면 어떻게 될까?

"글쎄요. 일단 우리 아들의 의료보험을 제가 책임져야겠죠." 버켄펠드가 말했다. "그리고 우리가 가족 휴가를 떠난다면 그 아이가 돈을 벌 수 없다는 사실을 고려해야 할 거고요. 일한 만큼만 급여를 받을 수 있을 테니까요. 지금도 저는 아들이 살고 있는 아파트의 임대료로 월 2,000달러를 지원해줍니다. 만일 그 애가 일자리를 잃는다면 아마 집으로 돌아와 우리와 함께 살게 될 겁니다. 모든 상황이 변하겠죠. 아들은 우리 부부에게 더 많이 의존할 수밖에 없을 거예요."

물론 그런 일이 벌어진다고 해서 버켄펠드 가족의 모든 상황이 변하지는 않을 것이다. 버켄펠드와 그의 아내는 잠시 불편함을 겪겠지만, 그의 아들은 결국 별 문제가 없을 것이다. 그건 내 아들 매트가 일자리를 잃는다고 해도 마찬가지다. 부모의 경제력이 상대적으로 넉넉한 젊은이들은 일종의 안전망을 갖추고 있다. 다시 말해 그들은 '부모 기본소득parental basic income'이라는 특정한 형태의 기본소득이 보장된 사람들이다. 나는 이 단어를 PBI라는 약자로 부른다.

뿐만 아니라 경제적으로 여유가 있는 부모는 자식들을 노동시장에 더 쉽게 연결시켜준다. "부유하고 사회적 인맥이 풍부한 부모를 둔 아이들은 부모님 회사에서 일하거나 부모님이 아는 회사에 취직할 수도 있어요." 버켄펠드가 말했다. "하지만 중하층 소득 가정의 아이들은 그런 선택권이 없어요."

나는 노동자들의 사회적 안전망이 사라진다는 사실이 매우 염려스럽다. 역사적으로 기업에서 제공하는 복지 혜택은 노동조합에 가입한 정규직 직원들의 전유물이었다. 노동조합은 조합원들 대신 회사와 협상을 벌여서 의료지원, 산재보상, 병가 등의 혜택을 얻어냈다. 그리고 그 혜택들은 노동자와 가족이 보다 안전한 중산층의 삶을 살아가는 데 기여했다. 하지만 노동조합이 사라지면서 혜택들도 자취를 감췄다. 미국의 노동자들은 병이 들거나 근무 중에 부상을 당했을 때 매우 취약한 존재로 전락했다. "우리에게는 새로운 사회계약이 있어야 합니다." 앞서 소개한 미국 이주노동자연합의 대표 사켓 소니는 이렇게 말했다. "뿐만 아니라 사회계약을 지속적으로 갱신해나갈 수 있는 새로운 장치도 필요합니다."

미래에 직업이 사라질 거라는 내 말의 의미는 모든 직업이 하나도 남지 않을 거라는 의미가 아니다. 하지만 세상이 전체적으로 일자리가 줄어드는 방향으로 움직인다는 사실만은 분명하다. 아마 수천만 개의 일자리가 자취를 감출지도 모른다. 그때가 되면 오직 두 가지 유형의 일자리가 존재할 것이다. 즉 매우 높은 소득과 안정성이 보장되는 일자리(최고의 승자가 모든 것을 독식한 결과), 아니면 사람들의 자발적인 동기와 창의성, 그리고 '무'에서 직업을 만들어내는 능력에 의해 돌아가는 비정규직 시간제 일자리들만 남아 있을 것이다.

오늘날의 사회계약은 이 두 번째 범주에 속한 노동자들에게 대단히 불리하다.

최저임금 인상이나 근로 장려 세금제도 확대와 같은 혜택을 받으려면 일단 어디에라도 고용되어 일해야 한다. 그렇지 못한 사람은 근로 장려 세금제도의 액수가 아무리 커진다고 해도 그림의 떡이다. 시간제 근로자는 최저임금이 인상되면 더 많은 소득을 거둘 수 있을 것이다. 하지만 일하는 시간 자체가 줄어들면 아무 소용이 없다. 아마존 머캐니컬 터크에서 시간당 푼돈을 받아가며 일하는 노동자에게는 누구도 병가를 제공하지 않는다. 또 정규직 직장을 잃었기 때문에 마지못해(아니면 자

발적으로) 자영업을 시작한 사람들 역시 병가, 실업보험, 연금 등의 혜택
은 생각하지 못한다.

우리의 경제는 소비를 기반으로 한다. 하지만 사람들이 소비할 돈
이 없는 상황에서 경제가 어떻게 번영할 수 있을까? 기술의 발전에 따
른 실업은 경제를 위협할 뿐만 아니라 미국인들의 삶의 방식 자체를 위
기에 빠뜨린다. 앞날에 대한 희망도 없고 일자리도 없는 젊은이들은 폭
력을 휘두르거나 테러리스트가 될 가능성이 높다. 이런 점에서 기술의
발전에 따른 실업의 문제는 국가 안보상의 사안으로 다루어져야 한다.

스티븐 버켄펠드는 군인들의 비상시 대응 방법에서 교훈을 얻어야
한다고 말했다. "만일 우리 사회가 군대라면, 지휘관을 맡은 장군은 노
동 없는 미래가 발생할 확률 5퍼센트, 10퍼센트, 또는 40퍼센트에 해당
하는 시나리오를 각각 수립했을 겁니다." 요컨대 군대가 모든 가능성에
대비하는 것처럼 우리도 경제학자, 정치가, 미래학자, 사업가, 노조 지도
자, 그리고 모든 미국인이 함께 모여 기본소득에 대한 현실적인 방안을
철저하게 논의해야 하지 않을까.

처음에 나는 중산층 일자리를 늘리고 임금을 인상하는 데 초점을
맞췄다. 그러다가 18세 이상의 모든 미국인에게 기본소득을 제공하는
정책에 집중하게 됐다. 내가 기본소득을 지지하는 이유는 이 정책이 소
득의 부족이라는 빈곤의 핵심 원인을 공략할 수 있기 때문이다. 또한 기
술의 급속한 발전에 따라 중산층의 일자리가 사라지는 현 상황에서 모
든 사람을 대상으로 하는 보편적 지원 방안이 필요하기 때문이다. 양질
의 일자리가 사라진 우리 다음 세대의 아이들은 빈곤과 저소득 일자리
에서 벗어난 삶을 갈망하게 될 것이다. 우리는 그들에게 더 나은 삶의

기회를 제공하기 위해 모든 노력을 기울여야 한다.

이제 기본소득의 가장 큰 장점이 무엇인지 살펴보며 보다 자세한 논의를 시작해보자.

기본소득은 빈곤에 대한 더 나은 해결책이다

마틴 루서 킹을 포함한 많은 사람들이 그랬듯이, 카토 연구소Cato Institute*의 수석 연구원 마이클 테너Michael Tanner 역시 빈곤의 문제를 해결할 최고의 해결책은 기본소득이라고 믿는다. 자유의지론자인 테너는 존슨 대통령이 시작한 '빈곤 퇴치 전쟁'이 처음 10년 동안은 비교적 성공적이었지만 시간이 가면서 지지부진해졌다고 평가했다.[22] 1964년에 19퍼센트였던 빈곤율은 1966년에 15퍼센트로 떨어졌다. 미 통계국이 최근 발표한 수치에 따르면 2012년의 빈곤율은 여전히 15퍼센트에 머물러 있다. 미국 연방, 주, 지방자치 정부들이 빈곤 퇴치 프로그램에 쏟아붓는 돈은 매년 1조 달러에 달한다. "하지만 그 결과는 어떤가요?" 테너가 말했다. "새로운 프로그램을 개발하기 위해 갈수록 많은 돈을 쓰고 있지만 지난 40년 동안 별다른 성과가 없었어요. 이제는 완전히 새로운 접근 방식을 고려해야 합니다."

테너에 따르면 현재의 빈곤 퇴치 프로그램들이 지닌 최대의 문제는 가난한 사람들을 '어린아이처럼' 취급한다는 것이다. "우리는 빈곤층 시민들을 세 살짜리 아이처럼 대합니다. 그 사람들이 책임감 있는 어른

---

* 미국 워싱턴 D.C에 소재한 싱크 탱크.

이 되기를 원한다면, 먼저 어른처럼 대해야죠. 그들이 가난한 이유가 돈이 없어서라면 그들에게 돈을 나누어주고 스스로 삶을 책임지게 만들어야 합니다."

또한 테너는 정부의 복지 시스템이 빈곤층 시민들을 '게토에 가두는' 역할을 한다고 말했다. "가난한 사람들은 공공주택이 공짜로 제공되고, 음식을 받을 수 있고, 무료 진료를 받을 수 있는 도시의 특정 지역에서 살 수밖에 없습니다." 복지 시스템을 통해 지급되는 돈은 대부분 서민들에게 서비스를 제공하는 사람들에게 돌아간다. 다시 말해 복지 혜택의 수혜자들은 돈을 구경하지도 못한다. "그렇기 때문에 빈곤층 시민들은 보통 사람들처럼 예산을 세워 돈을 소비한다거나 여러 가지 우선순위 중에서 원하는 바를 선택하는 법을 모릅니다."

나는 가난한 사람들을 돕기 위해 만들어진 프로그램이 어떻게 그들을 모욕하고 빈곤의 문화를 고착시키는 역할을 하는지 잘 알고 있다. 내가 노동조합 운동을 하면서 첫 번째 맡은 업무는 펜실베이니아주에서 빈곤 퇴치 프로그램을 담당하는 복지부 소속 노동자 수천 명의 권익을 대변하는 일이었다. 주 복지부는 어마어마한 간접 비용과 번거로운 형식주의가 난무하는 관료주의적 조직이었다. 그곳에서는 복지 수혜자들을 구걸하는 사람처럼 대했고, 막대한 돈을 낭비했으며, 가짜 수혜자들에 속아서 돈을 지급했다. 또 잘못된 방식으로 복지 제도를 운영함으로써 사람들이 일을 하지 않고 가난한 상태에 머물러 소외의 그늘을 벗어나지 못하게 만들었다.

또한 나는 복지 시스템이 어떻게 빈곤층 시민들에게 굴욕감을 주고 일자리를 잃은 사람들을 더욱 힘들게 만드는지 목격했다. 실업 혜택을 받기 위해 복지부를 찾은 실업자들은 줄을 서서 몇 시간을 기다렸다. 자신이 이번 달에 적어도 다섯 차례 이상 구직 활동을 했다는 사실을(일자리가 전혀 없음에도 불구하고) 증명해야 했다. 할렘 어린이 보호 구역의 제프리 캐나다는 정부의 복지 시스템이 오히려 사람들을 억압한다고 믿는다. "우리의 자본주의적 경제체제는 사람들이 일자리를 잃었다는 사실을 불편하게 느껴야만 가동될 수 있습니다." 그는 기술 발전에 따른 실업이 악화되면 일자리를 얻지 못한 우리 아이들 역시 현재 빈곤층이 받는 모욕을 똑같이 경험할 거라고 말했다.

기본소득 제도는 운용법도 매우 간단하다. 그리고 모든 사람을 동등하게 대한다. 그러면서도 근면한 노동이나 우수한 기업가 정신에 대해 보상을 제공한다. 또한 가난한 사람들을 신뢰함으로써 그들이 그 돈으로 무엇을 할지 스스로 결정하게 만든다. 기본소득 제도는 모든 국민의 생활수준을 향상시키는 역할을 하는 동시에, 사람들이 노력해서 더 많은 돈을 벌도록 장려한다. 내가 즐겨 사용하는 표현대로, 기본소득은 1층에 살기에 충분한 혜택을 제공하지만 만일 더 전망 좋은 층(예를 들어 공원이 보이는 7층)을 원하는 사람은 보다 많은 돈을 벌어야 한다. 복지 시스템은 근로의욕을 꺾는 역할을 할 뿐이다. 소득이 증가하면 혜택이 사라지기 때문이다. 그에 반해 기본소득은 폐지될 염려가 없고 결혼을 한 사람에게도 불리하게 작용하지 않는다. 또한 수혜자들이 정보를 위조하거나 더 많은 돈을 받기 위해 아이들을 낳는 문제도 방지할 수 있다.

"모든 선택지 가운데 가장 간단한 방법입니다." 테너가 말했다. "일단 숫자(사람들에게 나누어줄 월정 금액)를 결정하고 수표를 발송하기만 하면 되니까요. 그건 정부가 가장 잘하는 일 중의 하나예요. 모든 사람에게 정해진 시간에 수표를 보내는 것 같은 일은 그 사람들이 제일가거든요."

나는 웃음을 터뜨렸다. 아닌 게 아니라 정부는 수표를 우편으로 발송하는 작업을 대단히 효율적으로 할 수 있을 것이다. 테너는 기본소득 제도의 실용적 장점을 완벽하고 정확하게 알고 있었다. 하지만 잊지 말자. 기본소득 제도의 최대 매력은, 마틴 루서 킹 목사가 지적한 대로, 빈곤을 퇴치할 수 있는 무한한 잠재력이라는 사실을 말이다.

─────── **기본소득은 노동자들에게 더 큰 자유와 선택지를 제공한다** ───────

나는 벤처 캐피털 기업가인 앨버트 웽거에게 물었다. 그가 기본소득을 지지한다고 말하면 월스트리트의 동료들이 그를 사회주의자로 취급할까봐 두렵지 않느냐고.

"전혀 그렇지 않습니다." 그가 웃으며 대답했다. "기본소득은 오히려 시장경제를 더 잘 돌아가게 만들죠."

나는 그 이유를 물었다.

"우선 시장경제에 참여하는 사람들에게 진정한 기회를 제공하기 때문입니다. 오늘날의 노동시장은 사람들에게 선택의 여지를 주지 않아요. 그 결과 우리는 최저임금이나 실업보험 같은 수단에 의지해 시장의 자연스러운 활동을 저해하고 이를 규제하게 되는 거죠." 그런 점에서 웽거는 사킷 소니와 견해가 같았다. 소니는 기본소득 제도를 시행하면 사람들이 정해진 일자리를 두고 경쟁하는 대신 자유롭게 삶에 대한 결정을 내릴 수 있다고 믿는다.

또한 기본소득은 노동자들의 협상력을 향상시킨다. 그들은 열악한 근로조건과 불충분한 임금을 제공하는 부도덕한 고용주에게 "더 많은 임금을 지급하지 않으면 차라리 집에서 쉬는 길을 택하겠소"라고 말할 수 있게 된다. 또한 경제적 필요 때문에 원하지 않는 일을 하도록 내몰리는 노동자들 간의 일자리 경쟁이 줄어들면서 기술이 없거나 부족한 노동자의 임금에도 긍정적 영향이 초래된다.

기본소득은 노동이라는 게임의 규칙을 바꾸는 역할을 한다. 기본소득을 지지하는 저술가 티모시 로스코 카터Timothy Roscoe Carter는 이렇게 지적한다. "어떤 형태의 협상에서 협상을 그만두고 떠날 능력이 있는 사람은 그렇지 못한 사람들보다 우월한 위치에 서기 마련이다. 자본가들은 언제라도 노동자들을 두고 떠날 수 있다. 그 사업이 아니더라도 다른 곳에 투자해서 살아갈 돈이 넉넉하기 때문이다.[23] 이는 노동자들이 협상테이블을 떠날 수 있는 능력을 갖추기 전까지는 영원히 불공평한 싸움이다. 그런 면에서 기본소득은 영구적인 파업을 가능케 하는 기금이다."

또한 기본소득 제도를 시행하면 노동자들이 양질의 일자리가 풍부한 지역, 또 중하층 시민들에게도 고소득자들이 누리는 혜택을 제공하는 지역으로 옮겨갈 수 있다. 경제적 족쇄와 빈곤에 대한 우려에 발목을 잡힌 미국의 노동자들은 고용주를 선택하고, 쓰레기 같은 직업을 거부하며, 새로운 경력을 시작할 능력이 없다. 또한 노동시간을 줄이고, 가족과 많은 시간을 보내고, 새로운 사업을 시작하고, 학교로 돌아가 학업을 계속하거나 다른 일을 찾아볼 여력도 갖고 있지 못하다. 물론 오늘날 그런 선택의 자유를 지닌 사람들이 없는 것은 아니다. 하지만 이는 매우 부유한 사람들과 그 가족들에게나 가능한 이야기다.

웽거는 이렇게 말했다. "기본소득은 오늘날 경제적으로 불가능한 일들을 가능하게 만들어줄 겁니다." 그는 뉴욕에서 힘겹게 생계를 이어가는 젊은이들의 예를 들었다. 지난 3년 동안 디트로이트시는 쇠퇴한 구역의 주택을 500달러에 판매했다. 물론 집을 구매하는 사람이 스스로 집을 수리하고 지역에 활기를 불어넣는 데 동참할 의사가 있어야 한다. 재능 있고 모험심이 가득한 젊은이들이나 집을 구매할 능력이 없는 젊은 부부들에게는 엄청난 기회다. 하지만 뉴욕에 거주하는 젊은이들은 이 기회를 활용하는 일이 불가능하다. 디트로이트로 옮겨갈 돈이 없기 때문이다. 일단 그곳에서는 식비를 포함한 기본 생활비를 조달할 수 있는 일자리를 구하기 힘들 것이다. "사람들은 현재 살고 있는 지역의 생활비가 엄청 비싼데도 그 지역을 벗어나지 못하는 이상한 함정에 빠져 있습니다." 웽거가 말했다. "기본소득 제도는 이런 상황을 변화시킬 수 있어요. 누구나 자신의 형편에 맞는 지역으로 이주해서 더 나은 삶을 살아갈 수 있습니다."

기본소득은 시민들에게 더 많은 자유와 선택지를 제공함으로써 경제적 독립을 선사한다. 다시 말해 사람들이 그들을 재정적으로 통제하고 조종하는 이들의 손에서 벗어나게 해준다. 고용주와 불평등한 관계에 놓인 사람들도 그 관계에서 보다 쉽게 빠져나올 수 있다. 여성들도 남편의 소득에 대한 의존도를 줄임으로써 스스로의 경제적 목표를 보다 자유롭게 추구할 수 있다.

켈리서비스의 CEO 칼 캠든 역시 기본소득이 경제에 새로운 활력을 불어넣을 거라고 생각한다. "나처럼 고액 연봉을 받는 사람들은 수백만 달러를 새로 벌어들인다고 해도 대부분 은행에 저축합니다." 캠든이 말했다. "하지만 소득이 없거나 부족한 서민들에게 수백만 달러를 나누어주면 거의 소비에 쓰이죠. 다시 말해 경제 시스템에 즉시 재투입되는 겁니다. 모든 사람이 바라는 정부의 복지 프로그램은 바로 이런 것 아닐까요."

이는 경제학자들이 지적하는 '상승효과'와도 관련이 있다. 저임금 노동자들이 1달러를 벌면 GDP에 1.21달러가 추가된다. 반면 고소득자가 1달러를 벌면 고작 39센트가 더해질 뿐이다.[24] 부유한 사람은 자신의 욕구나 필요를 충족하기 위해 원래 소유하고 있던 돈을 사용하기 때문이다. 따라서 기본소득은 돈의 흐름을 고소득자에서 중간 소득자로 바꿈으로써 소비를 증폭하고 경제 전체에 파급효과를 일으킨다.

기본소득은 또 다른 형태로 경제에 도움을 준다. 언뜻 보면 그렇지 않을 것 같지만, 사실 기본소득은 '일자리가 사라진 미래'에서 사람들이 보다 모험적인 자세로 경력을 쌓아갈 수 있도록 돕는다. 또한 새로운 형태의 노동, 새로운 소득, 새로운 발명 등에 에너지를 쏟을 수 있게 만든다. 비즈니스 전문 언론인 에이미 그로스Aimee Groth는 〈쿼츠〉에 기고한 "기업가들에게는 모험의 유전자가 없다—그들은 부유한 가정 출신일 뿐이다"라는 제목의 기사에서 기업가들의 공통적 특성에 대한 최근의 연구 결과를 요약해서 소개했다. "기업가들에게서 가장 보편적으로 나타나는 공통점은 그들이 자본을 획득한 방식이다. 그들은 가족의 돈, 물려받은 재산, 또는 가문이나 기타 인맥을 통해 경제적 안정을 구축한다. 기업가들은 모두 모험을 즐기는 것처럼 보이지만 그들이 모험에 나설 수 있는 이유는 원래 돈이 있기 때문이다. 이것이 그들의 핵심적인 우월성이다. 기본적 욕구가 충족된 사람은 창조적으로 변하기 쉽다. 또 안전망을 갖춘 사람은 기꺼이 모험을 감수한다."[25]

같은 맥락에서 기본소득은 노동 활동가들이 아이젠 푸의 미국 가사노동자연맹(NDWA), 사켓 소니의 미국 이주노동자연합(NGA) 같은 실험적 조직들을 더 쉽게 결성할 수 있도록 돕는다. 기본소득이 시행되면 더욱 많은 사람들이 이런 조직에 적극적으로 참여할 것이다. 만일 조직의 목표를 달성하지 못하더라도 고용주들로부터 일자리를 빼앗겨 소득의 원천을 상실하는 일을 염려하지 않아도 되기 때문이다.

─────── 기본소득을 지지하는 사람들이 모여들기 시작했다 ───────

지금 미국에서 기본소득이 시행되어야 하는 또 다른 이유는 보수주의자, 자유의지론자, 자유주의자, 진보주의자를 가리지 않고 기본소득을 지지하는 사람들의 연대가 폭넓게 형성되고 있기 때문이다. 작년 한 해 동안 〈워싱턴 포스트〉, 〈슬레이트Slate〉, 〈애틀랜틱〉, 〈뉴욕 타임스〉 같은 주력 언론들은 기본소득과 관련된 활발한 논의를 게재했다. 몇 년 전만 해도 기본소득을 지지한다는 입장을 밝히는 데 조심스러워했던 지도층 인사들도 본격적으로 목소리를 내기 시작했다.

세계적으로 저명한 사회학자이자 조지 워싱턴 대학의 국제관계학 교수인 아미타이 에치오니Amitai Etzioni는 2014년 의회 선거가 있은 후 기본소득을 중요한 정책적 해결책으로 제시했다. "많은 사람들이 돈을 더 버는 일보다 자신의 돈을 잃는 일을 더 우려한다. 그들은 자신의 실질소득이 지난 몇 년 동안 늘어나지 않았다는 데 좌절한다. 또한 자식들에게 자신의 삶보다 더 나은 삶을 물려주지 못할 거라는 사실도 알고 있다.

하지만 그들이 더욱 걱정하는 것은 자신의 직업이 미래에도 살아남을 수 있는가, 은퇴할 때 사회보장 연금을 받을 수 있는가, 연금 기금에 적절히 재정 지원이 이루어지고 있는가, 혹시 재원이 줄어들지나 않을까 하는 점들이다… 사람들은 집을 잃어버린 수많은 시민들의 소식을 접했다. 한마디로 그들은 불안감에 빠져 살아간다. 이는 당연한 결과다… 대부분의 시민은 민주당이 내세우고 있는 정책들(예를 들어 최저임금 인상, 교육 및 사회 기반 시설에 대한 투자 등)이 높은 경제성장을 가져오고 가까운 미래에 시민들의 소득을 높이게 될 것이라는 사실을 믿지 않는다. 그건 나 역시 마찬가지다."[26] 에치오니가 제안하는 해결책은 21세기 버전의 역소득세를 만드는 것이다. "이를 통해 수백만에 달하는 사람의 임금이 일정한 액수 이하로 떨어지는 일을 방지하고 그들에게 한 단계 높은 삶의 수준을 제공할 수 있다. 따라서 이 제도는 기본소득 보장 계획이라는 형태로 확대 및 재생산되어야 한다."

　　미국 대통령 선거에 다섯 차례나 출마했던 랠프 네이더Ralph Nader도 오래전부터 기본소득 아이디어를 지지해왔으며, 최근에는 더욱 강력하게 이 제도의 시행을 주장하고 있다. 그는 자신이 진행하는 라디오 프로그램에서 1970년대 비행기에서 흡연을 금지했던 일과 기본소득 제도를 시행하는 일을 비교해서 말했다. "일단 흡연 금지 조치가 개인적 자유의 문제가 아닌 건강의 문제라고 사람들이 인식하게 된 후에는 그 조치가 당연한 일로 받아들여졌습니다. 기본소득에 있어서도 같은 상황이 발생하기를 바랍니다."[27]

　　선마이크로시스템스Sun Microsystems의 창업자이자 유명한 벤처 투자가인 비노드 코슬라Vinod Khosla는 최근 이렇게 말했다. "앞으로 40년 후에는 전체 인구의 절반 이상이 일을 하지 않게 될 것이다. 그들에게 스스로 관심 있는 분야의 삶을 추구할 여건을 만들어주지 않는다면 어떤 일이 벌어질지 상상할 수 없다."[28]

하지만 실리콘밸리의 기술 엘리트들이 적극적으로 참여한다면 기본소득이 국가정책으로 채택되는 시기는 지금으로부터 40년보다 훨씬 앞당겨질 것이다. 네이선 슈나이더Nathan Schneider 기자는 〈바이스Vice〉 지에 쓴 "왜 기술 엘리트들은 기본소득에 소극적인가"라는 제목의 기사에서 최근 자신이 참석했던 어느 강연회의 모습을 이렇게 묘사했다.

"한 연사가 비트코인bitcoin•의 뒤를 이을 것으로 예상되는 가상 화폐가 많은 보안 문제를 안고 있다는 내용의 발표를 마쳤다. 그리고 스티브 랜디 월드먼Steve Randy Waldman이라는 블로거가 '경제의 보안 조치를 설계하다'라는 주제로 강의를 시작했다. 발표의 첫머리만 들어봐도 그는 기본소득의 개념, 즉 모든 사람이 주기적으로 적절한 액수의 소득을 얻어야 한다는 아이디어를 지지하는 사람임이 분명했다. 앞줄에 앉아서 노트북만 쳐다보고 있던 가상 화폐 해커들은 화면에서 시선을 떼고 연설자를 올려다봤다. 그리고 강사로부터 시선을 거두지 않았다. 월드먼이 발표한 내용은 그날의 강연회 주제와 많이 달랐으나 질의응답 시간이 되자 기본소득에 관한 질문이 계속 쏟아졌다."[29]

넷스케이프를 창업한 마크 앤드리슨Marc Andreessen은 〈뉴욕〉 지와의 인터뷰에서 기본소득이 '대단히 흥미로운 아이디어'라고 말했다.[30] 우량 스타트업 발굴 기업인 Y콤비네이터Y Combinator의 CEO 샘 올트먼Sam Altman

---

• 온라인 가상 화폐.

은 기본소득 제도의 시행이 '당연한 귀결'이라고 언급했다. 또한 이 책에서 소개한 여러 기술 엘리트들, 웽거, 버켄펠드, 싱귤래리티 허브의 피터 디아만디스 같은 사람들도 기본소득을 지지한다. 그 밖에《로봇에게 일자리를 빼앗겨도 걱정 말아요 Robot Will Steal Your Job, but That's Okay》를 펴낸 이탈리아의 젊은 기업가 페데리코 피스토노 Federico Pistono,31 기본소득이 만들어낸 유토피아를 묘사한 소설《만나 Manna》를 쓴 작가이자 하우스터프웍스(HowStuffWorks.com)의 창업자 마셜 브레인 Marshall Brain 등도 기본소득의 아이디어를 옹호하는 사람들이다.32

미국 노동부장관을 지낸 로버트 라이시 Robert Reich 도 2015년 가을 기본소득의 시행을 강력하게 주장하는 글을 썼다. 그는《자본주의를 구하라 Saving Capitalism》라는 책의 마지막 장에서 자본주의의 미래에 관해 깊은 우려를 나타냈다.33 "소수의 부자들과 그들의 상속자에게만 점점 더 많이 집중되는 부를 다른 사람과 공유할 수단이 사라지면서… 중산층은 붕괴할 것이다. 그리고 자본주의도 존속하지 못할 것이다." 라이시는 이 문제에 대한 해결책을 이렇게 제시했다. "모든 미국인이 18세가 되는 날부터 그들에게 영구적으로 최소 소득을 보장함으로써 그들에게 경제적 독립성과 자립심을 심어주어야 한다."

라이시는 기본소득을 통해 젊은 사람들이 특정한 물건을 얻고자 하는 "편협한 욕구"에서 벗어나 자신의 열정과 소명 의식을 따를 수 있는 기회를 제공해야 한다고 주장했다. 또한 "떠오르는 젊은 시인, 예술가, 그리고 과학자" 들이 마음껏 자신의 꿈을 추구할 수 있도록 해주어야 한다고 말했다. 라이시의 말대로 기본소득은 젊은이들이 기술을 바탕으로 프리랜서 경제나 공유 경제에 참가하도록 돕는 데 안성맞춤이다.

이 장의 후반부에서는 기본소득에 대해 관심을 보이기 시작한 '뜻밖의' 동료들에 대해 보다 자세히 이야기할 기회가 있을 것이다. "대단히 환상적이고 놀라운 동맹이 맺어졌습니다." 역사가 도리언 워런의 말이다. 그는 이런 현상을 1960년대 말에 마틴 루서 킹 목사와 같은 자유주의자와 닉슨 대통령을 포함한 보수주의자들이 함께 기본소득을 지지했던 상황과 비교해서 말한다. "이제 별들은 다시 뭉쳤습니다." 워런이 말했다. "양쪽에서 모두 기본소득에 대해 서서히 같은 입장을 취하고 있습니다. 결국 그들이 기본소득을 정책으로 확정하는 때가 올 겁니다. 그러지 않으면 우리가 생각할 수 있는 유일한 대안은 사회적·정치적 불안정과 대중의 소요일 테니까요." 내가 웽거에게 기본소득을 '필요'로 인식하는지, 아니면 '이념'으로 받아들이는지 물었을 때 그 역시 똑같은 대답을 했다. "내 생각에 기본소득은 절대적이고 필수적인 제도입니다. 만일 우리가 이를 시행하지 않는다면 사회적 불안정이 심화되면서 결국 모든 것이 폭발해버릴 겁니다."

────────── **우리는 티핑 포인트에 서 있는가** ──────────

앞서 말한 대로, 점점 많은 부모들이 자식들의 대학 교육에 소요되는 비용이 높아지는 것에, 또 아이들이 대학을 졸업한 후에도 생활비를 조달할 수 있는 직업을 구하지 못하고 빚더미에서 허덕이는 것에 크게 분노하고 있다. 나는 우리가 기본소득의 티핑 포인트tipping point• 앞에 서 있다

• 어떠한 현상이 서서히 진행되다가 작은 요인에 의해 한순간 폭발하는 단계.

고 생각한다. 갈수록 많은 중산층 가정이 아메리칸드림의 종말이라는 고통스러운 현실을 경험하고 있는 오늘날은 바로 티핑 포인트에 거의 도달한 시점이 아닐까.

스티븐 버켄펠드는 미국 대학들이 티핑 포인트를 유발하는 역할을 하게 될 것이라고 예측했지만 그 이유나 시나리오를 좀 다르게 설명한다.

"예를 들어 항상 예산 절감에 대한 압박을 받는 뉴욕주의 앤드루 쿠오모Andrew Cuomo 주지사 같은 사람이 이런 생각을 하는 겁니다. 오늘날처럼 기술이 발달한 시대에 뉴욕주의 모든 대학이 각자 교수들을 뽑아 거시경제학 개론을 가르친다는 것은 대단히 비효율적이라고요. 그리고 관계자들에게 이렇게 지시하는 거죠. '하버드나 MIT 같은 곳에서 가장 유명하고 권위 있는 교수를 초빙해서 거시경제학 개론 과정을 강의하게 하고, 이를 모든 대학에 인터넷 생방송으로 내보냅시다. 그러고는 각 대학별로 대학원생들을 고용해 토론 수업이나 시험을 진행하게 하고 그들에게 소액의 임금을 지급해요.' 바로 이것이 티핑 포인트가 되는 거죠."

나는 버켄펠드에게 그 이유를 물었다.

"경제학 교수들이 일자리를 잃어버리게 되니까요." 그가 대답했다. "이미 종신 임기를 보장받은 50~60대 교수들은 문제가 없어요. 하지만 26세쯤 된 대학원 졸업자나 겸임 교수들은 어떻게 해야 할까요? 블로그를 써서 돈을 벌까요? 자동차를 공유해서 수입을 올려야 하나요? 의료 혜택을 받기 위해 홈디포Home Depot* 같은 곳에서 일해야 할까요? 그런 방

* 미국에 본사를 둔 건축자재 및 인테리어 도구 판매 업체.

식으로는 생계를 해결할 수 없어요. 결국 그들도 모든 미국 가정이 겪는 문제에 그대로 직면하는 거죠. 그러다보면 기술에 따른 실업이나 기본소득, 또 노동의 미래 등의 주제를 다룬 논문이나 신문기사들이 쏟아져 나오게 될 겁니다."

나는 제프리 캐나다와 유럽에 대해 대화를 나눈 적이 있다. 최근 유럽 대륙 전체에서 반이민정책이나 인종주의에 기반을 둔 극단주의 정당이 출현하는 이유는 유권자들이 기존의 정당들에 염증을 느낀 나머지 누구를 뽑아도 국민의 삶에 도움이 되지 못한다고 생각하기 때문이다. "이곳에서도 같은 일이 일어날까요?" 내가 캐나다에게 물었다. 가장 진보적 성향을 지닌 억만장자 조지 소로스 역시 소득 불평등이 심화되면 언젠가 그런 일이 발생할 수도 있을 거라고 우려했다. 경제적 불안정은 진보주의를 낳지 않는다. 프랑스의 극우 정당 국민전선을 창당한 장마리 르펜Jean-Marie Le Pen 같은 반이민주의 정치가들의 등장은 사회적 불평등이 만들어내는 가장 자연스러운 결과 중 하나다.

"조지 소로스만 그런 생각을 하는 것은 아닙니다." 캐나다가 말했다. 그는 지난주에 참석한 어느 기금 모금 행사에서 있었던 일을 들려주었다. "내가 앉았던 테이블에서 억만장자가 아닌 사람은 나 혼자였습니다. 어떤 사람이 소득 불평등에 대한 주제를 꺼냈죠. 그러자 그들 중에서도 가장 돈이 많은 억만장자가 주변을 둘러보며 말했어요. '저 구석에 우리 머리를 자를 단두대가 놓여 있군.'"

"다른 사람들은 뭐라고 말하던가요?"

"웃지 않더군요. 모두 동의한다는 듯이 고개를 끄덕였어요."

별로 새로운 이야기는 아니다. 내가 아는 부자들 중에도 자신이나 아이들의 안전이 위협받는 상황을 걱정하는 사람들이 많다. 그들은 지난 1960년대를 기억한다. 당시 많은 사람들은 '활활 불태워버려라Burn Baby Burn'라는 급진적인 구호를 내세웠던 젊은 흑인 지도자 스토클리 카마이클Stokely Carmichael과 '평화롭게 문제를 해결하자Give Peace a Chance'라고 말하던 마틴 루서 킹 중에 누구의 노선을 선택할지 고민했다. 개중에는 '활활 불태워버려라'를 택한 운동가들도 적지 않았다. 억만장자들은 제3세계에서 부유한 사람들을 대상으로 납치 사건이 빈번하게 일어난다는 사실을 잘 알고 있다. 그들은 무장 차량과 경호원들을 대동하지 않고는 어디에도 가지 않는다.

나는 캐나다에게 최근 진보적 조직과 지도자들을 지원하는 박애주의자와 정치적 기부자들의 모임인 '민주주의 동맹Democracy Alliance'의 회의에 참석했던 이야기를 했다. 주최 측은 참석자들을 몇 개의 그룹으로 나눈 후 향후 발생할 수 있는 최악의 시나리오들에 대한 해결책을 그룹별로 제시해달라고 요청했다. 우리 그룹이 제출한 내용은 이랬다. 2017년, 공화당의 랜드 폴Rand Paul이 대통령이 된다. 그의 첫 번째 조치는 정부의 모든 복지 프로그램을 없애는 것이다. 이로 인해 거리에서는 폭동이 발생하고 부자들은 생명의 위협을 받는다. 당신이 그 부자 중 하나라면 어떻게 하겠는가? "우리 그룹에 속한 부자들은 자신이 어떤 행동을 할지 이미 알고 있었습니다." 내가 캐나다에게 말했다. "사실 이미 실행에 돌입한 사람도 많았어요."

"내가 맞혀보죠." 캐나다가 말했다. "뉴질랜드에 부동산을 사지 않을까요."

"맞아요. 아니면 더 안전한 다른 나라를 택하든가요. 잘 아시네요."

내가 말했다.

"소득 불평등은 앞으로 계속 심해질 겁니다. 그러다가 티핑 포인트가 닥치겠죠." 그가 긴 팔을 허공에 휘둘렀다. "나는 공화당원과 민주당원을 가리지 않고 모든 사람에게 똑같이 묻고 싶어요. 우리 다음 세대의 아이들을 아메리칸드림에 합류하게 만들려면 어떻게 해야 하는지요. 아직까지는 미국 이외에 내가 태어났더라면 하고 바라거나 더 나은 삶을 살 수 있었을 거라고 생각되는 나라가 없어요. 하지만 우리가 현재의 구조적 문제를 심각하게 받아들이지 않는다면 정말 이 나라를 망치게 될 겁니다."

─────── **기본소득은 우리가 바라는 사회를 만들 기회를 준다** ───────

JP모건 체이스 연구소의 CEO 다이애나 패럴Diana Farrell은 이 사회의 구조적 문제를 진정으로 고민하는 사람 중 하나다. 그녀가 근무하는 연구소는 풍부한 데이터에 근거한 분석과 공공의 이익에 대한 전문가적 통찰을 제공하는 것으로 유명하다. 패럴은 2009~2011년에 미국 국가경제위원회National Economic Council(NEC)의 부사무총장과 버락 오바마 대통령의 경제정책 보좌관을 지내면서 미국의 자동차 산업을 개혁하는 일에 중요한 역할을 담당했다.

나는 패럴과 대화를 나누던 중 이 나라를 경제적 파국에서 건져내기 위해 힘겹게 일하면서 어떤 점을 배웠는지 물었다.

"우리는 돈이나 경제 자체를 위해서 살지 않습니다." 그녀가 대답했다. "우리는 사회를 위해서 살아갑니다. 경제는 사회의 일부분에 지나지 않아요. 제가 얻은 가장 큰 교훈이 바로 그겁니다. 우리는 경제 문제를 무엇보다도 우선적인 사안으로 취급하지만, 경제는 우리가 원하는 사회를 만들기 위한 도구일 뿐입니다."

2008년의 경제 위기 이후 7년이 지났지만 장기적인 실업의 늪에서 빠져나오지 못하는 사람들의 비율이 사상 최고로 높다는 데 패럴은 깊은 우려를 나타냈다. 그녀는 말했다. "그토록 많은 사람들이 일하기를 원하는데도 일자리를 찾지 못한다는 것은 큰 문제예요."

나는 기술이 오늘날 존재하는 직업의 47퍼센트를 빼앗아갈 20년 후가 되면 지금보다 더 심각한 실업의 시대가 찾아올 거라는 내 생각을 이야기했다.

"사람의 일자리가 줄어들고 노동자들의 힘과 기득권이 사라지는 세상은 상상만 해도 두렵습니다." 패럴이 말했다. "노동이 사라진 미래의 세상에서 우리가 해결해야 할 가장 시급한 문제는 사람들을 경제에 건설적으로 참여시킬 방법을 찾는 일이 될 겁니다. 똑똑하고 우수한 인재들뿐만 아니라 기술이 부족하거나 부지런하지 못한 사람, 그리고 앞날을 내다보는 능력이 떨어지는 사람들까지 포함해서 말이죠."

다보스에서 개최되는 세계 경제 포럼의 창립자이자 회장인 클라우스 슈바프Klaus Schwab도 2016년 1월 스위스 신문 〈블릭Blick〉과의 인터뷰에서 비슷한 문제를 제기했다.[34] "인간의 발전과 자아실현은 경제적인 측면에서만 이루어지는 게 아닙니다. 문화적, 사회적 차원에서도 함께 진행되죠." 그의 결론은 이렇다. "우리는 모든 사람들에게 최소한의 소득을 보장할 수 있는 해결책을 찾아야 합니다."

칼 캠든 역시 패럴이 제기한 문제를 해결할 수 있는 방법 중 하나가 기본소득이라고 말했다. 하지만 그는 무조건적인 기본소득 지급보다는 사람들에게 '사회를 위해 진정으로 도움이 되는' 일이나 활동에 종사하는 조건으로 '참여 소득'을 제공하는 방법을 제시한다.

"예를 들면 어떤 일이 있을까요?" 내가 물었다.

"미네소타에서 루이지애나에 이르는 미시시피강의 둑을 1.8미터 정도 더 높이는 겁니다." 캠든이 말했다. "이것은 극지방의 얼음이 녹을 때에 대비해 시민들이 앞장서서 해야 할 일이라고 생각합니다."

캠든은 아직 기본소득을 열렬히 지지하지는 않는다. 하지만 그는 기본소득이 '미국 시민 정신의 재정립'을 촉진함으로써 시민들에게 보다 많은 사회적 참여를 요구하는 역할을 할 거라고 믿는다. 캠든은 시민들의 95퍼센트가 투표에 참여하게 만들어야 하며, 지역의 주민들이 잔디를 관리하고 보도의 눈을 치우게 해야 한다고 주장한다. "우리는 시민의 권리에 수반되는 의무를 수행하지 않는 사람도 시민의 자격을 누릴 수 있다고 말합니다." 캠든의 말이다. "하지만 이 나라를 건강하게 지키려면 시민들 스스로가 예방주사를 맞고 자녀들에게도 예방주사를 놓아주어야 합니다. 모든 시민은 우리에게 공공의 이익을 제공하는 사회 기반 시설을 돌볼 의무가 있습니다. 따라서 모든 사람은 1년에 일정한 시간 동안 그 일에 자발적으로 참여하겠다고 약속해야 합니다. 뿐만 아니라 1년이나 2년 정도의 의무적인 병역을 포함해서 다양한 방법으로 이 나라에 봉사해야 합니다. 이렇게 시민의 의무를 지키면 시민 정신에 대한 보상을 받는 겁니다. 그리고 그 보상의 일부를 금전적으로 제공받을 수 있는 거죠."

나는 캠든에게 그 견해가 마음에 든다고 말했다. "당신은 대부분의 미국인이 별 관심을 두지 않는 시민 정신의 개념을 새롭게 정의하고 있군요. 다시 말해 시민들이 미국이라는 나라에 투자하도록 유도하는 거죠. 그리고 기본소득이 그 투자를 성사시키는 역할을 하는 거고요." 그의 아이디어는 여러 가지로 매력적이었다. 나는 그가 사회적으로 가치 있다고 예를 든 일들의 목록에 일부 항목을 추가하고 싶다. 예컨대 미국 시민들은 탄소 배출량을 줄이고, 에너지를 절약하며, 물 사용량을 줄여야 한다. 그런 점에서 기본소득은 젊은 사람들을 환경보호 활동에 참여시키는 수단으로 작용할 수도 있다. 또 기성세대들이 후손들에게 지속 가능한 지구를 물려주는 계기가 될 수도 있을 것이다. 이런 일들을 가능하게 하는 기술은 이미 공유 경제에서(그리고 켈리서비스에서) 사용 중이다. 사람들은 그 기술을 통해 공동체에 봉사할 기회를 찾고 자신의 봉사 시간을 온라인으로 확인한다.

하지만 나는 기본소득이란 간단하고 순수해야 하며 어떤 강제적 조건과도 연동되지 말아야 한다는 사실을 기억하고 있다. 기본소득을 시민들의 참여나 헌신을 이끌어내기 위한 토대로 활용한다면, 성공에 도달하는 길은 너무도 어렵고 복잡할 것이다. 또한 시민들이 돈을 소비하는 방식을 스스로 선택할 수 있도록 맡겨두지 않는다면, 미국은 끊임없는 논쟁의 굴레에서 벗어나지 못할 것이다.

패럴의 말대로 기본소득은 우리가 원하는 사회를 만들기 위한 하나의 도구에 불과할지도 모른다. 하지만 우리가 창조하고 싶은 사회가 어떤 것인지 끊임없이 논쟁을 벌이느라 그 도구에 녹이 슬도록 방치해서는 안 된다.

이것은 내가 사람들에게 기본소득에 대해 이야기할 때 가장 먼저 받는 질문이다. 시민들에게 현금을 나누어주면 그들이 다시는 일하려고 들지 않는 부정적인 결과가 초래될 거라고 생각하는 사람이 많다. '게으른 마음은 악마의 놀이터'라고 하지 않는가.

기본소득을 사람들에게 이해시키는 데 가장 큰 장애물은 노동에 대한 의무 없이 돈을 나누어준다는 개념이다. "사업가들에게 물어보세요. 그들은 아무 조건 없이 시민들에게 소득을 제공하면 노동자들이 일터를 떠나고 이 나라에서 자본주의가 붕괴될 거라고 우려할 겁니다." 제프리 캐나다의 말이다. "내가 아는 가난한 사람들도 마찬가지예요. 그들은 일을 하지 않는 사람은 게으름뱅이나 낙오자라고 생각합니다. 사람들에게 일을 하지 말라고 부추긴다면 이 나라는 혼란에 빠질 겁니다."

기본소득은 사람들에게 일을 하지 말라고 부추기지 않는다. 단지 자신이 수행한 노동의 가치에 비해 턱없이 적은 임금을 제공하는 일자리를 택하지 않을 자유를 제공할 뿐이다. 대부분의 사람들은 기본소득을 받더라도 계속 일하고 싶어할 것이다. 그들은 모두 보다 쾌적한 생활을 누리고 아이들을 캠프나 사립 대학교에 보내고 싶어한다. 또 여행이나 취미 생활을 위해 소득을 얻고 공동체나 국가, 그리고 세계에 기여하길 원한다.

하지만 캐나다의 의견에도 일리가 있다. 그는 이렇게 말했다. "기본소득을 지지하는 사람들은 이 제도가 정부의 복지 혜택처럼 시민들의 수치심을 불러일으키지 않도록 노력을 기울여야 할 겁니다. 동시에 한 달에 지급하는 액수를 적절하게 조절해서 이런 메시지를 전달해야 합니다. '당신들은 우리가 나누어주는 돈으로 부자가 되지는 못합니다. 하지만 대중교통이나 자전거를 이용해 이동할 수 있고, 배고픔으로부터 벗어날 수 있으며, 거주할 곳도 마련하게 될 겁니다. 화려한 삶은 아니겠지만 그럭저럭 살아갈 수는 있을 거예요.'" 시민들에게 나누어주는 금액에 대해서는 앨버트 웽거도 비슷한 생각을 가지고 있다. "삶에서 가장 필수적인 문제들을 해결할 수 있을 정도는 돼야 하겠지만, 그렇다고 '이 돈으로 모든 것이 충분해'라고 생각하게 만들면 곤란하겠죠. 더 많은 돈을 추구할 자극제를 없애는 셈이니까요."

─────── **기본소득은 삶의 우선순위를 재정립할 기회를 준다** ───────

기본소득을 지지하는 사람들은 이 제도가 노동에 대한 의욕을 꺾는 대신 자신의 가치를 재평가하고 삶의 우선순위를 재정립할 기회를 준다고 믿는다.

"미국인들은 필요needs와 욕망wants의 차이를 혼동합니다." 웽거가 말했다. "기본소득은 사람들이 그 차이를 분명히 이해하는 데 도움을 주죠. 예를 들어 모든 사람이 벤츠 자동차를 '필요'로 하지는 않습니다. 그건 하나의 '욕망'이죠."

기본소득을 제공받는 시민들 개개인은 이 두 개념의 차이를 명백히 이해함으로써 자신이 원하는 대상이나 삶의 방식, 그리고 그것을 획득할 방법을 스스로 결정할 수 있다. 예를 들어 벤츠 자동차를 원하는 사람은 판매 수당이 주어지는 영업직 일자리를 선택해서 그 자동차를 구입할 돈을 마련할 때까지 열심히 일할 수 있을 것이다. 반면 내 처남 키스Keith처럼 트레일 바이킹trail biking•에 푹 빠진 사람들은 기본소득을 통해 자신의 시간을 자전거를 타거나 코스를 정비하는 데 더 많이 보낼 수 있는 자유와 융통성을 누리게 될 것이다.

웽거는 이렇게 말했다. "우리는 노동이야말로 삶의 목적을 달성하게 만들 유일하고 정당한 방법이라고 착각해왔습니다. 또한 일을 중심으로 삶의 모든 것을 조직해야 한다고 생각했습니다." 그는 노동에 대한 우리의 집착이 근심을 만들어낸다고 지적한다. "우리는 아이들이 숙제를 하지 않으면 좋은 학교에 들어가지 못하고 결국 나중에 좋은 일자리를 얻지 못할 것이라고 우려해 아이들에게 심리적인 테러를 가합니다. 사람들이 그런 사고방식에서 빠져나오기는 대단히 어려워요."

내가 스티븐 버켄펠드를 처음 만났을 때, 그는 아내와 함께 "세계에서 가장 행복한 국가"로 불리는 부탄에서 일주일 동안 휴가를 보내고 막 돌아온 참이었다. 나는 그에게 부탄에서 살아볼 생각을 해봤느냐고 물었다. "나는 미국 사람입니다." 그가 대답했다. "내 나름대로는 애국자라고 생각하죠. 부탄에 가서 사는 것보다는 미국을 조금쯤은 그 나라처럼 만들 방법이 있을지 고민해보고 싶어요. 일단은 돈이 무엇보다 중요한 가치로 받아들여지는 이 사회의 분위기를 바꾸어야 할 것 같아요."

도리안 워런은 기본소득이 노동과 여가의 목적을 재정립하는 기회를 준다고 생각한다. "우리는 근면한 노동이 무조건 신성하다는 개념에 근거해 기본소득을 논해서는 안 됩니다. 로봇의 시대가 온다는 것은 좋

• 자전거나 오토바이를 타고 험지를 달리는 스포츠.

은 일이에요. 인간이 보다 많은 시간을 여가에 쓸 수 있다는 의미니까요. 공원을 산책할 때 불안해하거나 끊임없이 휴대전화의 메시지를 확인하지 않아도 된다는 이야기입니다. 우리는 노동이란 말의 정의를 다시 수립하고 삶에서 여가 생활이 차지하는 가치를 되찾아야 합니다."

워런은 이렇게 덧붙였다. "많은 노동자들이 자신이 만들어낸 제품들에 큰 자부심을 갖습니다. 하지만 자신의 일을 자랑스러워하는 그 용접공이나 농부들이 노동시간을 조금 줄여가면서 삶을 즐길 수는 없을까요? 그리고 자녀들이나 손주들과 더 많은 시간을 보낼 수는 없는 걸까요? 저는 충분히 그럴 수 있다고 생각합니다."

새로운 아메리칸드림의 모습

나는 프로테스탄트 노동 윤리에 바탕을 두지 않은 아메리칸드림은 어떤 모습일지 궁금하다. 우리는 새로운 아메리칸드림의 골격을 어떻게 세울 수 있을까? 개인이나 국가 차원에서 우리가 원하는 것은 무엇일까?

워런은 "모든 시민에게 잘살 수 있는 기회가 주어지는 미국"을 원한다고 말했다. 이것은 워싱턴 D.C.에 소재한 비영리재단 공동체 변화 센터Center for Community Change의 목표이기도 하다. 이 조직의 사명은 저소득층 시민들의 공동체를 개선하는 것이다. "우리가 더 잘살기 위해서는 맑은 공기, 건강한 지역사회, 그리고 훌륭한 공교육이 필요합니다." 이 조직의 이사회 구성원인 워런의 말이다. "하지만 모든 사람에게 적절한 소득을 제공해서 남에게 해를 입히지 않고 스스로 살아갈 수 있게 만드는 일도 중요한 요소입니다. 그렇게 되면 일에 매달리느라 잃어버렸던 삶의 의

미도 다시 찾을 수 있겠죠."

마이클 테너는 성공적인 민주주의에 필요한 요소들에 대해 말하면서 경제적 자유, 정보의 자유, 심리적 자유 등 "세 가지 자유"를 언급했다. "기본소득은 미국인들에게 보다 많은 경제적 자유를 제공할 겁니다. 이 제도를 비판하는 사람들은 이렇게 묻습니다. '무엇에 대한 대가로 사람들에게 그 돈을 주는 건가요?' 그러면 나는 수많은 사람들이 집단적으로 현명한 아이디어를 도출했기 때문에 그 돈을 받을 자격이 있다고 말합니다. 예를 들어 당신이 회사 하나를 만들려고 해도 완전한 무無의 상태에서 출발할 수 없어요. 회사는 그동안 축적된 모든 기술들, 그 기원을 따진다면 아리스토텔레스까지 거슬러 올라가는 기술들을 바탕으로 세워지는 겁니다. 아무것도 없는 상태에서 뭔가를 발명하기는 불가능해요. 모든 발명품은 인류의 집단적 유산입니다."

열심히 일하고 규칙을 시키면 가난한 사람도 부자가 될 수 있으며 가족들에게도 더 윤택하고 보람 있는 삶을 선사할 수 있다는 것이 과거의 아메리칸드림이었다. 하지만 그 꿈을 달성하는 사람이 점점 적어지는 현 상황에서 그 약속은 사람들에게 더 이상 믿음을 주지 못한다. 새로운 아메리칸드림은 시민들이 깊이 있는 가치관에 따라 자신과 사랑하는 사람들을 위해 원하는 삶을 선택하고 이를 이룰 수 있는 자유를 제공한다. 동시에 음식이나 주거, 그리고 안전과 같은 인간의 기본적 욕구에 대한 우려에서 벗어나게 해준다. 요컨대 기본소득은 미래 세대의 아이들에게 가족, 학습, 취미, 봉사, 예술, 여가, 자아실현 같은 가치들이 인간의 기본적 욕구와 상충되지 않는 세상을 만들어줄 것이다.

현재 미국에서는 기본소득에 대한 학문적 논의나 경제적 분석이 충분히 이루어졌다고 말할 수 없다. 나와 가까운 경제학자나 정치가들은 내게 이렇게 말한다. "앤디, 당신은 노동운동가입니다. 통계학이나 경제학 박사가 아니에요." 맞는 말이다. 하지만 내가 아래에서 제안하는 숫자는 최고 수준의 연구를 통해 도출되었으며, 기본소득에 관한 나의 계획을 이해하고 평가하는 데 확고한 분석의 틀을 제공한다고 자부한다. 동시에 나는 지식인들이나 경제학자, 그리고 여러 전문가들이 엄정한 연구를 통해 이 아이디어를 검증하고 발전시켜주기를 바란다.

나는 18~64세까지의 모든 성인, 그리고 사회보장 연금 액수가 월 1,000달러에 미치지 못하는 모든 노인에게 한 달에 1,000달러의 기본소득을 조건 없이 지급할 것을 제안한다.

2015년의 '빈곤에 대한 연방 지침Federal Guidelines for Poverty'에 따르면 연 1만 2,000달러(2인 가족의 경우 2만 4,000달러)의 소득이면 대부분의 미국인이 최소한의 생활수준을 유지하기에 충분하다.[35] 아이들을 위한 혜택이나 기본소득 프로그램의 도입 단계 등에 대한 구체적인 계획은 나중에 따로 언급할 것이다. 일단 현재 시점에서 기본소득에 관한 내 계획과 주장은 성인 1인당 1년에 1만 2,000달러라는 숫자에서 시작한다. 이 계획을 시행하려면 1년에 1조 7,500억 달러에서 2조 5,000억 달러에 달하는 정부 재정이 필요하다. 그 자금을 마련하기 위해서는 이러한 조치가 따라야 할 것이다.

1. 현재 연방 정부 차원에서 7,000억 달러, 그리고 주 정부 차원에서 3,000억 달러가 소요되는 126개의 복지 프로그램을 전부 폐지한다.
2. 미래 세대의 시민들에게 적용될 은퇴 연금 정책을 수정한다. 다만 현재의 사회보장 연금에 이미 돈을 납부해온 시민들에 대한 연금 혜택은 바꾸지 않는다.
3. 고용주를 기반으로 하지 않는 새롭고 비용 효율이 높은 건강보험 시스템을 개발한다.
4. 정부 지출 및 조세 지출의 방향을 수정한다.
5. 새로운 조세 원천을 발굴해 세수를 늘린다.

그러나 뒤에서 자세히 이야기하겠지만 이 나라에는 내가 제시한 1인당 연 1만 2,000달러의 기본소득 재원을 마련할 수 있는 자원이 이미 충분하다.

내가 이 책을 쓴 주된 이유는 새롭게 등장하는 기술들이 어떻게 직업, 노동, 그리고 경제에 영향을 주는지, 그리고 대다수 미국의 가정이 이런 현상을 얼마나 절실하게 경험하고 있는지에 대한 대중의 주의를 환기하기 위해서다. 또 다른 목적은 기본소득과 미국의 앞날에 대해 많은 사람과 진솔하고 신중한 아이디어, 그리고 구체적인 해결책들을 교환하는 데 있다. 이런 대화를 나누기 위해서는 논의에 참가한 사람들이 정치적 스펙트럼을 초월해서 상호 절충trade-off을 이루어내고 포괄적인 연대를 구축하는 개방적 자세를 보여야 한다. 만일 우리의 논의가 좌파냐 우파냐 하는 논쟁으로 빠져든다면 기본소득에 대한 대중의 지지를 구축하고, 재원을 마련하고, 시행하는 일은 불가능하다. 나는 25년 동안 정부

정책을 변화시키기 위해 노력하는 과정에서 한 가지 사실을 터득했다. 대부분의 정치가들은 자신이 제안한 정책이 관철되지 않으면 더 이상 아무 일도 하지 않는다. 그리고 이로 인해 정치적 교착상태가 발생한다. 이 교착상태를 치유할 수 있는 유일한 해독제는 타협에 대한 의지다.

한 가지 긍정적인 소식은 지역, 관점, 동기가 각자 다른 사람들이 최근 기본소득이라는 동일한 종착지에 도착하고 있다는 사실이다. 나는 자신을 보수적이라고 평가하는 자유의지론주의 정치학자 찰스 머리 Charles Murray와 진보주의자 마틴 루서 킹 목사가 발언했던 내용을 모아 가상의 대화를 구성해봤다. 두 사람이 얼마나 다른 과정을 거쳐 기본소득이라는 결론에 도달하는지 살펴보자.

머리: 미국은 역사상 어느 때보다 풍요로운 시기를 맞고 있습니다. 정부는 매년 퇴직 혜택, 의료 지원, 빈곤 퇴치 등에 1조 달러 이상의 부를 재분배하지만, 수백만 명의 시민들은 여전히 편안한 노후 대책이나 적절한 의료 지원을 제공받지 못한 채 빈곤 속에서 살아갑니다.[36]

킹: 정부는 빈곤의 원인을 하나하나 파악해서 가난한 사람들의 삶을 향상시킬 수 있다고 믿습니다. 그리고 더 나은 주택, 교육, 가계 지원 등을 제공하기 위해 노력합니다.[37]

머리: 그렇게 많은 돈을 그토록 비효율적으로 사용하는 조직은 오직 정부뿐입니다.

킹: 과거에 시행된 복지 프로그램들은 하나의 공통적인 문제를 안고 있습니다. 바로 간접적인 방법이라는 겁니다. 모든 프로그램은 빈곤 문제를 풀기 위해 서로 다른 문제를 우선적으로 해결하려고 합니다.

머리: 해결책은 [현재 다른 수많은 프로그램에 사용되고 있는] 그

돈을 사람들에게 나누어주는 겁니다.

킹 : 나는 가장 단순한 접근방식이 가장 효과적이라고 생각합니다. 최선의 빈곤 해결책은 현재 광범위하게 논의되고 있는 방법을 이용해 빈곤을 직접적으로 없애는 것입니다. 바로 사람들에게 적절한 소득을 보장해주는 거죠.

킹은 빈곤을 종식시키고 싶어했다. 머리 역시 그 점에서는 마찬가지였다. 하지만 그의 또 다른 목표(아마 가장 중요한 목표)는 고비용 저효율의 수많은 복지 프로그램들을 없애는 것이었다. 그들은 각각 큰 정부와 작은 정부를 지지한다는 점에서, 또한 특정 프로그램의 가치나 효과를 평가하는 데 있어서도 기본적으로 견해가 다르다. 하지만 각자의 마음속 깊은 염원을 드러낸 이 가상 대화에서 알 수 있듯 두 사람의 결론은 결국 같다. 가난한 사람들에게 현금을 나누어주자는 것이다.

그런데 내가 앞서 언급한 상호 절충이란 무슨 말인가?

진보주의자나 자유주의자들은 현재 시행 중인 126개의 복지 프로그램이 존재하는 한 자신들이 원하는 수준의 기본소득이 추가로 제공되기는 어렵다는 사실을 알아야 한다. 그 프로그램들을 폐지하는 대신 이를 현금으로 지급해야 한다.

보수주의자와 자유의지론자들은 기존의 복지 프로그램들을 폐지하고 이를 현금으로 지급하는 것만으로는 빈곤을 퇴치하기에 충분하지 않다는 사실을 이해할 필요가 있다. 그들은 기본소득의 재원이 될 새로운 세수를 창출할 방법을 찾아야 할 것이다.

일단 논의에 참가하는 사람들이 이러한 상호 절충에 동의해야만 내가 제안한 대로 기본소득 지급액이 월 1,000달러가 되어야 할지 아니면 다른 금액이 적절할지 협의할 수 있을 것이다. 또한 생활비의 지역적 편차에 대해서도 논의해야 한다. 뿐만 아니라 아동, 노인, 복역 중인 죄수, 상이군인, 신규 이민자들에게도 이 제도가 적용되어야 하는지, 아니면 그들을 위한 또 다른 특별 프로그램을 만들어야 할지 등도 함께 의논해야 할 문제들이다.

예를 들어 성인에게는 1년에 1만 2,000달러를 지급하고 18세 미만의 시민에게는 연 4,000달러를 지급하는 안을 제안할 수 있다.[38] 이 프로그램이 현실화된다면 연방 정부는 1년에 2,960억 달러의 재원을 추가로 조달해야 한다. 물론 나는 어린아이들에게 직접 돈을 나누어주는 이 방식을 선호한다. 하지만 이로 인해 프로그램이 복잡해질 수 있어 우려되기는 한다(10살 아이에게 1년에 4,000달러를 지급할 때 발생할 수 있는 수많은 문제들을 상상해보라). 또한 이 경우 기본소득이 또 하나의 복지 프로그램에 불과하다는 그릇된 인상을 줌으로써 잠재적 지지자들에게 외면당할 수도 있다. 그러므로 이 프로그램의 내용과 자금 조달 방법에 대해 모든 사람의 기탄없는 의견을 환영한다.

일단 우리가 기본소득 수혜자를 결정하고 월별 지급액에 대해서도 합의하면 이 프로그램에 필요한 총비용을 계산할 수 있을 것이다. 그리고 논의에 참여한 사람들 각자가 수용 가능한 상호 절충안을 통해 자금 조달 방안을 수립할 수 있을 거라고 생각한다.

공통의 목적을 추구하는 뜻밖의 동료들

나는 진보주의자다. 자유주의자나 진보주의자 동료들이 지지하는 수많은 빈곤 퇴치 프로그램들을 현금으로 바꾸어 수혜자들에게 직접 나누어 주는 방식을 선호한다. 이념적으로는 나와 정반대의 입장에 서 있는 자유의지론자 마이클 테너도 기본소득이라는 주제에 대해서는 나와 기꺼이 대화를 나누고 싶어했다. 우리 두 사람은 이런 아이러니 앞에서 웃음을 터뜨렸다. 나는 내 공인된 적 중의 하나인 극우 성향의 코흐 형제가 소유한 현대식 빌딩의 문을 열고 들어갔다. 이 건물에는 찰스 코흐 재단보다 40년 먼저 설립된 카토 연구소가 입주해 있다. 테너는 이곳의 수석 연구원이다.

나는 테너와 그의 연구소 동료들이 엄청나게 강한 지적 호기심과 적극성을 드러내며 기본소득을 탐구하는 데 놀랐다. 그동안 내가 만났던 수많은 진보주의자와 보수주의자에게서 얻은 지식이 무색할 정도였다. 특히 나는 테너가 사회보장 연금을 민영화하는 캠페인을 설계했다는 사실에 큰 호기심을 느꼈다. 10년 전 그는 사회보장 연금 신탁 기금으로 투입되는 세금을 민간 분야에 투자하자고 주장했다. 조지 W. 부시 대통령은 2번째 임기 도중 이 정책을 시행에 옮기려다 실패했다. 하지만 나는 이 아이디어를 강력하게 반대했다. 비록 미래를 위한 투자라는 명분이 있다 하더라도, 주식시장이 침체되면 은퇴자들이 극히 취약한 존재로 전락할 우려가 있었기 때문이다. 2010년, 나는 심슨-볼스 위원회 위원의 한 사람으로서 사회보장 연금 제도를 보다 새로운 방법으로 개혁하려고 했다. 혜택을 개선하고 수혜자의 수를 늘리는 것이 핵심이었다. 그 아이디어는 위원회의 최종 보고서에 포함됐지만, 의회의 동의를 얻지 못했다.[39]

그런 점에서 보면 테너와 나는 극과 극을 달리는 낯선 동료였다. 하지만 과거에 존재했던 수많은 이질적인 커플들(밀턴 프리드먼과 존 케네스 갤브레이스, 리처드 닉슨과 대니얼 패트릭 모이니핸$^{Daniel\ Patrick\ Moynihan}$)처럼 우리 두 사람의 견해에도 공통분모가 많았다. 기본소득의 단순 명료함, 투명성, 빈곤 퇴치의 잠재력, 그리고 중산층에 활력을 주는 힘까지.

"기본소득을 시행하는 데 가장 큰 문제가 뭘까요?" 내가 물었다.

"돈이 없는 거죠." 그가 말했다.

2014년 8월 카토 연구소가 출간한 《카토 언바운드$^{Cato\ Unbound}$》에는 기본소득 정책을 다룬 일련의 보고서들이 실렸다.[40] 전문가들의 일치된 견해에 따르면 국가적으로 기본소득 제도를 실시하기 위해서는 연방 정부가 2조~3조 달러의 비용을 지출해야 한다. 만일 기존의 빈곤 퇴치 프로그램들을 전부 폐지한다면 연간 1조 달러를 기본소득 제도에 활용할 수 있다. 그렇다면 정부는 1조~2조 달러에 이르는 나머지 재원을 마련해야 한다.

테너는 이 자금을 어떻게 조달할 수 있다고 생각할까?

그는 126개의 빈곤 퇴치 프로그램을 없애야 할 뿐만 아니라 연방 정부가 시행하는 사회보장 연금, 메디케이드, 메디케어와 같은 모든 소득 재분배 프로그램들의 폐지를 고려해야 한다고 말한다. 그럴 경우 약 1.4조 달러를 추가적으로 조달할 수 있다. "내 주장의 핵심은 사회보장 연금이나 메디케어처럼 한쪽에서 세금을 강력하게 빨아들이는 제도들이 존재하는 한 기본소득을 시행할 돈은 부족하다는 겁니다." 그가 말했다. "기본소득의 재원을 마련하기 위해서는 사회보장 연금과 메디케어를 포기하는 동시에 세금도 큰 폭으로 올려야 합니다."

나는 기본소득의 재원에 대한 테너의 우려를 이해한다. 하지만 사회보장 연금이나 메디케어를 희생해야 한다는 그의 의견에는 동의하지 못한다. 국민들을 경제적 위기에 빠뜨리지 않고도 기본소득의 자금을 마련할 방법은 얼마든지 있을 것이다. 나는 앨버트 웽거와 대화를 나누며 그 입장을 분명히 밝혔다. 웽거는 기본소득의 가치를 인정하는 벤처 투자자, 기술자이자 젊은 기업인이다. 웽거는 최근 TED 강연회에서 기본소득에 대해 이야기하며 청중들에게 이렇게 말했다. "나는 벤처 투자가의 한 사람으로서 많은 정치가들이 이 아이디어를 무시하거나 거부했다는 것을 오히려 다행스럽게 생각합니다. 그동안 나는 스타트업 기업들을 관찰하면서 기존의 기업들이 가장 강력하고 혁신적인 아이디어들을 대부분 받아들이지 않았다는 사실을 알게 되었습니다."[41] 그는 최저 소득을 보장해주면 사람들이 자동화를 두려워하지 않고 수용하게 될 거라고 말했다. 또 더 많은 사람이 '디지털의 풍요digital abundance'에 동참할 수 있다고 덧붙였다.

우리가 개인적으로 만났을 때, 웽거는 사람들에게 월 1,000달러를 지급한다는 내 제안에 포함된 'GDP의 수학'을 마음에 들어했다. 연 1만 2,000달러를 2억 3,400만 명(18세 이상인 미국인 성인의 수)에 지급하려면 2조 7,000억 달러가 필요하다. 이는 현재 미국의 연간 GDP 18조 달러의 15퍼센트에 해당하는 금액이다. 미국처럼 부유한 국가에서 지불하기에는 꽤 합리적인 액수라고 생각한다. 이 정도면 강력한 경제와 군사력을 운영할 수 있고 재정 적자도 통제 가능한 범위 내에 둘 수 있다. 다시 말해 1인당 1만 2,000달러의 기본소득을 지급한다 해도 나라가 망할 일은 없다. 오히려 미국은 더욱 경쟁력이 향상되고 방어력이 강해지며, 빈곤한 사람들이 구제됨으로써 시민들의 삶이 증진될 것이다.

웽거는 식료품 할인 구매권, 근로 장려 세금제도, 실업보험을 포함한 각종 소득 재분배 프로그램, 그리고 무엇보다 사회보장 연금을 폐지해서 자금을 마련한 후 이를 현금으로 나누어주어야 한다고 주장한다. "일단 어림짐작으로 계산했을 때(아직 자세한 숫자는 도출하지 못했다고 했다) 그 정도면 기본소득 도입에 필요한 자금과 비슷할 겁니다." 웽거가 말했다. 그는 메디케어 혜택을 폐지하자고 주장하지는 않는다. "노인들이 분노할 테니까요." 또한 부자들로부터 더 많은 세금을 걷자고 하지도 않는다. 노인들을 자극하지 않고 싶어하는 이유와 같을 것이다. 부자들에게 세금을 더 많이 부과하면 분노한 그들이 기본소득에 대한 지지를 철회할 수도 있다고 생각하기 때문일 것이다.

사회보장 연금에 대한 문제

다시 말하지만 나는 사회보장 연금을 폐지해서 현금으로 나누어주자는 의견에 동의하지 않는다. 그 이유는 이렇다. 사회보장 연금은 근로자들의 미래의 행복을 위해 수많은 노동자들과 고용주들이 함께 투자해서 조성한 기금이다. 한 달 1,000달러의 기본소득은 대부분의 사회보장 연금 수혜자들이 받는 금액에 크게 못 미친다. 연방 정부는 노동자들이 열심히 일해서 모은 돈을 투자 대비 수익률이 훨씬 떨어지는 혜택으로 되돌려주어서는 안 된다.

특히 내가 심슨-볼스 위원회에서 얻은 경험으로 볼 때, 기본소득의 재원을 마련하는 가장 합리적인 방안은 이미 많은 사람들이 투자한 사회보장 연금을 손대지 않는 데서 출발해야 할 것 같다. 동시에 사회보장 연금 시스템을 장기적으로 개선하는 일도 매우 신중하게 진행해야 한다. 그 개선의 결과가 아직 이 제도에 투자를 시작하지 않은 젊은 세대들에게 적용될 것이기 때문이다. 특히 새롭게 노동시장에 진입한 사람들이 사회보장 연금 시스템에 돈을 넣지 않게 되면 이 연금의 재원에 공백이 발생할 수 있다는 사실도 인지할 필요가 있다.

심슨-볼스 위원회의 모든 이들은 사회보장 연금 개혁이라는 문제 앞에서 모두 거칠고 감정적으로 대응했다. 나는 웽거가 기본소득과 관련해서 사회보장 연금을 폐지하는 데 왜 그토록 집착하는지 궁금했다. 그래서 예전에 심슨-볼스 위원회 위원들을 곤란하게 만들었던 질문을 웽거에게 똑같이 던졌다. "사회보장 연금이 중단되면, 정부는 그동안 돈을 납입한 수백만 미국인들에게 약속을 지키기 위한 재원을 어떻게 조달할까요?"

웽거는 정치가들이 사회보장 연금에서 기본소득으로 이행하는 과정에 필요한 연방 정부의 적절한 임시 조치를 마련할 거라고 대답했다.

"그건 쉽지 않을 텐데요." 나는 내가 했던 경험을 근거로 그렇게 대답했다. 그때가 되면 정치가들은 기본소득 자체를 아예 잊어버리고 이른바 '복지 전쟁'에서 자신이 속했던 편에 습관적으로 가담하게 될 것이다.

"그래서 내가 기본소득의 자금 조달 방법을 아주 구체적으로 제안하지 않는 겁니다." 웽거가 말했다. "기본소득을 지지하는 사람들은 크게 두 부류입니다. 모든 시민이 사회적 안전망을 보장받아야 한다고 믿는 사람들, 그리고 작은 정부를 추구하는 사람들. 그 둘 사이를 악화시키면 안 돼요. 기본소득을 현실화하기 위해서는 그 아이디어를 지지하는 사람들을 폭넓게 규합해야 합니다."

그 점에 대해서는 나도 동감한다. 만일 우리가 기본소득에 관해 지나치게 구체적인 사항을 먼저 제안하면 사람들의 관심은 이 아이디어 자체가 훌륭한지 아닌지 여부를 떠나서 그 구체적 대상들에 집중될 것이다. 그리고 그 와중에 기본소득이라는 아이디어는 어디론가 사라져버릴 것이다.

물론 나는 여전히 기본소득의 자금 조달 문제에서 사회보장 연금과 메디케어는 논외로 하자는 입장이다. 그건 이 주제가 논란이 많기 때문이 아니라 그 두 가지 혜택이 수백만 미국인들의 행복을 위해 대단히 중요한 요소이기 때문이다. 우리는 이 프로그램들이 지닌 많은 문제들을 개선해 비용을 적게 들이면서도 더 훌륭한 효과를 거둘 수 있어야 한다. 그리고 그 해결 방법은 프로그램 내에서 도출해야 할 것이다. 결코 기본소득이라는 새로운 제도가 그 문제점들에 대한 해결책이 되어서는 안 된다.

───────── 기본소득은 인플레이션을 유발할까? ─────────

나와 대화를 나누었던 경제학자들이나 정치가들은 기본소득이 인플레이션을 야기할 가능성이 높다는 점에 가장 큰 우려를 나타낸다. 그들은 사람들이 기본소득을 보장받게 되면 기업들이 예전 같으면 저임금에 만족했을 노동자들의 마음을 끌기 위해 임금수준을 높여야 할 거라고 주장한다. 또한 어떤 비평가들은 사람들에게 돈을 나누어주고 이를 소비재 구매에 사용하게 하면 식품과 주택을 포함한 모든 제품과 서비스의 수요(그리고 가격)가 증가해 미국인들이 중산층에 진입하기는 더욱 어려워질 것이라고 말한다.

하지만 웽거는 기본소득이 미칠 영향은 오히려 인플레이션보다 디플레이션에 가까울 것이라고 주장한다. 첫째, 새롭게 돈을 찍어낼 필요가 없다. 기본소득에 투입될 자금은 이미 경제 시스템을 통해 순환되고 있는 기존의 통화다. 화폐가치의 변경 없이 돈의 위치만 이곳에서 저곳으로 바뀔 뿐이다. 둘째, 우리는 이미 기술의 영향으로 모든 물건의 가격이 하락하는 디플레이션의 세계에서 살고 있다. 이 점에 대해서는 나도 생각이 같다. 1990년도 중반 이후 내구소비재의 가격은 계속 내렸다. 심지어 최근 몇 년 동안 가격이 상승한 의료나 교육 서비스도 효율적인 전자 의무 기록이나 개방형 온라인 강좌(MOOCs) 덕분에 조만간 보다 저렴해질 거라고 예상된다.

기본소득은 단계적으로 도입해야 할까?

또 하나 논의가 필요한 사항은 기본소득을 도입할 때 처음부터 전체 금액(월 1,000달러)을 지급해야 하는지 아니면 이를 단계적으로 인상해야 하는지의 문제다. 많은 사람들이 후자를 재정적·정치적으로 보다 신중한 접근 방식이라고 생각한다. 나는 이에 대한 웽거의 견해를 듣기 위해 이렇게 질문했다. "만일 정부가 기본소득을 도입하면서 월 1,000달러를 지급할 돈이 확보되지 않았다면 어떻게 해야 할까요? 새로운 세수를 찾아서 모자란 재원을 충당해야 할까요, 아니면 금액을 낮춰서 지급해야 할까요?"

"나라면 금액을 낮추는 방법을 택하겠습니다. 사실 어떤 경우에라도 일단 금액을 낮춰서 시작해야 할 것 같아요." 웽거가 대답했다. 그는 젊었을 때 자신이 "정치적 절대주의자"였으며, "항상 최대의 목표를 지향했다"고 내게 말했다. 하지만 지금은 이렇게 말한다. "기본소득을 시행하는 바람직한 방식은 처음에 200달러를 지급하는 겁니다. 그리고 제반 여건들이 점차 갖추어지면 더 많은 프로그램들을 폐지하고 지급액을 400달러로 올리고요." 그리고 복지 프로그램들을 계속 줄여가면서 그 돈으로 월 지급액을 1,000달러까지 인상한다는 것이다. "그것이 보다 실용적인 방법이라고 생각합니다."

"기본소득을 실시하면 최저임금 제도도 없애야 할까요?" 내가 물었다. "물론이죠. 모든 사람이 한 달에 1,000달러를 받는다면 최저임금 제도를 완전히 폐지해도 무방하다고 생각합니다. 사람들이 자신의 일에 대해 더 많은 선택과 통제력을 갖게 될 테니까요. 예를 들어 시간당 8달러밖에 받지 못하는 일도 그 일을 좋아한다면 계속할 수 있겠죠. 반대로 시간당 15달러를 지급하는 일자리라도 마음에 들지 않으면 그만둘 수 있으니까요."

기본소득 제도가 완벽하게 기능을 발휘한다면 최저임금이라는 개념 자체가 별 의미 없어질 거라는 그의 생각에는 나도 동감한다. 하지만 (너무 구체적인 논의의 함정에 빠질까 두려워) 내가 웽거에게 질문하지 않은 것 가운데 하나는 기본소득이 월 200달러에서 400달러, 그리고 1,000달러까지 인상되는 과정에서 최저임금에 대한 요구를 어떻게 해결해야 할 것인가 하는 문제였다. 이 과정은 몇 달에서 길게는 몇 년까지 걸릴 수도 있다. 만일 최저임금 제도가 기본소득이 단계적으로 시행되는 첫 순간부터 없어진다면 수백만 미국 가정이 소득을 상실할 수도 있다. 물론 기본소득을 단계적으로 도입하면서 최저임금도 단계적으로 폐지할 수 있을 것이다. 하지만 그로 인해 이 제도의 시행 절차가 복잡해지면서 그 와중에 많은 사람들이 소외되지 않을까?

아, 이 역시 너무 구체적인 논쟁인 듯하다. 우리는 디테일한 논의의 함정에 얼마나 쉽게 빠져드는가. 하지만 내가 결코 간과할 수 없는 문제가 하나 있다. 웽거는 기본소득의 재원을 마련하기 위해 부자들에게 세금을 걷자는 아이디어를 달갑게 생각하지 않았다. 심지어 큰 부자들, 상상도 할 수 없이 엄청난 부자들에 대해서도 마찬가지였다. 대부분의 경제학자들은 기본소득의 재원을 구축하기 위해서는 어떤 형태가 되었든 사람들에게 새로운 세금을 부과하는 일이 필수적이라고 말한다. 웽거가 이를 꺼려하는 것은 이념의 문제일까? 자기 이익을 위해서인가? 아니면 단순히 그로 인해 계획을 망치게 될까봐 두려워서인가?

"개인적으로는 부자들이나 고소득자들로부터 세금을 걷는 일이 옳다고 생각합니다. 사람들에게 직접적으로 도움이 된다면 나 역시 기꺼이 세금을 낼 겁니다. 통제 불능의 기계에 돈을 내는 것이 아니라면 말이죠." 그가 말하는 기계란 바로 정부를 뜻한다.

마이클 테너도 비슷한 생각을 가지고 있다. 카토 연구소의 동료들처럼 그 역시 고소득자들에게서 세금을 추가로 걷는 것을 반대하지 않는다. 그는 이렇게 말했다. "만일 그 세금이 총체적인 세제 개혁의 일환이라면 기꺼이 지지할 의사가 있습니다. 하지만 '부자들의 돈을 뜯어내는' 형태의 세금이 되어서는 안 됩니다."

(내 진보주의자 동료들에게 한마디 하고 싶다. 만일 기본소득 시행을 위한

투쟁에서 승리하고 싶다면 "부자들의 돈 뜯어내기"와 같은 뉘앙스가 포함된 발언은 삼가는 편이 좋겠다. 가능하면 아예 입 밖에 꺼내지도 말라.)

테너도 내가 가장 우려하는 문제들 가운데 하나를 염려한다. 바로 이것이다. 우리가 선출한 지도자가 기본소득을 통해 향상된 시민들의 삶을 다시 추락시키려 한다면 이를 어떻게 막을 수 있을까? "새로 당선된 대통령이나 새로 구성된 의회의 정책적 우선순위가 전임자들과 다르다는 이유로 그들이 '올해 기본소득 예산을 줄여야 하겠소. 방위비를 증액하고 화성에 갈 우주선을 만들어야 하거든' 이렇게 말한다면 어떻게 해야 할까요. 우리는 이런 압박으로부터 기본소득을 어떻게 보호할 수 있을까요?"

"돈에 대한 수요는 항상 새롭게 발생하기 마련입니다." 테너가 말했다. "그 돈을 지키기 위해서는 기본소득을 옹호하는 지지자들을 두루두루 확보해야 합니다. 더 많은 사람이 이 제도에 관여할수록 의회가 그 돈을 빼앗아가려고 시도할 확률은 줄어들 겁니다."

문득 피터 반스가 내게 했던 말이 생각났다. "사회보장 연금이 오랫동안 살아남은 이유는 두 가지입니다. 첫째는 모든 사람에게 적용된다는 것이고, 둘째는 사람들이 그 프로그램의 주인 의식을 갖는다는 겁니다. 그들은 자신의 돈을 이 프로그램에 투자했기 때문에 그 돈에 대해 진정한 권리를 지니고 있다고 생각합니다. 만일 어떤 사람이 그 돈을 빼앗아간다고 하면 그들은 필사적으로 저항하겠죠." 기본소득을 간단하고 보편적으로 만들어야 하고 매년 반복되는 예산 논쟁에서 제외시켜야 하는 이유가 바로 이 때문이다.

테너는 정치가들이 지급액을 높이라고 압력을 가할 가능성에 대해서도 우려를 나타냈다. "우리가 1년에 1만 2,000달러를 지급하겠다고 한 것은 그 액수가 가장 적절하다고 생각했기 때문입니다." 그가 말했다. "그런데 그다음 해에 어느 정치가가 '아니, 1만 5,000달러가 되어야 해'라고 말한다면 어떨까요. 금액은 계속 높아질 수 있을 겁니다. 또는 새롭게 선출된 대통령이 전임자에 비해 자신이 더 관대한 사람이라는 사실을 과시하려고 모든 미국인에게 한 달에 2,000달러를 주겠다고 나설 수도 있는 거고요."

그런 일을 방지하기 위해서는 의회 정족수의 75~90퍼센트가 찬성해야 월 지급액을 변경할 수 있다는 조항을 기본소득 법안에 명문화할 필요가 있다. 그런 메커니즘을 제안하기에 가장 적절한 때는 기본소득에 대해 정치적 공감대가 형성되는 시점이다. 일단 정치적 합의에 도달하면 의회는 이 정책을 장기적으로 시행하고 싶어할 것이다. 그리고 시민들도 첫 번째 수표를 지급받고 기본소득이 제공하는 경제적 자유를 만끽한 후에는 어떤 경우에도 절대로 기본소득을 빼앗기려 하지 않을 것이다.

테너는 기본소득이라는 아이디어에 대체적으로 찬성한다. 그는 이 제도가 "기존에 시행하던 복잡하고, 비용이 많이 들고, 효율성은 떨어지는 복지 시스템"에 비해 우월하다고 믿는다. 그는 기본소득이 간단하고 투명한 빈곤 퇴치 정책이라고 생각한다. 또한 수혜자들을 성인으로 취급할 뿐 아니라 대다수의 다른 빈곤 퇴치 프로그램들에 비해 노동, 결혼, 저축 등에서 더 좋은 인센티브를 제공하는 제도라고 여긴다. 하지만 아직은 그가 기본소득을 열렬히 지지한다고 말하기 어렵다. 그는 이런 글을 썼다. "이론적으로는 훌륭해 보이는 정책이라도 실행 단계에서 실패하는 경우가 많다. 사람들에게 기본소득을 보장해야 한다는 목소리가 높아지고 있지만 실제로 그 일을 실행에 옮기기 위해서는 해결해야 할 문제가 너무 많다." 그는 다음의 단계에 따라 기본소득을 실행에 옮겨야 한다고 제안했다. "일단 기존의 복지 프로그램들을 정리하고, 모든 실질적 혜택을 현금으로 환산해야 한다. 그리고 충분한 투명성을 확보한 후에 데이터를 추가적으로 수집하는 일을 선행해야 한다. 이런 절차를 거쳐야 기본소득 시행에 따르는 위험을 줄이고 효과를 극대화할 수 있다."

나도 이론적으로는 모든 사람의 생활수준을 향상시키는 일을 단계적으로 진행해야 한다는 의견에 반대하지 않는다. 하지만 나는 이것이냐 저것이냐를 양단간에 결정하는 방식을 선호한다. 단계적 접근 방식은 더 많은 우려와 저항을 불러올 뿐이다. 내가 의료 개혁을 위해 정치적 투쟁을 하던 시기에 우리가 제시했던 단계적 시행 방안들은 번번이 관계자들의 반대에 부딪혔다. 그들은 결국 우리의 목표가 빚투성이 의료 개혁안을 미국인들에게 떠안기는 일이라고 생각했다. 예를 들어 우리가 제안했던 단계적 도입 계획은 이랬다. 1) 의료보험 수혜자의 범위를 아동까지 확대한다. 2) 전자 의무 기록 제도를 시행한다. 3) 55세가 된 시민에게 메디케어에 가입할 자격을 부여한다. 하지만 이런 각각의 단계들은 반대파들이 의료 개혁에 저항할 결의를 확고히 다지는 요인이 되었다. 나는 기본소득을 단계적으로 시행하면 이런 상황이 반복될까 염려된다. 차라리 이 계획을 단일 법안으로 만들어 의회에 상정하는 편이 나을 듯하다. 일단 기본소득의 개념과 골격에 대해, 특히 지급액과 수혜자가 포함된 내용에 대해 개괄적인 합의를 이루면, 이를 실행에 옮기기에 가장 적합한 단계적 또는 점진적 방안을 고려할 수도 있을 것이다.

앞서 말한 대로 18~64세의 성인과 사회보장 연금 수령액이 월 1,000달러에 미치지 못하는 모든 노인들에게 연 1만 2,000달러의 기본소득을 제공하려면 1조 7,500억~2조 5,000억 달러 정도의 연방 정부 예산이 필요하다. 하지만 미국은 이 정도 금액을 충분히 감당할 수 있을 것이다. 이 자금을 조달하기 위한 몇 가지 선택지들을 살펴보자.

A. 연 1조 달러의 예산이 소요되는 126개의 복지 프로그램 전부 또는 일부를 현금화해서 지급한다.[42] 예를 들어 식료품 할인 구매권(760억 달러), 주택 보조(490억 달러), 근로 장려 세금제도(820억 달러) 등을 폐지하면 상당액의 기본소득 자금을 마련할 수 있다.

B. 1.2조 달러의 연방 정부 조세 지출을 전부 또는 일부 폐지해서 세수를 늘린다. (조세 지출은 정부가 예산을 직접 사용하지 않고 세제상의 혜택을 줌으로써 세금을 간접 지출하는 것을 말한다. 일례로 과세소득에 공제 혜택을 주는 것은 조세 지출의 한 형태다.) 일반적으로 조세 지출은 담보대출 이자, 가속상각, 연금, 투자 비용, 연방 정부 및 지방정부 채권, 자본 이익 우대, 기부금, 외국 조세, 고용주 후원 건강 보험, 연방 정부 및 지방정부 조세 등과 관련한 고소득자들의 소득세를 절감해줌으로써 부자들에게만 불공평하게 혜택을 제공하는 제도라고 알려져 있다. 이런 공제 혜택들을 없애 세수를 늘려 이를 기본소득의 재원으로 활용하기 위해서는 매우 체계적인 절차를 통해 어떤 혜택을 유지하고 어떤 혜택을 폐지할지 결정해야 한다. 예를 들어 심슨-볼스 위원회가 연방 예산의 균형을 유지할 방안을 찾으려 부심하고 있을 때, 위원장은 아동 관련 혜택, 근

로소득, 그리고 외국 조세를 제외한 모든 조세 지출을 폐지하는 방향을 마련해보라고 위원들에게 요청했다. 만일 우리가 어떤 세금 우대 조치를 복구하길 원했다면 그에 해당하는 세수를 다른 곳에서 확보해야 했을 것이다. 물론 그 위원장이 취했던 방법을 똑같이 반복하자는 말은 아니지만, 우리가 조세 지출을 폐지하기 위해서는 그와 비슷한 접근 방식을 사용할 수 있을 것이다.

C. 모든 제품과 서비스의 거래 시에 5~10퍼센트의 부가가치세를 부과해서 이를 기본소득의 재원으로 활용한다. 현재 전 세계에서 부가가치세라는 효과적인 영업세를 이용해서 세수를 확보하는 나라는 160개 국에 달한다(일부 국가에서는 법률 서비스나 회계 서비스 같은 비즈니스 서비스에도 부가가치세를 부과한다). 국내외 세법의 전문가인 컬럼비아 대학 로스쿨의 마이클 그라츠Michale Graetz 교수는 퓨 재단과 조세 정책 센터Tax Policy Center 두 연구 기관을 위해 부가가치에 대한 중요한 연구를 실시했다. 그가 제안한 내용을 바탕으로 계산해보면 모든 소비재 상품의 거래(대략 13조 달러 규모)에 5~10퍼센트의 부가가치세를 부과했을 때 6,500억~1조 3,000억 달러 정도의 세수가 발생하고, 이를 기본소득에 활용할 수 있다. 뉴멕시코 주립대학의 철학 교수이자 윤리 및 신기술 연구소Institute for Ethics and Emerging Technologies의 이사회 멤버인 마크 워커Mark Walker는 14퍼센트의 부가가치세 제도를 실시하면 18~64세의 모든 성인들에게 연 1만 1,400달러의 기본소득을 지급할 수 있다고 주장했다. 워커의 계산에 따르면 기본소득이 주어지면 새로운 세금이 늘어나더라도 "연 소득이 0~8만 달러 사이의 시민들은 금전적으로 더 유리하다"고 한다. 물론 어떤 소득 지점 이상에서는 기본소득보다 더 많은 부가가치세를 내야 하

는 상황이 발생할 수 있다. 하지만 워커는 전 인구의 90퍼센트가 그 소득 지점 아래에 해당한다고 말한다. 다시 말해 14퍼센트의 부가가치세를 내더라도 기본소득 제도를 통해 더 많은 돈을 받을 사람이 대부분이라는 것이다.[43]

　　D. 사람들에게 폭넓은 지지를 받는 금융 거래세 Financial Transaction Tax**(FTT)를 도입한다.** 최근 유럽연합(EU)의 여러 회원국들이 금융 거래세*를 속속 도입하고 있는데, 이것은 미국에서 새로운 개념이 아니다. 1914~1966년에 주식 발행 시에 0.1퍼센트, 양도 시에 0.04퍼센트의 연방세를 부과한 적이 있다. 경제정책 연구 센터Center for Economic Policy and Research의 딘 베이커Dean Baker에 따르면 주식 거래 시 매도자와 매수자에게 0.25퍼센트의 금융 거래세를 부과하면 연 1,500억 달러의 세금을 거둘 수 있다고 한다.[44]

　　E. 피터 반스의 제안대로 알래스카 영구 기금을 모델로 삼아 기업들이 인류의 '공통 자산'을 사용하거나 훼손하는 대가를 지불하게 하고, 이를 재원으로 확보한다. 공통 자산이란 물, 공기, 전자기 스펙트럼, 빅데이터, 지적재산권 등처럼 모든 사람에게 주어진 재산이나 자원을 의미한다. 반스는 이 방법을 사용하면 1년에 1인당 5,000달러의 기본소득을 제공하기에 충분한 세수를 올릴 수 있다고 주장한다. 그는 이렇게 말한다. "우리가 공동으로 소유권을 지닌 원천에서 그 돈을 얻을 수 있는 거죠."

　　F. 주택, 부동산, 현금, 은행 예금, 펀드, 주식 등의 개인 자산 전체에 부유세를 부과한다. 이 내용은 토마 피케티가 그의 저서 《21세기 자본론》에

●　　주식·채권·외환 등의 금융상품 거래에 부과하는 세금.

서 주장한 바 있다. 2015년 9월 미국의 전체 가계 자산은 85조 7,000억 달러를 기록했다.[45] 만일 개인 자산이 100만 달러가 넘는 모든 사람에게 1.5퍼센트의 세금을 일률적으로 부과하면 보수적으로 잡아도 6,000억 달러의 신규 세수를 거둘 수 있다. 부자들은 이 세금에 어떻게 반응할까? 물론 더 많은 세금을 내는 것을 좋아할 사람은 없을 것이다. 하지만 1.5퍼센트는 그렇게 높은 세율이 아니다. 특히 100만 달러까지 세금이 면제된다는 점을 고려해보면 생각만큼 부담이 크지도 않을 것이다. 그리고 이 특별한 세금은 자신의 가족을 포함해서 모든 미국인들에게 지급되는 기본소득의 재원으로 활용된다. 다시 말해 이것을 단순히 부자들의 돈을 빼앗아 가난한 사람들에게 나누어주는 차원에서 생각하지 말아야 한다. 또한 기본소득이 복지 프로그램들을 대체하고 정부의 재정을 보다 효율적으로 만든다는 사실을 부유한 미국인들이 더 긍정적으로 생각할 수도 있을 것이다. 아니면 높은 소득세를 지불하는 일보다 덜 부담스러운 형태의 세금으로 받아들일지도 모른다.

G. 복지 프로그램 폐지나 새로운 세수 확보 외에 연방 지출을 좀 더 줄일 수 있는 방법을 모색한다. 예컨대 국방 예산(6,000억 달러)[46], 농가 보조금(200억 달러)[47], 석유 및 가스 회사 보조금(300억 달러 이상)[48] 등의 예산을 최대한 절약해 기본소득의 재원으로 활용할 수 있을 것이다.

우리는 이러한 7가지 자금 조달 방법들을 신중하게 고려할 필요가 있다. 앞에서 열거한 방법들을 적절히 조합하면 시민 한 명당 월 1,000 달러의 기본소득을 지불하기에 충분한 세수를 확보할 수 있을 것이다.

요컨대 우리에게 의지만 있다면 자금을 마련할 방법은 다양하다. 우리는 기본소득을 통해 빈곤을 종식시키고, 소비를 촉진하고, 작은 정부를 실현하며, 삶에서 개인적인 선택을 가능하게 만들고, 기술 발전에 따른 중산층 일자리의 감소에 적절하게 대응할 수 있을 것이다.

또한 기본소득과 인플레이션을 적절히 연동해 수혜자들이 구매력을 잃지 않게 하는 것도 중요하다. 이런 폐해는 최저임금 제도에서 볼 수 있었다. 의회가 연방 최저임금을 시간당 7.25달러로 인상한 2009년 이후로 인플레이션 때문에 구매력이 8.1퍼센트 감소했다. 우리는 정치가들이 지급액을 올리는 문제로 매년 싸움을 되풀이하는 가운데 기본소득 제도가 훼손되는 상황을 만들어서는 안 된다. 그런 일을 방지하기 위해서는 기본소득 지급액을 소비자 물가지수나 1인당 GDP와 연동시키는 방안을 생각해볼 수 있다. 개인적으로 나는 기본소득 지급액을 생산성과 연동시키는 후자의 방법을 선호한다. 기술의 발전이 인간 노동력의 필요성을 계속 감소시키는 이런 시대에는 사회 전체가 거두어들인 수익을 일부가 아닌 모든 미국인에게 보편적으로 배분하는 방법이기 때문이다.

아직까지는 기본소득이 우리가 직면한 모든 경제적 문제를 해결하는 데 완벽한 해결책이라고 할 수 없다. 하지만 이 제도의 시행을 제안하면서 나는 영국의 수상 윈스턴 처칠Winston Churchill이 국가의 통치 시스템에 대해 했던 유명한 말을 떠올린다. "민주주의는 최악의 정부 형태다. 그동안 시도됐던 다른 형태의 정부들을 제외하면 말이다."[49]

나는 처칠의 조언을 교훈 삼아, 모든 미국인이 함께 투자하고 이를 통해 행복해질 수 있는 제도에 필요한 도입 전략을 제안한다.

기본소득 제도의 시행이 현실화되면 최저 소득 수준이 상승하면서 우리는 이 나라 역사상 처음으로 빈곤을 종식시킬 수 있을 것이다. 또한 경제에도 새로운 형태의 전환점이 발생하면서 대부분의 미국인이 아메리칸드림을 다시 실현하게 될 것이다.

물론 기본소득이 모든 정치적 논란을 해결해줄 만병통치약은 아니다. 기술의 발전으로 인해 일자리가 사라지면서 대중의 정서가 기본소득을 지지하는 방향으로 움직일 가능성이 크지만, 이 제도가 실제로 도입되기까지는 창의적이고 열정적으로 지지자들을 규합하는 과정이 필요하다. 스위스나 영국에서는 기본소득에 관해 활발한 논의가 이루어지고 있는 반면 미국에서는 대중의 관심도 제한적이고 이 문제를 다루기 위한 공식적 조직도 거의 없다. 현재 이 논의를 주도하는 조직은 미국 기본소득 보장 네트워크US Basic Income Guarantee Network(USBIG)라는 단체다. 주로 기본소득을 연구하는 사회과학자들이 주요 구성원들이다. 그동안 진보주의자들은 월스트리트 점령 운동이나 '15달러를 위한 투쟁' 같은 캠페인에 자신들의 조직적 에너지를 결집해 프리랜서, 음식점 종업원, 가사 노동자 같은 사람들을 대변해왔다. 아무쪼록 일부라도 그런 에너지가 기본소득을 지지하는 데 사용되기를 바란다.

2015년에 개최된 '기술 발전에 따른 실업 대책을 논의하기 위한 세계 회의2015 World Summit on Technology Unemployment'에는 조지프 스티글리츠, 래리 서머스, 로버트 라이시 같은 인사들이 연사 또는 참석자로 모습을 나타냈다. 밥 딜런Bob Dylan의 노랫말에서 볼 수 있듯, '시대가 변하면서the times they are a changin' 기술에 따른 실업의 문제는 모든 사람의 주된 관심사로 떠오르고 있다. 앞서 소개한 로버트 라이시의 기본소득 관련 발언은 지지자들에게 많은 힘을 실어준다.

또한 숫자가 많지는 않지만 기본소득의 실시를 지상과제로 추구하는 일단의 젊은 학자들도 존재한다. 그중 37세의 스콧 샌튼스Scott Santens에 대해 언급할 필요가 있을 것 같다. 뉴올리언스에 사는 그는 작가이면서 기본소득의 열렬한 옹호자다. 샌튼스는 이런 로고가 쓰인 티셔츠를 판매한다. '기본소득은 좌도 우도 아니다. 그것은 미래다.' 그는 크라우드펀딩을 통해 월 1,111달러를 모금해서 자신의 기본소득으로 사용한다. 그 대가로 모든 시간과 에너지를 기본소득 제도를 대변하는 데 쏟는다. 샌튼스는 기본소득에 관련된 전 세계 모든 사람의 정보 센터 역할을 수행하고 있다. 그는 이렇게 썼다. "대중의 소득수준을 빈곤선 위로 높이지 않으면 빈곤과 불평등은 계속 심화되고 중산층의 붕괴도 지속될 것이다. 그리고 최고의 부자 50명을 제외한 모든 사람의 생계가 위협받는 상황이 닥칠 것이다."[50] 샌튼스는 소셜 네트워킹 및 뉴스 웹사이트인 레딧Reddit에 기본소득 커뮤니티를 운영한다. 2,000명에 못 미치던 이곳의 후원자 숫자는 3만 명으로 크게 늘었다.

나는 기본소득 운동 계획을 수립하는 과정에서 내가 아는 사람 가운데 가장 창의적인 운동가 내털리 포스터에게 조언을 구했다. 그녀는 대중 주도의 사회변혁을 위한 플랫폼 '아메리칸드림의 재건'과 세계 최대의 공유 경제 커뮤니티인 피어스의 공동 설립자이다. 또한 시에라클럽, 오바마 의료 개혁 캠페인, 그리고 무브온과 같은 활동을 통해 커다란 조직적 성과를 달성한 인물이기도 하다.

내털리는 국가 차원의 기본소득 운동을 성공적으로 수행하기 위해서는 어떤 일이 필요하다고 생각할까?

"노동의 본질이 달라지면서 우리의 앞날에 커다란 변화가 예상됩니다." 그녀가 말했다. "이런 상황에서는 사람들에게 평등한 출발점을 보장하고 누구나 자신이 원하는 일을 할 수 있도록 경제적 안정을 제공하는 정책을 도입해야 합니다. 실리콘밸리에서 일하는 사람들은 이렇게 말하죠. '기업가들은 다른 사람보다 똑똑하거나 모험심이 강하지 않다. 단지 그들에게는 모험을 하는 데 필요한 보호 장치가 있을 뿐이다.' 빌 게이츠나 도널드 트럼프는 모두 부유한 가문에서 태어난 사람들입니다. 만일 실패를 하더라도 믿을 구석이 있었죠.[51] 모든 미국인에게 그렇게 든든한 장치가 존재한다고 상상해보세요. 누구나 자신이 좋아하는 일을 할 수 있고 원하는 사업을 시작할 수 있는 그런 상황을 말입니다."

내털리는 기본소득 제도를 실현하기 위해서는, 모든 사람에게 공평한 출발점이 주어진다면 세상이 어떻게 변할지 함께 상상하고 이야기할 수 있는 대화의 장이 국가적 차원에서 마련되어야 한다고 제안했다. "뿐만 아니라 하루 15시간씩 일하거나 푼돈을 벌기 위해 이 일 저 일 전전하지 않으면서도 일과 삶을 새롭게 설계할 수 있는 방법에 대해 서로가 머리를 맞대고 의논해야 합니다." 그녀는 모든 미국인이 점심시간을 이용한 토론이나 독서 모임 등을 통해 '기본소득을 중심으로 만나고 연결되는' 모습을 볼 수 있기를 바랐다.

그녀는 1930년대의 타운센드클럽Townsend Club을 역사적인 모델로 꼽았다. 의사였던 프랜시스 타운센드Francis Townsend는 1930년 9월 30일 〈롱비치 프레스 – 텔레그램Long Beach Press - Telegram〉이라는 신문사의 편집장에게 편지를 보내 대공황을 종식시킬 계획을 제안했다. 물리학자이기도 했던 타운센드는 정부가 모든 미국 시민에게 평생 힘들게 일한 데 대한 보상으로 월 200달러의 수표를 지급할 것을 제안했다(그는 이 재원을 마련하기 위해 2퍼센트의 소매세를 부과하자고 했다). 타운센드는 이 제도가 노인 빈곤층을 없애고 소비를 촉진함으로써 대공황 시기에 정체되었던 경제를 활성화시킬 것이라고 주장했다.[52]

타운센드클럽의 아이디어는 전 세계 사람들의 열띤 호응을 불러일으켰다. 1935년에는 7,000개의 타운센드클럽이 만들어졌으며 회원 수는 220만 명으로 늘었다. 그리고 56퍼센트의 미국인이 타운센드의 아이디어에 찬성했다. 수많은 사람들이 타운센드의 계획을 지지하면서 루스벨트 대통령이 사회보장 연금을 도입하는 과정에 큰 영향을 미쳤다.

내털리는 기본소득에 대한 논의에도 '타운센드클럽의 시대'가 찾아오고 있다고 믿는다. 미국뿐만 아니라 전 세계적으로 그런 현상이 발생한다는 것이다. "핀란드를 포함한 여러 유럽 국가의 시민들로부터 기본소득을 문의하는 전화가 걸려옵니다. 컴퓨터 기술자들도 기본소득을 위한 블록체인block chain•을 만드는 데 관심을 나타냅니다. 그들은 국가나 정부가 없는 형태의 기본소득을 상상하고 있는 듯합니다. 모든 종류의 흥미로운 기본소득 버전들이 만들어지고 있는 중이에요. 많은 사람들이 그런 아이디어에 적극적으로 참여하고 있습니다."

나는 기본소득에 관한 논의가 '베트남전쟁 시대'와 비슷한 양상을 띤다고 생각한다. 베트남전쟁이 한창이던 무렵, 군이 특정 병과에서 군

• 온라인 금융 거래에서 공공 거래 장부를 통해 해킹을 막는 기술.

인들을 강제 징집하자 사회 각계각층의 부모들은 열렬한 반전운동가로 변신했다. 젊은 자식을 둔 부모들은 자신의 아들이 징집당해 싸우다 죽게 될지도 모르는 상황이 발생하자, 존슨 대통령이 그곳에 군대를 파견하는 데 어떤 정당성이 있는지 문제를 제기하기 시작했다. 젊은 사람들도 가만히 있지 않았다. 그들 입장에서는 베트남전쟁에 참전하는 일이 자신이 받은 대학 교육이나 앞으로의 경력 계획과 아무런 관련이 없었다. 뿐만 아니라 저 멀리 떨어진 동쪽 나라에서 서로 죽고 죽이는 싸움에 참가할 이유도 알지 못했다.

2008년의 경제 위기 이후에도 비슷한 움직임이 벌어졌다. 위기가 있기 전, 중산층이나 엘리트 계층 시민들은 세계화로 인해 제조업에 근무하는 블루칼라 노동자들이 일자리를 빼앗기는 모습을 옆에서 지켜봤다. 하지만 2008년의 경제 위기는 주로 화이트칼라 일자리를 없애는 역할을 했다. 그리고 이런 경향은 로봇, 인공지능, 소프트웨어가 발전될수록 계속 심화될 것이다. 게다가 대학 교육에 소요되는 비용마저 계속 상승하는 상황에서 중산층 부모들은 자신과 아이들의 미래에 대해 점점 깊이 우려하게 될 것이다. 그런 이유로 그들은 기본소득에 대해 보다 포용적이고 적극적인 입장을 취할 것으로 기대된다.

만일 내가 SEIU에서 근무할 때처럼 많은 자금을 집행할 수 있는 권한이 있다면 나는 기본소득에 대한 대중의 인식을 넓히기 위해 대대적인 캠페인을 시작하고 싶다. 모든 사람이 미국 전역의 광고판에서 '기본소득(UBI)'이라는 단어와 그 뒤에 찍힌 물음표를 발견할 것이다. 그리고 별표가 붙은 웹사이트를 방문하면 이 말이 무엇을 의미하는지 알게 될 것이다. 나는 웹사이트, TV 광고, 티셔츠를 포함해 어디에서든 볼 수 있도록 만들어, 이 제도가 18세가 넘은 미국인들에게 제공되는 일종의 사회보장 연금이라는 사실을, 모든 이에게 보다 안정적인 삶, 구매력, 유연성을 보장함으로써 자신만의 아메리칸드림을 이룰 수 있는 자유와 자원을 제공하는 프로그램이라는 사실을 널리 홍보하고 싶다.

물론 목표 대상에 따라 특정한 메시지를 전달할 것이다. 기본소득은 보수주의자들이 복지 프로그램을 폐지하고 작은 정부를 만들 수 있도록 해준다. 소비자들에게는 필요한 제품과 서비스를 구입할 수 있는 구매력을 제공한다. 기업들 입장에서는 자사가 생산한 제품에 대한 고객의 구매력을 충분히 확보할 수 있다. 젊은이들은 기본소득을 통해 경제적인 안정과 독립을 얻게 된다. 부모들도 20대 자식들의 일자리에 대한 우려에서 벗어날 수 있다. 진보주의자 입장에서도 기본소득은 그들이 바라는 빈곤 퇴치의 꿈을 이룰 수 있게 돕는다. 무엇보다도 이 제도는 가난한 미국인들에게 품위와 희망을 되돌려준다. 이 모든 이유 때문에 기본소득은 당파를 초월해서 모든 사람의 지속적인 지지를 받을 수 있는 잠재력을 가지고 있다. 이는 이 나라의 정치 현실에서 오랫동안 볼 수 없었던 모습이다.

나는 이런 꿈을 가지고 있다. 광범위하고 초당파적인 기본소득 도입 운동을 통해 다수의 시민들로부터 이 제도를 지지하는 온라인 서명을 얻어낸다. 그리고 2020년도의 의회 예비 선거에서 '기본소득당Basic Income Party'이 535석의 의석에 대해 모두 후보자를 배출한다. 현재 미국의 23개 주에서는 시민들이 법안이나 헌법 수정안을 제안하는 시민 발의제를 채택하고 있다. 시민들은 청원서의 형태로 법안이나 수정안을 제시할 수 있다. 청원서가 대중의 충분한 지지를 확보하면 이 안건이 투표에 회부되고, 시민들의 직접 투표에 의해 법률로 제정되는 것이다. 내 목표는 기본소득 시행을 위한 헌법 수정안에 대해 시민들의 광범위한 지지를 확보하거나, 이 23개 주에서 투표를 통해 기본소득의 시행 여부를 결정할 수 있도록 주 의회의 위임을 받아내는 것이다.

이 밖에도 기본소득을 지지하는 사람들을 규합할 기회는 무궁무진하다. 당장 생각나는 방법 몇 가지만 예를 들어보자.

— 그로버 노퀴스트Grover Norquist*의 '납세자 보호 서약no tax pledge***에 기본소득에 대한 내용을 포함시켜 정치가들이 그 약속에 대해 책임을 지도록 요구한다. 그리고 약속을 어기는 사람은 총선거에서 낙선하도록 대중운동을 벌인다.

— 킥스타터Kick Starter***를 통해 아이오와주와 네바다주에서 5,000만 달러를, 뉴햄프셔주와 사우스캐롤라이나주에서 5,000만 달러를 각각 모금한 후, 이 자금을 기반으로 2020년이나 2024년 대통령 선거에서 기본소득당의 독립 후보를 출마시킨다. 그리고 '노 라벨스No Labels'****의 전술을 차용해 기본소득당이 모든 주에서 대통령 경선에 나설 자격을 얻는다. 대중의 크고 작은 기부를 통해 정치자금(1억 달러)을 모금하고, 우리 당의 후보자가 경선 토론에 참가할 자격 조건을 얻게 만든다. 주요

---

* 미국의 보수 시민 이익 단체의 회장. 정부의 세금 인상에 대한 반대를 주도하고 있다.
** 노퀴스트가 그에게 지지를 부탁하는 정치가들한테 요구하는 서약문. 어떤 종류의 세금 인상에도 반대하겠다는 내용이 담겨 있으며, 대부분의 공화당 의원이 서명했다.
*** 2009년 설립된 미국의 대표적인 크라우드펀딩 서비스.
**** 온건 중도주의 성향의 정치단체.

대통령 후보가 기본소득에 대한 필요성을 역설하는 순간 이 문제가 공론화되어 국가 차원의 논의가 이루어질 것이다.

— 온라인판 타운센드클럽을 소셜 미디어에 구현하여 페이스북에서 1,000만 번의 '좋아요'를, 그리고 트위터에서 1,000만 명의 팔로워를 확보한다. 목표 숫자에 도달하면 해당 소셜 미디어 기업의 지원을 받아 기본소득에 반대하는 기업의 상품을 구입하지 말라는 내용의 전화 및 이메일 캠페인을 진행한다. 스마트폰, 태블릿, 실시간 정보, 24시간 뉴스 같은 기술이 급격한 사회적 변화를 촉진하는 오늘날에는 예전에 불가능했던 일들이 순식간에 대세로 자리 잡는 경우가 흔하다. 동성 결혼, 미국가안보국(NSA)의 사찰, 범죄자 삼진 아웃제 폐지, 마리화나 합법화 같은 일들을 과거에는 상상이나 했을까.

— 대중의 조세 파업을 조직해서 500만 명 이상의 시민들이 워런 버핏 Warren Buffett* 보다 높은 세율의 세금을 내지 않겠다는 서약을 하게 한다. 이 파업은 의회가 서민들의 경제적 안정과 소득 불평등 완화를 위한 기본소득 법안에 투표할 때까지 계속 실시한다.

— 종교 지도자들을 설득해 프란체스코 교황의 빈곤 종식을 위한 노력에 초교파적으로 동참하도록 만든다. 그리고 모든 종교 단체가 토요일부터 일요일까지 '빈곤 퇴치'를 위한 합동 기도회를 동시에 개최한다. 또한 종교 지도자들에게 기본소득을 지지해달라고 호소하고, 해당 종교의 신도들이 이 캠페인에 대한 지지 의사를 밝히거나 기부금을 납부할 수 있도록 모임을 개최해달라고 요청한다.

• 미국의 사업가이자 투자가.

―카리스마를 갖춘 리더, 배우, 운동선수, 기업가 등을 기본소득의 지지자로 만든다. 그리고 대중에게 일자리 감소의 심각성을 명확하게 알리고 이 문제에 대한 해결책으로서 기본소득 제도의 중요성을 전달하게 한다. 그런 점에서 프란체스코 교황 같은 인물이 다시 필요하다. 나는 다이애나 패럴에게 말했다. "우리는 진실을 말하는 사람, 즉 경제에서 어떤 일이 벌어지고 있는지 정직하게 말해줄 사람이 필요합니다. 교황처럼 말이죠." 그녀는 잠깐 웃다가 이렇게 답했다. "교황이야말로 2,000년 동안 정체돼 있던 대화를 믿지 못할 정도로 짧은 시간 안에 해낼 수 있는 대표적인 인물입니다. 권력자에게 거침없이 진실을 말할 수 있으니까요."

내털리 포스터는 내게 기본소득 제도를 실시하기에 적절한 시점이 언제라고 생각하는지 물었다. "정치적으로 기본소득이 현실화될 수 있는 시점을 언제쯤으로 보세요? 10년 후, 15년 후, 아니면 30년 후?"

나는 그녀가 너무 먼 미래를 이야기한다고 답했다. 2020년 정도가 되면 기본소득은 이미 상당한 동력을 확보할 것이다. 왜 그럴까? 많은 미국인들이 기술이 일자리를 빼앗아가고 노동의 본질을 근본적으로 바꾸어놓을 것이라는 사실을 알고 있기 때문이다.

한 가지 예를 들어보자. 동성 결혼이 연방법의 보호를 받기까지는 19년이라는 시간이 걸렸다. 1996년 민주당 소속의 빌 클린턴 대통령이 서명한 연방결혼보호법Defense of Marriage Act(DOMA)은 동성 결혼 합법화의 발목을 잡았다. 이 법은 한 명의 남성과 한 명의 여성의 결합만을 결혼으로 인정했으며, 동성 결혼이 법적으로 허락된 주에서도 이에 대한 승인을 거부할 권리를 주 정부에 부여했다. 하지만 2014년에 실시한 여론 조사 결과, 동성 결혼을 지지하는 미국인이 전체 인구의 60퍼센트에 달했다. 오바마 대통령도 그중의 한 명이었다. 그 역시 애초에는 동성 결혼을 반대했지만 나중에 찬성으로 선회한 사람이다. 2015년 6월 26일 미국 연방 대법원은 주 정부가 동성 커플에게 결혼 증명서 발급을 거부하거나 동성 커플이 다른 주에서 법적으로 발급받은 결혼 증명서에 대한 승인을 거부해서는 안 된다는 판결을 내렸다.

"내 생각에 기본소득은 동성 결혼보다 더 빠른 시간 안에 도입될 것 같아요." 내가 내털리에게 말했다. "물론 내일 당장 이루어지지는 않겠지만 몇 년이면 충분할 거예요. 10년이나 20년이 걸리지는 않을 겁니다. 그래서 2020년이나 2024년쯤에는 이 사명을 가슴에 품은 대통령 후보자가 꼭 출마해야 해요. 그때쯤이면 기본소득이 우리 가족의 삶을 개선하기 위한 가장 쉽고도 투명한 방법이라는 메시지를 모든 미국인이 받아들일 준비가 되어 있을 겁니다."

기본소득 운동은 이미 곳곳에서 싹을 틔우는 중이다. 오리건주의 시민운동가들은 알래스카 영구 기금의 사례에서 영감을 얻어 기업들의 탄소 배출량을 제한하고 이를 어긴 기업들에게서 거둔 세금을 오리건주의 주민들에게 배당금 형태로 지급하는 내용의 주민투표를 실시하려고 기획 중이다. 2015년 우리(나를 포함해 이 책에서 소개한 일단의 기본소득 지지자들)는 이 운동가 그룹과 샌프란시스코에서 만나 기본소득에 대한 전략을 논의했다.

나는 그들을 만난 자리에서 최근의 긍정적인 경제 동향이나 일시적인 경제적 개선에 현혹되지 말라고 당부했다. 예를 들어 2014~2015

년에 유가가 급격히 하락하자 미국이 에너지 자립을 이루어냈다고 모두가 말했을 때처럼 말이다(유가는 그후에도 등락을 거듭하다 다시 안정화되는 모습을 보였다. 우리는 에너지 자립을 향해 한 발짝 다가가긴 했지만 목표를 달성하기까지 아직도 거리가 멀다). 또한 미래에 일자리가 사라질 가능성에 대해 굳게 입을 다물고 있는 대통령 후보들의 경제 공약이 지켜지기만을 무기력하게 기다려서도 안 된다고 말했다.

미국의 시민들은 정부가 발표하는 일자리 보고서에 자신의 꿈을 의지한다. 대중은 위기가 닥치면 이리저리 휘청댈 수밖에 없다. 우리의 지도자들은 21세기의 문제에 적합한 21세기의 해결책을 제시해야 한다. 이를 위해서는 미래를 내다보고 미래를 이해하려는 노력이 선행되어야 한다. 그리고 국가적인 대화의 장을 마련해 새로운 시대를 위한 아이디어에 대해 국민적 지지를 결집해야 한다.

"정치 지도자들이 실업 대책을 세우지 못했을 때 예상되는 최악의 시나리오는 무엇일까요?" 내털리가 물었다.

나는 반쯤 농담으로 이렇게 대답했다. "미국은 영화 〈헝거 게임 Hunger Games〉에 나오는 판엠Pänem처럼 될지도 모릅니다. 그 나라에서는 캐피톨Capitol이라는 화려한 지역에 거주하는 소수의 부유한 엘리트가 가난한 대중을 지배해요. 그리고 가난한 사람들은 멀리 떨어져 있는 12개의 집단 거주지에서 살아갑니다. 1년에 한 차례씩 각 거주지를 대표하는 한두 명의 아이들이 캐피톨에서 소수의 엘리트가 남긴 찌꺼기를 얻기 위해 치열한 경쟁을 벌이죠."

"정말 그렇게 될까요?" 내털리가 물었다.

"설마요." 하지만 나는 미국의 상황이 진심으로 걱정스럽다. 미국에서 1퍼센트의 부자들은 외부인의 출입이 제한된 공동체에 거주하고, 반면 점점 많은 일반 시민들은 절망감에 시달리며 빈민가로 내몰린다. 우리는 분노한 민중이 거리로 쏟아져나오고 사회적 특권층이나 권력자의 자식들이 패티 허스트Patty Hearst•나 소말리아 해적의 인질들처럼 납치되어 몸값을 지불했던 1960년대에 대한 기억을 가지고 있다. 만일 미국의 상황이 다시 그런 식으로 회귀한다면(나는 그렇게 되지 않기를 진심으로 바란다), 내털리 포스터와 나는 스콧 샌튼스가 만든 티셔츠를 입고 거리로 뛰쳐나갈 것이다.

하지만 그보다는 우리가 직접 디자인한 티셔츠를 입고 있다면 좋겠다. 앞면에는 '기본소득', 뒷면에는 '절대로 복잡하지 않습니다'라고 새겨진 티셔츠를 말이다. 빈곤이나 경제적 불평등에 대한 해결책은 절대로 복잡하지 않다. 가난한 사람들에게 그냥 현금을 나누어주는 것이다.

이제 과거로 돌아갈 수 있는 방법은 없다. 인류는 경제가 근본적으로 달라진 시대를 살아간다. 기술은 노동과 일터의 모습을 계속 변화시킨다. 이는 흥분과 자신감을 느끼게도 하지만 동시에 낯설고 두려운 일이기도 하다. 때로 앞날에 대해 아무런 예측을 할 수 없다고 느껴지는 순간이 찾아온다. 하지만 우리에게는 분명히 해야 할 말이 있다. 당신이 현재의 경제적 어려움을 보다 구조적인 문제로 이해한다면, 또 기술이 양질의 일자리를 점점 찾기 어렵게 만들 것이라는 사실을 깨닫는다면, 그리고 우리의 후손들에게 안정적인 생계를 유지하고 꿈을 이룰 기회를 물려주어야 한다는 사실을 믿는다면, 나는 당신을 국가적인 대화의 장

• 언론 재벌 허스트가의 상속녀. 1974년에 좌익 과격파 집단에 납치됐다.

으로 초대하고 싶다. 그리고 기본소득을 우리의 길잡이로 삼아 미래의 직업, 일자리, 그리고 아메리칸드림을 새롭게 구축하고 모든 사람의 삶을 개선하는 일에 동참해달라고 부탁하고 싶다.

기본소득 대화에
동참하라

다음의 질문들은 당신 자신과 동료들의 기본소득에 대한 열정이나 가치를 되돌아볼 수 있게 만들 것이다. 나는 독자 여러분이 일터에서, 저녁 식사 자리에서, 인터넷에서, 학교에서 미국 시민의 삶을 증진시킬 수 있는 방안에 대해 사람들과 끊임없이 대화를 나눔으로써 당신 자신이 이 나라의 미래를 위해 중요한 역할을 하고 있다는 의식을 갖게 되기를 바란다.

1. 당신은 인간이 기본소득을 받을 근본적인 권리를 지니고 있다고 믿는가? 또한 노동을 하는지의 여부와 관계없이 모든 사람에게 기본소득이 주어져야 한다고 생각하는가?

2. 당신은 스티븐 버켄펠드가 내다본 대로 노동의 미래는 "혼란스

러울" 것이며 대부분의 미국 가정에 커다란 고통을 안겨줄 것이라는 사실에 동의하는가? 당신의 가족들도 고통을 받을 거라 생각하는가? 만일 그렇다면 얼마나 고통스러울 것이라고 보는가?

3. 당신은 과거에 정규직 일자리와 월급과 함께 주어졌던 혜택들, 즉 실업보험, 보상, 직업훈련 등이 사라질까봐 우려하고 있는가? 그렇다면 당신의 삶에서 상실된 혜택들을 어떻게 만회할 생각인가?

4. 오늘날 노동은 크게 세 가지의 기능을 수행한다. 첫째, 경제 시스템 속에서 제품을 생산하는 역할. 둘째, 노동자에게 수입을 제공하는 역할. 셋째, 모든 사람들의 삶에 의미와 목적의식을 부여하는 역할. 당신은 이상의 조건들이 더는 사실이 아닌 세상을 상상할 수 있는가? 그런 시나리오에서 당신이 가장 우려하는 점은 무엇인가? 또는 그 가능성은 당신에게 무엇을 환기시키는가?

5. 당신은 오늘날의 직업이 노동의 본질적인 목표인 행복, 의미, 정체성, 성취감, 창의성, 자율성 등을 노동자에게 제공한다고 생각하는가? 또는 경제적 계층이나 인종에 따라 그런 상황이 달라진다고 믿는가?

6. 당신은 일하고 싶어하는 사람들이 일자리를 찾지 못했을 때 대중의 소요가 발생할 수 있다고 생각하는가?

7. 당신은 찰스 머리나 마틴 루서 킹 목사가 주장한 대로, 빈곤을 종식시킬 수 있는 최선의 해결책은 복지 프로그램 같은 간접적인 방법이 아니라 가난한 사람들에게 직접 현금을 나누어주는 방법이라는 의견에 동의하는가?

8. 당신은 모든 미국인에게 일자리를 보장하는 방법과 모든 미국인에게 기본소득을 보장하는 방법 중에서 무엇을 선택하겠는가? 그 이유는 무엇인가?

9. 과거의 아메리칸드림은 이랬다. "열심히 일하고 규칙을 지키며 살아가면 자신의 삶이 향상되고 아이들에게도 더 나은 미래를 선사할 수 있을 것이다." 이제 미국의 중하층 시민들이 이 꿈을 달성하기는 점점 어려워진다. 당신은 우리에게 새로운 아메리칸드림이 필요하다고 생각하는가? 만일 그렇다면 당신이 제시하는 아메리칸드림은 근면한 노동을 강조했던 과거의 프로테스탄트 직업윤리에 어느 정도 바탕을 두어야 한다고 생각하는가? 더 많거나 적은가, 아니면 동일한 수준인가? 당신이 지닌 아메리칸드림의 핵심 가치는 무엇인가?

10. 도리언 워런은 우리가 기본소득에 대해 논의하기 전에 노동의 본질과 가치를 다시 설정하는 일이 필요하다고 생각한다. 당신도 그 의견에 동의하는가?

11. 당신이 생각할 수 있는 모든 종류의 일을 나열해보라. 돈을 받는 일이든 받지 않는 일이든 관계없다. 그 목록 중에 당신 자신이나 사회를 위해 가치가 없다고 생각되는 일들이 있는가? 또 당신이 한 주 동안 수행하는 모든 종류의 일에 표시를 해보라. 그리고 당신이 가장 중요하다고 생각되는 일에도 별도로 표시해보라. 그중 사람들이 보수를 받는 노동은 주로 어떤 종류의 일들인가? 그것들 가운데 기술로 인해 노동의 성격이 바뀌는 일들이 있는가? 만일 당신에게 기본소득이 주어진다면 당신은 어떤 일들을 계속하고 싶은가? 그 이유는 무엇인가?

12. 당신은 일자리가 훨씬 줄어든 세계에서 미국이 생존할 능력이 있다고 생각하는가? 오늘날 대부분의 실직자들은 빈 시간을 "활용"하지 못하고 TV를 보거나, 인터넷을 사용하거나, 잠을 잔다. 우리는 그런 급격한 문화적 변화를 감당할 수 있을까?

13. 이른바 "노동의 역설"이라는 현상이 있다. 사람들은 대부분 일을 할 때도 일을 하지 않을 수 있으면 하고 바란다. 하지만 일을 하고 있으면 일을 하지 않는 것보다 더 안도감을 느끼고 우려하는 마음도 덜하다고 한다. 당신은 그 이유가 무엇이라고 생각하는가? 일자리가 줄어든 세계에서 이런 현상은 어떻게 변할까?

14. 미래에 일자리가 훨씬 줄어든다면 사람들은 매일의 삶 속에서

어떻게 기쁨을 느낄 수 있을까? 또 어떻게 자존감을 지킬 수 있을까?

15. 당신은 도리언 워런의 말대로 기술이 인류에게 여가를 즐길 기회를 되돌려준다는 데 동의하는가?

16. 당신과 당신의 친구들, 그리고 당신이 사랑하는 사람들을 생각 해보라. 당신은 기본소득이 보장되면 사람들이 게을러질 거라 고 생각하는가? 아니면 그들이 자신의 재능과 에너지를 보다 의미 있는 삶을 만드는 데 쏟을 것이라고 보는가?

17. 당신은 앨버트 웽거의 말대로 우리가 모든 물건의 가격이 하 락하는 디플레이션의 시대에 살고 있다고 생각하는가? 기술은 당신이 사용하는 제품이나 서비스의 가격을 적절하게 만들어 주는가? 당신은 기본소득이 부동산 가격의 상승을 부추길 거 라고 생각하는가? 아니면 웽거의 말대로 기본소득 덕분에 모 든 미국인이 자신의 형편에 맞는 도시나 마을에서 살 수 있는 자유를 누리게 될 것이라고 보는가?

18. 웽거는 기본소득을 월 200달러를 지급하는 데서 시작해 몇 년에 걸쳐 단계적으로 도입해야 한다고 주장한다. 그리고 월 1,000달러를 나누어줄 수 있는 자금을 확보할 때까지 정부가 시행하는 복지 프로그램들을 점차 폐지해야 한다고 생각한다.

당신은 웽거의 말대로 기본소득을 단계적으로 도입해서 미국인들이 이 아이디어에 서서히 적응할 수 있게 해야 한다고 생각하는가? 당신은 기본소득을 도입하는 과정을 어떻게 진행해야 한다고 생각하는가?

19. 당신은 모든 성인에게 월 1,000달러의 기본소득을 지급해야한다는 내 제안이 옳다고 생각하는가? 집세, 식료품, 교통비, 의료비 등과 같이 당신의 삶에서 기본적으로 필요한 항목들을 나열해보라. 당신의 가족 중 성인들에게 월 1,000달러가 지급된다면 그 항목들을 모두 충당할 수 있는가? 만일 그렇지 못하다면, 당신의 가족이 최저 생활을 유지하는데 필요한 금액은 얼마인가? 만일 의료비를 제외한다면 위의 금액으로 충분한가? 아니면 더 많은 금액이 주어져야 한다고 생각하는가?

20. 다음에 나열하는 세금 가운데 기본소득의 재원이 되어야 한다고 생각되는 항목은 무엇인가? 부가가치세, 토마 피케티가 제안한 부유세, 개편된 개인 소득세나 법인세, 연료의 종류에 따른 탄소 배출세 등등에서 골라보자.

21. 당신은 토머스 페인과 피터 반스의 주장대로 인류의 "자연 유산", 즉 공기, 물, 전자기 스펙트럼 같은 공공재를 상업적으로 사용 및 훼손하는 기업들에게 세금을 거두어 이를 기본소득의 자금으로 활용해야 한다는 의견에 동의하는가?

22. 당신은 칼 캠든의 의견대로 기본소득을 받는 사람들은 시민에게 요구되는 일정한 의무를 수행해야 한다고 믿는가? 만일 그렇다면 그 의무는 어떤 것인가? 만일 사람들에게 사회적으로 가치 있는 일을 수행할 의무를 부여한다면 이는 사람들의 삶에 보다 자유로운 선택의 폭을 제공한다는 기본소득의 잠재력을 훼손하는 것은 아닐까? 아니면 이로 인해 우리의 삶과 공동체를 더욱 발전시킬 수 있는 계기가 될 수 있을까? 당신은 기본소득을 보장하는 일에 사회봉사의 요소를 포함시키는 데 동의하는가?

감사의 말씀

SEIU의 지도자들과 동료들에게 깊은 사의를 표한다. 그들의 열정과 노력, 그리고 꿈은 내 삶의 방향을 결정하는 역할을 했다.

사랑하는 나의 어머니, 가족, 그리고 해변가 별장의 식구들, 그리고 내 동반자 제니퍼에게도 고마움을 전한다. 그들의 사랑과 우정은 항상 내게 든든함을 안겨주었다.

늘 내게 현실감각을 일깨워주는 사랑하는 아들 매트, 그리고 그의 아름다운 아내 케이틀린, 그리고 내 마음속에 영원히 살아 있는 딸 캐시수에게도 감사 인사를 하고 싶다.

그리고 이 책을 쓰는 여정에서 기꺼이 동반자 역할을 맡아주었던 사람들, 내 이야기에 생명을 불어넣어준 훌륭한 작가 겸 공동 연구자 리 크래비츠Lee Kravitz, 사려 깊은 동반자이자 안내자인 라이언 존슨Ryan Johnson, 이 책의 제작 과정에서 탁월한 지혜를 발휘해준 존 머해니John Mahaney, 에이전트와 자문역을 담당해준 엘리자베스 캐플런Elizabeth Kaplan, 그리고 내게 신뢰와 관대함이라는 선물을 안겨준 로널드 페럴먼Ronald Perelman 등 모든 이에게 깊은 감사를 전한다.

무엇보다 나의 꿈을 이루어줄 미래에게 감사의 메시지를 보내고 싶다.

주석

들어가는 말

1   https://www.media.mit.edu/

2   Machover, Tod; "Hyperinstruments/Opera(Orchestra) of Future" http://opera.media.mit.edu/

3   Herr, Hugh; "The new bionics that let us run, climb and dance"; 2004; TED Talk; https://www.ted.com/talks/hugh_herr_the_new_bionics_that_let_us_run_climb_and_dance?language=en

4   http://arts.mit.edu/mel-chin-saharan-sand–dollar/2013

5   https://en.wikipedia.org/wiki/For_What_It%27s_Worth_(Buffalo_Springfield_song)

6   Current Population Survey (CPS); Annual Social and Economic Supplement; 2015; (ASEC); https://www.census.gov/hhes/www/poverty/about/overview/

1장 나의 여정

1   Labor Union Report, RedState; "The Exit Interview: Andy Stern changed America forever . . . and he's bored"; 2010; http://www.redstate.com/diary/laborunionreport/2010/04/15/the-exit-interview-andy-stern-changed-america–foreverand-hes-bored/

2   Bai, Matt; "The New BOSS"; 2005; http://www.nytimes.com/2005/01/30/magazine/the-new-boss.html?_r=1.

3   Klein, Erza; "SEIU president offers a look ahead before stepping down"; 2010; http://

www.washingtonpost.com/wp-dyn/content/article/2010/04/17/AR2010041702554.html

4   Economic News Release; Bureau of Labor Statistics, US Department of Labor; 2015; http://www.bls.gov/news.release/union2.nr0.htm

5   Gordon, Colin; "Low-Wage Work and Wage Theft in Iowa"; 2015; http://www.iowapolicyproject.org/

6   Gordon, Colin; "Union decline and rising inequality in two charts". Economic Policy Institute; 2012; http://www.epi.org/blog/union-decline-rising-inequality-charts/

7   Bernanke, Ben; "The Level and Distribution of Economic Well-Being"; 2014; http://www.federalreserve.gov/newsevents/speech/bernanke20070206a.htm; Greater Omaha Chamber of Commerce

8   Florence, & Osorio, Carolina; "Power from the People"; 2015; IMF; http://www.imf.org/external/pubs/ft/fandd/2015/03/jaumotte.htm

9   Stiglitz, Joseph; *The Price of Inequality: How Today's Divided Society Endangers Our Future*; Norton & Company; 2012.

10   Bernstein, Aaron; "Can This Man Save Labor?"; 2014; *Bloomberg Business*; http://www.bloomberg.com/bw/stories/2004-09-12/can-this-man-save-labor

11   SBarack Obama의 연설, Candidate for U.S. Senate in Illinois; 2004; the Democratic National Convention; Boston, MA

12   Walk a Day in My Shoes; Barack Obama/Pauline Beck; 2007; SEIU; https://www.youtube.com/watch?v=miUS7WnMgBw

13   Ruff, Bob & Costello, Carol; 2010. "Lobbying for Your Health: 'War rooms' push for legislation"; CNN; http://am.blogs.cnn.com/2010/01/05/lobbying-for-your-health-war-rooms-push-for-legislation/

14   Stern, Andy; "A Path Forward: It's Time to Pass Health Insurance Reform"; 2011; *Huffington Post*; http://www.huffingtonpost.com/andy-stern/a-path-forward-its-time-t_b_429902 .html

15   "About the National Commission on Fiscal Responsibility and Reform"; 2015; Fiscal Commission.gov. https://www.fiscalcommission.gov/about/

1   Grove, Andy; "Andy Grove: How America Can Create Jobs"; 2010; *Business Week*; http://www.bloomberg.com/bw/magazine/content/10_28/b4186048358596.htm

2   Andy, Stern. "China's Superior Economic Model"; 2011; *WSJ*; http://www.wsj.com/articles/SB10001424052970204630904577056490023451980

3   Grove, Andy; Only the Paranoid Survive; How to Exploit the Crisis Points that Challenge Every Company and Career; Doubleday; 1996.

4   앞의 책.

5   앞의 책.

6   McAfee, Andrew; Census Bureau, Bureau of Labor Statistics; 2011.

7   Tankersley, Jim "The 21st century has been terrible for working Americans"; 2015; *Washington Post*; https://www.washingtonpost.com/news/wonk/wp/2015/03/06/the-21st-century-has-been-terrible-for-working–americans/

8   McAfee and Brynjolfsson, Erik; *Race Against The Machine: How the Digital Revolution Is Accelerating Innovation, Driving Productivity, and Irreversibly Transforming Employment and the Economy*; Digital Frontier Press; 2011.

9   Fox News Poll: Voters say US still in recession, glad they know Snowden secrets; 2014; http://www.foxnews.com/politics/interactive/2014/01/22/fox-news-poll-voters-say-us–still-in-recession·glad-know-snowden-secrets/ Dan, Weil; "Survey: Three Out Of Four Americans Feel Like Recession Continues"; 2014; The Public Religion Research Institute. http://www.newsmax.com/Finance/Survey-Americans-Financial-Shape-Recession/2014/09/24/id/596710/

10 CentrePiece; Lovely and Lousy Jobs; 2013; http://cep.lse.ac.uk/pubs/download/cp398.pdf

11 Great Jobs, Great Lives; The Gallup-Purdue Index Report; 2014; https://www.luminafoundation.org/files/resources/galluppurdueindex-report-2014.pdf

12 http://www.bls.gov/data/inflation _calculator.htm

13 PDK/Gallup Polls; 2014; http://pdkintl.org/programs-resources/poll/

14 Dywer, Liz; "A Shockingly Low Percentage of Americans Believe a College Education Is Important"; 2014; http://www.takepart.com/article/2014/09/18/americans-no-longer-believe-college-education-very-important

15   Middle Class in America; 2014; U.S. Department Of Commerce Economics and Statistics. http://www.esa.doc.gov/sites/default/files/middleclassreport.pdf

16   Segal, David; "Apple's Retail Army, Long on Loyalty but Short on Pay"; 2012; *New York Times*; http://www.nytimes.com/2012/06/24/business/apple-store-workers-loyal–but-short-on-pay.html?%20_r=1

17   Stern, Andy; *A Country That Work: Getting America Back on Track*; Free Press; 2012

18   Luhby, Tami; Why America's Middle Class is Losing Ground; CNN Money; 2013

19   Brett, Michael. "Occupational employment projections to 2020"; 2012; Office of Occupational Statistics and Employment Projections at the Bureau of Labor Statistics; http://www.bls.gov/opub/mlr/2012/01/art5full.pdf

20   Grove, Andy; *Only the Paranoid Survive; How to Exploit the Crisis Points That Challenge Every Company*; Double day; 1996

21   Washington Post-Miller Center; Poll on the American Dream; 2013; http:// millercenter. org/ridingthetiger/washington-post-miller-center-poll–on-the-american-dream-released

22   Piketty, Thomas; *Capital in the Twenty-First Century*; Belknap Press;

23   Kristof, Nicholas; "An Idiot's Guide to Inequality"; 2014; *New York Times*

24   Matthews, Chris; "Wealth inequality in America; It is worse than you think"; *Fortune*; 2014

25   "The 85 Richest People In The World Have As Much Wealth As The Poorest 3.5 Billion"; *Forbes*; 2014; http://www.forbes.com/sites/laurashin/2014/01/23/the-85-richest-people-in-the–world-have-as-much-wealth-as-the-3-5-billion-poorest/

26   Matthews, Chris; "The Myth of the 1% and the 99%"; *Fortune*; 2015; http://fortune. com/2015/03/02/economic–inequality-myth-1-percent-wealth/

27   Piketty, Thomas; *Capital in the Twenty-First Century*; Belknap Press; 2014

28   Noah, Tim; "The One Percent Bounce Back"; The New Republic; 2012; https:// newrepublic.com/article/101369/the-one-percent-bounce-back

29   Stiglitz, Joseph; *The Price of Inequality: How Today's Divided Society Endangers Our Future*; W. W. Norton & Company; 2013

30   Fernholz, Tim; "Ten ways to Fight Inequality Without Piketty's Wealth Tax"; Quartz; 2014; http://qz.com/201695/ten-ways-to-fight-inequality-without–pikettys-wealth-tax/

31   Summers, Lawrence; "The Inequality Puzzle: Piketty Book Review"; 2013; http://

larrysummers.com/2014/05/14/piketty-book-review-the-inequality-puzzle/

32 Roosevelt, Theodore; "New Nationalism Address"; 1910; Commonwealth Club; Osawatomie, Kansas

3장 방 안의 코끼리: 기술이 직업에 미치는 영향

1 Kurzweil, Ray; "How my predictions are faring—an update by Ray Kurzweil"; 2010. http://www.kurzweilai.net/how-my-predictions-are-faring-an-update-by-ray-kurzweil

2 https://intelligent.schwab.com/

3 Bhatt, Baiju; "Robinhood Brings Stock Trading to Millennials"; 2015; *WSJ* http://www.wsj.com/video/robinhood-brings-stock-trading-to-millennials/19778928-DA21–457F-997B-8CFA952727A3.html

4 Agarwal, Rohit; "3D Printing Concrete: A 2,500-Square-Foot House in 20 Hours"; 2015 https://www.linkedin.com/pulse/3d-printing-concrete-2500-square-foot-house-20-hours–rohit-agarwal?trk=prof-post&trkSplashRedir=true&forceNoSplash=true

5 King, Rachel; "Newest Workers for Lowe's: Robots"; *Wall Street Journal*; 2014; http://www.wsj.com/articles/newest-workers-for-lowes-robots-1414468866

6 Plaugic, Lizzie; "A high-tech hotel opening in Japan will be staffed by multilingual robots"; 2015; *The Verge*; http://www.theverge.com/2015/2/8/8000665/robot-h-japan-huis-ten-bosch

7 "Robots Advance: Automation in Burger Flipping and Beyond"; 2015; KWHS Wharton School; http://kwhs.wharton.upenn.edu/2015/08/robots-advance-automation-in-burger-flipping-and-beyond/

8 Oremus, Will "The First News Report on the L.A. Earthquake Was Written by a Robot"; 2014; *Slate Magazine*; http://www.slate.com/blogs/future_tense/2014/03/17/quakebot_los_angeles_times_robot_journalist_writes_article_on_la_earthquake.html

9 Loosvelt, Derek; "The One Job Robots Can't Do (Yet)"; 2015; *Vault* Blog; http://www.vault.com/blog/job–search/the-one-job-robots-cant-do-yet/

10 McShane, Sveta. "Robot Bartender to Set Sail On Cutting-Edge Royal Caribbean Cruise Ship"; 2014; *Singularity Hub*; http://singularityhub.com/2014/09/10/robot-bartender-to-

set-sail-on–cutting-edge-royal-caribbean-cruise-ship/

11   "The invisible unarmed"; 2014; *The Economist*; http://www.economist.com/news/special-report/21599526-best–robot-technology-unseen-invisible-unarmed

12   http://www.truecompanion.com/home.html

13   Gresser, Edward; "200,000 new robots go to work each year"; *Progressive Economy*; 2015; http://www.progressive-economy.org/trade_facts/200000-new-robots-go-to-work–each-year/

14   McKinley, Jesse; "With Farm Robotics, the Cows Decide When It's Milking Time"; 2014; *New York Times*. http://www.nytimes.com/2014/04/23/nyregion/with-farm-robotics–the-cows-decide-when-its-milking-time.html?_r=0

15   "The cost effectiveness and advantages of Robotic Surgery"; *Robotenomics*; 2013 http://robotenomics.com/2014/06/05/the-cost-effectiveness-and-advantages-of-robotic–surgery/

16   Mok, Kimberley; "DARPA Tech Treats Disease with Electricity, Light, Sound, and Magnetic Fields"; 2015; http://thenewstack.io/darpa-tech-will-treat-disease–electricity-light-sound-magnetic-fields/

17   Pennic, Fred; "New Disposable Wearable Patch Measures Vital Signs Every 2 Mins"; 2015; HIT: http://hitconsultant.net/2015/09/30/disposable-wearable-patch-measures–vital-signs-every-2-mins/

18   Bilton, Nick; "Bend It, Charge It, Dunk It: Graphene, the Material of Tomorrow"; 2014; *New York Times*; http:// bits.blogs.nytimes.com/2014/04/13/bend-it-charge-it-dunk-it–graphene-the-material-of-tomorrow/

19   "Study Results from Cleveland Clinic's iTransmit Study Published in Heart Rhythm Journal". 2015. http:// www.alivecor.com/press/press-releases/study-results-from-cleveland-clinics-itransmit-study-published-in-heart-rhythm-journal

20   Kurzweil, Ray; *The Age of Spiritual Machines*: Penguin Books; January 1, 2000.

21   Frey, Carl Benedikt and Osborne, Michael A; "The Future Of Employment: How Susceptible Are Jobs To Computerisation?"; 2013; Oxford Martin School, Programme on the Impacts of Future Technology, University of Oxford, Oxford.

22   Krantz, Matt. 2014. "Companies' stocks soar after slashing workforce"; 2014; *USA Today Money*; http:// americasmarkets.usatoday.com/2014/05/07/companies-shares-soar–after-slashing-workers/

23 Blodget, Henry; "CEO OF APPLE PARTNER FOXCONN: 'Managing One Million Animals Gives Me A Headache'" http://www.businessinsider.com/foxconn-animals-2012-1; 2012; *Business Insider*

24 Frey, Carl Benedikt and Osborne, Michael A; "The Future Of Employment: How Susceptible Are Jobs To Computerisation?"; 2013; Oxford Martin School, Programme on the Impacts of Future Technology, University of Oxford, Oxford http://www.oxfordmartin.ox.ac.uk/downloads/academic/The_Future_of_Employment.pdf

25 Martins, Alejandra and Rincon, Paul; "Paraplegic in robotic suit kicks off World Cup"; 2014; *BBC News*; http://www.bbc.com/news/science-environment-27812218

26 Diamandis, Peter; "Ray Kurzweil's Mind-Boggling Predictions for the Next 25 Years"; 2015; *Singularity Hub*; http://singularityhub.com/2015/01/26/ray-kurzweils-mind-boggling-predictions-for-the-next-25-years/

27 http://singularityhub.com/

4장 새로운 노동의 모습

1 Employment Arrangements; Report to the Ranking Minority Member, Committee on Health, Education, Labor, and Pensions, US Senate; 2006; GAO: http://www.gao.gov/new.items/d06656.pdf

2 Horowitz, Sara, and Rosati, Fabio; "53 million Americans are freelancing, new survey finds"; 2015; *Freelancers Union Blog*; https://www.freelancersunion.org/blog/dispatches/2014/09/04/53million/

3 "ILO warns of widespread insecurity in the global labor market"; World Employment and Social Outlook; 2015; ILO; http://www.ilo.org/global/about-the-ilo/newsroom/news/WCMS_368252/lang—en/index.htm

4 Wagner, Jacob; "New Study Reveals Millennials' Most Ridiculous, Shocking Job Expectations"; 2015; *NEXTSHARK*; http://nextshark.com/new-study-reveals-millennials-most-ridiculous-shocking-job-expectations/

5장 프리랜서 경제의 그늘

1　Davis, Aaron; "U.S. paying a premium to cover storm-damaged roofs"; 2005; *Knight Ridder Newspapers*; http://www.mcclatchydc.com/incoming/article24450391.html

2　"Leveling The Playing Field: Reforming The H2b Program To Protect Guest workers And U.S Workers"; 2012; National Guestworker Alliance, and 87. Pennsylvania State University, Dickinson School of Law's Center for Immigrants' Right; http://www.guestworkeralliance.org/wp-content/uploads/2012/06/Leveling-the-Playing-Field-final.pdf

3　Preston, Julia; "Foreign Students in Work Visa Program Stage Walkout at Plant"; *New York Times*; 2011; http://www.nytimes.com/2011/08/18/us/18immig.html?_r=0

4　Preston, Julia; "Pink Slips at Disney. But First, Training Foreign Replacements"; 2015; *New York Times*; http://www.nytimes.com/2015/06/04/us/last-task-after-layoff-at-disney-train-foreign-replacements.html?_r=0

5　https://www.topcoder.com/

6　Vincent, James; "Amazon's Mechanical Turkers want to be recognized as 'actual human beings'" 2014; *The Verge*; http://www.theverge.com/2014/12/4/7331777/amazon-mechanical-turk-workforce-digital-labor

7　Ipeirotis, Panagiotis; Analyzing the Mechanical Turk Marketplace; 2010; NYU; https://archive.nyu.edu/bitstream/2451/29801/4/CeDER-10-04.pdf

8　Poo, Ai-Jen; *The Age of Dignity*; Preparing for the Elder Boom; The New Press; 2015

9　　http://www.domestic workers.org/

10　http:/domestic employers.org/qa/

6장 아메리칸드림은 종말을 고하는가?

1　Bellman, Eric; "The Real Reason Indian-Americans Were Celebrating at Modi's Speech in Madison Square Garden"; *Wall Street Journal*; 2014 http://blogs.wsj.com/indiarealtime/2014/09/29/the-real-reason-indian-americans-were-celebrating-at-modis-speech-in-madison-square-garden/

2　McCarthy, Niall; The Country with the Most Engineering Graduates (Infographic); 2015;

Forbes magazine; http://www.forbes.com/sites/niallmccarthy/2015/06/09/the–countries-with-the-most-engineering-graduates-infographic/

3   Cassidy, John; College Calculus: *New Yorker*; 2015; http://www.newyorker.com/magazine/2015/09/07/college-calculus

4   Cappelli, Peter; *Will College Pay Off?*; Public Affairs; 2015.

5   Teitelbaum, Michael; "The Myth of the Science and Engineering Shortage"; 2014; *The Atlantic* http://www.theatlantic.com/education/archive/2014/03/the-myth-of-the-science–and-engineering-shortage/284359/

6   Porter, Eduardo. 2015. "Electing to Ignore the Poorest of the Poor"; *New York Times* http://www.nytimes.com/2015/11/18/business/economy/electing-to-ignore-the–poorest-of-the-poor.html?emc=eta1&_r=0

7   앞의 기사.

8   Rustin, Bayard.; "The Meaning of the March on Washington" 1963; *Liberation*; http://www.crmvet.org/info/mowrust.htm

7장 새로운 아메리칸드림을 향하여

1   http://thehandthatfeedsfilm.com/

2   http://www.gpo.gov/fdsys/pkg/PLAW-111publ148/pdf/PLAW-111publ148.pdf; 2010; GPO

3   "ObamaCare Enrollment Numbers"; 2015; *ObamaCare Facts*; http://obamacarefacts.com/sign-ups/obamacare-enrollment-numbers/

4   Edsall, Thomas; "No More Industrial Revolutions?"; 2012; *New York Times*; http://campaignstops.blogs.nytimes.com/2012/10/15/no-more-industrial-revolutions/
노스웨스턴 대학의 경제학자 로버트 고든Robert Gordon은 기술발전에 따른 실업에 관하여 국립경제연구소에 기고한 보고서에서 이렇게 썼다. "위대한 혁신의 시대가 다가오고 있다. 그 시대가 불러올 변화는 앞선 세 차례의 산업혁명이 가져온 그것과 전혀 다를 것이다…"
한편 팀 애플Tim Aeppel 기자는 〈월스트리트 저널〉에 쓴 기사에서 MIT의 경제학자 데이비드 아우터David Autor가 자동화에 '낙관적인 전망'을 보인 데 대해 신뢰를 보냈다.

"이 50세의 학자는 자동화가 노동시장을 훼손하기는 했지만 그 현상은 비관론자들이 생각하는 것보다 훨씬 더 특정한 영역에 집중되어왔다고 믿는다. 그는 많은 사람들의 예상과는 달리 기술로 인해 많은 직업들이 빠른 시간 안에 사라지지는 않을 거라고 전망한다."

5   Thompson, Derek; "A World Without Work"; *The Atlantic*; 2015; http://www.theatlantic.com/magazine/archive/2015/07/world-without-work/395294/

6   Summers, Lawrence; Economic Possibilities of Our Children; NBER Reporter; 2013; http://www.nber.org/reporter/2013number4/2013no4.pdf

7   Smith, Aaron and Anderson, Janna; "AI, Robotics, and the Future of Jobs"; Pew Research Center; 2014; http://www.pewinternet.org/2014/08/06/future-of-jobs/

8   McAfee, Andrew and Brynjolfsson, Erik; *The Second Machine Age*; W. W. Norton & Company; 2014.

9   Thompson, Derek; "A World Without Work"; *The Atlantic*; 2015; http://www.theatlantic.com/magazine/archive/2015/07/world-without-work/395294/

10 Shierholz, Heidi and Mishel, Larry; *A Decade of Flat Wages*; Economic Policy Institute; 2013; http://www.epi.org/publication/a-decade-of-flat-wages-the-key-barrier–to-shared-prosperity-and-a-rising-middle-class/;

11 Neff, Blake; College Enrollment Dropped Over 2% Last Year; The Daily Caller Foundation: 2015; http://dailycaller.com/2015/05/14/college-enrollment-dropped-over–2-percent-last-year/

12 *The Second Machine Age . . . .*; W. W. Norton & Company; 2014

13 McAfee, Andrew; *60 Minutes*, "How Many Jobs?"; 2013; http://andrewmcafee.org/2013/01/mcafee-60-minutes-jobs-amazon-apple-facebook-google/

14 American Recovery and Reinvestment Act of 2009; Public Law 111-5; 111th Congress; http://www.gpo.gov/fdsys/pkg/PLAW-111publ5/html/PLAW-111publ5.htm

15 Works Progress Administration: Executive Order Franklin D. Roosevelt; 1936

16 Rubin, Richard; "U.S. Companies Are Stashing $2.1 Trillion Overseas to Avoid Taxes"; 2015; *BloombergBusiness*; http://www.bloomberg.com/news/articles/2015-03-04/u-s–companies-are-stashing-2-1-trillion-overseas-to-avoid-taxes

17 US Chamber, AFL-CIO Urge Infrastructure Bank: US Chamber of Commerce Press Release: 2015; https://www.uschamber.com/press-release/us-chamber-afl-cio-urge–

infrastructure-bank

18   Stern, Andy and Camden, Carl; "Why we need to raise the minimum wage"; *Los Angeles Times*; 2013; http://articles.latimes.com/2013/mar/10/opinion/la-oe-stern-camden-why-we-should-raise-the-minimum–20130310

19   "Policy Basics: The Earned Income Tax Credit"; 2015; Center for Budget and Policy Priorities. http://www.cbpp.org/research/federal-tax/policy-basics-the-earned-income-tax-credit

20   Frey, Carl Benedikt and Osborne, Michael A. "The Future Of Employment: How Susceptible Are Jobs To Computerisation?"; Oxford Martin School, Programme on the Impacts of Future Technology, University of Oxford; 2013

21   McAfee, Andrew, and Brynjolfsson, Erik; "Jobs, Productivity and the Great Decoupling"; 2012; *New York Times*; http://www.nytimes.com/2012/12/12/opinion/global/jobs–productivity-and-the-great-decoupling.html

22   Edsall, Thomas B.; "The Hollowing Out"; *New York Times*; 2012; http://campaignstops.blogs.nytimes.com/2012/07/08/the-future-of-joblessness/

23   Grove, Andy; *Only the Paranoid Survive; How to Exploit the Crisis Points that Challenge Every Company and Career*; Doubleday; 1996

24   Dire Straits; Money for Nothing: 1985;https://www.google.com/search?client=safari&rls=en&q=money+for+nothing+dire+straits&ie=UTF-8&oe=UTF-8

25   Miller, Claire Cain; "The 24/7 Work Culture's Toll on Families and Gender Equality"; The Upshot; *New York Times*; 2015; http://www.nytimes.com/2015/05/31/upshot/the-24-7-work-cultures-toll-on-families-and-gender-equality.html

26   Whittle, Jon; "How Technology Blurs the Lines Between Work and Home Life"; 2015; http://www.epsrc.ac.uk/blog/articles/how-technology-blurs-the-lines-between-work-and–home-life/

27   Rule of St. Benedict; https://en.wikipedia.org/wiki/Pray_and_work

28   Weber, Max; *The Protestant Ethic and the Spirit of Capitalism*; 1992; Routledge Taylor & Francis Group.

29   Will, George F.; Review of Brink Lindsay's *The Age of Abundance: How Prosperity Transformed America's Politics and Culture*; 2007; New York Times Sunday Book Review; http://www.nytimes.com/2007/06/10/books/review/Will-t.html?pagewanted=all&_r=0

30   Skidelsky, Robert and Skidelsky, Edward; "In Praise of Leisure; The Chronicle of Higher Education"; 2012; http://chronicle.com/article/In-Praise-of-Leisure/132251/

31   Keynes, John Maynard; Essays in Persuasion; London: Macmillan; 1931

32   Parijs, Philippe Van; *A Basic Income for All*; Boston Review 2000; http://new.bostonreview .net/BR25.5/vanparijs.html

8장   21세기의 문제, 21세기의 해결책

1   Paine, Thomas; *Agrarian Justice*; 1797; https://en.wikipedia.org/wiki/Agrarian_Justice

2   Barnes, Peter; *With Liberty and Dividends for All*; Berret-Koehler; 2014

3   Russell, Bertrand; *Roads to Freedom*; H. Holt; New York; 1919

4   UN Declaration of Human Rights; General Assembly Resolution 217A; 1948

5   Friedman, Milton; *Capitalism and Freedom*; University of Chicago Press; 1962

6   Shearmur, Jeremy; *Hayek and After*; Routledge; 1996

7   Caputo, Richard; *Basic Income Guarantee and Politics*; Palgrave Macmillan; 2012

8   King, Dr. Martin Luther; *Where Do We Go From Here; Chaos or Community*; Beacon Press 1967, 2010

9   http://www.apfc.org/home/Content/aboutFund/aboutPermFund.cfm

10   Ackerman, Bruce and Alstott, Anne, *The Stakeholder Society*; Yale University Press; 2000

11   Murray, Charles; *In Our Hands: A Plan to End the Welfare State*; AEI Press; 2006

12   Barnes, Peter; *With Liberty and Dividends for All*; Berret-Koehler; 2014

13   Akee, Randall K.Q., Copeland, William E., Keeler, Gordon, and Costello, Elizabeth J.; "Parents' Incomes and Children's Outcomes"; A Quasi-Experiment; HHPMC US National Library of Medicine; 2010

14   Velasquez-Manoff, Moises, What Happens When the Poor Receive a Stipend?; *New York Times* "Opionator"; 2014; http://opinionator.blogs.nytimes.com/2014/01/18/what-happens--when-the-poor-receive-a-stipend/

15   Forget, Evelyn L; "The Town with No Poverty"; University of Manitoba; 2011; http:// public.econ.duke.edu/~erw/197/forget-cea%20(2).pdf

16   Namibia: Government 'strongly considering' basic income: BIEN News; 2015; http://

www.basicincome.org/news/2015/07/namibia-government-strongly-considering-basic–income/

17 Brett, Luke; "Keeping an eye on Utrecht's Basic Income experiment"; http://www.capx.co/keeping-an-eye-on–utrechts-basic-income-experiment/CAPX;

18 BIEN Basic Income News; 2014; http://www.basicincome.org/news/2014/08/switerland-government–reacts-negatively-to-ubi-proposal/

19 http://www.vox.com/2015/12/8/9872554/finlnd-basic-income-experiment

20 Policy Resolution 100: "Priority Resolution: Creating a Basic Annual Income to be Designed and Implemented for a Fair Economy"; Liberal; 2015

21 "Creative Citizen, Creative State: the principled and pragmatic case for a Basic Income" https://www.thersa.org/discover/publications-and-articles/reports/basic-income

22 www.newyorker.com/news/john-cassidy/how-the-war-on-poverty-succeeded-in–four-charts

만일 공식적으로 측정된 빈곤 수치를 기준으로 한다면 빈곤 퇴치 프로그램의 부정적 효과에 대한 테너의 결론이 옳을 수도 있다. 하지만 일단의 실질적이고 신뢰할 만한 조사에 따르면, 이 공식 측정 자료는 빈곤의 개선에 대한 현황을 정확하게 반영하지 못한다고 한다. 많은 학자들과 전문가들은 정부가 공식적으로 수행하는 빈곤 측정 방법이 오직 식료품의 비용만을 측정 대상으로 하는 시대착오적이고 정확성이 떨어지는 방식이라고 생각한다. 보다 현대적이고 섬세한 빈곤 측정 방법은 식료품과 의복, 주거(임대료/대출금), 공공요금, 의료비, 보육비 등을 포함하며, 동시에 조사 대상자가 거주하는 지역이나 국가에서 다른 사람들과의 상대적인 소득수준(아프리카에서 생각하는 빈곤은 미국에서 생각하는 빈곤과 다르다)을 고려한다. 현대적인 빈곤 측정 기준에 따르면, 우리는 과거 수십 년 동안 빈곤과의 싸움에서 커다란 성과를 이루었다고 판단된다. 컬럼비아 대학에서 새로운 측정 기준을 바탕으로 최근에 수행한 연구를 살펴보면, 1967년 이후로 빈곤의 양상이 어떻게 변화되어 왔는지 알 수 있다. "우리가 측정한 바에 따르면...빈곤의 추세가 긍정적으로 개선되어 왔다는 사실이 드러난다. 정부의 프로그램들은 그 과정에서 사람들이 추측한 것보다 훨씬 커다란 역할을 했다… 1967년도에 정부의 복지 프로그램들은 빈곤율을 약 1퍼센트 정도밖에 낮추지 못한 반면 오늘날엔 거의 절반으로(29퍼센트에서 16퍼센트로) 낮추고 있다." 다시 말해 테너(그리고 다른 여러 공화당원)의 주장과 달리 정부의 복지 프로그램들은 그동안 상당한 성과를 거두었다고 볼 수 있다. 물론 아직 갈 길은 멀다. 현재 우리가 가동하고 있는 사회 안전망의 디자인에 대해서 수많은 문제들이 제기되고 있으며, 그 제도가 21세기까지 우리 사회를 지탱할 수 있을지에 대해 많은 사람들이 의구심을 나타낸다.

23   Carter, Timothy Roscoe; "One Minute Case for Basic Income"; BIEN; 2014; http://www.basicincome.org/bien/pdf/montreal2014/BIEN2014_Carter.pdf

24   Anderson Sarah; "Wall Street Bonuses and the Minimum Wage"; Institute for Policy Studies; 2014

25   Groth, Aimee; "Entrepreneurs don't have a special gene for risk—they come from families with money"; *Quartz*; 2015; http://qz.com/455109/entrepreneurs-dont-have-a-special-gene-for-risk-they-come-from-families-with-money/

26   Etzioni, Amitai; "It's Economic Insecurity, Stupid"; Huff Post Politics; 2014

27   Ralph Nader Radio Hour; http://ralphnaderradiohour.com/category/auto-safety/

28   Khosla, Vinod; Fireside Chat with Google Co-founders Larry Page and Sergey Bring; 2014; http://www.khoslaventures.com/fireside-chat-with-google-co-founders-larry–page-and-sergey-brin

29   Schneider, Nathan; "Why the Tech Elite Is Getting Behind Universal Basic Income;" *Vice*; 2015; http://www.vice.com/read/something-for-everyone-0000546-v22n1

30   Roose, Kevin; "In Conversation with Mark Andreessen"; *New York Magazine*; 2014 http://nymag.com/daily/intelligencer/2014/10/marc-andreessen-in–conversation.html

31   Piston, Federico; *Robots Will Steal Your Job, But That's Ok: how to survive the economic collapse and be happy*; CreateSpace Independent Publishing Platform; 2012

32   Brain, Marshall; Manna: *Two Visions of Humanity's Future*; BYG Publishing, Inc.; 2012

33   Reich, Robert; *Saving Capitalism*: For the Many, Not the Few: Knopf First Edition; 2015

34   http://www.blick.ch/news/wirtschaft/wef-gruender-klaus-schwab–ueber-die-vierte-industrielle-revolution-in-der-schweiz-fallen–200000-buerojobs-weg-id4538228.html

35   Federal Register; https://www.federalregister.gov/articles/2015/01/22/2015-01120/annual-update-of-the-hhs-poverty-guidelines

36   Murray, Charles; *In Our Hands: A Plan to End the Welfare State*; AEI Press; 2006

37   King, Dr. Martin Luther; *Where Do We Go From Here; Chaos or Community*; Beacon Press 1967, 2010

38   Santens, Scott; "Why Should We Support the Idea of Universal Basic Income?"; Huff Post

Politics; 2015

39   National Commission on Fiscal responsibility and Reform: Moment Of Truth; 2010; https://www.fiscalcommission.gov/sites/fiscalcommission.gov/files/documents/ TheMomentofTruth12_1_2010.pdf

40   Zwolinski, Matt, Huemer, Michael, Manzi, Jim, and Frank, Robert H.; "The Basic Income and the Welfare State"; Cato Unbound: 2014; http://www.cato-unbound.org/ issues/august–2014/basic-income-welfare-state

41   Wenger, Albert; "A BIG idea, a bot idea—How smart policy will advance tech"; | TEDxNewYork; 2015; https://www.youtube.com/watch?v=t8qo7pzH_NM

42   Safety New Programs; Federal Safety Net; 2015; http://federalsafetynet.com/safety-net-programs.html

43   Walker, Mark; "BIG and Technological Unemployment: "Chicken Little Versus the Economists"; Journal of Evolution and Technology; 2014

44   Baker, Dean, Pollin Robert, McArthur, Travis, and Sherman, Matt, "The Potential Revenue from Financial Transactions Taxes," *Center for Economic and Policy Research*, 2009; http://www.cepr.net/documents/publications/ftt-revenue-2009–12.pdf

45   Zumbrun, Josh, "US Household Wealth Set Record in 2nd Quarter," *The Wall Street Journal*; 2015; http://www.wsj.com/articles/u-s-household-wealth-hit-record-in-second–quarter-1442593339

46   "Policy Basics: Where Do Our Federal Dollars Go," Center for Budget and Policy Priorities, 2015; http://www.cbpp.org/research/policy-basics-where-do-our-federal-tax-dollars-go

47   "Milking Taxpayer," *The Economist*; 2015; http://www.economist.com/news/united-states/21643191-crop-prices-fall–farmers-grow-subsidies-instead-milking-taxpayers

48   Weissman, Jordan, "America's Most Obvious Tax Reform Idea: Kill the Oil and Gas Subsidies," *The Atlantic*; 2013; http://www.theatlantic.com/business/archive/2013/03/ americas–most-obvious-tax-reform-idea-kill-the-oil-and-gas-subsidies/274121/

49   Churchill, Winston S.; Speech in the House of Commons, November 11, 1947)

50   Santens, Scott; Patreon; 2015; https://www.patreon.com/scottsantens?ty=h

51   Smith, Ned, "The Sad Truth About the American Dream" *BusinessNewsDaily*; 2012 미시간 대학 사회조사연구소University Institute of Social Research의 사회학자 파비안 페플러

Fabian Pfeffler는 전 세계 국가들의 불평등에 관한 연구에서 부모의 부(富)는 사회학자들과 경제학자들이 사회적 이동성을 촉진한다고 생각한 세 가지 전통적 요인, 즉 부모의 교육, 소득, 직업에 비해 훨씬 우월한 영향력을 지닌다고 말했다. 그의 연구는 두 세대에 걸친 미국의 가족들에서 도출한 데이터, 그리고 그들과 비슷한 계층의 독일과 스웨덴 가족들의 데이터를 비교해서 이루어졌다.

52 Townsend, Dr. Francis; Social Welfare History Project; http://www.socialwelfarehistory.com/eras/great-depression/townsend-dr-francis/

찾아보기

노동의 미래와 기본소득
21세기 빈곤 없는 사회를 위하여

앤디 스턴·리 크래비츠 지음 | 박영준 옮김

2019년 3월 25일 초판 1쇄 발행
2021년 9월 15일 초판 3쇄 발행

펴낸이 이제용 | 펴낸곳 갈마바람 | 등록 2015년 9월 10일 제2019-000004호
주소 (06775) 서울시 서초구 논현로 83, A동 1304호(양재동, 삼호물산빌딩)
전화 (02) 517-0812 | 팩스 (02) 578-0921
전자우편 galmabaram@naver.com
블로그 blog.naver.com/galmabaram
페이스북 www.facebook.com/galmabaram

편집 오영나 | 디자인 이새미
인쇄·제본 공간

ISBN 979-11-964038-5-0 03300

이 도서의 국립중앙도서관 출판예정도서목록(CIP)은 서지정보유통지원시스템 홈페이지
(http://seoji.nl.go.kr)와 국가자료종합목록시스템(http://www.nl.go.kr/kolisnet)에서
이용하실 수 있습니다. (CIP제어번호 : CIP2019009668)